여러분의 합격을 응원하는
해커스공무원의 특별 혜택

FREE 공무원 영어 특강

해커스공무원(gosi.Hackers.com) 접속 후 로그인 ▶ 상단의 [무료강좌] 클릭 ▶
좌측의 [교재 무료특강] 클릭

KB199586

필수 단어암기장[PDF]

해커스공무원(gosi.Hackers.com) 접속 후 로그인 ▶
상단의 [교재·서점 → 무료 학습 자료] 클릭 ▶ 본 교재의 [자료받기] 클릭

공무원 보카 어플 이용권

GOSIVOCA00001

구글 플레이스토어/애플 앱스토어에서 '해커스공무원 기출 보카' 검색 ▶ 어플 설치 후 실행 ▶
'인증코드 입력하기' 클릭 ▶ 위 인증코드 입력

* 등록 후 30일간 사용 가능
* 해당 자료는 [해커스공무원 기출 보카 4000+] 교재 내용으로 제공되는 자료로, 공무원 시험 대비에 도움이 되는 유용한 자료입니다.

합격예측 온라인 모의고사 응시권 + 해설강의 수강권

4D6C2BB6467C5AYU

해커스공무원(gosi.Hackers.com) 접속 후 로그인 ▶ 상단의 [나의 강의실] 클릭 ▶
좌측의 [쿠폰등록] 클릭 ▶ 위 쿠폰번호 입력 후 이용

* ID당 1회에 한해 등록 가능

 해커스공무원 온라인 단과강의 20% 할인쿠폰

7F96A7A87E9334U9

해커스공무원(gosi.Hackers.com) 접속 후 로그인 ▶ 상단의 [나의 강의실] 클릭 ▶
좌측의 [쿠폰등록] 클릭 ▶ 위 쿠폰번호 입력 후 이용

* 쿠폰 등록 후 7일간 사용 가능(ID당 1회에 한해 등록 가능)

쿠폰 이용 관련 문의 **1588-4055**

나의 목표 달성기

나의 목표 점수

_____ 점

나의 학습 플랜

- ☐ 막판 2주 학습 플랜
- ☐ 막판 1주 학습 플랜

* 일 단위의 상세 학습 플랜은
p.10에 있습니다.

각 모의고사를 마친 후 해당 모의고사의 점수를 아래 그래프에 ●로 표시하여 본인의 점수 변화를 직접 확인해 보세요.

	1회	2회	3회	4회	5회	6회	7회	8회	9회	10회	11회	12회
100점												
90점												
80점												
70점												
60점												
50점												
40점												
30점												
20점												
10점												
0점												

해커스공무원

실전동형
모의고사
영어 1

해커스

: 목차

실전 문제로 시험 완벽 대비! 문제집

약점 보완 해설로 실력 마무리! **해설집**

 채점용 정답지·OMR 답안지 [부록]

 약점 보완 해설집 [책 속의 책]

문법 필살기 노트 [별책부록]

 필수 단어암기장

해커스공무원(gosi.Hackers.com) 접속 후 로그인 ▶
상단의 [교재·서점 → 무료학습자료] 클릭 ▶
본 교재 하단의 [자료받기] 클릭하여 이용

합격으로 이끄는 이 책의 특징과 구성

실전 감각을 극대화하는 모의고사 수록!

1. 실전동형모의고사 12회분

① **실전동형모의고사 12회분**
실제 공무원 영어 시험과 동일한 영역별 문항 수 및 문제 유형으로 구성된 실전동형모의고사 12회분을 제공하여 실전 감각을 극대화하고 실전 대비를 더욱 철저히 할 수 있도록 하였습니다.

② **제한 시간 제시**
모의고사 1회분을 푸는 제한 시간(20분)을 제시하고, 시작 시각과 종료 시각을 기입하도록 하여 효율적인 시간 안배 연습을 할 수 있도록 하였습니다.

③ **문제집 내 QR코드를 통한 모바일 자동 채점 및 성적 분석 서비스 이용**
매 회차를 끝낸 직후 해당 실전동형모의고사의 정답을 모바일 페이지에서 입력하고 채점 결과 및 성적 분석 서비스를 이용할 수 있도록 각 회차마다 QR코드를 삽입하였습니다.

2. 실전동형모의고사 채점용 정답지·OMR 답안지

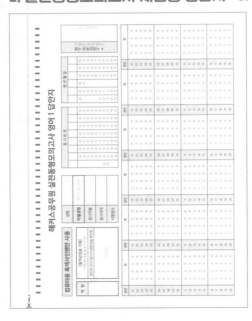

① **실전동형모의고사 채점용 정답지**
모든 회차의 정답을 한눈에 확인할 수 있도록 채점용 정답지를 제공하여 빠른 채점이 가능합니다.

② **OMR 답안지**
모의고사를 풀어본 후 실제 시험처럼 답안지를 작성하는 훈련을 할 수 있도록 실전동형모의고사의 OMR 답안지를 제공하여 실전 감각을 높일 수 있도록 하였습니다.

목표 점수 달성을 위한 체계적인 학습 구성!

1. 나의 목표 달성기

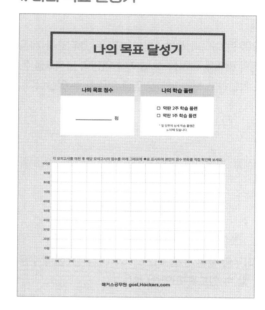

① 목표 점수 기입란

목표 점수를 기입하도록 하여 목표 의식을 가지고 본 교재를 학습할 수 있도록 하였습니다.

② 점수 변화 그래프

각 모의고사에 대한 자신의 점수를 기입할 수 있는 점수 변화 그래프를 제공하여 목표 점수를 달성하기까지 자신의 실력 변화를 스스로 확인할 수 있도록 하였습니다.

2. 막판 학습 플랜

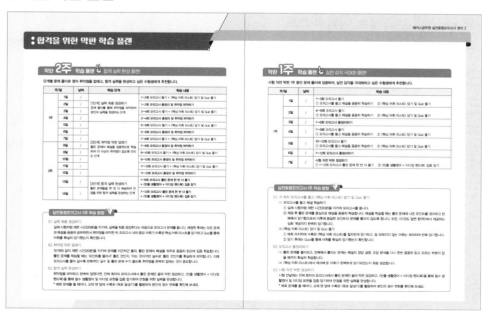

12회분의 모의고사 풀이와 총정리를 2주에 걸쳐 진행할 수 있도록 구성한 2주 학습 플랜과 단기간에 빠르게 모의고사를 풀고자 하는 학습자를 위한 1주 학습 플랜을 제공하였습니다.

합격으로 이끄는 이 책의 특징과 구성

한 문제를 풀어도 확실하게 푼다, 상세한 해설과 어휘 정리!

1. 약점 보완 해설집

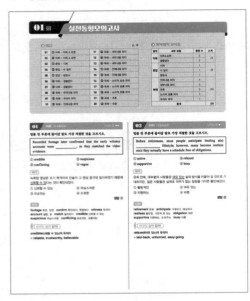

① **정답표 & 취약영역 분석표**

모든 문제에 대해 정답과 영역뿐만 아니라 세부 유형이 표시된 정답표를 제공하여 자신이 맞거나 틀린 문제의 영역을 확인할 수 있고, 취약영역 분석표를 통해 자신의 취약영역을 스스로 확인하고 해당 영역을 집중 보완할 수 있습니다.

② **해석 · 해설 · 어휘**

모든 문제에 대한 정확한 해석을 제공하며 상세한 해설과 필수 학습 어휘를 제공하였습니다.

③ **이것도 알면 합격! & 구문 분석**

해당 문제와 관련해서 더 알아두면 좋을 문법 이론, 추가 어휘 · 표현과 구문 분석을 제공하여 심화학습을 할 수 있도록 하였습니다.

2. 핵심 어휘 리스트

① **핵심 어휘 리스트**

매회 모의고사에 나온 어휘와 표현을 따로 정리해두어 모의고사를 풀어본 후에 중요한 어휘와 표현을 다시 한번 복습하며 암기할 수 있도록 하였습니다.

② **Quiz**

간단한 퀴즈를 통해 핵심 어휘 리스트의 어휘와 표현을 확실히 암기했는지 확인할 수 있도록 하였습니다.

시험 직전까지 완벽하게, 최종 점검 필수 합격 자료!

1. 문법 필살기 노트

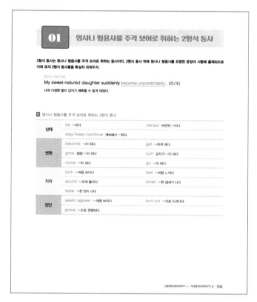

각 문법 포인트와 관련된 O/X 문제와 반드시 외워두어야 할 핵심 암기 리스트를 제공하여 시험 당일 또는 시험 직전 마무리 학습을 할 수 있도록 하였습니다.

2. 온라인 <필수 단어암기장> 제공

해커스공무원(gosi.Hackers.com)에서 교재에 수록된 어휘 중 반드시 알아두어야 할 어휘와 표현을 따로 모은 <필수 단어암기장>을 제공합니다. 이를 통해 시험 직전까지 반드시 알아두어야 할 어휘와 표현을 편리하게 복습 및 암기할 수 있도록 하였습니다.

⠿공무원 영어 최신 출제경향 및 합격 학습 전략

■ 문법

문법 영역에서는 **어순과 특수 구문, 준동사구, 동사구**를 묻는 문제가 자주 출제되며, 세부 빈출 포인트로는 **병치·도치·강조 구문, 수 일치, 분사**가 있습니다. 최근에는 단문 형태의 보기에서 묻고 있는 문법 포인트에 밑줄이 적용되거나 한 문제의 모든 보기가 하나의 문법 포인트로 구성되는 등 다양한 형태의 문법 문제가 등장하고 있습니다.

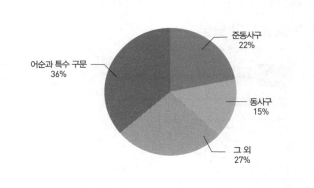

■ 독해

독해 영역에서는 **주제·제목·목적·요지 파악**과 **내용 일치·불일치 파악** 유형의 출제 빈도가 증가하고 있습니다. 한편, **빈칸 완성(단어·구·절)** 유형의 경우 항상 높은 출제 비중을 꾸준히 유지해 왔으며, '문단 순서 배열'을 비롯한 논리적 추론 파악 유형도 매시험 빠지지 않고 포함되었습니다.

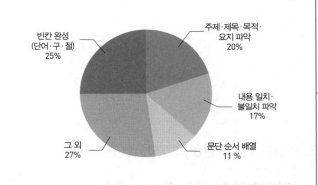

■ 어휘

어휘 영역에서는 **유의어 찾기** 유형의 비중이 가장 높으며, 최근에는 문맥 속에서 **빈칸에 들어갈 적절한 단어를 추론**하여 푸는 문제가 증가하고 있습니다. 생활영어 영역은 **실생활과 밀접한 주제**의 대화가 주로 출제되고, 때로는 **직무 관련 대화**도 출제됩니다.

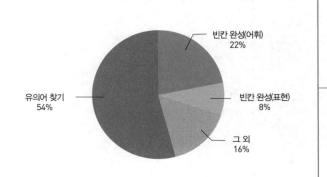

🗁 2025년 대비 학습 전략

실생활에서 자주 쓰이는 활용도 높은 문법 포인트 위주로 반복 학습합니다.

- 기존에 출제되던 단문형 문제의 비율이 점차 줄어드는 대신, 묻는 문법 포인트가 명확한 지문형 또는 빈칸형 문제들이 출제될 수 있습니다.
- 기본 개념을 탄탄히 한 다음 세부적인 문법 요소를 학습해 나가며 실력을 쌓는 것이 중요합니다. 문법 영역은 이론을 알고 있더라도 실전에서 혼동하기 쉬우므로, 반복적인 문제풀이를 통해 빈출 포인트들을 확실하게 확인합니다.

🗁 2025년 대비 학습 전략

기존 문제 유형들에 대한 감을 유지하면서 다문항·실용문 등의 신유형에 대비합니다.

- 문제 유형에는 변화가 거의 없지만, 한 지문에서 두 개의 문항이 출제되는 다문항과, 이메일·안내문·웹페이지 등 새로운 형태의 지문에 익숙해질 필요가 있습니다. 유형별 문제풀이 전략을 완벽하게 숙지하고, 실제 문제풀이에 전략을 적용해 보는 연습을 하는 것이 중요합니다.
- 특히 실용문에 대비하여 공무원 직무와 관련된 어휘를 학습하고, 정부 관련 정책들에 대해서도 알아 둡니다.

🗁 2025년 대비 학습 전략

문맥을 통해 빈칸에 적절한 어휘 또는 대화를 추론하여 정답을 찾습니다.

- 정답에 대한 단서가 문맥 속에서 명확하게 주어지며, 난이도가 높지 않으면서 활용도 높은 어휘 위주의 출제가 예상됩니다.
- 비대면 의사소통 상황을 비롯한 직무 관련 내용의 대화가 출제되는 경우에 대비하여, 관련 상황 속에서 쓰일 수 있는 빈출 표현들을 미리 정리해 둡니다.

⁝ 합격을 위한 막판 학습 플랜

막판 2주 학습 플랜 ✌ 합격 실력 완성 플랜!

단계별 문제 풀이로 영어 취약점을 없애고, 합격 실력을 완성하고 싶은 수험생에게 추천합니다.

주/일		날짜	학습 단계	학습 내용
1주	1일	/	[1단계] 실력 최종 점검하기 문제 풀이를 통해 취약점을 파악하여 본인의 실력을 점검하는 단계	1~2회 모의고사 풀기 + 〈핵심 어휘 리스트〉 암기 및 Quiz 풀기
	2일	/		1~2회 모의고사 총정리 및 취약점 파악하기
	3일	/		3~4회 모의고사 풀기 + 〈핵심 어휘 리스트〉 암기 및 Quiz 풀기
	4일	/		3~4회 모의고사 총정리 및 취약점 파악하기
	5일	/	[2단계] 취약점 막판 없애기 틀린 문제의 해설을 집중적으로 학습하여 더 이상의 취약점이 없도록 만드는 단계	5~6회 모의고사 풀기 + 〈핵심 어휘 리스트〉 암기 및 Quiz 풀기
	6일	/		5~6회 모의고사 총정리 및 취약점 파악하기
	7일	/		7~8회 모의고사 풀기 + 〈핵심 어휘 리스트〉 암기 및 Quiz 풀기
2주	8일	/		7~8회 모의고사 총정리 및 취약점 파악하기
	9일	/		9~10회 모의고사 풀기 + 〈핵심 어휘 리스트〉 암기 및 Quiz 풀기
	10일	/		9~10회 모의고사 총정리 및 취약점 파악하기
	11일	/		11~12회 모의고사 풀기 + 〈핵심 어휘 리스트〉 암기 및 Quiz 풀기
	12일	/		11~12회 모의고사 총정리 및 취약점 파악하기
	13일	/	[3단계] 합격 실력 완성하기 틀린 문제들을 한 번 더 복습하여 만점을 위한 합격 실력을 완성하는 단계	1~6회 모의고사 틀린 문제 한 번 더 풀기 + 〈문법 필살기 노트〉 집중 암기
	14일	/		7~12회 모의고사 틀린 문제 한 번 더 풀기 + 〈문법 필살기 노트〉 집중 암기

💡 실전동형모의고사 2주 학습 방법

01. 실력 최종 점검하기

실제 시험처럼 제한 시간(20분)을 지키며, 실력을 최종 점검한다는 마음으로 모의고사 문제를 풉니다. 채점한 후에는 모든 문제와 해설을 꼼꼼히 공부하면서 취약점을 파악한 뒤, 모의고사 내의 중요 어휘가 수록된 핵심 어휘 리스트를 암기하고 Quiz를 통해 어휘를 확실히 암기했는지 확인합니다.

02. 취약점 막판 없애기

1단계와 같이 제한 시간(20분)을 지키며 문제를 차근차근 풀되, 틀린 문제의 해설을 위주로 꼼꼼히 읽으며 집중 학습합니다. 틀린 문제를 학습할 때는 '포인트를 몰라서' 틀린 것인지, '아는 것이지만 실수로' 틀린 것인지를 확실하게 파악합니다. 이때 모의고사를 풀어 갈수록 반복적인 실수 및 틀린 문제 수가 줄도록 취약점을 완벽히 없애는 것이 중요합니다.

03. 합격 실력 완성하기

취약점을 파악하고 완벽히 없앴다면, 전체 회차의 모의고사에서 틀린 문제만 골라 막판 점검하고, 〈문법 필살기 노트〉를 통해 핵심 문법 포인트를 집중 암기하여 만점을 위한 실력을 완성합니다.

* 매회 문제를 풀 때마다, 교재 맨 앞에 수록된 〈목표 달성기〉를 활용하여 본인의 점수 변화를 확인해 보세요.

막판 1주 학습 플랜 실전 감각 극대화 플랜!

시험 직전 막판 1주 동안 문제 풀이에 집중하여, 실전 감각을 극대화하고 싶은 수험생에게 추천합니다.

주/일		날짜	학습 내용
1주	1일	/	1~3회 모의고사 풀기 ① 모의고사를 풀고 해설을 꼼꼼히 학습하기　② 〈핵심 어휘 리스트〉 암기 및 Quiz 풀기
	2일	/	4~6회 모의고사 풀기 ① 모의고사를 풀고 해설을 꼼꼼히 학습하기　② 〈핵심 어휘 리스트〉 암기 및 Quiz 풀기
	3일	/	1~6회 모의고사 총정리하기
	4일	/	7~9회 모의고사 풀기 ① 모의고사를 풀고 해설을 꼼꼼히 학습하기　② 〈핵심 어휘 리스트〉 암기 및 Quiz 풀기
	5일	/	10~12회 모의고사 풀기 ① 모의고사를 풀고 해설을 꼼꼼히 학습하기　② 〈핵심 어휘 리스트〉 암기 및 Quiz 풀기
	6일	/	7~12회 모의고사 총정리하기
	7일	/	시험 직전 막판 점검하기 ① 1~12회 모의고사 틀린 문제 한 번 더 풀기　② 〈문법 필살기 노트〉 집중 암기

실전동형모의고사 1주 학습 방법

01. 각 회차 모의고사를 풀고 〈핵심 어휘 리스트〉 암기 및 Quiz 풀기

(1) 모의고사를 풀고 해설 학습하기

① 실제 시험처럼 제한 시간(20분)을 지키며 모의고사를 풉니다.

② 채점 후 틀린 문제를 중심으로 해설을 꼼꼼히 학습합니다. 해설을 학습할 때는 틀린 문제에 나온 포인트를 정리하고 반복해서 암기함으로써 이후에 동일한 포인트의 문제를 틀리지 않도록 합니다. 또한, 〈이것도 알면 합격!〉에서 제공하는 심화 개념까지 완벽히 암기합니다.

(2) 〈핵심 어휘 리스트〉 암기 및 Quiz 풀기

① 매회 마지막에 수록된 〈핵심 어휘 리스트〉를 철저하게 암기하고, 잘 외워지지 않는 어휘는 체크하여 반복 암기합니다.

② 암기 후에는 Quiz를 통해 어휘를 확실히 암기했는지 확인합니다.

02. 모의고사 총정리하기

(1) 틀린 문제를 풀어보고, 반복해서 틀리는 문제는 해설의 정답 설명, 오답 분석을 다시 한번 꼼꼼히 읽고 모르는 부분이 없을 때까지 확실히 학습합니다.

(2) 〈핵심 어휘 리스트〉에서 체크해 둔 어휘가 완벽하게 암기되었는지 최종 점검합니다.

03. 시험 직전 막판 점검하기

시험 전날에는 전체 회차의 모의고사에서 틀린 문제만 골라 막판 점검하고, 〈문법 필살기 노트〉를 통해 핵심 문법 포인트를 집중 암기하여 만점을 위한 실력을 완성합니다.

* 매회 문제를 풀 때마다, 교재 맨 앞에 수록된 〈목표 달성기〉를 활용하여 본인의 점수 변화를 확인해 보세요.

공무원 영어 직렬별 시험 출제 영역

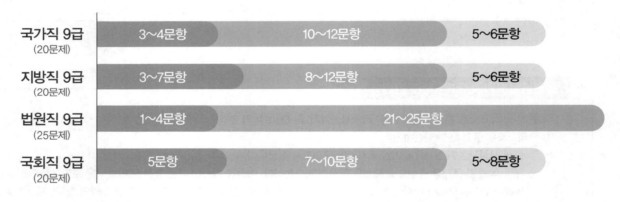

■ 문법 ■ 독해 ■ 어휘

	문법	독해	어휘
국가직 9급 (20문제)	3~4문항	10~12문항	5~6문항
지방직 9급 (20문제)	3~7문항	8~12문항	5~6문항
법원직 9급 (25문제)	1~4문항	21~25문항	
국회직 9급 (20문제)	5문항	7~10문항	5~8문항

공무원 영어 시험은 직렬에 따라 20문항 또는 25문항으로 구성되며, 크게 문법/독해/어휘 3개의 영역으로 나눌 수 있습니다.

국가직 · 지방직 · 국회직 9급 영어 시험은 총 20문항이며, 독해 영역이 약 50%를 차지하고 나머지 50%는 문법과 어휘 영역으로 구성됩니다. 이때 어휘 영역의 경우 세부적으로 어휘 및 표현, 생활영어로 구분됩니다. (법원직의 경우 독해 약 80%, 문법 및 어휘 약 20%)

한편 출제기조 전환은 2025년 국가직 · 지방직 · 지역인재 9급 공채 시험부터 적용되며, 개편 시험에 앞서 인사혁신처에서 공개한 예시문제는 문법 3문제, 독해 13문제, 어휘 4문제로 구성되어 있습니다.

공무원 영어 시험의 영역별 출제 문항 수는 변동이 적은 편이므로, 영역별 문항 수에 따라 풀이 시간을 적정하게 배분하는 연습을 할 수 있습니다.

실전동형
모의고사

잠깐! 실전동형모의고사 전 확인 사항

실전동형모의고사도 실전처럼 문제를 푸는 연습이 필요합니다.

✔ 휴대전화는 전원을 꺼주세요.
✔ 연필과 지우개를 준비하세요.
✔ 제한 시간 20분 내 최대한 많은 문제를 정확하게 풀어보세요.

매회 실전동형모의고사 전, 위 상황을 점검하고 시험에 임하세요.

01회 실전동형모의고사

제한 시간 : 20분 시작   시   분 ~ 종료   시   분 점수 확인 ┃ 개/ 20개

※ 밑줄 친 부분에 들어갈 말로 가장 적절한 것을 고르시오.

[01~03]

01

Recorded footage later confirmed that the early witness accounts were _____, as they matched the video evidence.

① credible

② suspicious

③ conflicting

④ vague

02

Before retirement, most people anticipate leading a(n) _____ lifestyle; however, many become restless once they actually have a schedule free of obligations.

① active

② relaxed

③ supportive

④ busy

03

Unless a student _____ urgent medical care, the professor will typically expect attendance in class.

① requires

② will require

③ requiring

④ have required

※ 밑줄 친 부분 중 어법상 옳지 않은 것을 고르시오.

[04~05]

04

Acquiring new skills takes time. Upon ① mastering foundational concepts, the implementation of a consistent routine with clear goals and measurable milestones ② become crucial. Effective instructors will have their students ③ practice regularly by assigning targeted exercises, providing feedback, and encouraging ④ them to apply their skills in various contexts to ensure improvement.

05

Many first-time travelers ① are opposed to step out of their cultural comfort zone. Consequently, many engage in activities with other tourists, ② most of whom prefer visiting popular attractions over exploring somewhere ③ unfamiliar, thereby missing opportunities to experience life ④ shaped by local traditions.

※ 밑줄 친 부분에 들어갈 말로 가장 적절한 것을 고르시오.
[06~07]

06

A: Hi. I need to get my air conditioner repaired.

B: OK. Can you describe the issue you're having?

A: The machine turns on, but cool air doesn't come out.

B: I see. I can have a technician come out tomorrow.

A: Hmm. I have plans in the afternoon.

B: Does the morning work for you?

A: _____

B: Great. Our technician will arrive by 9:30 a.m.

① Yes. I'd like to see the newer models.

② No. I'll choose another day.

③ No. I can't turn the air conditioner on.

④ Yes. I'll be home until noon.

07

Kelsey Chan
Does your team use Pro Project Plus?
9:31

Tom Cain
I've never even heard of that. What is it?
9:32

Kelsey Chan
It's a work management and collaboration tool. It's great for creating and following project roadmaps.
9:33

Tom Cain
It sounds really useful!
9:33

Kelsey Chan
It is. We are much more organized now that we use it. I think it would be helpful for your team too.
9:34

Tom Cain
How can I start using it?
9:34

Kelsey Chan
_____
9:34

① You should complete the current projects first.

② Most of the employees are already using it.

③ I'll send you a link to sign up.

④ I already scheduled a team meeting.

※ 다음 글을 읽고 물음에 답하시오. [08~09]

To	Cowansville Department of Transportation
From	Paula Jenkins
Date	April 15
Subject	Parking at Cowansville Train Station

B I U ¶ᵗ ✎ A T⁻ ⌐ ⊡ ▭ ☰ ☰ ☰ ↺ ↻ </>

To Whom It May Concern,

I am writing to bring your attention to an important matter affecting members of our community. Specifically, the parking area for the Cowansville Train Station is inadequately equipped for visitors with limited mobility. I understand that it is legally stated that disabled parking spaces must be installed near the entrance of facilities.

The current lack of accessible parking spaces has made it challenging for individuals who truly need these accommodations to use the station. I have personally seen people with wheelchairs struggling to navigate their way across the parking lot because they had no choice but to park in spaces far from the entrance, and it is upsetting.

It has reached the <u>point</u> where immediate action is needed to address the issue. I therefore ask that you create a designated disabled parking area near the station's entrance. Thank you for your time, and I look forward to seeing improvements.

Sincerely,
Paula Jenkins

08 윗글의 목적으로 가장 적절한 것은?

① 기차역의 주차 요금을 인하하는 것을 제안하려고
② 기차역 주차 공간의 확장 계획에 대해 문의하려고
③ 장애인 주차 구역의 무단 사용에 대한 불만을 제기하려고
④ 기차역 입구에 지정 주차 공간을 마련해줄 것을 요청하려고

09 밑줄 친 "point"의 의미와 가장 가까운 것은?

① tip
② stage
③ detail
④ goal

※ 다음 글을 읽고 물음에 답하시오. [10~11]

[A]

The Montgomery Library will be extending its operating hours starting on March 1 to meet growing demands for better access to its resources, study spaces, and community programs.

New Hours
- **Monday – Friday**: 8:00 a.m. – 9:00 p.m.
  (previously closed at 7:00 p.m.)
- **Saturday**: 9:00 a.m. – 6:00 p.m. (unchanged)
- **Sunday**: 10:00 a.m. – 5:00 p.m. (previously closed)

Benefits of Extended Hours
- **Study Areas and Computer Lab**
  Take advantage of more time to use our reading rooms, group study spaces, and computer facilities.

- **Expanded Access to Resources**
  Browse and check out materials at times that may be more convenient for your schedule.

- **New Community Programs**
  New Sunday activities include book clubs for all ages and children's story time sessions throughout the day.

For more information about library services and programs, visit www.montgomerylib.org or call us at (925) 457-9235.

10 (A)에 들어갈 윗글의 제목으로 가장 적절한 것은?

① Update Your Library Card
② Enjoy More Time at the Library
③ Sign Up for a Book Club
④ Transform Your Reading Habits

11 Montgomery Library에 관한 윗글의 내용과 일치하지 않는 것은?

① 새로운 운영 시간은 3월부터 적용된다.
② 토요일의 운영 시간은 이전과 동일하게 유지된다.
③ 컴퓨터 시설을 사용하는 데 더 많은 시간을 활용할 수 있다.
④ 일요일에는 아이들을 대상으로 하는 독서회가 열릴 예정이다.

12 Open Entrepreneurship Portal에 관한 다음 글의 내용과 일치하지 않는 것은?

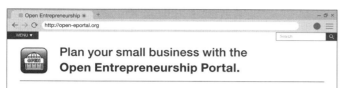

Plan your small business with the Open Entrepreneurship Portal.

The Open Entrepreneurship Portal is a pilot program launched by the Small Business Bureau. The portal hosts data collected from public and private sectors that can help small business owners make informed decisions regarding their operations. Current data includes consumer preferences and shopping habits based on location. Small business owners can use this information to gauge competition in certain markets and make more accurate predictions regarding growth outlook. During the two-month pilot program, users are encouraged to submit feedback reports through the portal, which may be used to improve the platform before its official release next year.

① It includes public and private data.

② Data helps users understand the market environment.

③ The pilot program will last two months.

④ Feedback can be submitted starting next year.

13 Civil Servant Provision에 관한 다음 글의 내용과 일치하는 것은?

Amendment to the Civil Servant Provision

The Ministry of Public Administration and Security recently revised the Civil Servant Provision to allow public officials who are harmed while performing dangerous job duties to receive extended medical leave. Under this amended provision, public officials who are injured or become sick responding to work-related disasters, infectious diseases, fires, etc., are now eligible to take a medical leave of absence for up to five years. This period may be extended by up to three additional years based on medical findings and other considerations. The previous period was three years, with the possibility of a two-year extension. The purpose of this revision is to improve the rights of public officials and provide them sufficient time to heal from job-related harm without having to worry about returning to work.

① It covers injuries sustained outside of work duties.

② It now allows for up to three years of medical leave.

③ It permits an extension of up to five additional years.

④ It is intended to provide sufficient time for recovery.

14 다음 글의 주제로 가장 적절한 것은?

Every October, the number of hikers nearly doubles the monthly average, with over four million people visiting the mountains to view the autumn foliage. This surge in visitors also leads to a spike in hiking accidents. According to the National Parks Department, the most common incidents are slips, getting lost, and physical distress. To reduce risks, the Parks Department recommends that hikers warm up before hiking and make sure the trail is suitable for their fitness level. Also, they should be aware of how long the hike will take so they can finish before dark. As autumn temperatures can change suddenly, packing clothes for various weather conditions is crucial. It is important to keep these precautions in mind even when hiking in local areas, as 60 percent of accidents occur near people's homes, not in the middle of national parks.

① Measures to prevent hiking accidents

② Common risks found in national parks

③ Reasons why the number of hikers is surging

④ Identifying the right hiking trail based on fitness level

15 다음 글의 요지로 가장 적절한 것은?

With AI textbooks being implemented, the Department of Education has invested considerable resources in training educators and preparing classrooms for this new technology. To date, over 10,000 teachers have received training, with another 150,000 teachers to take part in training before this program launches. These sessions not only familiarize teachers with the technology but also give them the skills to teach students how to use it. In addition, the Department of Education has evaluated schools' devices and digital infrastructure, making improvements that are needed ahead of AI textbook adoption. During the school year, 1,200 digital tutors will be available to assist with lesson planning and address any technological problems teachers may face.

① Educational outcomes should improve with the adoption of AI textbooks.

② Training and support are being prioritized before AI textbook implementation.

③ Students in the digital era are well-prepared to use AI textbooks.

④ Protocols need to be in place to effectively address technological problems.

16 다음 글의 흐름상 어색한 문장은?

When considering the impact of relationships on children, it is common to think first of the parent-child relationship, but sibling relationships can be just as important. ① Given their similarities in age, siblings often become each other's first and closest friends with whom they share their thoughts and feelings. ② Brothers and sisters may keep things from one another to avoid being teased. ③ Their closeness also allows siblings to develop social skills. ④ Building interpersonal relationships with each other gives brothers and sisters practice before they attempt to befriend people outside their family. In this way, strong sibling relationships can positively influence their emotional well-being and social interactions for years to come.

17 주어진 문장이 들어갈 위치로 가장 적절한 것은?

For example, broken dishes, which have no inherent value, can be used to tile tabletop or create mosaics and other forms of art.

Environmentalists in the 1980s began upcycling as an alternative to throwing out or recycling unwanted materials. (①) Prior to this time, materials were broken down to be reused, often decreasing their value, but with upcycling, these items can be transformed into more valuable products. (②) As a result, significant amounts of waste can be prevented from being tossed out and added to landfills, reducing the amount of pollution caused by consumer activity. (③) Upcycling also conserves resources by giving materials a second life, curtailing the need for further production. (④) These factors have made upcycling a central component of sustainable design and consumer culture.

18 주어진 글 다음에 이어질 글의 순서로 가장 적절한 것은?

When I decided to apply for my first job, I looked through online advertisements and found that there was an abundance of openings for people in my dream job.

(A) I skimmed through the requirements in the job posting with trembling eyes. I was at a loss as to how I could find a job without experience.

(B) I scrolled through the advertising pages and enthusiastically explored the job postings that filled the screen. But as I read the requirements, I became disillusioned. Most advertisements said prior experience was required.

(C) Pushing back my chair and standing up with determination, I decided to change my approach. I'd never get anywhere if I didn't take the first step. I sat down at the keyboard and started writing my résumé.

① (A) – (C) – (B)
② (B) – (C) – (A)
③ (B) – (A) – (C)
④ (C) – (A) – (B)

※ 밑줄 친 부분에 들어갈 말로 가장 적절한 것을 고르시오.
[19~20]

19

Although the job market for young people has shown improvement since the COVID-19 pandemic, approximately 13 percent of young people remain unemployed worldwide, according to the International Labour Organization. One key factor contributing to global youth unemployment is the mismatch between the skills young people possess and the needs of the labor market, which are rapidly changing due to advances in AI and digital technologies. Furthermore, as is often the case during times of economic instability, young people struggle the most to find secure employment, with half of those who do work confined to short-term or informal jobs. It is feared that this situation will _____ _____ as young people who remain unemployed or underemployed today will experience fewer opportunities for professional development, earn lower wages, and ultimately save less for retirement.

① force older workers out of the job market

② encourage youth to start their own businesses

③ have significant long-term consequences

④ cause frequent career changes to become more common

20

In the modern world, technology has changed the way we communicate, making non-face-to-face communication both easier and more common. People today often wonder, "Why would I waste time meeting in person when text-based messages are quicker and easier?" But the saved effort and time offered by new communication media can also leave people confused and asking, "What did they mean by this?" Without the context offered by visual and verbal cues, non-face-to-face communication can lead to misunderstandings and unnecessary offense. This is because people tend to read messages in ways that were unintended due to their preconceived notions or personal biases. As a result, non-face-to-face communicators must consider how their conversation partners will interpret their words. By sending detailed, unambiguous language that sets the appropriate tone and clearly expresses the intent of their messages, non-face-to-face communicators can _____.

① reduce wasting their recipients' time

② minimize confusion and avoid miscommunication

③ show that they are interested in others' ideas

④ engage their partners in a beneficial conversation

정답·해석·해설 p. 2

01회 핵심 어휘 리스트

☑ 잘 외워지지 않는 어휘 및 표현은 박스에 체크하여 한 번 더 확인하세요.

□ account	몡 설명, 말		□ infectious	혱 전염성의
□ match	동 일치하다		□ extension	몡 연장, 확대
□ confirm	동 확인하다, 확정하다		□ sustain	동 (피해 등을) 입다, 당하다
□ credible	혱 신뢰할 수 있는		□ surge	몡 급증
□ suspicious	혱 의심스러운		□ precaution	몡 주의 사항, 예방책
□ retirement	몡 은퇴		□ evaluate	동 평가하다
□ restless	혱 불안한, 가만히 못 있는		□ infrastructure	몡 인프라(기본 시설), 기반
□ implementation	몡 실행, 이행		□ adoption	몡 채택
□ collaboration	몡 협업, 협력		□ attempt	동 시도하다
□ accessible	혱 접근하기 쉬운		□ inherent	혱 고유한, 내재하는
□ accommodation	몡 시설, 숙소		□ alternative	몡 대안
□ designated	혱 지정된		□ curtail	동 줄이다
□ disabled	혱 장애의		□ sustainable	혱 지속 가능한
□ extend	동 연장하다, 확대하다		□ skim	동 훑어보다
□ browse	동 열람하다, 둘러보다		□ determination	몡 결의, 투지
□ check out	대출하다		□ unemployed	혱 실업자인, 실직한
□ host	동 관리하다, 주최하다		□ contribute	동 기여하다
□ sector	몡 부문, 분야		□ instability	몡 불안정
□ operation	몡 운영, 활동		□ secure	혱 안정적인, 확실한
□ gauge	동 측정하다		□ confine	동 국한시키다
□ ministry	몡 (정부의 각) 부처		□ wage	몡 임금
□ administration	몡 행정, 관리		□ verbal	혱 언어적인
□ amendment	몡 개정		□ bias	몡 편견
□ provision	몡 규정, 조항		□ intent	몡 의도
□ revise	동 개정하다, 변경하다		□ engage	동 참여시키다, 관여시키다

Quiz 각 어휘 및 표현의 알맞은 뜻을 찾아 연결하세요.

01 match		ⓐ 측정하다
02 designated		ⓑ 대안
03 gauge		ⓒ 만족하는
04 infectious		ⓓ 일치하다
05 alternative		ⓔ 전염성의
		ⓕ 지정된

06 contribute		ⓐ 불안정
07 skim		ⓑ 개정
08 amendment		ⓒ 임금
09 instability		ⓓ 설명, 말
10 wage		ⓔ 기여하다
		ⓕ 훑어보다

Answer | 01 ⓓ 02 ⓕ 03 ⓐ 04 ⓔ 05 ⓑ 06 ⓔ 07 ⓕ 08 ⓑ 09 ⓐ 10 ⓒ

02회 실전동형모의고사

제한 시간 : 20분 시작   시   분 ~ 종료   시   분 점수 확인   개/ 20개

01 밑줄 친 부분에 들어갈 말로 적절한 것은?

Any educational system's success depends on how well it addresses each student's needs. Therefore, teaching strategies should be _____ .

① reserved   ② repetitive

③ persistent   ④ personalized

02 밑줄 친 부분의 의미와 가장 가까운 것을 고르시오.

Sean's friends were surprised to find him completely recovered and back to his normal routine when they visited him after his accident.

① diagnosed   ② healed

③ isolated   ④ injured

03 밑줄 친 부분에 들어갈 말로 가장 적절한 것은?

The coding instructor encouraged the former baker _____ a career in programming.

① pursue   ② pursuing

③ to pursue   ④ pursued

※ 밑줄 친 부분 중 어법상 옳지 않은 것은? [04~05]

04

① In spite of the association we have with Bram Stoker and *Dracula*, the credit for inventing vampires does not go to the author of this 1897 novel; in fact, ② those belongs to Romania in the form of legends ③ passed down for generations, which not only inspired ④ his work but have also contributed to the enduring interest in vampire lore.

05

Internet media is ① similar to traditional media in ② a multitude of ways, and those similarities keep increasing over time. For example, videos that are streamed on the Internet are frequently accompanied and ③ interrupt by commercial breaks, not unlike television. In addition, just as magazine pages are broken up by pages of advertisements, web articles are surrounded left, right, top, and bottom with all types and sizes of ④ paid ads.

※ 밑줄 친 부분에 들어갈 말로 적절한 것을 고르시오.
[06~07]

06

A: Good morning! How can I help you today?

B: Hi. I have a question about a laptop I purchased here.

A: Sure. What would you like to know?

B: The screen started flickering yesterday. I'm wondering if it's covered by warranty.

A: Display issues are typically covered. Do you have your receipt?

B: Yes. Here it is.

A: Let me take a look. It seems the purchase date was 14 months ago. The standard warranty period is one year.

B: _____

A: I'm afraid extensions need to be purchased within the initial coverage period.

① I see. In that case, I'd like to extend the warranty.

② Where will repairs to my laptop be carried out?

③ That's strange. I thought it covered accidental damages too.

④ What if I forgot to sign up for the warranty?

07

Irene
Hello. I have a question about using your sports facilities.
1:44 pm

Sports Pavilion
I would be happy to help. What is your question?
1:45 pm

Irene
_____
1:45 pm

Sports Pavilion
You can use the gym, multipurpose room, and track.
1:46 pm

Irene
What about the pool?
1:47 pm

Sports Pavilion
Unfortunately, we cannot guarantee pool availability. You have to sign up for the wait list.
1:47 pm

Irene
I see. How can I do that?
1:48 pm

Sports Pavilion
Ask the front desk worker when you pay. They will notify you if a spot opens up.
1:49 pm

① Do you provide personal training?

② How early does the facility open?

③ What facilities does the admission fee include?

④ Is there a discount for local residents?

※ 다음 글을 읽고 물음에 답하시오. [08~09]

To	Bradenville City Council
From	Alexis Clements
Date	July 19
Subject	Lack of Public Washrooms Downtown

B I U ¶ A·T· ⟨⟩ 🖼 🔗 ☰ ☰ ☰ ↺ ↻ ⟨⟩

Dear Bradenville City Council,

I am writing to share my experience as a recent visitor to your beautiful city. While Bradenville has much to offer to tourists in terms of attractions and entertainment, it became quite apparent to me that there is a shortage of public restrooms in the downtown area.

During my weeklong stay, I found myself having to repeatedly make purchases at cafés and restaurants simply to use their restrooms. I found this to be extremely inconvenient and awkward. I can only imagine how much more difficult it must be for families with young children and for those with medical conditions who require <u>routine</u> access to such facilities.

I think you should consider installing public restrooms in key locations downtown as doing so would not only improve the experience for tourists but also benefit local residents and enhance the city's overall appeal.

Sincerely,
Alexis Clements

08 윗글의 목적으로 가장 적절한 것은?

① 공중화장실의 청결 상태에 대해 불평하려고

② 시내 시설 안내 지도를 제작할 것을 요청하려고

③ 카페 및 식당 직원의 부당한 대우에 대해 항의하려고

④ 시내에 공중화장실을 설치할 것을 제안하려고

09 밑줄 친 routine의 의미와 가장 가까운 것은?

① systematic

② normal

③ recurring

④ conventional

※ 다음 글을 읽고 물음에 답하시오. [10~11]

Enhance your gardening experience with PlantNow

With the PlantNow app, users can track important dates, such as when they planted seeds or last fertilized their plants. The app also sends reminders for watering and other maintenance tasks. Users who enable location services on their mobile device can refer to a seasonal planting guide customized to their specific climate zone. One very useful feature recently added to the app is the Plant Identifier, which allows users to take a picture of any plant and receive a list of possible <u>matches</u>, along with full care instructions and growth tips. In an upcoming update, the Plant Identifier will also provide pest and disease diagnostics for plants based on their appearance.

10 PlantNow 앱에 관한 윗글의 내용과 일치하지 않는 것은?

① It sends reminders for plant maintenance tasks.

② Users can get gardening advice specific to their location.

③ Identifying unknown plants is a feature of the app.

④ It currently diagnoses diseases in plants.

11 밑줄 친 matches의 의미와 가장 가까운 것은?

① trials

② copies

③ pairs

④ counterparts

12 Holiday Cooking Competition에 관한 다음 글의 내용과 일치하는 것은?

Lewisburg Community College

https://www.lewisburgcc.edu/news/

Lewisburg Community College

HOME   ADMISSIONS   ABOUT   NEWS   Q SEARCH

HOME > NEWS

Holiday Cooking Competition

Holiday Cooking Competition

- **Entry Fee:** $25.00
- **Date & Time:** Saturday, December 13, 10 a.m.

The competition is open to all amateur cooks. Dishes presented must be a unique personal recipe. Any type of cuisine is acceptable.

Registration forms must be submitted no later than November 31.

Please be aware: A refrigerator, stove, and oven will be provided. Contestants are responsible for bringing small equipment, cookware, utensils, and other items needed to cook and serve their dishes, as well as the ingredients they will use.

① 이틀에 걸쳐 진행된다.

② 전문 요리사들이 참여 대상이다.

③ 조리법은 참가자들이 직접 개발해야 한다.

④ 참가자들에게 재료가 제공될 것이다.

13 다음 글의 내용과 일치하지 않는 것은?

Charles Dickens's works have been favorites of readers for nearly two centuries. The prolific writer's books, short stories, novellas, and essays introduced many well-known characters, but perhaps the one that is most prominent and influential is Ebenezer Scrooge from *A Christmas Carol*. The miserly, selfish businessman in the story had little regard for those around him before undergoing a profound transformation into a generous member of society. In the real world, the Scrooge character has transcended Dickens's story and become a cultural symbol. Today, people who display cheap tendencies or selfish behavior are often called "Scrooge" due to their similarity to the character. The name is even used in criticizing elements of the capitalist system that are said to value money over people.

① Readers have enjoyed Dickens's stories for almost 200 years.

② *A Christmas Carol* features a figure with cultural influence.

③ Scrooge was unable to change his selfish ways in the story.

④ The name Scrooge is used in social commentary on capitalism.

14 다음 글의 주제로 적절한 것은?

It may appear improbable that a single object could symbolize both destruction and protection, but in Norse mythology, Mjölnir, the hammer wielded by Thor, the god of thunder, did exactly that. Forged by the dwarves Sindri and Brokkr, Mjölnir was said to be able to crush mountains and was used by Thor as a fearsome weapon in battle. The hammer was even considered the best weapon of the Aesir, the tribe of Norse gods and goddesses. This violent nature stands in contrast to its other uses in Norse myths. Mjölnir was also a symbol of protection for the people who would use similar large hammers to beat drums to ward off evil spirits and protect the community. They were even used to bless couples during wedding ceremonies.

① Thor's use of a hammer in war

② Weapons of Norse gods and goddesses

③ Importance of power in Norse stories

④ The contrasting nature of a mythological tool

15 다음 글의 제목으로 적절한 것은?

The Triffin Dilemma is a paradox that affects the economy of countries when their currency is used as the international reserve currency. The dilemma was developed by economist Robert Triffin who recognized the conflict that would arise between the country's short-term domestic economic goals and long-term global monetary stability. In order for a currency to be used as a global reserve, the country must run trade deficits so the money remains liquid enough for international transactions. But these deficits can reduce confidence in the value of the currency and destabilize the global economy. The theory was validated by the U.S. dollar, which previously had a fixed value based on gold. In order to remain the world's reserve currency, its value had to be allowed to fluctuate to meet the needs of the international monetary system.

* reserve currency(기축 통화): 각 나라가 대외 지급에 대비하여 보유하는 통화

① The Changing International Monetary System

② Economic Conflicts of Reserve Currencies

③ What Are Reserve Currencies?

④ Why Are Fluctuating Currencies Dangerous?

16 다음 글의 흐름상 어색한 문장은?

Despite the value of its mission of finding life in space, some people argue that the Search for Extraterrestrial Intelligence (SETI) project is a waste of resources. These critics say that the universe's vastness makes the odds of detecting signs of intelligent life astronomically small. ① They believe that SETI relies too heavily on the idea that aliens would employ technology similar to that of humans, such as the use of radio waves for long distance communication. ② They found that an unusual 72-second-long radio signal occurred in space. ③ Skeptics also point to the total lack of success in finding any signs of life during the project's nearly seven-decade history as proof of its futility. ④ Spending more time and money looking for alien life with the same basic assumptions and methods with no tangible results, would simply be a waste. If intelligent life does exist, they say, it could be so advanced that SETI researchers wouldn't recognize its signals.

17 주어진 문장이 들어갈 위치로 적절한 것은?

Although the Supreme Court recognized their tribal sovereignty, the Cherokee and other tribes were forced to make a 1,000-mile journey to the uninhabited Oklahoma territory to make room for new American settlers.

The Cherokee people were skilled farmers and traders in their ancestral homelands in the southeastern United States. (①) They thrived there, building a sophisticated society with advanced agriculture, a written language, schools, and impressive infrastructure. (②) However, in 1830, the United States government passed the Indian Removal Act, which ejected them from their land. (③) Known as the Trail of Tears, this difficult march resulted in the deaths of thousands of tribe members from disease, starvation, and exposure to the elements. (④) Today, this dark event in American history is commemorated with landmarks along the trail that serve as reminders of the injustice and the resilience of the Cherokee people.

18 주어진 글 다음에 이어질 글의 순서로 적절한 것은?

Social media platforms create environments where individuals are exposed to political perspectives that align with their existing beliefs.

(A) Both sides end up hearing only opinions that match their own and diminish the credibility of the opposing view. The result of this is clear: there are fewer opportunities for the dialog required to address important issues in society.

(B) Moreover, the continuous online activities of both sides of the political spectrum contribute to a growing polarization.

(C) These digital spaces facilitate interaction among users who share similar views, thereby causing them to reinforce their takes.

① (A) – (B) – (C)   ② (B) – (A) – (C)

③ (C) – (A) – (B)   ④ (C) – (B) – (A)

※ 밑줄 친 부분에 들어갈 말로 적절한 것을 고르시오.
[19~20]

19

_____.

When you hold an advantage in negotiation, such as having a viable alternative if the negotiation fails or when the other party is under greater time constraints, taking an aggressive approach to maximize your benefits can be highly effective. On the other hand, in scenarios where the other party's satisfaction is paramount—such as in customer service—a cooperative approach may yield better results. For example, resolving an upset customer's issue by offering a refund or discount is often more beneficial for the company than risking a negative business review through prolonged negotiations. Lastly, in cases where public interest is a priority, such as in a community development project, adopting an inclusive approach can be a strategic move. Prioritizing the perspectives of local residents over the sole interests of the negotiating parties can lead to more successful and widely supported outcomes.

① There are three techniques to win any negotiation

② Customers anticipate going through the negotiation process

③ You can employ negotiation skills to keep all parties satisfied

④ Different negotiation strategies can be utilized depending on the situation

20

In hierarchical organizations, communication occurs both horizontally and vertically, but vertical communication is relatively uncommon. Instead, most workplace communication occurs horizontally, between employees at the same organizational level. These interactions typically involve exchanging information through meetings, informal conversations, emails, or instant messages on work platforms, with the primary goal of addressing day-to-day job-related challenges. In contrast, vertical communication happens between different levels of the hierarchy, such as between management and employees. This type of communication is generally limited to specific situations, like leadership sharing updates on company goals or policies or employees providing feedback through annual surveys. Because such exchanges are tied to occasional events rather than daily collaboration, _____.

① vertical communication tends to be less frequent

② communication is noticeably faster and more efficient

③ promotions often arise from vertical communication

④ horizontal communications channels are abandoned for long periods

정답 · 해석 · 해설 p. 13

실전동형모의고사 02회
모바일 자동 채점 + 성적 분석 서비스 바로 가기

QR코드를 이용해 모바일로 간편하게 채점하고 나의 실력이 어느 정도인지,
취약 부분이 어디인지 바로 파악해 보세요.

02회 핵심 어휘 리스트

☑ 잘 외워지지 않는 어휘 및 표현은 박스에 체크하여 한 번 더 확인하세요.

☐ persistent	형 끈질긴, 집요한	
☐ diagnose	동 진단하다	
☐ isolate	동 고립시키다, 격리하다	
☐ pursue	동 추구하다, 밀고 나가다	
☐ association	명 연관성, 연상	
☐ inspire	동 영감을 주다	
☐ enduring	형 지속되는, 오래가는	
☐ accompany	동 동반하다	
☐ commercial	형 상업적인	
☐ notify	동 알리다	
☐ warranty	명 보증	
☐ initial	형 초기의, 처음의	
☐ coverage	명 보장	
☐ carry out	진행하다, 수행하다	
☐ accidental	형 우발적인, 우연한	
☐ in terms of	~ 측면에서	
☐ shortage	명 부족	
☐ cuisine	명 요리	
☐ registration	명 신청, 등록	
☐ prominent	형 두드러지는, 눈에 잘 띄는	
☐ profound	형 엄청난, 깊은	
☐ capitalist	형 자본주의적인	
☐ commentary	명 논평	
☐ improbable	형 불가능한, 사실 같지 않은	
☐ symbolize	동 상징하다	

☐ currency	명 통화
☐ domestic	형 국내의
☐ monetary	형 통화의
☐ stability	명 안정성
☐ deficit	명 적자
☐ transaction	명 거래
☐ validate	동 입증하다
☐ fluctuate	동 변동하다, 수시로 변하다
☐ extraterrestrial	형 외계의, 지구 밖 생명체의
☐ odds	명 가능성
☐ employ	동 사용하다
☐ skeptic	명 회의론자
☐ futility	명 쓸모없음
☐ assumption	명 가정
☐ tangible	형 실체적인, 명확한
☐ sovereignty	명 주권, 자주
☐ sophisticated	형 정교한
☐ eject	동 쫓아내다
☐ commemorate	동 기념하다
☐ resilience	명 회복력
☐ viable	형 실행할 수 있는
☐ hierarchical	형 계급의, 계층의
☐ horizontally	부 수평적으로
☐ vertically	부 수직적으로
☐ promotion	명 승진

Quiz 각 어휘 및 표현의 알맞은 뜻을 찾아 연결하세요.

01 accompany		ⓐ 계급의, 계층의
02 prominent		ⓑ 두드러지는, 눈에 잘 띄는
03 commentary		ⓒ 논평
04 hierarchical		ⓓ 동반하다
05 tangible		ⓔ 보증
		ⓕ 실체적인, 명확한

06 sovereignty		ⓐ 국내의
07 domestic		ⓑ 쫓아내다
08 eject		ⓒ 주권, 자주
09 cuisine		ⓓ 추구하다, 밀고 나가다
10 fluctuate		ⓔ 요리
		ⓕ 변동하다, 수시로 변하다

Answer | 01 ⓓ 02 ⓑ 03 ⓒ 04 ⓐ 05 ⓕ 06 ⓒ 07 ⓐ 08 ⓑ 09 ⓔ 10 ⓕ

03회 실전동형모의고사

제한 시간 : 20분 시작 시 분 ~ 종료 시 분 점수 확인 개/ 20개

※ 밑줄 친 부분에 들어갈 말로 가장 적절한 것을 고르시오.
[01~03]

01

To _____ the resolution of disputes, the company set up a dedicated customer service hotline.

① refresh   ② advertise

③ accelerate   ④ postpone

02

In most academic fields, researchers are expected to uphold _____ standards, so any form of personal bias must be carefully examined and eliminated.

① high   ② consistent

③ ethical   ④ objective

03

When the first offer came in, the couple consulted with their real estate agent on _____ to sell their house or wait for a better offer.

① if   ② whether

③ which   ④ that

※ 밑줄 친 부분 중 어법상 옳지 않은 것은? [04~05]

04

The manager ① mentioned the staff that the deadline was fast approaching. If the research they had done on their customers beforehand had been more thorough, they ② could have avoided the last-minute rush. Hardly ③ had they finished the final report when the client requested further revisions. The design team, ④ whose work was critical to the project, worked late into the night to meet the client's latest demands.

05

The elephant cactus is the largest known species of cactus ① to be found in the world. Located in northern Mexico, these plants, which live hundreds of years, can keep ② growing until they reach heights of 20 meters tall. Sharp needles are ③ which most people see covering the plant, but during late spring, giant, white flowers bloom from its branches. Also, the elephant cactus produces a fruit that can be either eaten whole and raw or squeezed as juice, and is considered culturally and culinarily ④ significant to the Seri people, an indigenous group in Mexico.

※ 밑줄 친 부분에 들어갈 말로 가장 적절한 것을 고르시오.
[06~07]

06

A: Did you go to the grocery store yet?

B: Yes. I just finished putting the food away.

A: Oh, I see. I forgot to ask you to pick up some soy milk. I can't have dairy products anymore and my stomach hurts if I do.

B: I can go back now and get it for you.

A: I couldn't ask you to do that.

B: Don't worry about it. _____

① It would be my pleasure.

② Your stomach will feel better soon.

③ We can go out for dinner tonight.

④ It was my mistake anyway.

07

Molly Griggs
Did you book the meeting room for tomorrow?
11:09

Ben Ortiz
I did. But I still haven't been able to contact our CEO.
11:09

Molly Griggs
Oh. He needs to be there to hear our proposal.
11:10

Ben Ortiz
I know. I emailed him and sent him a meeting invite on the message board, but he hasn't responded.
11:11

Molly Griggs
Maybe he's out of the office on a business trip.
11:11

Ben Ortiz
How can we make sure?
11:11

Molly Griggs
_____
11:12

① Please send me a quick email.

② Let's just follow the plan.

③ I'll call his personal assistant and ask.

④ We should change the meeting time.

※ 다음 글을 읽고 물음에 답하시오. [08~09]

[A]

The Golden Meadow Forest is near to the hearts of all local residents.

The forest's tree density has reached a historic low. Experts are worried that its future is in peril. We must all work together to save it.

A local conservation group is fighting to protect this precious natural treasure. It will host an open forum to discuss issues facing the forest. Attend and find out what you can do.

The health of the forest affects all aspects of life in the local community. After all, it's more than just a beautiful location; it's also a source of clean air, recreation, and biodiversity.

Location: Piedmont Community Center
Date: Monday, April 10
Time: 7:00 p.m.

To learn more about the group's activities, visit www.goldenmeadow.com.

08 (A)에 들어갈 윗글의 제목으로 가장 적절한 것은?

① The Joy of Forest Walks
② Exploring Local Wildlife
③ Forest Mysteries Uncovered
④ Protecting Our Local Treasures

09 위 안내문의 내용과 일치하지 않는 것은?

① 전문가들이 숲에 대해 걱정하고 있다.
② 지방 정부가 토론회를 열 예정이다.
③ 숲은 지역 사회에 휴양을 제공한다.
④ 공개 포럼은 지역 문화 회관에서 열릴 것이다.

※ 다음 글을 읽고 물음에 답하시오. [10~11]

To	maria_hickman@jsmail.com
From	jenson_vega@klarksburgculture.org
Date	March 6
Subject	Your upcoming interview

Dear Ms. Hickman,

I am writing with regard to your upcoming interview for the <u>position</u> of community outreach manager at Klarksburg Cultural Center.

We initially scheduled your interview at our downtown office for Tuesday, March 12, at 10:00 a.m. However, due to a last-minute scheduling conflict affecting the hiring committee's availability, we would like to reschedule your interview for Wednesday, March 13, at 1:00 p.m. As was mentioned, the interview will consist of a 30-minute panel interview with the hiring committee followed by a 15-minute, one-on-one discussion with the community engagement director. It will take place in Suite H, on the third floor of our building.

I sincerely apologize for any inconvenience this change may cause. Please confirm your availability for the new date and time as soon as possible.

Sincerely,
Jenson Vega

10 위 이메일의 내용과 일치하지 않는 것은?

① 원래 화요일 오전에 면접이 진행될 예정이었다.
② 면접에 채용위원회가 참석하지 않는 것으로 바뀌었다.
③ 면접은 위원단 면접과 일대일 토론으로 구성된다.
④ 건물의 3층에서 면접이 진행될 것이다.

11 밑줄 친 position의 의미와 가장 가까운 것은?

① location
② role
③ pose
④ attitude

12 Mobile Identification Certificate에 관한 다음 글의 내용과 일치하지 않는 것은?

Use the convenient and secure Mobile Identification Certificate.

The Mobile Identification Certificate allows you to store your ID on your smart device, so you no longer need to carry the physical card for identification purposes. This certificate is available to residents aged 17 and older. Those who already possess a physical ID card can apply for the certificate for free in one of two ways. The first option is to visit a community center, where a special QR code linked to your ID information will be created for you to take a picture of with your mobile device. The second option is to upgrade your current ID card to one with a built-in IC chip. Once you have the upgraded card, you can transfer your ID information to your phone by simply tapping the card to your device, with no need for a visit to a community center. The certificate is secured with encryption to prevent counterfeiting or theft, and it can only be used on one mobile device.

① Residents must be a certain age to get it.

② It can be applied for online.

③ Encryption protects the certificate from theft.

④ It can only be used on a single device.

13 다음 글의 내용과 일치하는 것은?

Inspired by Germany's efficient Autobahn, the US Congress approved the Federal Aid Highway Act of 1956. This legislation allocated $30 billion in funding for 66,000 kilometers of infrastructure, the most ambitious construction project in the country's history. While a few critics cited the increased gas prices and road tolls needed to finance the project and the loss of farmland to new highways, the decision was met with near-universal acclaim. Not only did the actual building of the highway network provide thousands of jobs, but it also boosted the trucking industry and stimulated the development of the roadside economy. Today, roadside hotels, restaurants, tourist attractions, and amusement parks rely almost entirely on the millions of drivers who traverse America's highways.

① Autobahn construction is seldom concerned with the US highway act.

② Fuel price decline was attributed to highway construction.

③ Employment skyrocketed in road-related industries.

④ Roadside businesses are subsidized by the government.

14 다음 글의 제목으로 가장 적절한 것은?

Combined efforts by governments worldwide to protect the ozone layer have been successful and are expected to lead to positive effects, a recent study suggests. In 1987, the Montreal Protocol went into effect to collectively phase out chemicals that cause ozone depletion in 197 countries. Implementation of the protocol has been largely successful. The ozone layer has recovered to the healthy levels of the 1980s, and thus is able to offer stronger protection from the Sun's ultraviolet radiation, which causes skin cancer, cataracts, and certain autoimmune diseases. Experts estimate that 400 million cases of skin cancer and 50 million cataract cases will be prevented due to the Montreal Protocol in the next 100 years, helping to save more than two million lives in the United States alone.

① Participation in Protocol Highest in History

② How Radiation Affects the Human Body

③ Health Benefits of Preserving the Ozone Layer

④ Decline in Release of Ozone-destroying Substances

15 다음 글의 주제로 가장 적절한 것은?

While many potential vehicle owners are interested in fully electric vehicles, most have to rely on their local governments to provide infrastructure to support them. Specifically, governments must invest in the creation of more public charging stations so that electric vehicle ownership can be practical and worthwhile for citizens. This requires a bit of forward thinking on the part of politicians, as well as an investment in facilities that will take years to construct and longer to reach peak traffic. Yet this is the direction the auto industry has been moving in, and officials should act soon to stay ahead of the curve.

① the prohibitive costs of infrastructure for electric vehicles

② the impracticality of electric cars at this point in time

③ government measures as a requisite for electric car ownership

④ technological requirements of effective charging stations

16 다음 중 글의 전체적인 흐름과 관계없는 문장은?

A prosperous society is created by building a strong foundation, and early education is part of that base. ① Better teachers, more funding, and diverse programs, of course, are all needed in order to provide the proper academic setting for future generations to get started on the right foot. ② Yet, there are also more obscure, but no less crucial, aspects needed to bolster early education that often go overlooked. ③ For instance, accessible daycare and paid family leave are just two programs that indirectly help foster a learning environment in which children can succeed. ④ Nurseries and preschools have risen in number by more than 20 percent, as parents who place a greater emphasis on early education are on the rise. In this regard, making an investment in such peripheral areas can pay off.

17 주어진 문장이 들어갈 위치로 가장 적절한 것은?

Instead, they are forced to flex their artistic muscles and come up with creative solutions to fix, hide, or incorporate mistakes organically into the final piece of art.

Digital art is becoming more popular these days because of its ease of access, convenient use, and shareability. Additionally, becoming an adept digital artist is likely to provide a lucrative career as the future of labor becomes more reliant on technology. (①) This is because digital work can be completed and sent prolifically over the Internet, and many businesses employ several graphic designers to create digital art for company websites. (②) But traditional art skills, even if less financially rewarding, are still needed for the holistic development of any artist. (③) The traditional artist has value, namely, in their approach as a problem solver. When mistakes occur, traditional artists are reticent to waste supplies or throw out an in-progress sketch, canvas, or sculpture. (④) Digital artists, on the other hand, do not have to overcome these types of challenges, as they can easily undo a mistake or delete an unsatisfactory draft with the press of a button. This convenience, it turns out, actually prevents them from fully growing as artists.

* holistic development: 전인적인 발전(지식이나 기능 따위의 교육에 치우치지 않고 인간이 지닌 모든 자질을 조화롭게 발달시키는 것)

18 주어진 글 다음에 이어질 글의 순서로 가장 적절한 것은?

Sociolinguistics emerged in the 1930s and is focused on studying patterns within languages. The idea is that by analyzing these linguistic characteristics, experts can understand how language and society interact.

(A) On the whole though, the most prominent area explored by sociolinguists is related to language variations that exist between members of different social classes, with more affluent people tending to use standard, school-taught language.

(B) Lower classes, on the other hand, have developed a unique dialect of non-standard English with its own grammar and vocabulary.

(C) In the field's short history, sociolinguists have contributed insights about how pronunciation, diction, and grammatical usage can reflect societal differences based on age, sex, and occupation.

① (A) – (B) – (C)
② (B) – (C) – (A)
③ (C) – (A) – (B)
④ (C) – (B) – (A)

※ 밑줄 친 부분에 들어갈 말로 가장 적절한 것을 고르시오.
[19~20]

19

The increase in the digitization of products is causing a psychological shift in how people view ownership. Whereas consumers had a permanent sense of possession over their tangible products, with digital goods, that sense of ownership is more temporary. For example, CDs and DVDs—the physical versions of music, movies, and TV shows—have been replaced with streaming services. Photos and documents don't need to be printed out or saved on USB drives anymore—they exist as intangible files on the cloud. Large products are entering the digital world as well. Many young people in cities are selling their cars and using ridesharing services. While digitization comes with the benefits of increased sustainability, it also makes customers less brand-loyal, less likely to recommend products to others, and less likely to spend more money on items. In short, because consumers feel as if they are only renting, _____. As a result, more customers are giving up on cultivating collections or staying up to date with the latest releases from brands.

① they are not attached to the products anymore

② the speed of digitization has only increased

③ the price of goods has become more stable

④ they are more likely to resell the goods

20

Gift-giving has become deeply entrenched in our culture, and while finding a present that someone will actually like and find value in is difficult, gifting cash is considered coldhearted. A common solution to this gift-giving predicament is the gift card, which has exploded in popularity in recent years. But as it turns out, the main beneficiaries of gift cards are the businesses themselves. Most of this money becomes a _____ expenditure, disappearing into oblivion as it is banished to a forgotten drawer by the recipient. According to a survey, nearly 20 percent of responders said they weren't likely to use it at all. This equates to a substantial amount of money, nearly 10 billion dollars that will not be redeemed by customers, but instead, stay in the companies' pockets.

① dubious

② prodigal

③ momentous

④ skeptical

정답·해석·해설 p. 25

03회 핵심 어휘 리스트

☑ 잘 외워지지 않는 어휘 및 표현은 박스에 체크하여 한 번 더 확인하세요.

☐ resolution	몡 해결	☐ prosperous	혱 번영하는, 성공한
☐ dispute	몡 분쟁	☐ obscure	혱 잘 알려지지 않은, 모호한
☐ set up	구축하다, 수립하다	☐ overlook	동 간과하다
☐ uphold	동 (법·원칙 등을) 따르다	☐ foster	동 조성하다
☐ examine	동 검토하다	☐ peripheral	혱 주변의, 중요하지 않은
☐ eliminate	동 제거하다	☐ incorporate	동 포함시키다, 통합시키다
☐ objective	혱 객관적인	☐ adept	혱 능숙한
☐ consult with	~와 상의하다, 협의하다	☐ lucrative	혱 수익성이 좋은
☐ revision	몡 수정	☐ reticent	혱 ~을 삼가는, 말수가 적은
☐ indigenous	혱 토착의	☐ interact	동 상호작용하다
☐ proposal	몡 제안	☐ variation	몡 변이
☐ density	몡 밀도	☐ affluent	혱 부유한, 풍족한
☐ conservation	몡 보존, 보호	☐ dialect	몡 방언, 사투리
☐ outreach	몡 봉사활동	☐ insight	몡 통찰력
☐ committee	몡 위원회	☐ occupation	몡 직업
☐ engagement	몡 고용, 계약	☐ sustainability	몡 지속 가능성
☐ identification	몡 신분 증명, 식별	☐ cultivate	동 ~에 몰두하다, 재배하다
☐ encrypt	동 암호화하다	☐ up to date	최신의
☐ counterfeit	동 위조하다	☐ predicament	몡 곤경, 궁지
☐ legislation	몡 법률 제정, 법안	☐ beneficiary	몡 수혜자
☐ allocate	동 할당하다	☐ expenditure	몡 지출, 소비
☐ traverse	동 가로지르다, 건너다	☐ oblivion	몡 망각
☐ phase out	~을 단계적으로 없애다	☐ substantial	혱 상당한
☐ depletion	몡 감소, 고갈	☐ dubious	혱 수상쩍은
☐ requisite	몡 요건 혱 필요한	☐ prodigal	혱 낭비하는

Quiz 각 어휘 및 표현의 알맞은 뜻을 찾아 연결하세요.

01 engagement ⓐ 보존, 보호
02 conservation ⓑ 분쟁
03 eliminate ⓒ 수익성이 좋은
04 lucrative ⓓ 제거하다
05 predicament ⓔ 곤경, 궁지
ⓕ 고용, 계약

06 resolution ⓐ 위조하다
07 counterfeit ⓑ 지속 가능성
08 occupation ⓒ 해결
09 oblivion ⓓ 봉사활동
10 sustainability ⓔ 망각
ⓕ 직업

04회 실전동형모의고사

제한 시간 : 20분 시작   시   분 ~ 종료   시   분 점수 확인 개/ 20개

※ 밑줄 친 부분에 들어갈 말로 가장 적절한 것을 고르시오.
[01~03]

01

With hospitals becoming increasingly understaffed in some parts of the world, people have no choice but to be _____ when visiting emergency rooms.

① comfortable   ② secure

③ patient   ④ courageous

02

To ensure the information they present to the public is accurate, journalists should cite only _____ sources.

① reliable   ② temporary

③ additional   ④ anonymous

03

The economic reforms have led to increased foreign investment, which _____ rapid growth in the country's infrastructure.

① had stimulated

② has stimulated

③ was stimulated

④ has been stimulated

※ 밑줄 친 부분 중 어법상 옳지 않은 것을 고르시오.
[04~05]

04

Brutalism, with its harsh concrete forms, became ① popular in the mid-20th century, especially in the former Yugoslavia. ② Despite these buildings look cold and uninviting, they have developed a strong fan base. Today, they serve as reminders to people of the uniqueness and duality of the former country. Interestingly, the buildings, ③ which were designed ④ to reflect socialist ideals, have become engines of capitalism, attracting tourists from around the world.

05

Thomas Letts, a 19th-century stationer and a printer, was the son of the man ① crediting with publishing the first commercially produced diary, and who himself popularized the format of the diary by ② offering them in a wide variety of sizes and styles. What he accomplished in the world of stationery ③ was impressive, but following his death, his company was liquidated due to mismanagement. A few years later, his son ④ reformed the company, maintaining private ownership rather than taking the company public, and for more than 100 years, Thomas Letts's business has continued to successfully operate.

※ 밑줄 친 부분에 들어갈 말로 가장 적절한 것을 고르시오. [06~07]

06

> A: Today's my last day working here at the accounting firm.
>
> B: What are you talking about?
>
> A: Well, I've always wanted to be a game programmer, so I've decided to give it a shot.
>
> B: Wow! _____.
>
> A: I know, but nothing ventured, nothing gained, right?
>
> B: I suppose. I wouldn't have the courage to do it, though.

① You should speak up more often

② I'm sure you'll enjoy accounting

③ That's a pretty bold move to make

④ At least you gave it a try

07

Jessica
Hey, how do you like living in Seoul?
3:57

Henry
It's good, but I'm having trouble figuring out the transportation system. And I need to sign up for telecommunication services.
3:58

Jessica
Have you downloaded the Seoul app? It can help with all of that.
3:58

Henry
_____
3:59

Jessica
It's available in five languages, including English.
3:59

Henry
Oh, OK. That's good to know.
4:00

Jessica
The app is actually designed for foreigners. So it's really helpful with immigration and language support too.
4:01

Henry
I'll have to download it then.
4:01

① How can I find the app?

② What if I don't know Korean?

③ Is it an official government application?

④ Can I speak to someone who can help me?

※ 다음 글을 읽고 물음에 답하시오. [08~09]

To	Snyder Public Works Department
From	Donovan Carr
Date	August 18
Subject	Overgrown Vegetation Obstructing Stop Sig

To Whom It May Concern,

I am writing to inform you of a serious safety concern caused by overgrown vegetation at the intersection of Barber Street and Gillespie Avenue. Several large bushes have grown to completely block the visibility of the stop sign on the northeast corner.

As someone who commutes through this intersection on a daily basis, I am aware of the stop sign's <u>presence</u> and take the necessary caution when approaching it. However, I have seen other drivers drive right past it as they fail to notice it. At this point, I feel like an accident is inevitable.

I believe this issue could be easily resolved with some simple, routine maintenance. I therefore ask that you take action by removing the bushes obstructing the sign as soon as possible. I would hate to hear about anyone getting hurt because of something so preventable.

Sincerely,
Donovan Carr

08 윗글의 목적으로 가장 적절한 것은?

① 정지 표지판을 무시하는 난폭 운전자들에 대해 불평하려고
② 정지 표지판을 막고 있는 식물을 제거해줄 것을 요청하려고
③ 위험한 교차로에 정지 표지판을 설치할 것을 제안하려고
④ 식물에 가려진 정지 표지판으로 인한 사고를 신고하려고

09 밑줄 친 "presence"의 의미와 가장 가까운 것은?

① function
② existence
③ company
④ demeanor

※ 다음 글을 읽고 물음에 답하시오. [10~11]

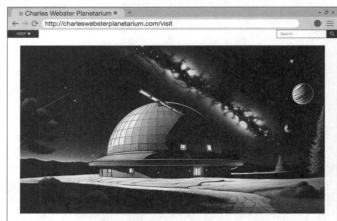

Charles Webster Planetarium

Reopening Weekend
The Charles Webster Planetarium is reopening after two years of renovations. To <u>mark</u> this occasion, fees for admission and individual exhibits will not be charged this Saturday and Sunday only. Bring the entire family for a fascinating day of uncovering the mysteries of the universe.

Exhibits Like No Other
We offer the only spacewalk simulator available to the public. Step inside and experience what it's like to be an astronaut in orbit. We also feature the most extensive collection of telescopes in the country, including some astronomical tools that date back 300 years.

Gift Shop Sale
For this reopening weekend, all gift shop items will be offered at a 15 percent discount. Please note that certain products are subject to purchase limits, with restrictions on the number of units a customer can buy.

10 윗글에서 Charles Webster Planetarium에 관한 내용과 일치하는 것은?

① It was closed for two years.
② It offers discounted admission on the weekend.
③ It lets visitors meet an astronaut.
④ It puts purchase limits on all gift shop items.

11 밑줄 친 "mark"의 의미와 가장 가까운 것은?

① check
② identify
③ grade
④ celebrate

※ 다음 글의 내용과 일치하지 않는 것은? [12~13]

12

Mackinac Island, Michigan, is home to the only highway in the US without cars. Residents of the small town wanted to outlaw motor vehicles in the 1890s, when tourists first brought them onto the island. The traffic and noise caused by these new "horseless carriages" led angry locals to pass the ban in 1898. Since then, those traversing the 13.4-kilometer road have had to do so by other means. People are permitted to travel by horse, carriage, bicycle, or on foot, and there are a few notable exceptions. For instance, the police jeep is allowed on the roadway because it's used to assist the elderly in winter. In addition, the embargo was temporarily lifted for the making of a film, though the cast and crew were strictly forbidden from driving any automobiles unless they were actually shooting a scene.

① 맥키노 섬은 미국에서 차가 없는 유일한 고속도로이다.

② 주민들의 바람에 부응하여 1898년 맥키노 섬에서 자동차 통행이 금지되었다.

③ 맥키노 섬의 경찰차는 겨울철에 한해 사용이 금지된다.

④ 맥키노 섬에서 영화 촬영 중인 배우는 일시적으로 자동차 운전을 할 수 있다.

13

Today, high heels are seen mostly on women, but they were once more popular with men. Historians believe that high-heeled boots were initially worn during the ninth century by horse-riding Persian soldiers, as the heels kept their feet from sliding through the stirrups. Elevated footwear spread to Europe in the 1600s after a visit from Persian diplomats. Wealthy men including King Louis XIV adopted them as a way to appear taller, and the shoes soon became an indicator of masculinity, dominance, and social status. Louis XIV's affinity for the shoes was so great that he forbid other forms of footwear from being worn by courtiers. However, the trend of towering shoes began to decline, as they were seen as appearing feminine. Eventually, by the 18th century, heels had fallen out of favor with men owing to their impracticality.

① Shoes with elevated heels likely served a military purpose at first.

② High-heeled shoes were once only worn by upper-class women.

③ Courtiers in King Louis XIV's court were required to wear high heels.

④ Men eventually abandoned high heels because they found them useless.

14 다음 글의 내용과 일치하는 것은?

Hummingbirds, the smallest of all known bird species, are the acrobats of the aerial world. Unlike other birds, hummingbirds can fly with their bodies in an upright position, hover in place, and even propel themselves backward. This is possible due to their unique anatomy. Over 25 percent of the birds' weight is made up of the muscles that connect the wings to the torso. In addition, the hummingbird wing is rigid from shoulder to wingtip, without the mid-wing joint of other birds. These two adaptations allow the birds to flap their wings extremely quickly, up to 80 beats per second, and produce power on both the upward and downward strokes. With this speed and power, hummingbirds can fly at speeds of 100km/hr and stop almost immediately. This becomes important in their mating rituals during which males fly high into the air then dive at full speed to impress potential mates.

① Their small size allows hummingbirds to fly faster than other birds.

② Specialized anatomical structures permit hummingbirds to fly in unique ways.

③ Additional wing joints make hummingbird wings move faster than normal.

④ Hummingbirds fly backward to attract potential mates.

15 다음 글의 주제로 가장 적절한 것은?

Anxiety is the most commonly diagnosed mental disorder in the United States. People who suffer from this condition report feelings of unease that last for long periods of time. These feelings can interfere with their ability to properly socialize and perform in work and school. In order to deal with anxiety, psychologists recommend a combination of psychotherapy and medication. Cognitive Behavioral Therapy (CBT) is one of the most often used versions of psychotherapy to deal with prolonged anxiety. CBT teaches sufferers how to deal with the factors of their lives that cause their anxiety. It identifies these triggers and helps the patient challenge them in order to neutralize their effect. When combined with anti-anxiety medications, which treat the symptoms rather than the cause of the condition, CBT allows anxiety sufferers to live normal lives free of their crippling condition.

① How people can deal with a mental disorder

② What causes people to develop anxiety issues

③ When medications can be used in psychiatry

④ Why some people are more vulnerable to mental illness

16 글의 흐름상 가장 어색한 문장은?

Biologists are more reliant upon understanding chemistry than chemists are upon understanding biology. ① Biological occurrences from hunger to reproduction to the presence of the water and air upon which all organisms rely result from a chemical reaction of one sort or another on a basic level. ② Those who specialize in biology, therefore, must have a basic understanding of how different chemicals, both internal and external, interact to cause the things that they study. ③ In fact, most universities require students majoring in science to have a basic knowledge of various scientific fields. ④ Chemists, on the other hand, have less need to understand biology for their work. They seek to understand the basics of chemical elements and their interactions wherever they should occur, be it a living environment or an otherwise empty void.

17 주어진 문장이 들어갈 위치로 가장 적절한 것은?

This could be due to the fact that people typically use pronouns to refer to a noun, so when they want to say the actual noun, they have to pause and think about it first before selecting the most accurate noun.

Fillers like *ah*, *uh*, and *um* are so much a part of our daily conversation that we don't give them a second thought. (①) Yet, a closer look into when people use them reveals much about how we communicate, a language study concludes. (②) Researchers analyzed thousands of speech recordings from nine distinct languages and noted that when people pause and utter a filler, it's because they are visualizing the word they want to say. (③) Sixty percent of the time, people visualize nouns rather than verbs. (④) On the other hand, it's much easier to remember verbs because they are action words, and actions are a lot easier to "see" in one's mind.

18 빈칸 (A), (B)에 들어갈 말로 가장 적절한 것은?

Experts say that more than $23 billion worth of illegally caught fish circulates in the market each year.   (A)   , that number is expected to be scaled down drastically in the near future thanks to Project Eyes on the Seas. The initiative was launched by a nonprofit organization in collaboration with a satellite applications company. Together, they came up with a comprehensive monitoring system using data collected by spacecraft in orbit. Their new tracking program is far superior to the current model in several important ways.   (B)   , it will finally allow officials to observe marine zones in real time. The availability of up-to-date information will help authorities locate suspicious vehicles more quickly and thereby reduce the incidences of illegal fishing.

	(A)	(B)
①	Particularly	Until now
②	Additionally	On the contrary
③	Accordingly	To that end
④	Fortunately	For example

※ 밑줄 친 부분에 들어갈 말로 가장 적절한 것을 고르시오.
[19~20]

19

Having amassed over $150 billion, Bill Gates—the founder of Microsoft—is one of the richest people in history. However, Gates does not see money as a great asset to him any longer. "Money has no utility to me beyond a certain point." Therefore, he has decided _____.
Through his family's philanthropic organization, the Bill & Melinda Gates Foundation, Gates has donated about $60 billion to charity groups that work towards social, health, and education developments. He also teamed up with Warren Buffett to found the Giving Pledge campaign. The two billionaires recruited other wealthy individuals to sign the pledge, promising to donate at least half of their net worth to charity.

① to find new ways to earn money for his business

② to put his vast fortune to use for the less fortunate

③ to connect high net worth individuals with one another

④ to develop technology to improve health and education

20

For roughly half of its existence, the United States federal government relied on tariffs as its primary source of revenue. These taxes on imports were both easy to institute and easy for port authorities to collect. Over the decades, as the nation expanded and stratified, problems in the tariff system became more apparent. The irregularity with which they were introduced made them unpredictable, and they hit the poor the hardest. In the interim, states had introduced local taxation systems to varying degrees of success, and so in 1909 an amendment of the constitution was proposed to institute a federal income tax. It _____, and the income tax soon became the government's dominant means of funds.

① was ratified by an overwhelming majority of states

② led to a split in opinions by members of Congress

③ presented more problems than the tariff system

④ was not feasible under the existing economy

정답 · 해석 · 해설 p. 36

실전동형모의고사 04회
모바일 자동 채점 + 성적 분석 서비스 바로 가기

QR코드를 이용해 모바일로 간편하게 채점하고 나의 실력이 어느 정도인지, 취약 부분이 어디인지 바로 파악해 보세요.

04회 / 핵심 어휘 리스트

☑ 잘 외워지지 않는 어휘 및 표현은 박스에 체크하여 한 번 더 확인하세요.

☐ understaffed	혱 인원이 부족한		☐ ban	몡 금지(령) 동 금지하다
☐ patient	혱 인내심이 있는		☐ exception	몡 예외
☐ courageous	혱 용감한		☐ embargo	몡 금지
☐ cite	동 인용하다		☐ diplomat	몡 외교관
☐ temporary	혱 일시적인, 임시의		☐ indicator	몡 지표
☐ anonymous	혱 익명의		☐ dominance	몡 권세, 우월
☐ reform	몡 개혁		☐ affinity	몡 애호, 친밀감
☐ investment	몡 투자		☐ socialize	동 사교활동을 하다, 어울리다
☐ stimulate	동 자극하다		☐ medication	몡 약물 치료, 약
☐ duality	몡 이중성, 양면성		☐ cognitive	혱 인지의
☐ liquidate	동 매각하다, 팔다		☐ prolonged	혱 오래 계속되는, 장기적인
☐ take public	(주식을) 상장하다		☐ trigger	몡 유인 동 유발하다
☐ accounting	몡 회계, 회계 업무		☐ neutralize	동 제압하다, 중화하다
☐ venture	동 모험하다		☐ vulnerable	혱 취약한
☐ figure out	이해하다		☐ void	몡 (빈) 공간, 공허함
☐ immigration	몡 이민, 이주		☐ analyze	동 분석하다
☐ obstruct	동 (진로·시야 등을) 막다, 방해하다		☐ distinct	혱 서로 다른
☐ intersection	몡 교차로		☐ circulate	동 유통되다, 순환하다
☐ visibility	몡 가시성, 눈에 보임		☐ amass	동 축적하다, 모으다
☐ inevitable	혱 불가피한		☐ asset	몡 자산
☐ renovation	몡 보수, 개조		☐ philanthropic	혱 자선의, 인정 많은
☐ uncover	동 발견하다, 알아내다		☐ recruit	동 모집하다
☐ orbit	몡 궤도		☐ pledge	몡 서약
☐ outlaw	동 금지하다, 불법화하다		☐ net worth	순자산
☐ carriage	몡 마차		☐ tariff	몡 관세

Quiz 각 어휘 및 표현의 알맞은 뜻을 찾아 연결하세요.

01 intersection	ⓐ 교차로		06 cite	ⓐ 축적하다, 모으다
02 anonymous	ⓑ 매각하다, 팔다		07 analyze	ⓑ 유통되다, 순환하다
03 liquidate	ⓒ 인지의		08 amass	ⓒ 인용하다
04 cognitive	ⓓ 자극하다		09 immigration	ⓓ 모험하다
05 philanthropic	ⓔ 익명의		10 circulate	ⓔ 이민, 이주
	ⓕ 자선의, 인정 많은			ⓕ 분석하다

05회 실전동형모의고사

※ 밑줄 친 부분에 들어갈 말로 가장 적절한 것을 고르시오. [01~03]

01

Globalization has led to the spread of similar cultural standards, making the _____ of traditional customs and practices necessary for preventing cultural uniformity.

① elimination

② preservation

③ reputation

④ transformation

02

Clearly, more effective approaches are required to address the problems faced by society today. The need to solve poverty, climate change, and inequality is _____.

① immediate

② impossible

③ prearranged

④ preliminary

03

Once she _____ her internship at the company, she will have received experience working in a professional environment.

① completed

② complete

③ completes

④ completing

※ 밑줄 친 부분 중 어법상 옳지 않은 것은? [04~05]

04

It is undeniable that humans are social creatures who not only crave acceptance ① but also want to fit in with others. Not wanting to be left out is a reason why trends ② are existed. When a new trend emerges, ③ its influence can spread across continents within hours through social media, often drawing ④ as much attention as a headline-grabbing global event.

05

The first applicant sat in front of Linda. ① So impressed was she by his education and personality that she could hardly conceal it. He also possessed enough experience in international advertising ② to be a real asset to the team. She sighed, remembering the instructions she had been given. Her manager insisted that the new marketing director ③ spoke a foreign language. Thanking him for coming in, she reluctantly ④ called the next candidate. But throughout the rest of the interview process, she thought of how she could convince her manager to give the first job seeker a chance.

※ 밑줄 친 부분에 들어갈 말로 가장 적절한 것을 고르시오.
[06~07]

06

> A: How do you like the sneakers?
>
> B: They're really comfortable, but do they come in any other colors?
>
> A: _____.
>
> B: Could you check your warehouse to make sure?
>
> A: I did when another customer made the same request earlier.
>
> B: Oh, I see. Then I'll get these.

① Yes, but we only have blue in stock

② I think black would look better on you

③ They come with an extra pair of laces

④ Another size might fit you more comfortably

07

Paul Lee
I understand you had an issue this morning while working from home. Can you tell me about it?
2:11 p.m.

Nicole Howard
My computer suddenly shut down, and I lost the files I was working on. I tried to recover them but couldn't.
2:12 p.m.

Paul Lee
_____
_____
2:12 p.m.

Nicole Howard
I definitely remember signing in this morning.
2:13 p.m.

Paul Lee
Then we should have no problem. Files get saved automatically every 15 minutes to the system. The IT team will be able to retrieve the lost files from our servers.
2:14 p.m.

Nicole Howard
I'm so happy to hear that. What a relief!
2:14 p.m.

① Did you try rebooting your device?

② Were you logged onto the company's remote system?

③ Can you tell me the names of the files?

④ Do you have any other projects you can work on?

※ 다음 글을 읽고 물음에 답하시오. [08~09]

[A]

To stay protected, it's important to check air quality measurements. As part of the Clean Air Awareness Initiative, two new digital tools have been developed to help citizens stay up-to-date about air quality. Use both to keep safe from the harmful effects of air pollution.

Air Quality Measurements
- **Air pollution scale:** Ranges across six levels from "Good" to "Hazardous"
- **Air quality index:** Higher scores indicate more serious health concerns

Tools
- **Mobile Alert System**
  Sign up to receive real-time, localized notifications when air quality reaches levels that require wearing a mask or avoiding outdoor activity.
- **Monitoring Site**
  Check forecasts of air quality for up to a week in advance; this site provides more detailed information regarding the air quality.

To learn more about how to protect yourself from air pollution and find ways to help reduce it, visit our website at www. cleanairawareness.com.

08 (A)에 들어갈 윗글의 제목으로 가장 적절한 것은?

① Plan a Safe Outdoor Activity

② Stay Informed about Air Conditions

③ Join a Clean Air Volunteer Program

④ Receive Training on New Digital Tools

09 위 안내문의 내용과 일치하지 않는 것은?

① 대기질에 대한 최신 정보를 제공하는 디지털 도구가 개발되었다.

② 대기질 지수가 높을수록 건강에 대한 우려가 더 심각해진다.

③ 모바일 경보 시스템은 가입자들에게 실시간 알림을 제공한다.

④ 모니터링 사이트는 향후 2주간의 대기질 예보를 제공한다.

※ 다음 글을 읽고 물음에 답하시오. [10~11]

National Highways Management Agency
We ensure the safety and efficiency of federal and state highways, focusing on minimizing traffic, reducing travel times, and responding to emergencies. Our responsibilities also include inspecting the <u>condition</u> of roads and bridges, coordinating necessary repairs, and managing the placement and maintenance of on-road signage.

Looking Ahead
We are committed to reducing greenhouse gas emissions by constructing eco-friendly infrastructure. To support the ongoing shift to cleaner transportation, we are also making the expansion of electric vehicle charging networks along major highways a priority.

Principles
- Safety First: All our projects and decisions take the safety of the public into consideration before all else.
- Infrastructure Longevity: We use durable materials and advanced construction techniques to extend the lifespan of roads and bridges.

10 윗글에서 National Highways Management Agency 에 관한 내용과 일치하는 것은?

① It adds signs to roads to limit the flow of traffic.

② It works to reduce emissions by prohibiting certain types of vehicles from highways.

③ It aims to support electric vehicle infrastructure.

④ It makes frequent repairs to extend the lifespan of roads and bridges.

11 밑줄 친 "condition"의 의미와 가장 가까운 것은?

① status   ② perrequisite

③ limitation   ④ problem

12 다음 글의 목적으로 가장 적절한 것은?

To	customers@ygamart.com
From	customerrelations@ygamart.com
Date	January 8
Subject	The rising cost of groceries

Dear Valued YGA Mart Customers,

With the cost of food continuing to rise, we understand how important it is to make every dollar count. To help you save money while still enjoying your favorite foods, we've put together a list of simple strategies:

1. Sign up for the YGA Rewards card to earn points on every purchase. Every 20,000 points redeemed equals $10 off your grocery bill.
2. Download our app or visit our website to find coupons tailored to your preferences.
3. Buy pantry staples and non-perishable items in bulk for lower overall prices.
4. Choose store-brand products. They are just as high quality as name brands but come at a fraction of the cost.
5. Don't miss out on special deals and limited-time offers highlighted in our flyer every week.

Thank you for choosing YGA Mart, where we are committed to helping you find value and quality in every purchase. Start implementing these tips today to see what a difference they'll make!

Sincerely,
YGA Mart

① To provide customers with tips on how to save money
② To provide customers with guidance on how to earn rewards points faster
③ To provide customers with information about store-brand products
④ To provide customers with instructions for finding coupons

13 다음 글의 요지로 가장 적절한 것은?

Understanding Sleep Quality
Quality of sleep has a major influence on a person's overall health. Studies show that seven to eight hours of quality sleep each night boosts the immune system, reduces the risk of heart disease, and promotes the healthy development of children and teens.

Rapid Eye Movement Sleep
Rapid Eye Movement (REM) sleep is the final stage of the four-stage sleep cycle. Insufficient REM sleep can lead to decreased memory function and impaired cognitive abilities. A prolonged lack of REM sleep may also contribute to sleep disorders, such as sleep apnea.

While some people attempt to "catch up" on REM sleep by napping, this is generally ineffective. Most people cannot enter REM sleep until they've been asleep for at least 90 minutes, making it unrealistic to rely on short naps to recover lost REM sleep from the previous night.

* sleep apnea: 수면 무호흡증

① Sleep quality is determined by the final stage in the sleep cycle.
② Sleep quality has a significant impact on an individual's general health.
③ Sleep quality is the biggest contributing factor to boosting the immune system.
④ Sleep quality can be improved for most people by taking naps.

※ 다음 글의 제목으로 가장 적절한 것은? [14~15]

14

The next time you are tempted to order fast food, you may want to think twice. Researchers in Germany conducted an experiment in which they asked a group of healthy adult males to drink either water or a palm oil beverage. The latter contained the same amount of saturated fat as that of a regular cheeseburger and large fries. Those who consumed the beverage experienced an instant decrease in sensitivity to insulin, the hormone that regulates blood sugar levels, and impaired liver function. The resulting changes were similar to those seen in patients with diabetes and fatty liver disease.

① A Hormone That Regulates Fat and Sugar

② The Digestion Process of Saturated Fat

③ The Effects of a Single Fatty Meal on Health

④ Risk Factors for Diabetes and Fatty Liver Disease

15

On July 6, 2015, the International Space Station (ISS) received over three tons of new supplies via a rocket launched on July 3. Although the ISS reportedly had enough provisions to sustain the crew until October, the rocket's safe arrival was viewed as a relief. Two previous attempts to send the astronauts supplies in the months following the last delivery in April had both failed. The first spacecraft lost control before reaching the ISS, while the second never even reached orbit, exploding moments after being launched.

① Astronauts on ISS in Desperate Situation

② The Third Time's a Charm for ISS Delivery

③ ISS Delivery on Hold Until Further Notice

④ Rocket Failures Blamed on Negligence at ISS

16 다음 글의 내용과 일치하지 않는 것은?

A detailed life-cycle analysis of recycled goods undertaken by scientists at Yale University has raised doubts about whether recycling is always the environmentally sound choice. The researchers calculated the energy consumed from the time the recyclables are picked up until they become usable new products. They then compared these numbers with the energy involved in sending the same objects to landfills or incinerators. The results varied depending on the material. Recycling glass, for instance, requires an extensive process of crushing it into small pellets, mixing those pellets with raw materials such as sand, and then creating a new container. The toxic factory emissions released as a result are high and can offset the environmental benefits of disposing of the glass. On the other hand, recycling aluminum is simple and highly efficient, taking only 5 percent of the energy that would be needed to dump it. Thus, the reality is that some recycling processes are advantageous to the environment, while others do more harm than good.

① Some goods require more energy to recycle than others.

② All recycled goods are first crushed into small pellets.

③ Processing recycled glass releases harmful gases into the air.

④ It requires less energy to recycle aluminum than to discard it.

17 글의 흐름상 가장 어색한 문장은?

You may think that you can get to know someone by asking them thought-provoking questions. How do you feel about love? Do you believe in life after death? What do you think is the meaning of life? In reality, these questions actually tell you very little about a person. ① The best way to get to know someone is through seemingly insignificant questions. ② Asking someone what they eat for breakfast and where they like to shop, for instance, are good ways to learn about them. ③ Talking about values lets the other person know what you think is important. ④ Paying attention to the small details in these mundane aspects of life can show you what a person is really like.

18 주어진 문장이 들어갈 가장 알맞은 위치는?

This amounts to pouring gas on a fire.

As a teacher, there have been times when I've wanted to call it quits. Unruly classes and disrespectful children have tried my patience nearly to the breaking point. (①) But with a little practice and patience, there are ways to get your students under control. One simple but effective method is to stand in silence. (②) When a kid is acting up, the natural reaction for educators is to yell and scold. (③) For one thing, children react badly when publicly reprimanded. Additionally, a rift occurs in the teacher-student relationship, the strength of which is crucial to doing well in class. (④) Standing quietly nearby lets them know you are aware of their misconduct without overtly calling attention to it. Nine times out of ten, they settle down on their own.

19 주어진 글 다음에 이어질 글의 순서로 가장 적절한 것은?

It is normal for businesses that sell consumer goods to be flooded with customers and receive an abundance of orders during the holiday season. That is why many are in the practice of hiring additional workers for that limited time period.

(A) For example, positions in the hospitality industry may entail only that employees greet guests and provide them with specific information or materials, while retailers are looking for additional cashiers and people to move stock around.

(B) These seasonal employees may be hired for a period of six months or less, as the nature of their employment necessitates that their working period is only temporary. This benefits students and those looking for a short boost in income.

(C) Other benefits include flexible work hours, as the demands of the seasonal work tend to require as many employees to be available when possible. Furthermore, such positions usually demand no specialization in the skills of workers.

① (A) – (C) – (B)   ② (B) – (C) – (A)

③ (C) – (A) – (B)   ④ (C) – (B) – (A)

20 밑줄 친 부분에 들어갈 말로 가장 적절한 것은?

Some things don't require much care, but this doesn't hold true for potted plants you buy and take home. If you ask yourself, "How will I care for this plant?" the answer is "_____." Most people who have never taken care of a plant think that watering them regularly is enough. But when the soil at the top of the pot looks dry, they water again, not realizing that it may still be wet at the bottom. Watering this way will only drown the roots. Another consideration is how fast and large the roots grow. The plant may need to be transferred to a bigger pot, but before replanting, the soil has to be removed from the roots. Otherwise, it will harden and prevent proper root growth. The roots also need trimming; damaged, broken and twisted roots should be removed to encourage healthy leaves and buds. Really, if plant buyers took the time to read a magazine on gardening, they would learn what's needed to keep a plant healthy and alive.

① Do research

② No need to

③ Talk to it every single day

④ Give it more water if it begins to wilt

정답 · 해석 · 해설 p. 47

05회 핵심 어휘 리스트

☑ 잘 외워지지 않는 어휘 및 표현은 박스에 체크하여 한 번 더 확인하세요.

☐ spread	몡 확산	☐ durable	혱 내구성이 있는
☐ custom	몡 관습	☐ lifespan	몡 수명
☐ uniformity	몡 획일성, 일률성	☐ staple	몡 기본 식품, 주요 식료품
☐ reputation	몡 평판, 명성	☐ perishable	혱 잘 상하는
☐ poverty	몡 빈곤	☐ in bulk	대량으로
☐ inequality	몡 불평등	☐ fraction	몡 일부, 부분
☐ immediate	혱 시급한, 즉각적인	☐ flyer	몡 전단지
☐ preliminary	혱 예비의	☐ immune	혱 면역의
☐ undeniable	혱 부인할 수 없는	☐ insufficient	혱 불충분한
☐ crave	동 갈망하다	☐ impaired	혱 손상된
☐ emerge	동 등장하다	☐ nap	동 낮잠을 자다, 잠깐 자다
☐ continent	몡 대륙	☐ factor	몡 요소, 요인
☐ reluctantly	부 마지못해, 꺼려하며	☐ be tempted to	~하고 싶어지다
☐ warehouse	몡 창고	☐ sensitivity	몡 민감성
☐ retrieve	동 복구하다, 되찾아오다	☐ regulate	동 조절하다
☐ measurement	몡 측정, 측량	☐ diabetes	몡 당뇨병
☐ hazardous	혱 위험한	☐ digestion	몡 소화
☐ index	몡 지수, 지표	☐ provisions	몡 식량, 저장품
☐ indicate	동 나타내다	☐ on hold	보류된
☐ federal	혱 연방의	☐ negligence	몡 부주의, 과실
☐ inspect	동 점검하다	☐ undertake	동 착수하다
☐ coordinate	동 조정하다	☐ sound	혱 타당한, 믿을 만한 것
☐ placement	몡 배치	☐ offset	동 상쇄하다
☐ emission	몡 배출	☐ mundane	혱 일상적인
☐ longevity	몡 수명, 오래 지속됨	☐ reprimand	동 꾸짖다, 질책하다

Quiz 각 어휘 및 표현의 알맞은 뜻을 찾아 연결하세요.

01 custom	ⓐ 착수하다		06 inequality	ⓐ 연방의	
02 indicate	ⓑ 관습		07 federal	ⓑ 내구성이 있는	
03 perishable	ⓒ 상쇄하다		08 durable	ⓒ 면역의	
04 undertake	ⓓ 나타내다		09 immune	ⓓ 부주의, 과실	
05 offset	ⓔ 잘 상하는		10 negligence	ⓔ 불평등	
	ⓕ 빈곤			ⓕ 대륙	

Answer | 01 ⓑ 02 ⓓ 03 ⓔ 04 ⓐ 05 ⓒ 06 ⓔ 07 ⓐ 08 ⓑ 09 ⓒ 10 ⓓ

06회 실전동형모의고사

제한 시간 : 20분 시작 시 분 ~ 종료 시 분 점수 확인 개/ 20개

※ 밑줄 친 부분에 들어갈 말로 가장 적절한 것을 고르시오. [01~03]

01

When marginalized groups do not receive accurate _____ in film and television, stereotypes and misconceptions about them are able to perpetuate.

① compensation
② supervision
③ representation
④ information

02

Eating _____ meals that include a variety of foods from different groups is necessary to prevent nutritional deficiencies.

① extra
② restrictive
③ balanced
④ complicated

03

John believed that studying in the library _____ he could focus better would improve his grades.

① which
② that
③ where
④ what

※ 밑줄 친 부분 중 어법상 옳지 않은 것은? [04~05]

04

For both parents and non-parents alike, it can be a struggle to ① interact with children. Difficulties tend to stem from adults not ② giving the child a chance to communicate on an equal standing. Grown-ups may use overly simple vocabulary or sentence structures, or speak in a voice higher than their natural one in an effort to sound friendlier. These tactics ③ mostly work to alienate the child as they feel patronized. Instead, adults would fare better if they ④ were treated youngsters as peers, shaking their hands on a first encounter and asking for their opinions on current events.

05

With the global community ① become larger as each year passes, fostering free trade plays an essential part in helping ② to prevent wars. This is because being involved in free trade agreements ③ brings financial gains to the trading partners. International disputes are less likely to occur between countries engaged in fair trade because they stand to lose economic gains and jointly beneficial relationships. Therefore, it is the best way ④ for nations to remain on friendly and mutually dependent terms.

※ 밑줄 친 부분에 들어갈 말로 가장 적절한 것을 고르시오.
[06~07]

06

A: Are you still joining us for dinner?

B: Absolutely, but I have to deal with a crisis with one of my clients. So, I'll be a little late.

A: That shouldn't be a problem. How much longer will you be?

B: Maybe 30 minutes or so. _____

A: That sounds good. I'll grab a table for the group.

B: Perfect. I'll be there as soon as possible.

① Which restaurant will we go to?

② I think this task might take all night.

③ Why don't you go on ahead?

④ Be sure you're not late.

07

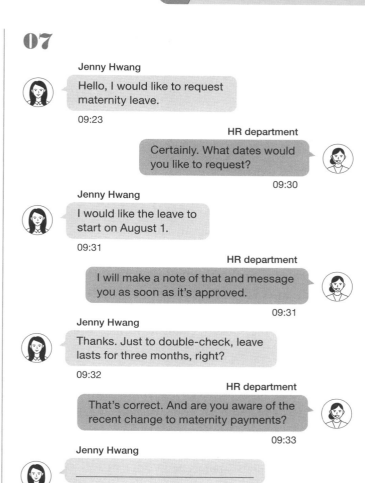

Jenny Hwang
Hello, I would like to request maternity leave.
09:23

HR department
Certainly. What dates would you like to request?
09:30

Jenny Hwang
I would like the leave to start on August 1.
09:31

HR department
I will make a note of that and message you as soon as it's approved.
09:31

Jenny Hwang
Thanks. Just to double-check, leave lasts for three months, right?
09:32

HR department
That's correct. And are you aware of the recent change to maternity payments?
09:33

Jenny Hwang
_____
09:34

HR department
Monthly payments have increased from 1.5 million won to 2.5 million won.
09:37

① No. I don't want to change the date.

② Yes. I updated my account information.

③ Yes. I've already been informed.

④ No. I'd like to hear about it.

※ 다음 글을 읽고 물음에 답하시오. [08~09]

To	Automotive Department
From	Shae Collins
Date	October 9
Subject	Government Subsidy Application

To whom it may concern,

I hope this message finds you well. I am writing to inquire about how best to proceed in a unique situation regarding my current subsidy application.

I am the owner of a car rental service, and last month I submitted an application for a corporate government subsidy to cover five electronic vehicles. However, due to changes to my business's outlook, I would like to increase the subsidy claim to include additional vehicles.

After checking the application portal, I'm still unclear about what the best course of action is. Please let me know if I should revise my outstanding application, which I see is still under review, or submit a new application with the updated information. A prompt response would be appreciated.

Sincerely,
Shae Collins

08 윗글의 목적으로 가장 적절한 것은?

① 복잡한 보조금 신청 방법에 대해 불만을 제기하려고

② 보조금 신청 내역을 수정하는 방법을 문의하려고

③ 전기차에 대한 보조금을 인상하는 것을 제안하려고

④ 보조금 신청서 양식을 변경할 것을 요청하려고

09 밑줄 친 "outstanding"의 의미와 가장 가까운 것은?

① excellent   ② primary

③ ongoing   ④ significant

※ 다음 글을 읽고 물음에 답하시오. [10~11]

[A]

Sandersonville will host its first International Food Festival next month. This vibrant event will celebrate the cuisine of the many immigrant groups that make up the city. You won't want to miss this exciting cultural experience.

Details
- **Dates:** Monday, May 10 – Sunday, May 16
- **Times:** 3:00 p.m. – 9:00 p.m. (Monday – Friday)
 10:00 a.m. – 10:00 p.m. (Saturday & Sunday)
- **Location:** Sandersonville Central Park Pavilion

Special Features
- **Global Cuisine**
 Sample foods from more than 30 countries spanning the globe, as well as dishes unique to the Sandersonville area.
- **Live Cooking Demonstrations**
 Learn how to make dishes from a variety of cultures and where to source hard-to-find ingredients in local stores.
- **Informative Presentations**
 Enjoy a showcase of presentations highlighting the cultures of festival participants.

For a full list of vendors, activities, and presentations, please visit www.sandersonvillefoodfest.org or call 555-3773.

10 (A)에 들어갈 윗글의 제목으로 가장 적절한 것은?

① Learn to Follow a Healthier Diet

② Explore the City's Diverse Food Cultures

③ Meet Friends from Around the World

④ Celebrate the Region's Historical Cuisine

11 International Food Festival에 관한 윗글의 내용과 일치하지 않는 것은?

① 이전에 한 번도 열린 적이 없다.

② 일주일 동안 진행될 예정이다.

③ 참가자들은 재료 샘플을 받을 것이다.

④ 온라인에서 더 많은 정보를 확인할 수 있다.

12 다음 글의 요지로 가장 적절한 것은?

Lifelong Learning in the Corporate World
Lifelong learning is a key skill for success throughout careers. What we learn in formal training or school is not enough to keep pace with ever-changing industries. Regardless of experience level, we must always stay on the path of self-improvement in our professional lives.

Benefits of Lifelong Learning
By continually developing our professional skills, we can increase our earning potential, improve job satisfaction, and open ourselves up to new opportunities in a rapidly shifting job market.

As we see ourselves grow and improve in our chosen fields, we develop a rewarding sense of pride and confidence. These feelings in turn motivate us to continue to learn by embracing new challenges, taking on additional responsibilities, and pursuing higher positions we might not have considered before.

① Lifelong learning emerged as a response to industry changes.

② Lifelong learning is necessary for sustained professional achievement.

③ Lifelong learning rewards those in high positions.

④ Lifelong learning is first established with formal training and background knowledge.

13 다음 글의 제목으로 가장 적절한 것은?

Despite our curiosity, we have an inherent reluctance to engage in new experiences. We may distantly dream of trying something new, perhaps changing jobs or moving, meeting new people, or attempting new activities. However, the closer we get to committing to the decision, the more internal pushback we experience. Our minds have a natural inclination to seek the safety and comfort of the known and the comfortable, instinctual defenses to protect us from harm. These manifest themselves in feelings of doubt, in rationalizing the choice not to experiment with different things, and sometimes in blunt fear. Ultimately, it takes extra effort to push past these defenses, usually to the benefit of the person who gets to have a novel experience. It is rare that doing so results in any harm that validates the innate responses.

① Various Types of Responses to Fear

② Ways to Overcome Feelings of Doubt

③ Approaches to Rationalizing Choices

④ Internal Obstacles to New Experiences

※ 다음 글의 내용과 일치하는 것은? [14~15]

14

Lake Victoria is an enormous freshwater lake in Africa with a surface area of 70,000 square kilometers that borders on Kenya, Uganda, and Tanzania. Lake Victoria is known for being one of the most dangerous lakes in the world, with around 5,000 deaths there each year. "We never know what the weather will be like," says Obi, a local fisherman who depends on Lake Victoria for his livelihood. The erratic thunderstorms can break or capsize fishing boats, as strong winds create large waves. In addition to the unpredictable weather, many of the locals who make their living on the lake also cannot afford life jackets or proper radio equipment. The lack of resources means their chances for survival are reduced drastically if caught in a particularly bad storm.

① 어부들은 악천후 때문에 빅토리아 호수에서 거의 낚시를 하지 않는다.

② 빅토리아 호수에는 세계에서 가장 많은 바닷물이 유입된다.

③ 빅토리아 호수의 어부들은 날씨를 예측하기 위해 전기 장비를 사용한다.

④ 빅토리아 호수의 환경은 현지 주민들에게 위협이 될 수 있다.

15

People have opposing opinions when it comes to the use of computers in the classroom. One concern that educators have is the cost of purchasing, installing, and maintaining both the hardware and software. Many teachers, as well as parents, believe that the money earmarked for PCs could be used in other, more important ways. For example, they say that hiring more faculty members would result in a smaller teacher-to-student ratio, which has been proven to have positive effects on student performance. Meanwhile, others say that technology can be used to bring more interactive activities to the classroom and make learning fun. They also point out that computer skills are essential for students entering the workforce. Their argument is that if PCs are not integrated into a student's life, he or she will be poorly prepared for the job environment.

① 학부모들은 학교가 기술에 대한 예산을 증대할 것을 촉구한다.

② 교사 대 학생 비율과 학생 성취도에는 밝혀진 상관관계가 없다.

③ 기술은 교실에 더 많은 쌍방향 활동들을 제공할 수 있다.

④ 삶에 컴퓨터가 통합되는 것은 학생들의 발달에 도움이 되지 않는다.

16 다음 글의 흐름상 가장 어색한 문장은?

Technology is not inherently evil. It is simply a tool that helps people fulfill a task. But as with any tool, it can quickly become a weapon in the wrong hands. ① More than ever, advancements in technological warfare have the potential to not only decrease casualties but also to increase conflict dramatically. ② In the case of technology, the wrong hands are not necessarily the ones of a criminal brandishing a gun but a society playing with fire. ③ Thus, how we decide to wield that power—the limitations that we choose or choose not to impose—cannot be a discussion had in a vacuum. ④ Since mankind's greatest and possibly most dangerous invention, modern technology, affects us all, decisions regarding its use must be made together.

17 주어진 문장이 들어갈 위치로 가장 적절한 것은?

Today, native languages are spoken by over six million people in Mexico, with the most common being Nahuatl, the language of the ancient Aztecs—which is spoken by 1.4 million—and Yucatan Maya—with its 750,000 speakers.

Although most people believe Spanish to be the official language of Mexico, this is not actually the case. (①) While Spanish is the most widely spoken language and the one used for all government business, the country has no official language. (②) In fact, the Mexican constitution recognizes 68 separate languages, most belonging to the country's many indigenous groups, as "national languages." (③) The constitution recognizes the right of these native civilizations to "preserve and enrich their languages" and promotes intercultural, bilingual education amongst its multicultural population. (④) Despite the relatively large populations of speakers of native tongues, the dominance of Spanish has left many of these languages endangered. This has led to a movement for language revitalization to save them from extinction.

18 다음 글을 문맥에 맞게 순서대로 배열한 것은?

The goal of many North Americans is to own a house with a yard and perhaps even a swimming pool. The pursuit of this dream, however, has brought about the problem of urban sprawl.

(A) One result of this shift is that agricultural areas are lost. Another is that wildlife habitats are reduced or disappear altogether.

(B) What's more, those living in the suburbs must drive to and from work to the city every day. More cars on the road mean more pollution, leading to further environmental degradation.

(C) This refers to the outward growth of cities into rural regions. An estimated 800,000 hectares of farmland, forest, and vacant land is displaced by urban sprawl annually.

① (A) – (B) – (C) ② (B) – (C) – (D)
③ (C) – (A) – (B) ④ (C) – (B) – (A)

※ 밑줄 친 부분에 들어갈 말로 가장 적절한 것은? [19~20]

19

"Good fences make good neighbors" is a popular saying from Robert Frost's poem "Mending Wall." On the surface, the statement indicates that we should create boundaries, and as long as you don't tread into my personal space, we'll get along just fine. It seems to be saying, "Leave me alone and we'll all be happy!" However, what most people don't realize is that Frost was being ironic when he wrote the line. In reality, he was trying to describe how borders actually alienate us from each other. When we keep to ourselves, we become hostile and indifferent to our fellow man. Borders are what keep us cut off from our families and friends and neighbors. By making fences, _____.

① our relationships will be free of irony

② people can stay happy in their personal space

③ you should create your own boundaries

④ we isolate ourselves from those we love most

20

Many entrepreneurs think only of making a quick profit. Rather than planning ahead, they focus solely on the sales for the day and do not consider what tomorrow will bring. While living in the moment may benefit those in certain vocations, being shortsighted when trying to run a business can be risky. Unforeseen events can be costly and often occur when the entrepreneur least expects them. That's why it's important to always have a contingency plan, such as a line of credit, that is readily available in the event of an emergency. Remember, getting a last-minute loan from a financial institution or some other source is never guaranteed, so _____.

① try to take each day as it comes

② there's no way to prepare for the worst

③ it's better to be safe than sorry

④ know when to cut your losses and move on

정답·해석·해설 p. 59

실전동형모의고사 06회
모바일 자동 채점 + 성적 분석 서비스 바로 가기

QR코드를 이용해 모바일로 간편하게 채점하고 나의 실력이 어느 정도인지, 취약 부분이 어디인지 바로 파악해 보세요.

해커스공무원

실전동형
모의고사
영어 ①

시험 직전, 점수를 끌어올리는

문법 필살기 노트

핵심 문법 포인트 50 · 기출지문 OX

01 명사나 형용사를 주격 보어로 취하는 2형식 동사

2형식 동사는 명사나 형용사를 주격 보어로 취하는 동사이다. 2형식 동사 뒤에 명사나 형용사를 포함한 문장이 시험에 출제되므로 아래 표의 2형식 동사들을 확실히 외워두자.

2021년 지방직 9급

My sweet-natured daughter suddenly <u>became unpredictably</u>. (O / X)

나의 다정한 딸이 갑자기 예측할 수 없게 되었다.

■ 명사나 형용사를 주격 보어로 취하는 2형식 동사

상태	be ~이다	remain 여전히 ~이다
	stay/keep/continue 계속해서 ~하다	
변화	become ~이 되다	get ~하게 되다
	grow 점점 ~이 되다	turn 갑자기 ~이 되다
	come ~이 되다	go ~이 되다
지각	look ~처럼 보이다	feel ~처럼 느끼다
	sound ~하게 들리다	smell ~한 냄새가 나다
	taste ~한 맛이 나다	
판단	seem/appear ~처럼 보이다	turn out ~으로 드러나다
	prove ~으로 판명되다	

전치사와 함께 쓰이는 자동사

자동사는 목적어를 취하기 위해 전치사가 반드시 필요한데, 자동사 뒤에 전치사 없이 목적어가 바로 와서 틀린 문장이 시험에 출제된다. 아래 표의 자동사들을 전치사와 함께 확실히 외워두자.

2025년 출제기조 전환 대비 2차 예시문제

We have already <u>arrived in</u> a digitized world. (O / X)

우리는 이미 디지털화된 세상에 도착했다.

■ 전치사와 함께 쓰이는 자동사

speak to/about ~에게/~에 대해 말하다	talk to/about ~에게/~에 대해 말하다
result in ~을 초래하다	object to ~에 반대하다
respond to ~에 응답하다	belong to ~에 속하다
refer to ~에 대해 언급하다	wait for ~을 기다리다
search/look for ~을 찾다	account for ~을 설명하다
consist of ~으로 구성되다	complain of/about ~을 불평하다
arrive at/in ~에 도착하다	look at ~을 보다
laugh at ~를 비웃다	depend/rely/count on ~에 의지하다
deal with ~을 처리하다	agree with ~에게 동의하다
differ from ~과 다르다	participate in ~에 참여하다

O : 답정

타동사는 전치사 없이 목적어를 바로 취하는데, 타동사와 목적어 사이에 전치사가 와서 틀린 문장이 시험에 출제된다. 특히, 아래 표의 타동사들은 의미상으로 봤을 때 뒤에 전치사가 와야 할 것 같지만 전치사 없이 쓰인다는 점에 유의하고 이를 확실히 외워두자.

2017년 지방직 7급

She <u>approached to</u> me timidly from the farther end of the room, and trembling slightly, sat down beside me. (O / X)

그녀는 방의 반대쪽에서 수줍어하며 내게 다가와서는 약간 떨었고, 내 옆에 앉았다.

■ 전치사와 함께 쓰일 수 없는 타동사

answer ~~to~~ ~에 답변하다	obey ~~to~~ ~에 복종하다
approach ~~to~~ ~에 접근하다	contact ~~to~~ ~에게 연락하다
reach ~~to~~ ~에 도착하다	address ~~to~~ ~에게 연설하다
discuss ~~about~~ ~에 대해 토론하다	explain ~~about~~ ~에 대해 설명하다
describe ~~about~~ ~을 묘사하다	announce ~~about~~ ~을 발표하다
mention ~~about~~ ~을 언급하다	oppose ~~about~~ ~에 반대하다
resemble ~~with~~ ~와 닮다	marry ~~with~~ ~와 결혼하다
accompany ~~with~~ ~와 동반하다	face ~~with~~ ~에 직면하다
enter ~~in~~ ~에 들어가다	join ~~in~~ ~에 가입하다
emphasize ~~on~~ ~을 강조하다	influence ~~on~~ ~에 영향을 끼치다

정답 : X (approached to → approached)

04 형태가 비슷하여 혼동하기 쉬운 자동사와 타동사

형태가 비슷하여 혼동하기 쉬운 자동사와 타동사가 잘못 쓰여, 자동사 뒤에 전치사 없이 목적어가 바로 오거나 타동사 뒤에 목적어가 없는 틀린 문장이 시험에 출제된다. 아래 표의 형태가 비슷한 자동사와 타동사를 확실히 구분하여 외워두자.

2012년 지방직 7급

Salmons lie their eggs and die in freshwater although they live in salt water. (O / X)

연어는 해수에서 살지만, 담수에서 알을 낳고 죽는다.

■ 형태가 비슷하여 혼동하기 쉬운 자동사와 타동사

자동사	타동사
lie – lay – lain 놓여 있다, 눕다	lay – laid – laid ~을 놓다, 두다, 낳다
lie – lied – lied 거짓말하다	
sit – sat – sat 앉다	seat – seated – seated ~을 앉히다
rise – rose – risen 떠오르다	raise – raised – raised ~을 올리다, 모으다
arise – arose – arisen 일어나다, 발생하다	arouse – aroused – aroused 일으키다, 자극하다
wait – waited – waited 기다리다	await – awaited – awaited ~을 기다리다
fall – fell – fallen 떨어지다	fell – felled – felled ~을 넘어뜨리다

정답 : X (lay ← 에) (사역)

05 의미가 비슷하여 혼동하기 쉬운 자동사와 타동사

의미가 비슷하여 혼동하기 쉬운 자동사와 타동사가 잘못 쓰여 타동사와 목적어 사이에 전치사가 오거나 자동사 뒤에 전치사 없이 목적어가 바로 와서 틀린 문장이 시험에 출제된다. 아래 표의 의미가 비슷한 자동사와 타동사를 확실히 구분하여 외워두자.

2018년 지방직 9급

Please <u>contact to</u> me at the email address I gave you last week. (O / X)

제가 지난주에 당신에게 드린 이메일 주소로 저에게 연락해 주세요.

의미가 비슷하여 혼동하기 쉬운 자동사와 타동사

의미	자동사 + 전치사	타동사
말하다	speak to/about ~에게/~에 대해 말하다	mention ~을 언급하다
	talk to/about ~와/~에 대해 이야기하다	address ~을 말하다
	account for ~에 대해 설명하다	explain ~에 대해 설명하다
	converse with ~와 대화하다	discuss ~에 대해 토론하다
답하다	respond to ~에 답하다	answer ~에 답하다
	reply to ~에 답장하다	
반대하다	object to ~에 반대하다	oppose ~에 반대하다
	rebel against ~에 대항하다	resist ~에 저항하다
기타	arrive at ~에 도착하다	reach ~에 도착하다
	participate in ~에 참석하다	attend ~에 참석하다
	wait for ~을 기다리다	resemble ~을 닮다
	belong to ~에 속하다	confront ~에 맞서다

정답 : X (contact to → contact)

목적어를 두 개 취하는 4형식 동사

4형식 동사는 문장 내에서 '간접 목적어 + 직접 목적어' 순으로 두 개의 목적어를 취한다. 이러한 동사를 포함한 문장이 시험에 종종 출제되므로 아래 표의 4형식 동사들을 확실히 외워두자.

2015년 국가직 7급

I'll <u>lend you money</u> provided you pay me back by Saturday. (O / X)

네가 토요일까지 돈을 갚는다면, 내가 돈을 빌려줄게.

■ 목적어를 두 개 취하는 4형식 동사

give ~에게 -을 주다	send ~에게 -을 보내 주다
lend ~에게 -을 빌려주다	bring ~에게 -을 가져다주다
tell ~에게 -을 말해 주다	show ~에게 -을 보여 주다
ask ~에게 -을 질문하다, 요청하다	buy ~에게 -을 사주다
make ~에게 -을 만들어 주다	offer ~에게 -을 제공하다
owe ~에게 -을 빚지다	choose ~에게 -을 골라주다
require ~에게 -을 요구하다	demand ~에게 -을 요구하다
inquire ~에게 -을 질문하다	grant ~에게 -을 주다

O : 답정

4형식 문장을 3형식으로 전환할 때 함께 쓰이는 전치사

'~에게 -을 하다 / 주다'라는 의미의 4형식 동사는 3형식 문장에서도 쓰일 수 있다. 3형식 문장에서는 동사가 목적어를 하나만 취할 수 있으므로, '~에게'에 해당하는 부분의 앞에 전치사를 붙여야 한다. 이 경우, 동사에 따라 함께 쓰이는 전치사가 다르다는 것에 유의해야 한다. 이러한 동사와 전치사를 포함한 문장이 시험에 종종 출제되므로 아래 표를 확실히 외워두자.

2013년 지방직 7급

The accomplishment of this work requires a lot of toil and patience <u>in</u> you. (O / X)

이 일을 성취하는 것은 당신에게 많은 노력과 인내를 요구한다.

■ 4형식 문장을 3형식으로 전환할 때 함께 쓰이는 전치사

to	give A to B	B에게 A를 주다	offer A to B	B에게 A를 제공하다
	send A to B	B에게 A를 보내다	owe A to B	B에게 A를 빚지다
	lend A to B	B에게 A를 빌려주다	sell A to B	B에게 A를 팔다
	bring A to B	B에게 A를 가져다주다		
for	buy A for B	B에게 A를 사주다	prepare A for B	B에게 A를 준비해 주다
	make A for B	B에게 A를 만들어 주다	get A for B	B에게 A를 주다
	choose A for B	B에게 A를 골라주다		
of	ask A of B	B에게 A를 질문하다, 요청하다	require A of B	B에게 A를 요구하다
	inquire A of B	B에게 A를 질문하다	demand A of B	B에게 A를 요구하다

수량 표현 주어와 동사의 수 일치

수량 표현이 주어로 쓰인 경우 주어로 쓰인 수량 표현에 동사를 수 일치시켜야 하는데, 수 일치가 틀린 문장이 시험에 출제된다.
아래 표의 단수·복수 취급하는 수량 표현들을 확실히 구별하여 외워두자.

2024년 국가직 9급

We are glad that the number of applicants <u>is</u> increasing. (O / X)

지원자 수가 증가하고 있어서 우리는 기쁘다.

■ 단수 취급하는 수량 표현

each + 단수 명사 각각의 ~	every + 단수 명사 모든 ~
each of + 복수 명사 ~의 각각	one of the + 복수 명사 ~중 하나
the number of + 단수/복수 명사 ~의 수	neither of + 복수 명사 어느 것도 ~아닌

■ 복수 취급하는 수량 표현

a few + 복수 명사 몇몇 ~	several + 복수 명사 몇몇의 ~
many + 복수 명사 많은 ~	a number of + 복수 명사 많은 ~

정답: O

09 부분·전체 표현과 동사의 수 일치

주어가 부분·전체를 나타내는 표현을 포함한 경우, of 뒤에 오는 명사에 동사의 수를 일치시켜야 한다. 주어에 부분·전체 표현을 포함한 문장이 시험에 출제되므로 아래 표의 부분·전체 표현들을 확실히 외워두자.

2018년 지방직 9급

All of the information <u>was</u> false. (O/X)

모든 정보는 거짓이었다.

■ 수 일치에 주의해야 할 부분·전체를 나타내는 표현

all 모든	most 대부분의		
any 어느	half ~의 반		
a lot 많은	lots 많은		+ 단수 명사 + 단수 동사
none 아무도	some ~의 일부	+ of	
the rest ~의 나머지	part ~의 일부		+ 복수 명사 + 복수 동사
the bulk ~의 대부분	percent ~의 비율		
분수			

10 진행 시제로 쓸 수 없는 동사

감정·상태·인지·감각 등을 나타내는 동사는 진행 시제로 쓸 수 없다. 이러한 동사를 포함한 문장이 시험에 출제되므로 아래 표의 진행 시제로 쓸 수 없는 동사들을 확실히 외워두자.

2015년 지방직 9급

I have been knowing Jose since I was seven. (O / X)

나는 7살 때부터 Jose와 알고 지냈다.

진행 시제 불가 동사

감정	love 좋아하다	like 좋아하다	prefer 선호하다
	dislike 싫어하다	surprise 놀라게 하다	satisfy 만족시키다
상태	be ~이다	belong 속하다	have 가지다
	remain 여전히 ~이다	possess 소유하다	consist 구성하다
인지	believe 믿다	know 알다	see 알다
	understand 이해하다	realize 깨닫다	remember 기억하다
감각	sound ~하게 들리다	look ~처럼 보이다	seem ~인 것 같다
	appear ~인 것 같다	smell ~한 냄새가 나다	taste ~한 맛이 나다
기타	need 필요하다	agree 동의하다	deny 부인하다
	promise 약속하다	want 원하다	wish 바라다

정답 : X (have been knowing → have known)

11 종속절에 동사원형을 취하는 동사, 형용사, 명사

주절에 제안·의무·요청·주장을 나타내는 동사, 형용사, 명사가 나오면 종속절의 동사 자리에는 동사원형이 와야 한다. 이러한 동사, 형용사, 명사를 포함한 문장이 시험에 자주 출제되므로 아래 표의 종속절에 동사원형을 취하는 동사, 형용사, 명사를 확실히 외워두자.

2023년 국가직 9급

The broker recommended that she <u>buy</u> the stocks immediately. (O / X)

그 중개인은 그녀가 즉시 그 주식을 사야 한다고 추천했다.

■ 종속절에 동사원형을 취하는 제안·의무·요청·주장을 나타내는 동사

suggest 제안하다	propose 제안하다
command 명령하다	order 명령하다
request 요청하다	ask 요청하다
require 요구하다	advise 조언하다
demand 요구하다	insist 주장하다
recommend 추천하다	move 제안하다

■ 종속절에 동사원형을 취하는 제안·의무·요청·주장을 나타내는 형용사

necessary 필수적인	imperative 필수적인
important 중요한	crucial 결정적인

■ 종속절에 동사원형을 취하는 제안·의무·요청·주장을 나타내는 명사

suggestion 제안	proposal 제안
necessity 필요	importance 중요성

O : 답정

12 조동사 관련 표현

문맥상 적절한 조동사 관련 표현을 사용하는 문장이 시험에 자주 출제된다. 아래 표의 조동사 관련 빈출 표현들을 확실히 외워 두자.

2020년 지방직 9급

They <u>used to</u> loving books much more when they were younger. (O / X)

그들은 어렸을 때 훨씬 더 책을 좋아하곤 했다.

▨ 조동사 관련 빈출 표현

be going to ~할 것이다	be able to ~할 수 있다
had better ~하는 게 좋겠다	ought to ~해야 한다
need to ~해야 한다	have to ~해야 한다
must ~해야 한다, ~임에 틀림없다	used to ~하곤 했다
may well ~하는 게 당연하다	may[might] as well ~하는 편이 낫다
would rather 차라리 ~하는 게 낫다	would rather ~ than − −보다 차라리 ~하고 싶다
cannot ~ too − 아무리 −하게 ~해도 지나치지 않다	can't (help) but ~ ~하지 않을 수 없다
cannot ~ and − ~와 −을 동시에 할 수 없다	

정답 : X(loving → love)

가정법 구문에서 현재의 상황 또는 과거의 상황을 가정하는 가정법 과거 · 과거완료뿐만 아니라 가정법 과거완료와 가정법 과거가 혼합된 혼합 가정법 구문도 자주 출제되므로 아래 가정법 과거 · 과거완료, 혼합 가정법 구문의 형태를 확실히 알아두자.

2017년 국가직 9급 (10월 추가)

If she had been at home yesterday, I would have visited her. (O/X)

만약 그녀가 어제 집에 있었다면, 나는 그녀를 방문했을 것이다.

■ 가정법 과거

If + 주어 + 과거 동사, 주어 + would/should/could/might + 동사원형   만약 ~하다면 -할 텐데

■ 가정법 과거완료

If + 주어 + had p.p., 주어 + would/should/could/might + have p.p.   만약 ~했었다면 -했을 텐데

■ 가정법 미래

If + 주어 + should + 동사원형,
주어 + will/would/can/could/may/might/should + 동사원형

If + 주어 + were to + 동사원형,
주어 + would/should/could/might + 동사원형   (혹시라도) 만약 ~하다면 -할 것이다

■ 혼합 가정법

If + 주어 + had p.p., 주어 + would/should/could/might + 동사원형   만약 (과거에) ~했었더라면 (지금) -할 텐데

정답 : O

14   특수 가정법 구문

특수 가정법 구문의 경우, 문장의 해석과 시제에 따라 적절한 특수 가정법 표현을 써야 한다. 이러한 구문을 포함한 문장이 시험에 출제되므로 아래 표의 특수 가정법 구문들을 의미와 시제에 유의하여 확실히 외워두자.

2016년 서울시 7급

I wish I <u>had studied</u> biology when I was a college student. (O / X)

내가 대학생이었을 때 생물학을 공부했다면 좋을 텐데.

◾ Were it not for / Had it not been for 가정법 구문

과거	Were it not for + 명사, 주어 + would / should / could / might + 동사원형 ~이 없다면 / ~이 아니라면, –할 텐데
과거완료	Had it not been for + 명사, 주어 + would / should / could / might + have p.p. ~이 없었다면 / ~이 아니었다면, –했을 텐데

◾ I wish 가정법 구문

과거	I wish + 주어 + 과거 동사 ~하면 좋을 텐데	현재 상황의 반대
과거완료	I wish + 주어 + had p.p. ~했다면 좋을 텐데	과거 상황의 반대

◾ It's (high / about) time 가정법 구문

과거	It's (high / about) time + 주어 + 과거 동사 ~해야 할 때이다	현재 상황의 반대

정답 : O

15   to 부정사를 목적어로 취하는 동사

to 부정사를 목적어로 취하는 동사의 경우, 동사 뒤에 적절한 형태의 to 부정사가 쓰이지 않아서 틀린 문장이 시험에 출제된다. 아래 표의 동사들에 to 부정사를 붙여 확실히 외워두자.

2022년 지방직 9급

I can't <u>afford to waste</u> even one cent.   (O / X)

나는 단 한 푼의 돈도 낭비할 수 없다.

■ to 부정사를 목적어로 취하는 동사

want to + V ~하기를 원하다	need to + V ~할 필요가 있다
wish to + V ~하기를 희망하다	hope to + V ~하기를 바라다
desire to + V ~하기를 바라다	expect to + V ~하기를 기대하다
plan to + V ~할 계획이다	aim to + V ~을 목표로 하다
decide to + V ~하기를 결정하다	intend to + V ~할 작정이다
offer to + V ~을 제안하다	ask to + V ~을 요청하다
promise to + V ~을 약속하다	agree to + V ~에 동의하다
fail to + V ~하지 못하다	pretend to + V ~한 체하다
afford to + V ~할 수 있다	manage to + V (간신히) ~해내다

O : 답장

to 부정사를 목적격 보어로 취하는 동사의 경우, 목적어 뒤의 목적격 보어 자리에 동사원형이 와서 틀린 문장이 시험에 출제된다. 아래 표의 동사들을 '동사 + 목적어 + to 부정사' 형태로 확실히 외워두자.

2024년 지방직 9급

I didn't want him to come. (O / X)

나는 그가 오는 것을 원하지 않았다.

■ to 부정사를 목적격 보어로 취하는 동사

~가 −하기를 원하다	want + 목 + to	need + 목 + to	expect + 목 + to
	invite + 목 + to	require + 목 + to	ask + 목 + to
~가 −하게 부추기다	cause + 목 + to	persuade + 목 + to	convince + 목 + to
~가 −하기를 권장하다	encourage + 목 + to		
~가 −하게 강요하다	force + 목 + to	compel + 목 + to	get + 목 + to
	pressure + 목 + to	tell + 목 + to	
~가 −하게 허락하다	allow + 목 + to	permit + 목 + to	enable + 목 + to
~가 −하는 것을 금하다	forbid + 목 + to		
~가 −하라고 알려주다	remind + 목 + to	advise + 목 + to	
~에 −하라고 경고하다	warn + 목 + to		

O : 납정

17 to 부정사 관련 표현

to 부정사를 포함한 표현의 to 부정사 자리에는 동명사나 동사원형이 아닌 to 부정사만 와야 한다. to 부정사 관련 표현을 포함한 문장이 시험에 자주 출제되므로 아래 표의 표현들에 to 부정사를 붙여 확실히 외워두자.

2017년 지방직 9급

The rings of Saturn are <u>so</u> distant to be seen from Earth without a telescope. (O / X)

토성의 고리는 너무 멀리 있어서 망원경 없이는 지구에서 볼 수 없다.

■ to 부정사 관련 빈출 표현

be able to + V ~할 수 있다	be eager to + V 몹시 ~하고 싶다
be pleased to + V ~해서 기쁘다	be difficult to + V ~하기 어렵다
be likely to + V ~할 것 같다	be ready to + V ~할 준비가 되다
be willing to + V 기꺼이 ~하다	be about to + V 막 ~하려 하다
too ~ to + V 너무 ~해서 -할 수 없다	enough to + V ~하기에 충분히 -하다

■ to 부정사 관련 빈출 명사

ability to + V ~할 능력	chance to + V ~할 기회	time to + V ~할 시간
right to + V ~할 권리	opportunity to + V ~할 기회	plan to + V ~하려는 계획
wish to + V ~하려는 바람	way to + V ~할 방법	effort to + V ~하려는 노력
decision to + V ~하려는 결정		

정답: X (so → too)

18 동사원형을 목적격 보어로 취하는 동사

몇몇 동사들은 동사원형을 목적격 보어로 취한다. 이러한 동사를 포함한 문장이 시험에 출제되므로 아래 표의 동사들을 '동사 + 목적어 + 동사원형' 형태로 확실히 외워두자.

2018년 국가직 9급

I think the better question to ask is whether you are going to do something about it or just let life pass you by. (O / X)

나는 물어보기에 더 나은 질문은 당신이 무언가 행동을 취할 것인지 아니면 그저 인생이 당신을 스쳐 지나가게 할 것인지라고 생각한다.

■ 동사원형을 목적격 보어로 취하는 동사

사역동사	have + 목 + V ~이 −하게 시키다	let + 목 + V ~이 −하게 하다
	make + 목 + V ~이 −하게 만들다	
지각동사	see + 목 + V ~이 −하는 것을 보다	look at + 목 + V ~이 −하는 것을 보다
	watch + 목 + V ~이 −하는 것을 보다	hear + 목 + V ~이 −하는 소리를 듣다
	listen to + 목 + V ~이 −하는 소리를 듣다	feel + 목 + V ~이 −하는 것을 느끼다

O : 답장

동명사를 목적어로 취하는 동사의 경우, 동사 뒤에 to 부정사나 동사원형이 와서 틀린 문장이 시험에 출제된다. 아래 표의 동사들에 동명사를 붙여 확실히 외워두자.

2017년 지방직 9급

Julie's doctor told her to stop <u>to eat</u> so many processed foods. (O / X)

Julie의 의사는 그녀에게 너무 많은 가공식품을 먹는 것을 멈추라고 말했다.

■ 동명사를 목적어로 취하는 동사

제안 · 고려	suggest -ing —을 제안하다	recommend -ing —을 추천하다
	consider -ing —을 고려하다	
중지 · 연기	stop -ing —을 그만두다	finish -ing —을 끝내다
	quit -ing —을 그만두다	discontinue -ing —을 중지하다
	give up -ing —을 포기하다	postpone -ing —을 연기하다
부정	dislike -ing —을 싫어하다	deny -ing —을 부인하다
	mind -ing —을 꺼리다	avoid -ing —을 피하다
기타	enjoy -ing —을 즐기다	imagine -ing —을 상상하다
	allow -ing —을 허락하다	keep -ing —을 계속하다

정답 : X (to eat → eating)

20 to 부정사와 동명사를 모두 목적어로 취하는 동사

to 부정사와 동명사를 모두 목적어로 취할 수 있는 동사의 경우, 목적어에 to 부정사와 동명사가 각각 왔을 때 의미 차이가 없는 경우와 의미 차이가 있는 경우가 있다. 의미 차이가 있는 경우, 문맥에 따라 목적어 자리에 to 부정사 또는 동명사를 적절하게 써야 하는 문장이 시험에 출제된다. 아래 표의 동사들을 목적어에 따른 동사의 의미 변화에 유의하며 확실히 외워두자.

2017년 서울시 7급

More people may start buying reusable tote bags if they become cheaper. (O / X)

재사용할 수 있는 여성용 손가방이 더 저렴해지면 더 많은 사람들이 그것을 구입하기 시작할지도 모른다.

■ 동명사, to 부정사가 목적어일 때 의미 차이가 없는 동사

begin 시작하다	start 시작하다	continue 계속하다
like / love 좋아하다	prefer 선호하다	hate 싫어하다

■ 동명사, to 부정사가 목적어일 때 의미 차이가 있는 동사

remember -ing	~한 것을 기억하다	vs.	remember to + V	~할 것을 기억하다
regret -ing	~한 것을 후회하다	vs.	regret to + V	~하게 되어 유감스럽다
forget -ing	~한 것을 잊다	vs.	forget to + V	~할 것을 잊다

정답 : O

21 전치사 to를 포함한 표현

전치사 to를 포함한 표현에서 전치사 to 뒤에는 명사 역할을 하는 것이 와야 한다. 전치사 to를 포함한 표현의 전치사 to를 to 부정사와 혼동하지 않도록 아래 표의 표현들에 동명사를 붙여 확실히 외워두자.

2015년 국가직 9급

I look forward to <u>doing</u> business with you as soon as possible. (O / X)

나는 가능한 한 빨리 당신과 거래할 수 있기를 고대한다.

🔲 전치사 to + -ing

contribute to -ing ~에 공헌하다	look forward to -ing ~을 고대하다
object to -ing ~에 반대하다	lead to -ing ~의 원인이 되다
admit (to) -ing ~을 인정하다	confess to -ing ~을 고백하다
be committed to -ing ~에 전념하다	be dedicated to -ing ~에 헌신하다
be devoted to -ing ~에 헌신하다	be used to -ing ~에 익숙하다
be accustomed to -ing ~에 익숙하다	be attributed to -ing ~의 탓이다

정답 : O

22 동명사 관련 빈출 표현

동명사를 포함한 표현의 동명사 자리에는 to 부정사나 동사원형이 아닌 동명사만 와야 한다. 동명사 관련 표현을 포함한 문장이 시험에 자주 출제되므로 아래 표에서 동명사 관련 빈출 표현들을 확실히 외워두자.

2017년 국가직 9급 (4월 시행)

The homeless usually have great difficulty to get a job, so they are losing their hope. (O / X)

노숙자들은 대개 일자리를 구하는 데 어려움을 겪어서, 그들은 희망을 잃고 있다.

■ 동명사 관련 빈출 표현

go -ing ~하러 가다	be worth -ing ~할 가치가 있다
keep (on) -ing 계속 ~하다	feel like -ing ~하고 싶다
be busy -ing ~하느라 바쁘다	on[upon] -ing ~ 하자마자
It's no use[good] -ing ~해도 소용없다	end up -ing 결국 ~하다
cannot help -ing ~하지 않을 수 없다 (= have no choice but + to 부정사)	
spend + 시간/돈 + (in) -ing ~하는 데 시간/돈을 쓰다	
have difficulty[trouble / a problem / a hard time] (in) -ing ~하는 데 어려움을 겪다	

정답 : X (to get → getting)

감정을 나타내는 동사가 분사로 쓰일 때 주어가 감정을 일으키는 원인이면 현재분사를, 주어가 감정을 느끼는 주체이면 과거분사를 사용한다. 이러한 분사를 포함한 문장이 시험에 출제되므로 아래 표의 감정을 나타내는 동사의 분사를 의미에 따라 확실히 구별하여 외워두자.

2018년 지방직 9급

I have not read today's newspaper yet. Is there anything <u>interested</u> in it? (O / X)

나는 아직 오늘 신문을 못 읽었어. 뭐 재미있는 것 있니?

■ 감정을 나타내는 동사의 현재분사 · 과거분사

동사	현재분사 – 과거분사		
interest ~에게 흥미를 일으키다	interesting 흥미를 일으키는	–	interested 흥미를 느끼는
please ~를 기쁘게 하다	pleasing 기쁘게 하는	–	pleased 기쁜
depress ~를 낙담시키다	depressing 낙담시키는	–	depressed 낙담한
surprise ~를 놀라게 하다	surprising 놀라게 하는	–	surprised 놀란
excite ~를 흥분시키다	exciting 흥분시키는	–	excited 흥분한
satisfy ~를 만족시키다	satisfying 만족시키는	–	satisfied 만족한
frustrate ~를 좌절시키다	frustrating 좌절시키는	–	frustrated 좌절한
tire ~를 피곤하게 하다	tiring 피곤하게 하는	–	tired 피곤한
amuse ~를 즐겁게 하다	amusing 즐겁게 하는	–	amused 즐거운
disappoint ~를 실망시키다	disappointing 실망시키는	–	disappointed 실망한
shock ~에게 충격을 주다	shocking 충격을 주는	–	shocked 충격을 받은
exhaust ~를 기진맥진하게 하다	exhausting 기진맥진하게 하는	–	exhausted 기진맥진한
embarrass ~를 당황하게 하다	embarrassing 당황하게 하는	–	embarrassed 당황한

정답 : X (interested → interesting)

가산 명사는 단수일 경우 부정관사 a/an, 복수일 경우 (e)s와 함께 쓰여야 하고, 불가산 명사는 셀 수 없는 명사이므로 부정관사나 (e)s와 함께 쓸 수 없다. 가산/불가산 명사를 쓸 때, 부정관사와 (e)s의 쓰임이 틀린 문장이 시험에 출제되므로, 아래 표의 가산/불가산 명사들을 확실히 구별하여 외워두자.

2019년 서울시 9급

There is a more serious problem than maintaining the cities. (O/X)

도시를 유지하는 것보다 더 중대한 문제가 있다.

■ 혼동하기 쉬운 가산 명사/불가산 명사

가산 명사		불가산 명사	
an excuse 변명	a disaster 재해	homework 숙제	equipment 장비
a price 가격	a noise 소음	luggage 수하물, 짐	baggage 수하물, 짐
a source 근원	a result 결과	clothing 의류	furniture 가구
an agreement 합의	a discount 할인	information 정보	news 뉴스
a relation 관계	a problem 문제	advice 조언	trouble 곤란, 문제
a purpose 목적	belongings 소지품	access 접근, 출입	consent 동의
funds 기금	standards 표준	ice 얼음	
measures 수단, 대책	savings 저축		

O : 답정

재귀대명사는 목적어가 주어와 같을 때나 주어 또는 목적어를 강조하기 위해 쓰는데, 재귀대명사 단독으로 사용될 때뿐만 아니라 특정 전치사와 함께 쓰여 다양한 뜻으로 사용되므로 재귀대명사의 형태와 관용 표현을 알아두자.

2019년 국회직 9급

Paired with his extra-long wingspan, his arms serve like propellers to shoot himself through the water. (O / X)

그의 매우 긴 양팔을 벌린 길이와 함께, 그의 팔은 그를 물살을 가로질러 가도록 하는 프로펠러와 같은 역할을 한다.

■ 재귀대명사의 형태

재귀대명사			
1인칭	단수		myself
	복수		ourselves
2인칭	단수		yourself
	복수		yourselves
3인칭	단수	남성	himself
		여성	herself
		사물	itself
	복수		themselves

■ 재귀대명사 관용 표현

by oneself 홀로, 혼자 힘으로	beside oneself 이성을 잃고, 흥분하여
for oneself 혼자 힘으로	by itself 저절로
in spite of oneself 자기도 모르게	in itself 자체로, 본질적으로

정답 : O

형용사 수량 표현은 가산 명사와 불가산 명사 앞에서 구별하여 써야 하는데, 형용사 수량 표현이 잘못 쓰여 틀린 문장이 시험에 출제된다. 아래 표의 형용사 수량 표현들을 확실히 외워두자.

2015년 서울시 9급

Wearing figure-hugging tights and sleeveless tops in a variety of shape and size, each person took turns sharing their names and native countries. (O / X)

다양한 모양과 크기의 몸매가 다 드러나는 타이츠와 소매가 없는 상의를 입은 각각의 사람이 차례로 자신의 이름과 출신 국가를 공유했다.

■ 가산 · 불가산 명사 앞에 오는 수량 표현

가산 명사 앞		불가산 명사 앞
few 거의 없는	a few 적은	little 거의 없는
every 모든	each 각각의	a little 적은
both 둘 다의	several 몇몇의	much 많은
a number of 많은 ~	many 많은	a great deal of 많은 ~
the number of ~의 수	one, two 등 수 표현	a large amount of 많은 ~
a variety of 다양한 ~	various 다양한	the amount of ~의 양

■ 가산 · 불가산 명사 앞에 모두 올 수 있는 수량 표현

some 몇몇의	other 다른	any 어떤
all 모든	most 대부분의	more 더 많은
a lot of 많은 ~	lots of 많은 ~	plenty of 많은 ~

정답 : X (shape and size → shapes and sizes)

27 단수 · 복수 명사 앞에 오는 수량 형용사

형용사 수량 표현은 단수 명사와 복수 명사 앞에서 구별하여 써야 한다. 이러한 수량 표현을 포함한 문장이 시험에 출제되므로 아래 표의 단수 명사와 복수 명사 앞에서 쓰일 수 있는 형용사 수량 표현을 확실히 구별하여 외워두자.

2014년 국가직 9급

A number of <u>students</u> are studying very hard to get a job after their graduation. (O / X)

많은 학생들이 졸업 후 취직을 위해 열심히 공부한다.

■ 단수 명사 앞에만 오는 수량 표현

one 하나의	each 각각의
every 모든	another 또 다른
either 어느 한쪽의	neither 어느 쪽도 ~ 아닌

■ 복수 명사 앞에만 오는 수량 표현

one of the ~중 하나	both 둘 다의
other 다른	few 거의 없는
a few 적은	several 몇몇의
some 몇몇의	most 대부분의
many 많은	a number of 많은 ~
a lot of 많은 ~	a variety of 다양한 ~

O : 달정

28 특수한 자리에 쓰이는 강조 부사

특수한 자리에 쓰이는 강조 부사가 시험에 종종 출제된다. 아래의 표의 각 강조 부사의 자리를 확실히 외워두자.

2021년 지방직 9급

He felt enough comfortable to tell me about something he wanted to do. (O / X)

그는 자신이 하고 싶었던 것에 대해 나에게 말할 정도로 충분히 편하게 느꼈다.

■ 특수한 자리에 쓰이는 강조 부사

quite	quite + a(an) + 형용사 + 명사 My apartment required **quite a large deposit**. 내 아파트는 꽤 많은 보증금을 요구했다.
enough	형용사/부사 + enough She is **smart enough** to get any job she wants. 그녀는 그녀가 원하는 어떤 직업이든 구할 수 있을 만큼 **충분히 똑똑하다**.
well, right, way	well, right, way + 전치사구 Temperatures tonight will be **well below zero**. 오늘 밤 기온은 영도 **훨씬 이하로** 떨어질 것이다. The bank is located **right beside the post office**. 은행은 우체국 **바로 옆에** 위치하고 있다. My score is **way above average**. 내 점수는 평균을 **훨씬 넘는다**.
even	even + 명사/동사/전치사구 **Even water** can be harmful to drink in large amounts. 물조차도 많은 양을 마시면 해로울 수 있다. The new restaurant **even offers** a 10 percent discount in addition to free dessert. 그 새로운 식당은 무료 후식에 더해 10퍼센트 할인을 **제공하기까지** 한다. In some areas of the Arctic, it's bright **even at night** during summer. 북극의 몇몇 지역에서는 여름 동안 **밤에조차** 환하다.
just, only	just, only + 명사/전치사구 It's **just a rerun** of last week's episode. 그것은 **단지** 지난주 방영분의 **재방송일 뿐이다**. Breakfast is available **only until 10 a.m.** 아침 식사는 오전 **10시까지만** 이용 가능합니다.

29 빈도 부사

빈도 부사는 얼마나 자주 일이 발생하는지를 의미하는 부사이며 보통 일반동사 앞, 또는 be 동사나 조동사의 뒤에 위치한다. 또한, 부정의 의미를 담고 있는 빈도 부사의 쓰임에 대해 묻는 문제가 시험에 출제되므로 빈도 부사의 뜻과 쓰임에 대해 확실히 알아두자.

2022년 지방직 9급

She is someone who is <u>always</u> ready to lend a helping hand. (O/X)

그녀는 언제나 도와줄 준비가 되어 있는 사람이다.

■ 빈도 부사의 종류

always 항상	almost 거의	often 자주	frequently 종종	usually 보통
sometimes 때때로	never 결코 ~ 않다			

■ 부정의 의미를 담고 있어서 부정어와 같이 쓰일 수 없는 빈도 부사

hardly / rarely / seldom / scarcely / barely 거의 ~ 않다

O : 답정

형태에 유의해야 할 형용사와 부사

보통 -ly로 끝나는 단어는 부사이지만, 예외적으로 -ly로 끝나는 형용사와 -ly로 끝나지 않는 부사도 있으므로 이를 혼동하여 쓰지 않도록 해야 한다. 이러한 형용사와 부사를 포함한 문장이 시험에 출제되므로 아래 표의 형태에 유의해야 할 형용사와 부사를 확실히 구별하여 외워두자.

2013년 지방직 7급

In the present, I was learning, there are no questions; there is just being. (O / X)

지금, 나는 질문이 없다는 것을 깨닫는 중이었다. 그저 존재하고 있었다.

■ -ly로 끝나는 형용사

likely 있을 법한	manly 남자다운
costly 비싼	friendly 친절한
lovely 사랑스러운	lively 생기 있는
elderly 나이가 지긋한	

■ -ly로 끝나지 않는 부사

ahead 미리	even 심지어
just 딱, 그저	right 딱 맞는
still 여전히	well 잘

O : 日&

전치사 in, at, on은 시간과 장소를 모두 나타낼 수 있으며, 각각의 쓰임에 따른 전치사를 묻는 문제가 시험에 출제되므로 아래 표의 시간과 장소에 따른 전치사 in, at, on의 쓰임을 알아두자.

2014년 지방직 7급

The United States national debt was relatively small until the Second World War, during which it grew from $43 billion to $259 billion in just five years. (O / X)

미국의 국채는 단 5년 만에 430억 달러에서 2,590억 달러로 늘어났던 제2차 세계 대전 전까지는 비교적 적었다.

■ 시간을 나타내는 전치사 in / at / on

in	월 · 연도 · 시간(~ 후에)
	계절 · 세기
	오전/오후/저녁
at	시각 · 시점
	정오/밤/새벽
on	날짜 · 요일 · 특정일

■ 장소를 나타내는 전치사 in / at / on

in	(상대적 큰 공간) 내의 장소
at	지점 · 번지
on	표면 위 · 일직선상의 지점

O : 답장

32 시점 · 기간을 나타내는 전치사

전치사가 시점과 기간 중 무엇을 나타내는지에 따라 다른 전치사가 쓰이므로 아래 표의 전치사들을 확실히 구별하여 외워두자.

2023년 국가직 9급

We have to finish the work <u>until</u> the end of this month. (O / X)

우리는 그 일을 이번 달 말까지 끝내야 한다.

◼ 시점을 나타내는 전치사

since	~ 이래로
from	~부터
until / by	~까지
before	~ 전에

◼ 기간을 나타내는 전치사

for / during	~ 동안
over / throughout	~ 동안, ~ 내내
within	~ 이내에

정답 : X (until → by)

33 동사와 함께 쓰이는 전치사

몇몇 동사는 특정 전치사와 짝을 이루어 함께 쓰인다. 이러한 동사를 포함한 문장이 시험에 출제되므로 아래 표의 동사들을 전치사와 함께 확실히 외워두자.

2017년 지방직 9급

The fear of getting hurt didn't <u>prevent</u> him <u>from</u> engaging in reckless behaviors. (O / X)

다치는 것에 대한 두려움이 그가 무모한 행동을 하는 것을 막지 않았다.

■ '동사 + 전치사' 표현

account for ~을 설명하다	substitute A with B A를 B로 대체하다
depend/rely on ~에 의존하다	focus on ~에 초점을 맞추다
hand in/turn in ~을 제출하다	embark on ~에 착수하다
cope with ~을 다루다	add A to B A를 B에 더하다
interact with ~와 교류하다	put A into B A를 B에 쏟아붓다
look at ~를 쳐다보다	deter A from B A가 B하는 것을 저지하다
provide A with B A에게 B를 공급하다	prevent A from B A가 B하는 것을 막다
associate A with B A를 B에 관련시키다	blame A on B A를 B의 탓으로 하다

정답 : O

34 | 형용사와 함께 쓰이는 전치사

몇몇 형용사는 특정 전치사와 짝을 이루어 함께 쓰인다. 이러한 형용사를 포함한 문장이 시험에 출제되므로 아래 표의 형용사를 전치사와 함께 확실히 외워두자.

2017년 사회복지직 9급

Both adolescents and adults should be <u>cognizant of</u> the risks of second-hand smoking. (O / X)

청소년과 성인 모두 간접흡연의 위험을 인식하고 있어야 한다.

■ '형용사 + 전치사' 표현

similar to ~와 비슷한	liable for ~할 의무가 있는
sensitive to ~에 민감한	identical to ~와 동일한
responsible for ~에 책임 있는	pleased with ~에 기뻐하는
proud of ~을 자랑스러워하는	cognizant to ~을 인식하고 있는
fond of ~을 좋아하는	relevant to ~과 관련 있는
consistent with ~과 일치하는	superior to ~보다 우월한
due to ~으로 인한	inferior to ~보다 열등한

정답 : X (cognizant to → cognizant of)

몇몇 명사는 특정 전치사와 짝을 이루어 함께 쓰인다. 이러한 명사를 포함한 문장이 시험에 출제되므로 아래 표의 명사들을 전치사와 함께 확실히 외워두자.

2012년 서울시 9급

The position you applied for has been filled but we appreciate your interest in being employed by our company. (O / X)

당신이 지원한 자리는 채워졌지만, 저희 회사에 채용되는 것에 대한 당신의 관심에 감사드립니다.

■ '명사 + 전치사' 표현

access to ~에의 접근 · 출입

exposure to ~에의 노출

favor of ~의 호의, ~에 대한 찬성

effect / influence on ~에 대한 영향

interest in ~에 대한 관심

question about ~에 대한 질문

respect for ~에 대한 존경

cause / reason for ~의 원인/이유

decrease / increase in ~의 감소/증가

O : 답정

의미상 올바른 전치사가 사용되었는지 묻는 문제가 시험에 출제되므로 아래 표의 전치사의 의미를 확실히 알아두자.

2014년 서울시 7급

Time is against them, as the batteries powering the missing plane's devices that send out pings are expected to expire in the coming days. (O / X)

시간은 그들에게 불리한데, 신호를 보내는 실종된 여객기의 장치에 전력을 공급하고 있는 배터리가 며칠 내로 꺼질 것으로 예상되기 때문이다.

기타 전치사

except (for) ~을 제외하고	
beyond ~을 넘어	
for ~을 위해, ~에 비해서	
against ~에 반대하여, ~에 불리한	
with ~을 가지고(도구)/~와 함께, ~이 있는	
without ~ 없이, ~ 없는	
as ~로서	
through ~을 통해/~을 통과하여	
by ~에 의해(주체)/~을 타고/~만큼	

O : 月段

37 의미가 비슷하여 혼동하기 쉬운 접속사 · 전치사

접속사 뒤에는 주어와 동사가 있는 완전한 절이 와야 하고, 전치사 뒤에는 명사 역할을 하는 것이 와야 한다. 의미가 비슷한 접속사와 전치사의 경우 혼동하기 쉬워 문장 내에서 잘못 쓰일 수 있다. 이러한 접속사와 전치사를 포함한 문장이 시험에 출제되므로 아래 표의 접속사와 전치사를 확실히 구별하여 외워두자.

2024년 서울시 9급 (2월 추가)

Despite the inconsistent and fairly sparse laboratory data regarding groupthink, the theory has been believed to have explanatory potential. (O/X)

집단 사고에 관한 일관되지 않고 상당히 부족한 실험실 데이터에도 불구하고, 그 이론은 설명적인 잠재력을 가지고 있다고 믿어져 왔다.

의미가 비슷하여 혼동하기 쉬운 접속사와 전치사

부사절 접속사	전치사
because/since ~하기 때문에	because of/due to ~ 때문에
although/even though 비록 ~이지만	in spite of/despite ~에도 불구하고
while ~하는 동안	during/for ~ 동안

正答 : O

38 상관접속사

상관접속사는 짝이 맞는 것끼리 쓰여야 하며, 문맥에 맞지 않는 상관접속사나 짝이 맞지 않는 상관접속사를 써서 틀린 문장이 시험에 출제된다. 아래 표의 상관접속사들의 의미와 짝을 확실히 알아두자.

2025년 출제기조 전환 대비 2차 예시문제

It seems to me that any international organization designed to keep the peace must have the power not merely to talk <u>but also</u> to act. (O / X)

내 생각에는 평화를 유지하기 위해 설립된 어떠한 국제 기구도 단순히 말할 수 있는 힘뿐만 아니라 행동할 수 있는 힘도 가져야 한다.

▦ 상관접속사

both A and B	A와 B 둘 다
not A but B	A가 아니라 B
not A nor B but C	A도 아니고 B도 아니고 C
not only A but (also) B	A뿐만 아니라 B도
B as well as A	A뿐만 아니라 B도
either A or B	A 또는 B 중 하나
neither A nor B	A도 B도 아닌

정답 : O

39   명사절 접속사 that

명사절 접속사 that이 이끄는 명사절은 문장에서 주어, 동사의 목적어, 보어로 쓰인다. that절을 취하는 동사와 형용사에 대해 묻는 문제가 출제되므로 아래 표의 동사와 형용사들을 알아두자.

2017년 지방직 9급
You might <u>think that</u> just eating a lot of vegetables will keep you perfectly healthy. (O / X)

당신은 단지 채소를 먹는 것이 당신을 완벽히 건강하게 유지시킬 것이라고 생각할지도 모른다.

■ that절을 취하는 동사

say / tell that ~이라고 말하다

suppose that ~이라고 가정하다

think that ~이라고 생각하다

know that ~인 것을 알다

report that ~이라고 보고하다

believe that ~이라고 믿다/여기다

show that ~인 것을 보여주다

suggest that ~을 제안하다

■ that절을 취하는 형용사

be convinced that ~라고 확신하다

be aware that ~을 알고 있다

be glad that ~해서 기쁘다

be sorry that ~해서 유감이다

be afraid that ~해서 유감이다

O : 답장

40 미래 시제를 쓸 수 없는 시간·조건의 부사절 접속사

시간·조건의 부사절에서는 미래의 일을 나타내더라도 현재 시제를 써야 하는데 미래 시제가 쓰여 틀린 문장이 시험에 출제된다. 아래 표의 시간·조건의 부사절을 이끄는 부사절 접속사들을 확실히 외워두자.

2025년 출제기조 전환 대비 1차 예시문제

By the time she <u>will finish</u> her degree, she will have acquired valuable knowledge on her field of study. (O/X)

그녀가 학위를 마칠 때쯤이면, 그녀는 자신의 연구 분야에 대한 소중한 지식을 얻었을 것이다.

■ 시간을 나타내는 부사절 접속사

when ~일 때, ~할 때	as ~함에 따라, ~할 때
while ~하는 동안	before ~하기 전에
until ~할 때까지	after ~한 후에
since ~한 이래로	as soon as ~하자마자 (= no sooner A than B)

■ 조건을 나타내는 부사절 접속사

if 만약 ~라면	unless 만약 ~이 아니라면 (= if ~ not)
as long as ~하는 한, ~하면	once 일단 ~하면
provided/providing (that) 오직 ~하는 경우에 (= only if)	
in case ~(의 경우)에 대비하여	

정답 : X (will finish → finishes)

41 양보·이유를 나타내는 부사절 접속사

아래의 양보와 이유를 나타내는 부사절 접속사들을 확실히 외워두자.

2017년 사회복지직 9급

<u>Although</u> making a mistake, he could be respected as a good teacher. (O/X)

비록 그는 실수하기는 했지만, 좋은 선생님으로 존경받을 수 있었다.

■ 양보를 나타내는 부사절 접속사

although, though, even if, even though	비록 ~이지만
whereas, while	반면에

■ 이유를 나타내는 부사절 접속사

because / as / since	~이기 때문에
now (that)	~이니까
in that	~이라는 점에서

O : 답장

기타 부사절 접속사

문맥에 맞는 올바른 의미의 부사절 접속사를 사용했는지 물어보는 문제가 시험에 출제되므로 아래 표의 여러 부사절 접속사들의 의미를 확실히 알아두자.

2019년 지방직 9급

The investigation had to be handled with the utmost care <u>lest</u> suspicion be aroused. (O / X)

그 수사는 의혹을 불러일으키지 않도록 최대한 조심스럽게 다루어져야 한다.

기타 부사절 접속사

so that ~ can ~하도록	
so that ~해서 그 결과 ~하다	
so / such ~ that 매우 ~해서 – 하다	
whether ~이든 아니든	
lest ~하지 않도록	
as if / as though 마치 ~처럼	
(just) as 마치 ~처럼	

O : 貴원

문맥상 자연스러운 의미의 복합관계대명사와 복합관계부사를 사용했는지 물어보는 문제와 복합관계부사절의 어순을 묻는 문제가 시험에 출제되므로 아래 표의 복합관계대명사와 복합관계부사의 쓰임과 어순을 확실히 알아두자.

2014년 국가직 9급

<u>However weary you may be</u>, you must do the project. (O / X)

네가 아무리 지치더라도, 너는 그 프로젝트를 해야 한다.

■ 복합관계대명사와 복합관계부사

복합관계대명사	복합관계부사
whatever 무엇이/무엇을 ~하든 상관없이	whenever 언제 ~하든 상관없이
who(m)ever 누가/누구를 ~하든 상관없이	wherever 어디로/어디에서 ~하든 상관없이
whichever 어느 것이/어느 것을 ~하든 상관없이	however 어떻게/얼마나 ~하든 상관없이

■ 복합관계부사 however가 이끄는 절의 어순

however + 형용사/부사 + 주어 + 동사 아무리 ~해도

O : 답정

44 주의해야 할 어순 1

혼동할 수 있는 어순이 쓰인 문장이 시험에 종종 출제된다. 아래 표의 주의해야 할 어순을 확실히 외워두자.

2017년 국가직 9급 (10월 추가)

Can you tell <u>who that is</u> over there? (O / X)

저쪽에 있는 사람이 누구인지 알겠니?

주의해야 할 어순

간접 의문문	의문사 + 주어 + 동사 He told me **when the mail arrived**. 그는 내게 언제 그 편지가 도착했는지 말해주었다.
감탄문	How + 형용사/부사 + 주어 + 동사 **How tall you are!** 너는 정말 키가 크구나! What + (a/an +) 형용사 + 명사 + 주어 + 동사 **What a beautiful smile the baby has!** 그 아기는 정말 예쁜 웃음을 가지고 있구나!
so	so + 형용사 + a/an + 명사 We picked **so perfect a place** for the picnic. 우리는 소풍 가기에 아주 완벽한 장소를 골랐다.
such	such + a/an + 형용사 + 명사 We picked **such a perfect place** for the picnic. 우리는 소풍 가기에 아주 완벽한 장소를 골랐다.
enough	형용사/부사 + enough You weren't **careful enough**. 너는 충분히 신중하지 않았다. 형용사 + enough + 명사 She didn't have a **big enough room**. 그녀는 충분히 큰 방을 갖고 있지 않았다. 형용사/부사 + enough + to 부정사 The cat is **smart enough to open** the door. 그 고양이는 문을 열기에 충분히 똑똑하다.
-thing	-thing/-body/-one + 형용사 The students would like to do **something fun**. 그 학생들은 재미있는 것을 하고 싶어 한다.

O : 답정

45 주의해야 할 어순 2

혼동할 수 있는 어순이 쓰인 문장이 시험에 종종 출제된다. 아래 표의 주의해야 할 어순을 확실히 외워두자.

2011년 사회복지직 9급

I drove Dad into the village and promised to <u>pick him up</u> at 4 p.m., then drove to a garage and dropped off the car. (O/X)

나는 아버지를 마을까지 태워다 드리면서 오후 4시에 아버지를 태우러 가겠다고 약속한 후, 차량 정비소에 가서 차를 맡겼다.

■ 명사 앞에 명사를 수식하는 형용사가 여러 개 올 경우의 어순

순서	수	판단, 태도	크기·길이·형태	색깔·원료
서수, last, next	three, ten	beautiful, remarkable	big, long, round	red, leather

■ 목적어가 대명사이면 '동사 + 대명사 + 부사' 순으로 쓰이는 구동사

put on ~을 입다, 걸치다	put off ~을 연기하다	catch up ~을 따라잡다
push on ~을 서두르다	give in ~을 제출하다	bring about ~을 가져오다
pick up ~를 태우러 가다	tune out ~를 무시하다	

O : 답정

원급 관련 표현에 as가 아닌 than이 쓰이거나, 형용사/부사의 원급이 잘못 쓰여 틀린 문장이 시험에 출제된다. 아래 표의 원급 관련 표현들을 확실히 외워두자.

2024년 지방직 9급

I bought a book on my trip, and it was <u>twice as expensive as</u> it was at home. (O / X)

나는 여행에서 책을 샀는데, 본국에서 사는 것보다 두 배만큼 비쌌다.

■ 원급 관련 표현

as + 형용사/부사의 원급 + as ~	~만큼 −한
as soon as possible	가능한 한 빨리
as soon as you can	네가 할 수 있는 한 빠르게
as ~ as can be	굉장히 ~인
not so much A as B	A라기보다는 B인
never[not] so much as	~조차도 하지 않다
배수사 + as ~ as	~배 만큼 −한
A as well as B	B뿐만 아니라 A도
as far as	~까지
as like as not	거의 틀림없이
as long as	~하는 한

O : 답정

다양한 비교급 관련 표현이 사용된 문장들이 시험에 출제된다. 아래 표에서 비교급 관련 표현들을 확실히 외워두자.

2022년 국가직 9급

<u>Nothing is more precious as</u> time in our life. (O / X)

우리 인생에서 시간보다 더 소중한 것은 없다.

비교급 관련 표현

형용사/부사의 비교급 + than ~ ~보다 -한	less than ~보다 더 적은
more than ~보다 더 많은	no longer 더 이상 ~않다
no later than ~까지는	other than ~말고, ~않은
no sooner ~ than − ~하자마자 -하다	rather than ~ ~보다는
비교급 and 비교급 점점 더 ~한	would rather A than − −하느니 차라리 A하다
비교급 than any other ~ 다른 어떤 ~보다 더	the 비교급 ~, the 비교급 − 더 ~할수록 더 -하다
have never been + 비교급 더 ~해본 적이 없다	more often than not 대개, 자주
A no 비교급 than B B가 ~않은 만큼 A도 ~않은 (= as 반대의미의 원급 as)	
no other −/nothing + 비교급 than 다른 어떤 −도 ~보다 더 ~하지 않다	

48 최상급 관련 표현

최상급 관련 표현은 문장 내에서 문맥상 적절한 의미의 표현이 사용되어야 한다. 이러한 표현을 포함한 문장이 시험에 출제되므로 아래 표의 최상급 관련 표현들을 확실히 외워두자.

2014년 서울시 7급

The Internet is one of the most remarkable things human beings have ever made. (O / X)

인터넷은 인간이 지금까지 만들어낸 가장 놀랄 만한 것 중 하나이다.

■ 최상급 관련 표현

at (the) least 적어도	
at (the) best 잘해야, 기껏해야	
at (the) most 기껏해야, 많아야	
the world's + 최상급 세상에서 가장 ~한	
one of the + 최상급 가장 ~한 –중 하나	

O : 답장

원급 · 비교급 · 최상급 표현의 경우 이러한 표현들을 강조하는 표현과 함께 쓰일 수 있으며, 원급 · 비교급 · 최상급 별로 함께 쓰일 수 있는 강조 표현을 묻는 문제가 시험에 출제되므로 아래 표의 원급 · 비교급 · 최상급을 강조하는 표현들을 확실히 구별하여 외워 두자.

2016년 국가직 9급

Jessica is a <u>much</u> careless person who makes little effort to improve her knowledge. (O / X)

Jessica는 지식을 향상시키기 위해서 거의 노력하지 않는 매우 무심한 사람이다.

■ 원급 · 비교급 · 최상급을 강조하는 표현

	very 매우	ever 항상, 도대체
	quite 꽤, 상당히	too (부정적 의미로) 너무
	only 단지, 겨우	enough 충분히
원급	even ~조차, 심지어 ~까지도	pretty 꽤, 제법
	much 너무, 많이	just 막, 그저, 정말
	well 잘, 훨씬	way (대화 표현에서) 너무, 훨씬
	so 매우, 너무	that 그렇게, 그 정도
비교급	much / even / still / far / a lot / by far 훨씬	
최상급	by far 단연코	

정답 : X (much → very)

50 도치를 일으키는 부정 · 제한을 나타내는 부사구

부정 · 제한을 나타내는 부사(구)가 문장 맨 앞에 오면 그다음에 나오는 주어와 동사가 도치되어 '부사(구) + 동사 + 주어'의 어순을 취하는데, 도치가 일어나지 않아 틀린 문장이 시험에 출제된다. 아래 표의 부정 · 제한을 나타내는 부사(구)들을 확실히 외워두자.

2023년 국가직 9급
Hardly had I closed my eyes when I began to think of her. (O / X)
나는 눈을 감자마자 그녀를 생각하기 시작했다.

■ 부정을 나타내는 부사(구)

never 결코 ~ 않다	not until ~하고 나서야 비로소 −하다
at no time 결코 ~ 않다	on no account 결코 ~ 않다
nowhere 어디에서도 ~ 않다	nor/neither ~도 역시 − 않다
hardly/seldom/rarely/little 거의 ~ 않다	no sooner ~ than − ~하자마자 −하다
under no circumstance 어떤 일이 있어도 ~ 않다	

■ 제한을 나타내는 부사(구)

not only ~일 뿐 아니라	only + 부사구 오직 ~

O : 답정

06회 핵심 어휘 리스트

☑ 잘 외워지지 않는 어휘 및 표현은 박스에 체크하여 한 번 더 확인하세요.

☐ marginalized	형 소외된	☐ vendor	명 판매 업체, 행상인
☐ accurate	형 정확한	☐ keep pace with	~과 발맞추다
☐ misconception	명 오해	☐ satisfaction	명 만족도
☐ perpetuate	동 영속시키다, 영구화하다	☐ achievement	명 성과, 성취
☐ compensation	명 보상	☐ establish	동 확립하다, 수립하다
☐ supervision	명 감독	☐ curiosity	명 호기심
☐ representation	명 묘사, 표현	☐ pushback	명 반발
☐ nutritional	형 영양의	☐ inclination	명 성향
☐ deficiency	명 결핍, 결손	☐ manifest	동 나타나다
☐ restrictive	형 제한하는	☐ rationalize	동 합리화하다
☐ stem from	~에서 기인하다	☐ blunt	형 있는 그대로의, 직설적인
☐ standing	명 입장, 지위	☐ innate	형 선천적인
☐ tactic	명 전략	☐ capsize	동 전복시키다
☐ alienate	동 소외감을 느끼게 하다, 멀어지게 만들다	☐ impose	동 가하다, 시행하다
☐ mutually	부 서로, 상호 간에	☐ in a vacuum	외부와 단절된 상태에서
☐ payment	명 수당, 급여	☐ constitution	명 헌법
☐ automotive	형 자동차의	☐ civilization	명 문명
☐ subsidy	명 보조금	☐ bilingual	형 이중 언어를 사용하는
☐ inquire	동 문의하다	☐ revitalization	명 회생
☐ proceed	동 진행하다	☐ suburb	명 교외
☐ corporate	형 기업의	☐ degradation	명 (질적) 저하, 갈등
☐ outlook	명 전망	☐ vacant	형 비어 있는
☐ course of action	방책	☐ hostile	형 적대적인
☐ outstanding	형 미해결된, 아직 처리되지 않은	☐ entrepreneur	명 사업가
☐ prompt	형 신속한	☐ vocation	명 직업

Quiz 각 어휘 및 표현의 알맞은 뜻을 찾아 연결하세요.

01 misconception	ⓐ 보조금	06 perpetuate	ⓐ 전략
02 subsidy	ⓑ 직업	07 standing	ⓑ 비어있는
03 inclination	ⓒ 오해	08 constitution	ⓒ 헌법
04 vocation	ⓓ 성향	09 tactic	ⓓ 정확한
05 stem from	ⓔ ~에서 기인하다	10 vacant	ⓔ 영속시키다, 영구화하다
	ⓕ 서로, 상호 간에		ⓕ 입장, 지위

Answer | 01 ⓒ 02 ⓐ 03 ⓓ 04 ⓑ 05 ⓔ 06 ⓔ 07 ⓕ 08 ⓒ 09 ⓐ 10 ⓑ

07회 실전동형모의고사

제한 시간 : 20분 시작   시   분 ~ 종료   시   분 점수 확인   개/ 20개

※ 밑줄 친 부분에 들어갈 말로 가장 적절한 것을 고르시오.
[01~03]

01

Communication that takes place via text message is subject to misinterpretation. This is because such messages often lack proper punctuation and tone indicators, causing their true meaning to become _____.

① obscure
② obvious
③ pervaded
④ perceptible

02

Container ships _____ around 90 percent of all goods involved in international trade.

① ban
② return
③ navigate
④ transport

03

While the film crew was satisfied with the take, the lead actor demanded that the director _____ the scene again.

① shoots
② shoot
③ will shoot
④ shot

※ 밑줄 친 부분 중 어법상 옳지 않은 것을 고르시오.
[04~05]

04

① Faced with dwindling fossil fuel supplies and worsening climate change, people must ② get used to use renewable energy sources. After years of people wondering ③ what sources could possibly replace traditional fuels, the answer to this question was finally found. Today, reserves of solar, wind, and hydroelectric power ④ are supplying millions of people with the energy they need.

05

A number of ① the pieces Beethoven wrote in what is known as his middle period ② are characterized by lower notes, ③ which amplified the emotional intensity of the music he composed ④ during he was gradually going deaf.

※ 밑줄 친 부분에 들어갈 말로 가장 적절한 것을 고르시오.
[06~07]

06

A: I'm thinking of dyeing my hair. I want to change things up.

B: Oh? What color?

A: I'm not sure. Can you recommend something?

B: Light brown is very popular and also pretty.

A: _____.

B: OK. How about red or even purple? Not many people have those shades.

① That sounds like a winner to me

② I think it would damage my hair too much

③ I'd prefer something that stands out more

④ Maybe I should get it cut as well

07

Penny Foster
Have you heard about the new app that the company is introducing?
2:56 p.m.

Taylor Barnett
No, I haven't. What's it for?
3:02 p.m.

Penny Foster
It's a project management tool that's supposed to help us track tasks and share updates with each other, which should improve the team's overall efficiency.
3:04 p.m.

Taylor Barnett
That actually sounds like something we need. When will we start using it?
3:04 p.m.

Penny Foster
It should be sometime next week.
3:05 p.m.

Taylor Barnett
Will we be getting any training on how to use it?
3:05 p.m.

Penny Foster
_____
_____
3:06 p.m.

① You have to link your account to your email address.

② I think so, but most of it is self-explanatory.

③ The team really needs to communicate better.

④ We'll use it with our current system for a while.

※ 다음 글을 읽고 물음에 답하시오. [08~09]

```
Elderly Wellness      +                                    - □ ×
← → C   http://elderlywellnessagency.com/what-we-do    ●  ≡
```

Elderly Wellness

HOME   WELCOME PAGE   ABOUT US   WHAT WE DO   Q SEARCH

HOME > WHAT WE DO

Agency for Elderly Wellness

Safe and Affordable Housing

We oversee programs that provide affordable housing options for seniors who do not have a steady income. We also partner with apartment management teams to make sure that buildings are equipped with wheelchair ramps and handrails to create a safe environment for elderly residents.

Participation in Society

We connect companies and organizations with elderly people who wish to take part in employment and volunteer opportunities. These activities not only improve their sense of independence but also allow them to give back to the community in meaningful ways.

Health Is Wealth

Through our partnerships with community centers, we offer a wide range of fun physical classes, such as water aerobics, walking clubs, and yoga, to help keep seniors active and fit.

08 윗글의 Agency for Elderly Wellness에 관한 내용과 일치하는 것은?

① It works to provide cost-free housing to seniors.

② It helps move seniors to safer apartment buildings.

③ It recruits volunteers to spend time with seniors.

④ It offers a variety of physical fitness classes.

09 밑줄 친 steady의 의미와 가장 가까운 것은?

① substantial   ② regular

③ minimum   ④ personal

※ 다음 글을 읽고 물음에 답하시오. [10~11]

[A   ]

Do you think your canine companion is a superstar? Then enter him or her in the 5th annual Labor Day Dog Talent Show.

Details
• **Dates:** Saturday, September 3
• **Times:** Registration opens at 8 a.m.
        Judging begins at 10:30 a.m.
        Awards Ceremony starts at 2 p.m.
• **Location:** Park Slope Arena

Award Categories
• **Most Fashionable**
Dress your companion up in his or her best outfit and show the audience how cute he or she can be.
• **Best Trick**
Go beyond just sitting and shaking. Showcase your dog's unique abilities.
• **Most Athletic**
Let your dog run, jump, and crawl through our specially designed obstacle course to exhibit his or her athletic side.

Rules
- Dogs must be kept on a leash at all times when not competing.
- Owners are responsible for their dog's behavior.
- All entrants must be up to date on all of their shots.

To learn more about the event, please visit www.parkslopearena.com/labordaydogshow.

10 (A)에 들어갈 윗글의 제목으로 가장 적절한 것은?

① Make Sure Your Dog Gets Some Exercise

② Share Your Dog's Talents with the World

③ Give Your Pet a Break This Labor Day

④ Adopt a Pet and Make a Friend for Life

11 위 안내문의 내용과 일치하지 않는 것은?

① 이 행사는 올해로 다섯 번째 열린다.

② 심사는 오후 2시부터 진행된다.

③ 반려견의 운동 능력을 평가한다.

④ 참가를 위해 반려견의 백신 정보가 확인되어야 한다.

12 다음 글의 내용과 일치하는 것은?

Extremophiles are microorganisms that can withstand extremes that could quickly kill humans, plants, and animals. The water bear or tardigrade is one example. These organisms can survive chemical concentrations, outer space, and ocean depths. In the absence of water, tardigrades shrivel up and appear lifeless, but when water is reintroduced, they return to normal. How do they do this? They simply replace the water in their bodies with a sugar that hardens, causing them to become glass-like and enter a state of suspended animation. Researchers have taken this knowledge and used it to preserve vaccines. Vaccines contain live materials, and in the tropics, they become useless. But a sugar preservative hardens the living material into glass beads, maintaining their usability for longer periods even in high temperatures.

* extremophile: 극한성 생물
* tardigrade: 완보류의 동물(느림보 동물)

① 극한성 생물들은 우주 공간에서 더 잘 자란다.

② 완보류의 동물은 물이 없으면 죽는다.

③ 연구원들은 완보류 동물의 특성을 백신을 보존하는 데 활용했다.

④ 당 방부제는 살아있는 물질이 저온에서 오랫동안 보존될 수 있도록 한다.

13 다음 글의 요지로 가장 적절한 것은?

Scientists continue to do research to understand a truly human behavioral trait—crying. Although many other animals have tear ducts in their eyes, humans are the only species that sheds tears for emotional reasons. One of the most basic theories for this is that tears act as a communication tool, especially since children cry from a young age to get parental care. However, research shows that, in adults, crying occurs more often when they are alone and as a result of loneliness, so it would have little communicative impact. Later research has shown that tears contain hormones and neurotransmitters that may have a healing effect. Unfortunately, scientists have been unable to validate this theory, or any of the others, so continued testing will have to be done.

① Scientists believe that tears can be used as antibiotics.

② Tears can alert those around us to our states of distress.

③ The exact reason that humans cry tears is unknown.

④ Researchers have determined the chemical composition of tears.

14 다음 글의 제목으로 가장 적절한 것은?

Scientists have found that the average length of a day on Earth has been perceptibly increasing, though not to any significant degree. Every century, the average day will have increased in length by more than one-thousandth of a second. This change is owed to the gradual deceleration of the Earth's rotation around the Sun. However, this cannot be narrowed down to a single factor. One of the likely factors is the effect of the Moon on the Earth's tides, and how this creates friction on the Earth's spin. Another factor may be climate change, as the added weight of water from melted ice at the poles gathers at the equator and causes the Earth to slow. One less understood factor is the Earth's core, which rotates at its own speed counter to that of the crust, and has been observed to be speeding up. Although the change to day length is largely imperceptible, the effects are becoming more apparent over time.

① Effects of the Earth's Spin on the Surface

② Causes for the Moon's Orbit Around the Earth

③ Reasons for the Increasing Day Length

④ Changes in the Spinning of the Earth's Core

15 글의 흐름상 가장 어색한 문장은?

Under the traditional grading system, various factors can affect the overall academic grade of a child. ① Tardiness, extra credit work, and class participation are all capable of increasing or decreasing a student's rank. ② There needs to be a collaborative effort among educators and parents when trying to help kids raise their test scores. Such secondary elements, while important, are not a good reflection of how much content a student absorbs in class. ③ A simple solution was proposed by two teachers to revise the system so that it more accurately reflects a child's progress. In short, they argue that two scores should be provided. ④ The first represents knowledge and exam performance, while the other mark is for life skills—preparation, behavior, and teamwork.

16 주어진 문장이 들어갈 위치로 가장 적절한 것은?

In contrast, a deficiency in these areas can inhibit it.

The more physical activity we engage in, the more we rely on a human growth hormone to repair our damaged muscles, proteins, and other elements in the body. However, our bodies do not release a steady output of growth hormone. (①) Rather, the production of the hormone relies on conditions we usually associate with a healthy lifestyle. (②) Nutrition, sleep, and exercise all contribute to the production of the hormone. (③) Possible effects can include lethargy, an inability to concentrate, memory loss, soreness, and a weakened immune system. (④) These effects are all exacerbated after strenuous physical activity, making a healthy lifestyle crucial for daily functioning.

17 주어진 글 다음에 올 내용을 순서대로 연결한 것은?

These days, more and more endangered fish are circulating in the food market. It has largely gone unnoticed because the fish are intentionally sold under a different name. The prevalence of this illegal act came about because rare species are sometimes caught as byproducts by commercial fisheries.

(A) They found mislabeling at nearly every step of the supply chain, beginning with distribution all the way to retail. The result is that one in five species on the market is deliberately misclassified, which does not bode well for species that are endangered.

(B) In addition to conservation concerns, the deceit can also have serious consequences to public health. More than half of the misclassified seafood carries health risks to people, including parasites and toxic chemicals.

(C) When this happens, unscrupulous fishermen who want to make a profit simply list them as a common species and sell them to vendors instead of throwing them back into the sea. What's more worrying is that scientists who investigated the matter have reported that the fraud is not limited to suppliers.

① (A) – (B) – (C)　　　② (A) – (C) – (B)

③ (B) – (C) – (A)　　　④ (C) – (A) – (B)

※ 밑줄 친 부분에 들어갈 말로 가장 적절한 것은? [18~20]

18

One of the worst architectural catastrophes in history occurred very early in recorded human civilization, in the town of Fidenae, Italy, AD 27. Emperor Tiberius had just lifted a ban on gladiatorial games, and a local man named Atilius was intent on celebrating the occasion with the construction of his own amphitheater. However, Atilius was not particularly _____ and constructed his amphitheater out of wood, the only material he could afford. Moreover, the construction was rushed in order to be completed by the time the games were set to begin. Allowing for a maximum occupancy of 50,000 spectators, roughly 20,000 were present for the opening ceremony, during which tragedy struck and the amphitheater collapsed, claiming thousands of lives. Laws regarding buildings were tightened as a result of the tragedy, requiring that citizens possess a considerable amount of wealth before being granted building permission, and Atilius himself was exiled from the empire.

* amphitheater: 원형 경기장

① opulent

② ambiguous

③ imperative

④ emphatic

19

The Greek philosopher Pyrrho of Elis is thought to be the first real skeptic. In his day, some Eastern thinkers asserted that they possessed the unequivocal truth about the universe. When Pyrrho went to India and Persia to see if this was true, he discovered that there were actually many different and conflicting views in Eastern philosophy. Recognizing that not all of these ideologies could be correct, Pyrrho came up with "practical skepticism." He argued that all human thought contains some degree of uncertainty and divisiveness. Thus, there was no such thing as _____.

① absolute knowledge

② sincere compromise

③ popular concepts

④ natural theories

20

Drinking coffee has been linked to health benefits such as increased focus, a reduced cancer risk, and an overall longer life span. But for those with high cholesterol or caffeine sensitivity, drinking coffee may have adverse effects. To reduce one of these risks, experts recommend using a filter. Filters eliminate diterpenes, compounds that raise cholesterol levels, while preserving coffee's natural supply of antioxidants. But keep in mind that even if you're filtering your coffee, excessive caffeine consumption can cause anxiety, insomnia, and digestive issues. Consequently, doctors suggest that you _____.

① avoid adding sugar and cream to your coffee

② drink coffee only in the mornings

③ consider switching to fresh roasted coffee beans

④ limit yourself to no more than five cups of coffee a day

정답 · 해석 · 해설 p. 70

실전동형모의고사 07회
모바일 자동 채점 + 성적 분석 서비스 바로 가기

QR코드를 이용해 모바일로 간편하게 채점하고 나의 실력이 어느 정도인지,
취약 부분이 어디인지 바로 파악해 보세요.

07회 핵심 어휘 리스트

☑ 잘 외워지지 않는 어휘 및 표현은 박스에 체크하여 한 번 더 확인하세요.

□ pervaded	형 만연한	
□ perceptible	형 인지할 수 있는	
□ navigate	동 항해하다, 길을 찾다	
□ amplify	동 증폭시키다	
□ intensity	명 강도	
□ stand out	눈에 띄다	
□ wellness	명 건강	
□ affordable	형 저렴한	
□ oversee	동 감독하다	
□ income	명 소득, 수익	
□ ramp	명 경사로	
□ companion	명 동반자, 친구	
□ annual	형 연례의, 매년 열리는	
□ entrant	명 참가자	
□ microorganism	명 미생물	
□ withstand	동 견뎌 내다	
□ concentration	명 집중 (상태), 농축	
□ absence	명 없음, 부재	
□ shed	동 흘리다	
□ antibiotic	명 항생제	
□ distress	명 고통	
□ composition	명 성분, 구성 요소	
□ rotation	명 자전	
□ narrow down	범위를 좁히다	
□ friction	명 마찰	

□ equator	명 적도	
□ imperceptible	형 근소한, 감지할 수 없는	
□ academic	형 학업의	
□ credit	명 학점, 신용	
□ collaborative	형 공동의	
□ secondary	형 부차적인	
□ inhibit	동 저해하다, 방해하다	
□ repair	동 회복하다, 수리하다	
□ steady	형 꾸준한	
□ prevalence	명 팽배, 유행	
□ illegal	형 불법적인	
□ byproduct	명 부산물	
□ distribution	명 배급, 유통	
□ retail	명 소매	
□ delliberately	부 고의로	
□ deceit	명 사기, 속임수	
□ unscrupulous	형 비양심적인, 부도덕한	
□ catastrophe	명 참사, 파국	
□ spectator	명 관중	
□ exile	동 추방하다	
□ opulent	형 부유한	
□ imperative	형 위엄 있는, 명령적인	
□ emphatic	형 단호한	
□ unequivocal	형 명백한	
□ ideology	명 이념	

Quiz 각 어휘 및 표현의 알맞은 뜻을 찾아 연결하세요.

01 perceptible	ⓐ 저해하다, 방해하다	06 companion	ⓐ 견뎌 내다
02 shed	ⓑ 인지할 수 있는	07 withstand	ⓑ 부차적인
03 opulent	ⓒ 증폭시키다	08 deliberately	ⓒ 동반자, 친구
04 amplify	ⓓ 흘리다	09 secondary	ⓓ 비양심적인, 부도덕한
05 unequivocal	ⓔ 부유한	10 unscrupulous	ⓔ 고의로
	ⓕ 명백한		ⓕ 마찰

08회 실전동형모의고사

제한 시간 : 20분 **시작**　시　　분 ~ **종료**　시　　분 **점수 확인**　개/ 20개

※ 밑줄 친 부분에 들어갈 말로 가장 적절한 것을 고르시오.
[01~03]

01

Despite his ＿＿＿＿＿＿＿ comments, reporters were impressed by the mayor's ability to stay on topic and get his point across during the press conference.

① spontaneous
② intelligent
③ diligent
④ constant

02

After six months of difficult negotiations over the contract, the company and the labor union were increasingly ＿＿＿＿＿＿ to reach a deal.

① curious
② cooperative
③ desperate
④ unfocused

03

In recent years, the widespread appearance of misinformation on social media has begun ＿＿＿＿＿＿ government officials.

① to worry
② to worrying
③ worried
④ worry

※ 밑줄 친 부분 중 어법상 옳지 않은 것을 고르시오.
[04~05]

04

Nothing is more representative of Egypt ① as the pyramids, the oldest of the Seven Wonders of the Ancient World. ② With its height unmatched before the construction of the St. Paul's Cathedral steeple in London, the scale of the pyramid has awed people for millennia. However, ③ what historians find amazing about it is its precise construction, which was thought to be nearly impossible ④ until the emergence of modern building technology.

05

A movie that does well at the box office improves ① its chances of getting a sequel, which is good news for the cast, as the budget for any additional installments ② tend to be higher than the first. Interestingly, although film studios let filmmakers ③ spend more, sequels often end up ④ earning less than the original.

※ 밑줄 친 부분에 들어갈 말로 가장 적절한 것을 고르시오.
[06~07]

06

Josh Torres

I've been going over our department's performance data, and I think there are some things we need to work on in the coming year.

4:05 p.m.

Kylie Kim

What are you most concerned about?

4:09 p.m.

Josh Torres

The main issue is our project completion rate. We're finishing only about 70 percent of our projects within scheduled deadlines.

4:10 p.m.

Kylie Kim

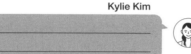

4:11 p.m.

Josh Torres

There were some unavoidable changes to projects that slowed things down, but some teams really need to work on their time management.

4:13 p.m.

Kylie Kim

Got it. Well, maybe we can schedule a meeting with the team leads to talk about this.

4:15 p.m.

① Do you think we need to hire more people?

② Could any of the deadlines be extended?

③ What do you think is causing delays?

④ Have any of our clients complained?

07

A: Have you read any good books recently?

B: No, but I want to. I just can't seem to concentrate.

A: Why don't you read something easy?

B: I do have a copy of *The Little Prince* somewhere.

A: That's perfect. _____

B: I'm sure I can track it down.

① Have you seen the movie version?

② Have you ever read it before?

③ Is it in good condition?

④ Do you think you can find it?

※ 다음 글을 읽고 물음에 답하시오. [08~09]

[A]

Every child deserves a safe and supportive place to learn and grow.

Some parents in our community work unconventional hours, leaving children without supervision after school. Without structured activities, kids are more likely to fall behind academically, miss out on social development opportunities, or even engage in risky behaviors.

A group of concerned parents is organizing an after-school program to address these challenges. The program will provide children with various activities and a safe environment until 8:00 p.m. each weekday. Join us for a meeting to learn more about the program and share your ideas.

Date: Wednesday, September 14
Time: 6:00 p.m. – 8:00 p.m.
Location: Mathis-Desilva Elementary School Auditorium

Note: If you are unable to attend but would still like to contribute, please complete our online survey at www.mdelementary.com/afterschoolsurvey.

For more information about the meeting, please visit www.mdelementary.com or email the meeting organizer Jill Burke at j_burke@popmail.com.

08 (A)에 들어갈 윗글의 제목으로 가장 적절한 것은?

① Academic Help for School-age Children

② Support for Children After School

③ The Social Development of Children

④ Resources for Parents to Share with Children

09 위 안내문의 내용과 일치하지 않는 것은?

① 일부 부모들이 아이들을 위한 방과 후 프로그램을 조직하고 있다.

② 방과 후 프로그램과 관련된 회의는 평일 오후에 열릴 예정이다.

③ 회의 참석자들은 설문조사를 작성해야 한다.

④ 행사 주최자에게 이메일을 보내 회의에 관해 질문할 수 있다.

※ 다음 글을 읽고 물음에 답하시오. [10~11]

To	allen.frazier_hr@rtdcorp.com
From	ezra.wilson@rtdcorp.com
Date	December 30
Subject	Concerns Regarding My Performance Evaluation

Dear Mr. Frazier,

I am writing to express concerns regarding my end-of-year performance evaluation.

The evaluation says that I missed two project deadlines. However, the delays affecting those projects were due to last-minute changes the clients made. At the time, I communicated these changes to my supervisor, so I feel there has been a misunderstanding. Additionally, your feedback states that my communication skills need to be enhanced. While I acknowledge that I can do better in this area, since I also received the same feedback last year, I have actively <u>worked on</u> my communication skills this year by attending two professional development seminars and applying what I learned.

As your feedback was cited as the reason I will not be receiving a bonus, I would like to address it further. Please let me know when you can meet with me.

Sincerely,
Ezra Wilson, Account Manager

10 위 이메일의 내용과 일치하지 않는 것은?

① 고객이 마지막 순간에 변경한 사항들로 인해 Wilson씨의 프로 젝트가 지연되었다.

② Wilson씨는 프로젝트 지연과 관련된 내용을 상사에게 전달했다.

③ Wilson씨는 의사소통 기술과 관련된 피드백을 올해 처음 받았다.

④ 올해 Wilson씨는 두 차례의 전문성 개발 세미나에 참석했다.

11 밑줄 친 "worked on"의 의미와 가장 가까운 것은?

① improved

② enlarged

③ commended

④ provoked

12 eUtil 앱에 관한 다음 글의 내용과 일치하지 않는 것은?

eUtil: One Application for All Your Utility Needs

The new eUtil application allows users to handle all their utility needs. Existing utility customers can use eUtil to view and pay all their monthly water, electric, and garbage collection bills easily through their mobile phones. In addition, the application's "Usage Monitoring" can send notifications when certain user-set usage levels are reached, preventing overconsumption and unexpectedly high bills. As part of the government's Efficient Service project, eUtil will replace the separate applications currently used for its various utility services. When users' utility accounts are connected to eUtil, the system will create a new password to access all accounts.

① It allows customers to pay their bills on their phones.

② Users can be notified when their usage level reaches a particular amount.

③ The new service will replace multiple applications.

④ Users can log in using their existing account passwords.

※ 다음 글의 제목으로 가장 적절한 것은? [13~14]

13

Researchers first observed the Pygmalion effect when they conducted an experiment in which teachers told several young children chosen at random that they were "intellectually exceptional" before taking an IQ test. The pupils who received the compliment and the burden of expectation achieved much higher scores compared to their previous tests. Some studies on the Pygmalion effect have been conducted in the workplace with comparable results. Employees encouraged by managers to take on more of a leadership role eventually received promotions. This phenomenon suggests that people's capabilities can be affirmatively influenced by the expectations of those around them. There is evidence that the inverse may be true as well, as the Golem effect, which states that lower expectations placed on individuals by authority figures or by the individuals themselves lead to deficient performances, has been observed in several experiments.

* Pygmalion effect: 피그말리온 효과(긍정적인 기대로 인하여 학생의 성적이 좋아지는 현상)

① The Inverse Relationship of Success and Expectations

② Expectations Linked to Performance

③ How Teachers Influence IQ Scores

④ Bosses Lower the Bar for Career Advancement

14

One of the most famous American sports, basketball, was developed in the late 19th century by Canadian physical education professor James Naismith. Seeking an indoor sport for his students at what is now Massachusetts's Springfield College to play during the frigid New England winters, Naismith nailed two peach baskets at 10-foot heights and gave the students soccer balls to toss into the baskets. Over time, the baskets were replaced by metal hoops and a dedicated basketball was developed. Although the game looks very different today, modern basketball is a direct descendant of Naismith's development.

① America's First Basketball League

② Popular Winter Activities in the United States

③ The History of an American Sports

④ The Development of Sports in Canada

15 주어진 문장 다음에 이어질 글의 순서로 가장 적절한 것은?

Humans have always learned from nature, and in recent times, researchers have begun to look to the natural world to solve complex modern problems through a process known as biomimicry.

(A) For example, the architects of the Eastgate Centre in Harare, Zimbabwe imitated the internal structures of African termite mounds, which remain cool regardless of the ambient temperature.

(B) Copying systems and features that have been perfected through billions of years of evolution can give researchers a head start when developing new technical solutions.

(C) Replicating the natural ventilation system resulted in a building that is cooled without the need for mechanical air conditioning.

① (A) – (B) – (C)

② (B) – (A) – (C)

③ (B) – (C) – (A)

④ (C) – (A) – (B)

16 다음 글의 흐름상 적절하지 않은 문장은?

In philosophy, there are two main forms of logical reasoning: deduction and induction. Deduction involves establishing premises and arriving at a conclusion that is a logical consequence of those premises. A claim that has been arrived at through a valid application of deductive reasoning is always necessarily true. ① Inductive reasoning, on the other hand, arrives at conclusions that are likely true. ② Premises for deductions are based on specific observed facts. ③ Inductive inferences involve looking at specific examples and drawing conclusions based on those examples. ④ For example, if 90% of employees at a company have college degrees, and it is known that a person is employed at that company, it is likely that the person has a college degree. It is vital to recognize the differences between deduction and induction to reason effectively.

17 주어진 문장이 들어갈 위치로 가장 적절한 것은?

In using this method, all a taxonomist would need to do when an unusual specimen is discovered is to take a tissue sample to determine the precise sequence of its genetic code.

Taxonomy is a science that involves examining and comparing species to determine the differences and similarities among them. (①) Traditionally, making such assessments was very time-consuming and necessitated a vast amount of knowledge and expertise. (②) Fortunately, a much more efficient method of categorizing organisms, called DNA barcoding, has been developed. (③) Once this information has been obtained, it is easily entered into a computer database of known genetic data. (④) This enables scientists to see if there is a match or to verify what species it is most related to.

※ 밑줄 친 부분에 들어갈 말로 가장 적절한 것을 고르시오.
[18~19]

18

In economic theory, *information economics* has become one of the most important branches, which will eventually _____ massive alterations. The exchange of information or ideas cannot be covered by traditional economic models, as information does not possess the same limitations as traditional goods. Because previous economic principles do not apply, numerous changes to how we think about business are needed. As one expert in Big Data said, "the new economics of information will precipitate changes in … entire industries and in the ways companies compete."

① break down   ② check on

③ use up   ④ bring about

19

While the pandemic will have lasting effects throughout daily life, perhaps no area will be more affected than office life. To combat the virus, companies have increasingly been allowing their employees to work from home, which management was not too thrilled about. Such an arrangement had been avoided due to the belief that it would negatively impact productivity, but business leaders have found that the opposite is true, with the amount of work being done by employees increasing. Additionally, _____ could be lowered through the reduction in office space afforded by remote working, leaving extra capital free to be spent in other sectors. This provides a compelling reason for companies to shift to permanent telecommuting arrangements in the future.

① expenses   ② sales

③ productivity   ④ morale

20 (A)와 (B)에 들어갈 말로 가장 적절한 것은?

Philosophers have been debating what constitutes knowledge since ancient times. Plato originally defined it as a "justified true belief." _____(A)_____, numerous philosophers have raised issues with this definition over the years. The primary concern stems from counterexamples called "Gettier problems," situations where a person's beliefs are true, but the reasoning later proves to be insufficient. _____(B)_____, if person A has been told that person B, who holds five coins, will get a job, A might believe that a person with five coins will get the job. But if A then gets the job while also unknowingly holding five coins, A's belief would have been both true and justified, but it could hardly be defined as knowledge.

	(A)	(B)
①	Meanwhile	On the contrary
②	However	For example
③	Instead	In contrast
④	Therefore	For instance

정답·해석·해설 p. 81

실전동형모의고사 08회
모바일 자동 채점 + 성적 분석 서비스 바로 가기

QR코드를 이용해 모바일로 간편하게 채점하고 나의 실력이 어느 정도인지, 취약 부분이 어디인지 바로 파악해 보세요.

08회 핵심 어휘 리스트

☑ 잘 외워지지 않는 어휘 및 표현은 박스에 체크하여 한 번 더 확인하세요.

☐ spontaneous	휑 즉흥적인, 자발적인	☐ replicate	동 복제하다
☐ diligent	휑 근면한	☐ ventilation	명 환기, 통풍
☐ labor union	노동 조합	☐ reasoning	명 추론
☐ awe	동 경외심을 갖게 하다	☐ deduction	명 연역(법)
☐ precise	휑 정밀한	☐ induction	명 귀납(법)
☐ rate	명 비율	☐ premise	명 전제
☐ deserve	동 ~할 자격이 있다	☐ consequence	명 결과
☐ unconventional	휑 이례적인, 틀에 박히지 않은	☐ inference	명 추론
☐ supervisor	명 상사, 관리자	☐ vital	휑 필수적인
☐ state	동 명시하다, 말하다	☐ alteration	명 변화
☐ utility	명 공공요금, 공익 사업	☐ principle	명 원칙
☐ exceptional	휑 특출한, 이례적인	☐ precipitate	동 촉진시키다
☐ pupil	명 학생	☐ use up	~을 다 써버리다
☐ compliment	명 칭찬	☐ bring about	~을 야기하다
☐ comparable	휑 비슷한, 비교할 만한	☐ combat	동 싸우다
☐ take on	~을 떠맡다	☐ compelling	휑 설득력 있는
☐ affirmatively	부 긍정적으로	☐ expense	명 지출
☐ inverse	휑 정반대의	☐ morale	명 사기
☐ deficient	휑 부족한	☐ constitute	동 이루다, 구성하다
☐ dedicated	휑 전용의, 헌신하는	☐ justified	휑 정당화된, 당연한
☐ descendant	명 유래한 것, 후손	☐ counterexample	명 반증, 반례
☐ imitate	동 모방하다	☐ specimen	명 표본
☐ internal	휑 내부의	☐ sequence	명 배열
☐ ambient	휑 주변의	☐ genetic	휑 유전의
☐ evolution	명 발전, 진화	☐ organism	명 유기체

Quiz 각 어휘 및 표현의 알맞은 뜻을 찾아 연결하세요.

01 awe	ⓐ 긍정적으로	06 morale	ⓐ 복제하다
02 affirmatively	ⓑ 표본	07 replicate	ⓑ 싸우다
03 compliment	ⓒ 경외심을 갖게 하다	08 alteration	ⓒ 비슷한, 비교할 만한
04 specimen	ⓓ 전제	09 combat	ⓓ 변화
05 premise	ⓔ 발전, 진화	10 comparable	ⓔ 정당화된, 당연한
	ⓕ 칭찬		ⓕ 사기

Answer | 01 ⓒ 02 ⓐ 03 ⓕ 04 ⓑ 05 ⓓ 06 ⓕ 07 ⓐ 08 ⓓ 09 ⓑ 10 ⓒ

09회 실전동형모의고사

제한 시간 : 20분 | 시작   시   분 ~ 종료   시   분 | 점수 확인   개/ 20개

※ 밑줄 친 부분에 들어갈 말로 가장 적절한 것을 고르시오.
[01~03]

01

> Over time, once _____ technology, generally thought of as "cutting-edge," becomes commonplace and is replaced by something newer.

① sustainable   ② dangerous

③ disregarded   ④ innovative

02

> Many experts believe that _____ is the most important trait politicians must display to get voters to believe their campaign promises.

① honesty   ② anxiety

③ humor   ④ attractiveness

03

> _____, she decided to stop reading and go to bed early.

① The book to be boring

② Being boring

③ The book being boring

④ Be boring

※ 밑줄 친 부분 중 어법상 옳지 않은 것을 고르시오.
[04~05]

04

> Art is widely used to influence public opinion. Various artistic media can be adopted as tools ① for nations to spread their ideologies. To this end, the content of paintings, films, and exhibitions ② glorifies particular political and economic systems. This can be seen in Soviet Era works. Knowing they had better ③ combat capitalism directly, Soviet artists made art ④ intend to show the superiority of communism and the evils of American capitalism.

05

> For years, some policymakers have proposed that imposing taxes on unhealthy food could be a way to ① deal with the obesity epidemic. However, opinions on this policy ② are ranged from support to opposition. While the idea is now gaining traction, in the past, there have always been those who have ③ objected to this measure. They argued that low-income households ④ were being targeted unfairly given that unhealthy food tends to be the cheapest.

※ 밑줄 친 부분에 들어갈 말로 가장 적절한 것을 고르시오. [06~07]

06

A: Are you doing anything special tonight?

B: Of course! It's Halloween. How could you forget?

A: _____.

B: You're kidding. How come?

A: My neighbors have a Halloween party every year that lasts all night. The guests are so rowdy and they leave trash everywhere.

B: Hmm, I can see why you don't care for it.

① I think I have to work overtime

② There are no good costumes

③ I wasn't invited to any parties

④ It's my least favorite holiday

07

Jennie Carter
Hi. I'd like to sign up for a new cellphone plan.
10:08 a.m.

Stanton Telecom
I'm happy to help. Could you tell me about your data needs?
10:10 a.m.

Jennie Carter
I use my phone a lot, so I'd like a plan with unlimited data.
10:10 a.m.

Stanton Telecom
_____
10:12 a.m.

Jennie Carter
Yes. I travel for work frequently.
10:12 a.m.

Stanton Telecom
We offer an international plan that includes unlimited texting and reduced calling rates. Would that work?
10:14 a.m.

Jennie Carter
Yes, that sounds perfect. How much is it?
10:14 a.m.

Stanton Telecom
It's $85 a month.
10:15 a.m.

① Do you need service for use abroad?

② Are you switching from another carrier?

③ Would you like to upgrade your phone?

④ How often do you make long-distance calls?

※ 다음 글을 읽고 물음에 답하시오. [08~09]

Augusta College Shuttle Service

As the fall semester is about to start, Augusta College would like to remind students of its off-campus shuttle bus service.

Available only on weekdays during the academic year, the shuttle bus operates every half hour from 7 a.m. to 8 p.m. The shuttle bus runs between the school's main entrance and Central Bus Transit Point, the nearest public transportation terminal. To take advantage of this free service, students should fill out the following form and turn it into the student affairs department. Once registered, students just need to scan their student ID when they get on the shuttle bus.

Name	Rebecca Burke	Student ID number	8546964985
Phone	555-9862	Student email	r.burke@acmail.com
Year			
☐ Freshman ☐ Sophomore ☐ Junior ☑ Senior ☐ Other			

08 Augusta College Shuttle Service에 관한 윗글의 내용과 일치하지 않는 것은?

① 셔틀버스는 학교 내에서만 운행한다.

② 셔틀버스는 운영시간 내에 30분 간격으로 운행된다.

③ 셔틀버스 서비스는 무료로 이용할 수 있다.

④ 셔틀버스를 탑승할 때는 학생증을 스캔해야 한다.

09 밑줄 친 "form"의 의미와 가장 가까운 것은?

① protocol
② document
③ outline
④ structure

※ 다음 글을 읽고 물음에 답하시오. [10~11]

To	accountholders@transwestbank.com
From	security@transwestbank.com
Date	November 24
Subject	Security Warning

Dear Account Holder,

Recently, there has been a rise in reports of ATM scams and thefts in the local area. As your financial partner, TransWest Bank wants to ensure that you don't fall victim to one of these. Here are some ways to avoid common ATM scams:

1. Inspect the ATM for unusual devices before inserting your card.
2. Cover the keypad as you enter your PIN.
3. Only use ATMs in well-lit, secure locations, such as in bank branches.
4. Monitor your account for any unusual activity and report it immediately.

For more ATM safety tips, please pick up a brochure at any bank branch, or visit the security section of TransWest's website. Staying informed and aware of potential risks is the first step in protecting your accounts.

Sincerely,
TransWest Bank

10 위 이메일의 목적으로 가장 적절한 것은?

① 계좌 소유자들에게 새로운 ATM의 사용 방법을 알려주기 위해

② 계좌 소유자들에게 계좌를 보호하는 방법을 안내하기 위해

③ 계좌 소유자들에게 안전한 ATM의 위치를 전달하기 위해

④ 계좌 소유자들에게 새로운 보안 웹사이트를 소개하기 위해

11 밑줄 친 "Cover"의 의미와 가장 가까운 것은?

① Observe
② Conceal
③ Rate
④ Activate

12 다음 글의 내용과 가장 일치하는 것은?

The rapid rate of Antarctic glacial melt has everyone concerned, but a new study indicates that it is having a positive impact on the ocean food chain. Iron stored in the glaciers is carried by the melting water to open areas of the ocean. This influx of iron spurs the growth of phytoplankton, the microscopic algae that are the foundation of the marine food chain. Krill and fish, which feed on phytoplankton, thrive in such an environment. The proliferation of these smaller animals then further sustains larger marine creatures such as penguins, seals, and whales that tend to feed in the open Antarctic coastal areas. Thus, the loss of glaciers in the region benefits the local ecosystem, despite the destructive effects of the resulting sea level increases.

① Ocean life thrives as iron levels increase.

② Phytoplankton is the main food source for penguins.

③ Large marine animals are leaving the Antarctic coast.

④ Glacial melt benefits marine life by raising sea levels.

13 다음 글의 제목으로 가장 적절한 것은?

As we grow up and begin to have responsibilities, we lose sight of the need for flexibility. It's especially apparent in our modern times when everything is so rushed and we need to stick to a schedule. I saw proof of this unfold before me on a subway station platform where some adults and a young boy were waiting for the next train. For some reason, the train was late, and the grown-ups showed signs of impatience and exasperation. They had commitments to fulfill and requirements to complete, and everything had to be done on time. But the young boy gleefully watched the goings-on at the station, oblivious to time. Really, we stop being flexible when adulthood brings on the inevitable duties and obligations. This is the reason we're tied to timetables and fail to see the world through a little boy's eyes.

① Facing the Daily Obstacles in Life

② Changes in Perspective as Adults

③ The Responsibilities We Face in Life

④ The Differences between Adults and Children

14 다음 글의 요지로 가장 적절한 것은?

Worldwide Health Emergencies
Preventing and dealing with cross-border health emergencies is the main mission of the International Health Agency (IHA). A quickly spreading disease could have a tremendous impact on the lives of people around the world and on international financial markets and economies.

Wide-Scale Infectious Event (WSIE)
A wide-scale infectuous event refers to the rapid spread of a contagious disease across multiple regions, potentially affecting millions of people. This could overwhelm health systems, cause travel disruptions, and lead to significant economic challenges.

The IHA's team of highly trained epidemiologists and health experts monitors local infection reports to find early signs of WSIEs. Should a WSIE be suspected, an alert is sent to partners around the world, warning them of the danger of the disease and how to prevent it from spreading.

① The IHA's top priority is dealing with the international spread of diseases.
② The IHA trains epidemiologists about health issues.
③ The IHA offers vaccines to prevent new diseases from forming.
④ The IHA focuses on the economic impact of health issues.

15 글의 흐름상 가장 어색한 문장은?

The Pulitzer Prize, an award for excellence in journalism that covers a wide variety of subjects, is among the most coveted awards in its field, and no news organization has won more prizes in its years of publication than the *New York Times*. ① At 125 prizes and counting, the *New York Times* has a distinguished reputation. But such distinction has brought with it higher expectations of journalistic integrity from its readers, as well as greater scrutiny from its critics. ② Some accuse the *New York Times* of explicit bias, writing stories in a way to try to color readers' impressions of news events. These accusations, in turn, reflect back on the Pulitzer Prize committee, who are seen as rewarding the paper for this particular bias. ③ Writing fact-based news articles requires reliable sources who can independently confirm the information. ④ But if this were the case, more prizes would have been awarded to publications with a far more opinionated slant. Instead, it is far more likely that such critics are expressing a bias of their own.

16 다음 주어진 문장이 들어갈 위치로 가장 적절한 것은?

In an attempt to neutralize it, the immune system launches an aggressive assault but is then unable to stop its response after the infection has cleared.

Characterized by extreme exhaustion, achiness, and poor concentration, chronic fatigue syndrome (CFS) is a highly controversial condition. (①) This is because the symptoms do not manifest physically, causing some doctors to dismiss their patients' complaints as psychosomatic, or "all in their head." (②) Yet, those claiming to have CFS insist that they are incapacitated by the disease, even if they appear healthy. (③) This claim has produced numerous theories about what could cause such a mysterious sickness, but the most accepted belief at present is that CFS is preceded by a serious virus. (④) Instead, it continues to release large amounts of unnecessary chemical messengers, which could account for why sufferers continue to feel tired and unwell.

17 주어진 글 다음에 이어질 글의 순서로 가장 적절한 것은?

Studies of social learning in the early 20th century focused on the effect that conditioning and repeated tests would have on a subject. However, as a psychologist Albert Bandura would later point out, these studies did not account for learned responses the subjects had not been conditioned to elicit.

(A) This was tested through the Bobo doll experiment. In this experiment, a child would observe an adult punching a Bobo doll, which would return to an upright position on its own. The adult was seen either rewarded, punished, or receiving no consequence for this action.

(B) What Bandura wanted to focus on was the effects that observation, imitation, and modeling had when a child was exposed to tests and responses on a model subject. This would provide evidence as to how much of a child's behavior is learned from watching that of adults.

(C) After observing the actions and consequences, the children would overwhelmingly imitate the aggressive behavior of the adults. Bandura concluded that violent parental figures could potentially have a profound influence on the emotional development of children.

① (A) – (C) – (B) ② (B) – (A) – (C)
③ (B) – (C) – (A) ④ (C) – (B) – (A)

18 밑줄 친 부분에 들어갈 말로 가장 적절한 것을 고르시오.

In a planned economy, the government is in complete charge of financial activities. Such economies are indifferent to market fluctuations, and the prices of goods and services as well as the amounts of commodities produced are determined by the administration. Therefore, this type of _____ system is less responsive than free markets are to consumers, whose needs are more fluid and quick to change.

① prescribed
② rapid
③ accessible
④ physical

※ 밑줄 친 부분에 들어갈 말로 가장 적절한 것을 고르시오.
[19~20]

19

Norman Ernest Borlaug, often called the father of The Green Revolution, saw agricultural research as a means not only to provide food but also to prevent war. His research led to the development of wheat varieties that were disease-resistant and high-yielding. Grown in Mexico, Pakistan, and India, the new varieties resulted in double the normal yields in the latter two countries. However, Borlaug's wheat was particularly successful in Mexico, which previously lacked sufficient food for its populace. With the help of the new wheat strains, Mexico would go on to become a wheat exporter by 1963. Overall, the higher wheat yields spared more than a billion people worldwide from the specter of starvation. Borlaug commented that people do not have to wage war when sufficient food is available. He was awarded the Nobel Peace Prize in 1970 _____.
The Nobel Committee had come to realize that abundant food means harmony.

① to encourage botanists to do more food research

② to acknowledge the lower rates of death by illness

③ to show appreciation for the increased wheat trade

④ to recognize his role in promoting world peace

20

Next Thursday, photographers will be given a rare chance to get some amazing pictures of an eclipse that only occurs when _____.
Because of the Earth's and Moon's orbits, which are elliptical, the distance between the two celestial bodies changes over the year. If the Moon is closer to the Earth, the former appears bigger, completely blocking out the Sun as it passes in front of it. Conversely, in the case that the Moon is at its greatest distance from the Earth, as it will be next week, it looks smaller. So when it traverses the Sun, it only covers the inner portion, leaving an outer ring visible and creating an annular eclipse.

① the Moon is at its farthest point away from the Earth

② the Earth enters the most elliptical part of its orbit

③ the Sun is fully blocked out by the Moon

④ the Earth is between the Sun and Moon

정답·해석·해설 p. 92

실전동형모의고사 09회
모바일 자동 채점 + 성적 분석 서비스 바로 가기

QR코드를 이용해 모바일로 간편하게 채점하고 나의 실력이 어느 정도인지, 취약 부분이 어디인지 바로 파악해 보세요.

09회 핵심 어휘 리스트

☑ 잘 외워지지 않는 어휘 및 표현은 박스에 체크하여 한 번 더 확인하세요.

☐ disregard	동 무시하다, 묵살하다	☐ exasperation	명 분노
☐ innovative	형 혁신적인	☐ fulfill	동 이행하다, 완료하다
☐ politician	명 정치인	☐ oblivious	형 의식하지 못하는
☐ honesty	명 정직함	☐ obligation	명 책임, 의무
☐ intend	동 의도하다, ~하려고 생각하다	☐ tremendous	형 엄청난
☐ superiority	명 우월성	☐ impact	명 영향 동 영향을 주다
☐ object	동 반대하다	☐ contagious	형 전염성의
☐ measure	명 정책, 조치	☐ overwhelm	동 압도하다
☐ abroad	부 해외에(서), 해외로	☐ disruption	명 혼란, 붕괴
☐ semester	명 학기	☐ suspect	동 의심하다 명 용의자
☐ transit	명 환승, 통과	☐ integrity	명 진실성
☐ scam	명 사기	☐ scrutiny	명 정밀 조사
☐ theft	명 도난, 절도	☐ accuse	동 비난하다
☐ insert	동 삽입하다	☐ explicit	형 노골적인, 명백한
☐ potential	형 잠재적인	☐ aggressive	형 적극적인
☐ influx	명 유입	☐ assault	명 공격
☐ spur	동 박차를 가하다	☐ dismiss	동 일축하다, 해산하다
☐ microscopic	형 미세한	☐ precede	동 먼저 일어나다, 앞서다
☐ feed on	~을 먹고 살다	☐ elicit	동 이끌어 내다, 유도해 내다
☐ proliferation	명 급증	☐ imitation	명 모방
☐ destructive	형 파괴적인	☐ fluctuation	명 변동, 동요
☐ lose sight of	~을 잊어버리다	☐ commodity	명 상품
☐ flexibility	명 융통성	☐ yield	동 수확량을 내다 명 수확량
☐ apparent	형 명백한	☐ abundant	형 풍부한
☐ stick	동 고수하다	☐ conversely	부 반대로

Quiz 각 어휘 및 표현의 알맞은 뜻을 찾아 연결하세요.

01 superiority	ⓐ 의식하지 못하는	06 commodity	ⓐ 급증
02 influx	ⓑ 우월성	07 explicit	ⓑ 노골적인, 명백한
03 apparent	ⓒ 일축하다, 해산하다	08 proliferation	ⓒ 비난하다
04 oblivious	ⓓ 유입	09 accuse	ⓓ 반대로
05 dismiss	ⓔ 삽입하다	10 conversely	ⓔ 상품
	ⓕ 명백한		ⓕ 해외에(서), 해외로

Answer | 01 ⓑ 02 ⓓ 03 ⓕ 04 ⓐ 05 ⓒ 06 ⓔ 07 ⓑ 08 ⓐ 09 ⓒ 10 ⓓ

10회 실전동형모의고사

제한 시간 : 20분 시작 시 분 ~ 종료 시 분 점수 확인 개/ 20개

※ 밑줄 친 부분에 들어갈 말로 가장 적절한 것을 고르시오. [01~03]

01

Due to the dangers hidden under the murky water, officials warn that residents need to be _____ when crossing the flooded streets.

① bold   ② excited

③ impulsive   ④ cautious

02

Before overseas commercial flights were possible, travelers relied on ships to traverse oceans, enduring _____ conditions throughout the journey.

① unfair   ② chronic

③ tranquil   ④ hazardous

03

Coming up with a question based on one's observations _____ the first step in the scientific method.

① representing   ② represents

③ are representing   ④ represent

※ 밑줄 친 부분 중 어법상 옳지 않은 것은? [04~05]

04

① Many families struggled to make ends meet during the recession.

② The diner inspecting by the health department was fined for violating some laws.

③ The cultural festival held over the weekend drew thousands of people.

④ Film producers said it was too early to tell whether the movie would make a profit.

05

In an experiment, participants viewed a map ① containing both landmarks and street names. For Europeans, ② many of whose cities are older and lack systematic street naming systems, giving landmark-based directions was preferable. On the other hand, ③ anyone familiar with American grid layouts ④ was accustomed to find directions using street names, most likely because American cities are newer and have alphabetized and numbered streets.

※ 밑줄 친 부분에 들어갈 말로 가장 적절한 것을 고르시오.
[06~07]

06

Alaina Fox

Hi, Scott. I just wanted to let you know that a few of us are thinking about setting up a carpool to and from work.
9:10 a.m.

Scott Maverick
Really? That sounds like a good idea. Are you in charge of organizing it?

9:11 a.m.

Alaina Fox

I'm helping Roselyn with it, actually. We're trying to figure out how to make it convenient for anyone who wants to participate.
9:12 a.m.

Scott Maverick
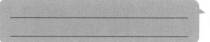
9:12 a.m.

Alaina Fox

It makes the most sense to group people based on where they live.
9:13 a.m.

Scott Maverick
Right. Well, I would like to participate.

9:13 a.m.

Alaina Fox

OK. Please send me your address, and I'll get back to you once we've made the schedule.
9:14 a.m.

Scott Maverick
Great! I'll do that now.

9:15 a.m.

① Will we have to take turns driving?

② Can we choose when we leave in the morning?

③ How will you decide who rides together?

④ What are the benefits of carpooling?

07

A: Hello, Rebecca? It's Karen. Are you on your way to the office?

B: Yes. I'm about 20 minutes away.

A: Would you mind picking up some coffee?

B: Not at all. Just the usual, right?

A: Actually, _____. A couple of clients are dropping by this morning.

B: Got it. I'll get some for them as well.

① there is a coffee shop near here

② it will take too long to pick up

③ I want some sugar in mine

④ we'll need more than that

※ 다음 글을 읽고 물음에 답하시오. [08~09]

Fire Extinguishers to Be Required in Certain Vehicles

All new passenger vehicles with seating for more than five people will be required to carry a fire extinguisher starting December 1. All automobiles manufactured, imported, or sold after that time must include a special "vehicle-safe" fire extinguisher installed within the driver's <u>reach</u>. This device is able to withstand the vibrations and temperature changes that occur in car cabins. Cars currently on the road are not subject to the regulation. However, when a car is resold, the device must be installed before it can be registered to the new owner. More information about the new policy is available in the recently updated Automobile Safety Act.

08 다음 글의 내용과 일치하지 않는 것은?

① Passenger vehicles with seating for more than five require a fire extinguisher.

② Fire extinguishers in vehicles must be easily accessible to the driver.

③ Vehicle-safe fire extinguishers can resist vibrations and temperature changes.

④ Cars currently on the road must add the device.

09 밑줄 친 "reach"의 의미와 가장 가까운 것은?

① grasp   ② judgment

③ alarm   ④ capacity

※ 다음 글을 읽고 물음에 답하시오. [10~11]

To	Carla's Clothing Boutique
From	Bethany Chalmers
Date	May 19
Subject	(A)

To whom it may concern,

I hope this message finds you well. I am writing after a few disappointing experiences at your unmanned clothing boutique.

Lately, I've noticed clothes scattered around the fitting rooms, which creates a disorganized and unpleasant atmosphere. It would be helpful to have a staff member come in more frequently to tidy up. Another issue I've had recently is that some price tags are not registered in the system. It's quite frustrating to spend time selecting and trying on an item only to be unable to purchase it. With no employees <u>present</u>, I have no choice but to return another day to see if the item has been registered.

I hope you take my input into consideration. I'm sure that addressing these concerns will improve both the customer experience and the success of your store.

Best,
Bethany Chalmers

10 (A)에 들어갈 윗글의 제목으로 가장 적절한 것은?

① Open Job Positions at a Clothing Boutique

② Feedback on Recent Shopping Experiences

③ Poor Customer Service from an On-Site Employee

④ Refund Request for Purchased Clothing

11 밑줄 친 "present"의 의미와 가장 가까운 것은?

① dependent   ② available

③ parallel   ④ simultaneous

12 다음 글의 요지로 가장 적절한 것은?

Our lives are constantly becoming further intertwined with technology. But whether that's positive or negative remains up for debate. This can be readily seen in our education system. Some cherish the wealth of consistently up-to-date information available online to teachers and students. They no longer need to wait for books to be reprinted to correct errors, and the variety of ways that they can apply their knowledge has never been greater. Unfortunately, significant problems can arise from students developing an over-reliance on technology. While we may be increasing the efficiency of their research skills, we may also be decreasing their natural recall of information and exacerbating difficulties in distinguishing between accurate and inaccurate information. More problematically, it also creates an education system that strongly favors the wealthy, as the most relevant technology platforms will often be out of the budgets of most schools, creating a system that further reinforces knowledge gaps stemming from finances over ability.

① Students are absorbing knowledge more quickly thanks to technological innovations.

② The knowledge gap can be bridged through the adoption of new technologies.

③ Technology should be evenly distributed to schools to ensure fair access.

④ There are negative consequences as well as benefits of technology in education.

13 다음 글의 내용과 일치하는 것은?

When asked to name the closest planet, most people would naturally reply either Venus or Mars. After all, their orbits make them our next-door neighbors. However, a recent article suggests that this understanding is incorrect. According to the calculations of the physicists who wrote the article, Mercury is, in general, closer to Earth than any other planet. In fact, although it orbits nearest to the Sun, Mercury is the closest planet to all of the others as well. This is due to the difference in planetary orbital speeds. The planets all orbit at different rates, so neighboring planets are often on opposite sides of the Sun, at great distances from one another, despite the shorter distance between their orbits. Mercury, as the fastest orbiting planet, is usually closer to the other planets than their own orbital neighbors because they are on the same side of the Sun more often.

① 사람들은 흔히 수성이 지구에 가장 가까운 행성이라고 알고 있다.

② 수성은 궤도의 모양 때문에 지구와 가장 가까워지곤 한다.

③ 태양 주변을 도는 행성들은 대개 태양을 기준으로 같은 쪽에 위치한다.

④ 수성은 다른 행성들보다 더 빠르게 태양 주변을 돈다.

14 다음 글의 내용과 일치하지 않는 것은?

With the growing demand for qualified employees in the technology sector, employers have had to come up with unique ways to attract and keep talent. In addition to median salaries that begin over $100,000 per year, tech companies offer many additional perks to their employees in order to keep them happy. For Google, this begins with food. All employees in the company's headquarters, known as the Googleplex, can avail themselves of free gourmet meals for breakfast, lunch, dinner, and snacks in one of the complex's multiple cafes. To work off all this free food, the company has an on-site gym and recreation rooms with various games that employees can play. Apart from these comforts, Google also offers its employees flexible schedules, copious vacation time, and a "20 percent time" program that allows employees to spend a fifth of their work time on projects unrelated to their main job responsibilities. Perks such as these make jobs at Google some of the most sought after in the technology industry.

① Average tech industry salaries are over $100,000 yearly.

② Tech companies attract workers with extra benefits.

③ The Googleplex has entertainment and health facilities.

④ Google employees work twenty percent fewer hours per year.

15 다음 글의 제목으로 가장 적절한 것은?

No matter how far ahead we plan for something, or how many details we take into account in advance, there is always the possibility that something will go wrong due to a factor we did not anticipate. An outdoor event may be thwarted by untimely weather. An appointment may be missed due to heavy traffic on the road. An assured triumph in a contest or at a job interview may be threatened by the appearance of an unknown rival. No matter what we do, life will always have curveballs to throw at us. Through thorough planning, adequate research, and a bit of constructive improvisation, we may be able to deal with a certain amount of unforeseen turmoil. Thus, it is important to brace ourselves for the complications we can predict, in the hope that they may sufficiently prepare us to deal with those we cannot.

① Dealing with Personal Conflicts

② Preparing for the Unexpected

③ Guaranteeing Repeated Success

④ Anticipating Future Opportunities

16 다음 글의 흐름상 가장 어색한 문장은?

Nothing would please picnickers in a park more than to have no insects around, and it looks like their wish is being granted. ① A recent study conducted by amateurs found that a nature preserve in Western Germany has experienced a 75 percent reduction in the number of insects. ② Experts examining their methodology and data have concluded that the study is reliable and is very likely representative of what is taking place around the world. ③ In fact, Professor Thomas Schmidt of the Entomological Institute says, "The species that are disappearing are those that don't need a special habitat in order to survive as well as those native to specific habitats." ④ Most insect species can adapt to nearly every type of ecosystem, from tropical rainforests to the Arctic tundra.

17 다음 글을 문맥에 맞게 순서대로 배열한 것은?

Physicians recommend at least eight hours of uninterrupted sleep each night to ensure that the body can rest, but this may be challenging.

(A) Most of these individuals report being unable to achieve states of deep sleep due to personal or work-related stress and anxiety.

(B) In fact, many people find it difficult to abide by the suggested guidelines, and this leaves them feeling fatigued each morning.

(C) To ward off these emotions, people can drink decaffeinated tea made with calming herbs prior to bedtime, as doing so promotes relaxation and moderates brain activity.

① (A) – (B) – (C)
② (B) – (A) – (C)
③ (B) – (C) – (A)
④ (C) – (B) – (A)

18 글의 흐름으로 보아 주어진 문장이 들어가기에 가장 적절한 곳은?

Although they got around more quickly at the elevated temperature, they had trouble coordinating their multiple limbs—so the boost in overall speed led to a loss of control.

Unlike humans and other animals that use muscles to move around, spiders rely on hydraulics. They pump their joints with a fluid called hemolymph that circulates through the legs and causes them to straighten. Recently, American researchers wanted to see how temperature affects this process. Their test subjects were Texas brown tarantulas. (①) They found that at 15 degrees Celsius, the arachnids moved at a maximum of 20 centimeters per second, and that at 40 degrees Celsius, they were much faster at 53 centimeters per second. (②) The benefit came at a cost, however. (③) This lack of coordination is likely the result of there not being enough time, at the increased speed, for the hemolymph to complete a full circuit. (④) That is, the spider was taking its next step before its leg had a chance to prepare for it.

* hemolymph: 혈액 림프(절지 동물·연체 동물의 조직을 흐르는 액체)

19 밑줄 친 부분에 들어갈 말로 가장 적절한 것을 고르시오.

While many technological developments match early predictions, some have not panned out as expected. It was once thought that 3-D movies would replace regular movies as the preferred method of viewing, but their popularity has dropped off after a decade. Similarly, virtual reality video games have not supplanted non-immersive gaming and have come to be regarded as little more than an expensive gimmick. In addition, while the capabilities of computers, smartphones, and TVs continue to improve, their rate of improvement has decreased over time, as has the degree of advancement from one iteration to the next. Yet, none of this suggests that technological progress _____.

Perhaps the new generation of technology will find greater success in real-world application and adoption.

① is likely to come to a standstill in the near future

② constitutes a threat to existing forms of entertainment

③ poses a solution to the current problem of obsolescence

④ needs support from investors and consumers to continue

20 밑줄 친 (A), (B)에 들어갈 말로 가장 적절한 것은?

Many young people nowadays suffer from social media addiction. These are individuals who spend an inordinate amount of time on social media networks. They become absorbed in these services to the point where it interferes with their daily lives, and the thought of disconnecting can even create feelings of anxiety and extreme discomfort. The phenomenon has not been studied in-depth as of yet, so experts are unsure of how to treat such users. _____(A)_____, there are some informal methods of rehabilitation that may help. First is the cold turkey approach, to quit all forms of social media completely. This is the most stringent technique, and many who try it soon give in to symptoms of withdrawal. A second, more lenient practice is to scale back usage, keeping to a fixed time and duration. _____(B)_____, some tried logging on to their social media just twice a day—once in the morning and once at night—for 15 minutes. This system allowed them to stay connected but did not disrupt their work or other schedules, helping them to break the habit.

	(A)	(B)
①	Incidentally	After all
②	Moreover	In particular
③	However	For instance
④	Otherwise	Since then

정답·해석·해설 p. 103

실전동형모의고사 10회
모바일 자동 채점 + 성적 분석 서비스 바로 가기

QR코드를 이용해 모바일로 간편하게 채점하고 나의 실력이 어느 정도인지,
취약 부분이 어디인지 바로 파악해 보세요.

10회 핵심 어휘 리스트

☑ 잘 외워지지 않는 어휘 및 표현은 박스에 체크하여 한 번 더 확인하세요.

□ impulsive	혱 충동적인	□ qualified	혱 능력이 있는, 적격의
□ cautious	혱 조심스러운	□ copious	혱 막대한
□ endure	통 견디다	□ anticipate	통 예상하다
□ chronic	혱 만성적인	□ thwarted	혱 좌절된, 어긋난
□ tranquil	혱 고요한, 평온한	□ assured	혱 보장된, 확실한
□ come up with	제시하다, 찾아내다	□ thorough	혱 빈틈없는, 철두철미한
□ observation	명 관찰	□ improvisation	명 즉흥, 즉석에서 하기
□ struggle	통 애쓰다	□ turmoil	명 혼란, 동요
□ recession	명 불경기	□ complication	명 문제
□ fine	통 벌금을 부과하다	□ physician	명 의사
□ violate	통 위반하다	□ challenging	혱 힘든
□ contain	통 포함하다	□ abide by	따르다
□ lack	통 부족하다	□ fatigued	혱 피로한
□ take turns	~을 돌아가며 하다	□ moderate	통 완화하다
□ manufacture	통 제조하다	□ fluid	명 체액, 유체
□ import	통 수입하다	□ circuit	명 순환
□ vibration	명 진동, 떨림	□ virtual	혱 가상의, 사실상의
□ subject to	(~의 영향을) 받다	□ supplant	통 대체하다
□ regulation	명 규제, 규정	□ capability	명 성능, 능력
□ intertwine	통 뒤얽히게 하다, 관련짓다	□ addiction	명 중독
□ reliance	명 의존	□ rehabilitation	명 재활, 갱생
□ recall	명 기억(력) 통 상기시키다	□ stringent	혱 엄격한, 까다로운
□ exacerbate	통 악화시키다, 화나게 하다	□ give in to	~에 굴복하다
□ inaccurate	혱 부정확한	□ withdrawl	명 금단, 인출
□ reinforce	통 강화하다	□ lenient	혱 관대한, 너그러운

Quiz 각 어휘 및 표현의 알맞은 뜻을 찾아 연결하세요.

01	manufacture	ⓐ 좌절된, 어긋난	06	lenient	ⓐ 금단, 인출
02	thwarted	ⓑ 빈틈없는, 철두철미한	07	withdrawal	ⓑ 막대한
03	thorough	ⓒ 피로한	08	copious	ⓒ 만성적인
04	fatigued	ⓓ 제조하다	09	chronic	ⓓ 관대한, 너그러운
05	stringent	ⓔ 고요한, 평온한	10	assured	ⓔ 충동적인
		ⓕ 엄격한, 까다로운			ⓕ 보장된, 확실한

※ 밑줄 친 부분에 들어갈 말로 가장 적절한 것을 고르시오.
[01~03]

01

The man recording the minutes of the meeting made note of only the _____ points, ignoring any minor information.

① absurd   ② trivial

③ fictional   ④ important

02

Spreadsheets and other computer programs _____ data from different sources into a single, easily understood format.

① involve   ② confine

③ organize   ④ distort

03

If they had told me earlier, I _____ the June 10 flight for them.

① reserved   ② would reserve

③ have reserved   ④ would have reserved

04 밑줄 친 부분 중 어법상 옳지 않은 것을 고르시오.

Globalization has both improved some aspects of life ① through the creation of ② interconnected economic opportunities ③ and worsened others by widening social inequalities. Truly, this unprecedented phenomenon has created a complex global environment ④ which cultural identities and political landscapes are constantly being transformed.

05 밑줄 친 부분이 어법상 옳은 것을 고르시오.

① The dark and cloudy weather made her feel depressing.

② You won't understand how the magic trick works unless you will pay close attention.

③ He didn't want to postpone to do his research assignment and stayed at the library until it was finished.

④ When she was in college, only once did she find herself unprepared for a test.

※ 밑줄 친 부분에 들어갈 말로 가장 적절한 것을 고르시오.
[06~07]

06

Liz Collier
I just finished my new employee training. It was a lot more detailed than I expected.
2:15 p.m.

Andrew Hopps
Yeah, I remember it feeling like a lot of information was being given to me all at once when I started. Is there anything you need help with?
2:16 p.m.

Liz Collier
Not at the moment, but I may have questions later on.
2:17 p.m.

Andrew Hopps

2:19 p.m.

Liz Collier
There were three of us in total.
2:19 p.m.

Andrew Hopps
Hopefully, having a smaller group was helpful.
2:20 p.m.

① Who conducted your training session?

② Did they give you a copy of the employee manual?

③ How long did the training session last altogether?

④ Were there other new employees in your training group?

07

A: I really want you to meet my brother.

B: Actually, I want to meet him too. Didn't you say that he's an accountant?

A: Yes. We're supposed to have dinner later. Do you want to come too?

B: That would be fun, but I'm busy tonight. _____ _____

A: No problem. His office is close by, so we can all meet up after work one day.

B: Sounds good!

① Mind if I join you two another time?

② I don't have anything in common with him.

③ Everything is going great.

④ Do you want to try the new Italian restaurant?

※ 다음 글을 읽고 물음에 답하시오. [08~09]

[A]

Step into nature for your next company retreat.

Instead of hosting your retreat in a stuffy office building, why not take your team to the majestic Copperhead Hills?

Our facilities offer a blend of modern amenities along with direct access to nature. Fully equipped conference rooms are available for work-related tasks, and your team can bond while exploring the great outdoors through hikes, rope courses, and zip lines.

Facility Rental Information

- Bookings require at least 20 participants.
- Our main dorm room accommodates up to 60 people.
- Overnight bookings include three meals per day.
- Prices are per person and vary depending on whether it's a weekday or weekend.

For detailed pricing information, please visit our website at copperheadhills.com.

08 (A)에 들어갈 윗글의 제목으로 가장 적절한 것은?

① Corporate Trips into the Wilderness

② Natural Beauty of the Copperhead Hills

③ Importance of Spending Time in Nature

④ Appreciation for Nature's Gifts

09 위 안내문의 내용과 일치하지 않는 것은?

① 업무를 할 수 있는 장비를 갖춘 회의실이 마련되어 있다.

② 다양한 야외 활동들을 즐길 수 있다.

③ 예약하기 위해서는 최소 60명의 참가자가 필요하다.

④ 평일과 주말의 가격이 다르다.

※ 다음 글을 읽고 물음에 답하시오. [10~11]

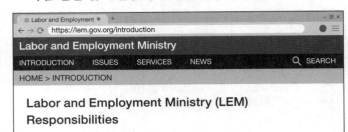

Labor and Employment Ministry (LEM) Responsibilities

The LEM is the primary government department responsible for overseeing and regulating labor standards nationwide. The LEM ensures compliance with regulations related to <u>fair</u> wages, workplace safety, and employee compensation, including benefits, leave, and working hours. Additionally, the LEM monitors the use of child labor to protect student workers from mistreatment. The ministry aims to promote harmonious labor relations by educating employers and employees about their rights and mediating disputes as they arise and to ensure safe and equitable working conditions. When violations of labor regulations are discovered, the ministry can take action against employers, including imposing fines or pursuing criminal prosecution.

10 Labor and Employment Ministry에 관한 다음 글의 내용과 일치하는 것은?

① 직장 내 안전과 관련된 새로운 규정을 고안한다.

② 아직 학교에 다니는 아이들의 고용을 금지한다.

③ 근로자와 고용주 사이에 의견 차이가 있을 때 개입한다.

④ 노동 규정을 위반하는 근로자에게 벌금을 부과하거나 기소할 수 있다.

11 밑줄 친 "fair"의 의미와 가장 가까운 것은?

① absolute　　　　② just

③ definite　　　　④ competent

12 다음 글의 주제로 가장 적절한 것은?

You've probably heard elderly people complaining about their joints hurting more right before a thunderstorm and simply brushed it off. In fact, "weather pain" is a recorded phenomenon that dates back as far as 400 BC. Despite claims the sensation is purely psychological, a few studies show that there could be some real science behind it. When barometric pressure drops, as it does before a storm, the changes can cause joints to expand. This in turn puts additional pressure on nerves and tissues inflamed from arthritis. Add this to the fact that accounts of feeling achy when it rains are found in nearly every culture, and the issue doesn't seem quite so fanciful.

① The Mind's Ability to Affect Physical Pain
② How Weather Impacts the Aging Process
③ A Logical Explanation for Weather Pain
④ Cultural Variety in Climate-Based Illnesses

13 다음 글의 제목으로 가장 적절한 것을 고르시오.

Our Earth's axis is tilted at a 23-degree angle. Although it may not sound like a particularly large slant, the world we live in would be vastly different if it had none. Daylight would be a constant 12 hours long all over except at the poles. There, the Sun would always be on the horizon. Temperatures and precipitation would hardly vary throughout the year. Regions in the north would be perpetually wintry and the equatorial areas would experience a near-constant humidity and heavy rainfall.

① Earth's Extreme Weather
② Features of a Slanted Earth
③ An Earth without Its Tilt
④ The Ideal Angle for Earth

14 다음 글의 요지로 가장 적절한 것은?

For thousands of years, philosophers have debated the morality of a person's actions, and different models have been proposed for evaluating ethics. The concept of "moral luck" is a problem that has plagued philosophers of ethics for the entirety of this time. Moral luck is a key factor in determining blame, and complicates the matter, affecting how "right" or "wrong" we view an action. For example, imagine two people who drive recklessly in exactly the same manner, and one of them destroys the wall of a building. Legally, that driver would surely face more stringent consequences. But were the actions of that driver worse, ethically? The presence of the wall was out of their control, and the action—the dangerous driving—was performed in the same way as the driver who did not damage the wall. This issue of resultant moral luck makes consequentialist philosophies difficult to maintain.

① Philosophical views on morality are undecided.

② Immoral actions can be considered ethical.

③ Determining morality from outcomes is difficult.

④ Punishments for harmful actions are too weak.

15 주어진 문장 다음에 이어질 글의 순서로 가장 적절한 것은?

Scientists have developed a convenient, low-cost way to determine whether a water source is contaminated with microbial pathogens and bacteria that could cause fatal illnesses.

(A) In light of the difficulty in identifying clean water, researchers developed an instrument that emits a signal when deadly bacteria are present, quickly indicating that the water needs treating.

(B) This is a common threat because contaminants can easily enter water supplies when pipes break or when dirty water or garbage is introduced into groundwater sources or water bodies.

(C) Unfortunately, this contamination does not usually give the water a bad taste or odor, so people who use it are unaware that it is unsafe.

① (A) – (B) – (C)　　　② (B) – (A) – (C)

③ (B) – (C) – (A)　　　④ (C) – (A) – (B)

16 다음 글에서 전체 흐름과 관계 없는 문장은?

Studying animals has helped medicine move forward enormously, and scientists may have discovered yet another useful remedy from nature. ① It turns out that the blood of horseshoe crabs is filled with a unique chemical substance. ② The unusual element, found only in this marine creature, has the ability to detect the slightest amounts of toxic bacteria in the body. ③ Once the offending microorganisms are located, the special molecules trap them into clots so that they are rendered inert and unable to cause harm. ④ Several different types of deepwater oceanic mammals are known to be more susceptible to bacterial diseases.

17 주어진 문장이 들어갈 위치로 가장 적절한 것은?

> Every ant has its own specific position.

Ants are a superorganism and display incredible group cooperation in order to survive. One of their best-known practices is constructing "life rafts" in the event of a flood. The ants will latch onto each other, allowing the group to form a floating lifeboat with their bodies. The collaborative effort protects their queen, larvae, and themselves from drowning. (①) As if that weren't amazing enough, researchers also discovered that the insects do not simply pile together in a random cluster when they do this. (②) It will take the same spot again and again in subsequent flooding situations. (③) Experts are not yet sure how the ants know where to go and how they remember without fail each time. (④) However, a likely theory is that positions are determined by a member's role, size, and even age.

※ 밑줄 친 부분에 들어갈 말로 가장 적절한 것을 고르시오.
[18~20]

18

Your frequented websites give marketers a window into your desires, allowing them to tailor their advertising to meet your needs and wants. But advertisers are now literally reading your emotions through hidden photographic equipment as well. A test billboard advertising a fake product had an embedded camera that monitored the feelings of people who stopped to look. Trained marketers could see whether they were happy, sad, neutral, or disgusted. The images on animated billboards changed periodically to determine which ones registered positive responses. When people learned of the camera's presence, however, some were disturbed. The method is legal, though, because images of passersby are not stored, and who you are is unimportant to the advertiser. The camera thus needs constant manning, and those who watch must be quick to identify an outward _____.

① focus

② expression

③ principle

④ symbol

19

As people fall asleep, some experience the sensation of falling, which is called a hypnic jerk. The startling feeling, which is usually accompanied by a spike in blood pressure, heart rate, and breathing, can cause them to jump and awaken. While most sleep specialists blame this on anxiety and stress, some believe that there is a more primal explanation. Researchers from the University of Colorado posit that it may be the brain's response to the relaxation of the muscles as one begins to fall asleep, which could have caused our ancient primate ancestors to fall from trees. By quickly waking the sleeper, _____ _____.

① the brain is trying to prevent a dangerous accident

② the researchers could prove their theory

③ they could more easily avoid suffering from stress

④ our minds ensure that our breathing and heart rates stay high

20

Figurative language plays a prominent role in poetry, often in the form of a simile or metaphor. And though both have the same function in writing, those who haphazardly throw the two terms around, believing them to be identical, are making an all-too-common mistake. Metaphors encompass a broad array of figures of speech relating one thing to another. For instance, one may write vaguely about how "love is a battlefield." In the same way, similes also juxtapose elements but they _____. In other words, they are limited to using the words "like" or "as," in order to show an unequivocal equation. Similes such as "good as gold" and "work like a charm" are used when the writer wants a straightforward analogy with no ambiguity. The not-dissimilar methods used by metaphors and similes, then, are what cause confusion. But as can be seen, they are not equal but different approaches to writing prose.

① are a direct comparison method

② have an ill-defined role in writing

③ have a much less dramatic effect

④ are a broader type of metaphor

정답·해석·해설 p. 114

11회 핵심 어휘 리스트

☑ 잘 외워지지 않는 어휘 및 표현은 박스에 체크하여 한 번 더 확인하세요.

☐ minutes	명 회의록	
☐ absurd	형 터무니없는	
☐ trivial	형 사소한, 하찮은	
☐ distort	동 왜곡하다	
☐ aspect	명 측면, 양상	
☐ interconnect	동 상호 연결하다	
☐ unprecedented	형 전례 없는	
☐ phenomenon	명 현상	
☐ identity	명 정체성	
☐ conduct	동 진행하다	
☐ manual	명 설명서, 매뉴얼	
☐ majestic	형 장엄한	
☐ amenity	명 편의 시설	
☐ primary	형 주요한	
☐ compliance	명 준수, 따름	
☐ mediate	동 중재하다	
☐ equitable	형 공정한	
☐ brush off	~을 (가벼이) 넘겨버리다, 무시하다	
☐ psychological	형 심리적인	
☐ tissue	명 조직	
☐ axis	명 축, 중심선	
☐ tilt	동 기울다 명 기울기	
☐ horizon	명 지평선	
☐ precipitation	명 강수량	
☐ perpetually	부 일 년 내내, 영구히	

☐ humidity	명 습기
☐ morality	명 도덕성
☐ maintain	동 주장하다, 유지하다
☐ contaminate	동 오염시키다
☐ pathogen	명 병원균
☐ fatal	형 치명적인
☐ in light of	~을 고려하여
☐ molecule	명 분자
☐ inert	형 비활성의
☐ susceptible	형 취약한, 예민한
☐ cluster	명 무리
☐ subsequent	형 그 이후의
☐ tailor	동 조정하다, 맞추다
☐ literally	부 말 그대로
☐ embedded	형 내장된
☐ posit	동 가정하다
☐ primate	명 영장류
☐ figurative	형 비유적인
☐ haphazardly	부 아무렇게나, 무턱대고
☐ encompass	동 포함하다
☐ vaguely	부 모호하게
☐ straightforward	형 확실한, 간단한
☐ analogy	명 비유
☐ ambiguity	명 모호함
☐ confusion	명 혼돈

Quiz 각 어휘 및 표현의 알맞은 뜻을 찾아 연결하세요.

01 unprecedented		ⓐ 도덕성
02 morality		ⓑ 사소한, 하찮은
03 trivial		ⓒ 비유
04 contaminate		ⓓ 현상
05 analogy		ⓔ 오염시키다
		ⓕ 전례 없는

06 minutes		ⓐ 치명적인
07 conduct		ⓑ 포함하다
08 precipitation		ⓒ 회의록
09 fatal		ⓓ 강수량
10 encompass		ⓔ 진행하다
		ⓕ 취약한, 예민한

Answer | 01 ⓕ 02 ⓐ 03 ⓑ 04 ⓔ 05 ⓒ 06 ⓒ 07 ⓔ 08 ⓓ 09 ⓐ 10 ⓑ

12회 실전동형모의고사

제한 시간 : 20분 시작   시   분 ~ 종료   시   분 점수 확인   개/ 20개

※ 밑줄 친 부분에 들어갈 말로 가장 적절한 것을 고르시오.
[01~03]

01

Fans tune into sports for _____ results, such as Leicester City winning the Premier League in 2016, the most unexpected event in soccer history.

① disastrous
② outgoing
③ perfect
④ improbable

02

AI assistants in smartphones _____ spoken commands, allowing them to work without the need for text-based input.

① justify
② prioritize
③ comprehend
④ anticipate

03

The efficient deployment of emergency personnel depends on the work of qualified 119 operators who _____ handle and respond to a variety of crisis calls.

① have trained to
② be trained to
③ have been trained to
④ train to

04 밑줄 친 부분 중 어법상 옳지 않은 것을 고르시오.

Africa is one of ① the region with the fastest growing population in the world. According to recent surveys, at its current growth rate, Africa will surpass Asia as the most populous region within the next 100 years. This is not ② surprising for demographers. While African countries continue to have high fertility rates, the birth rates for most other regions have ③ all fallen precipitously in recent decades. This decline ④ is attributed to various social and economic factors.

05 다음 밑줄 친 부분 중 어법상 가장 옳은 것을 고르시오.

① They never so much as discussed the issue.
② The prisoner was in solitary confinement during one month.
③ For some people, it's not always good to be total honest.
④ The entire country is anticipated the results of the soccer game.

※ 밑줄 친 부분에 들어갈 말로 가장 적절한 것을 고르시오.
[06~07]

06

Noah Williams

Hey, Layla. I need to have a video call with a client and would like some privacy. Is there anywhere in the office I can do that?

11:20 a.m.

Layla Stanley

There are some conference rooms on the fourth floor. They're perfect for taking calls.

11:21 a.m.

Noah Williams

That's good to know. Can anyone use them?

11:22 a.m.

Layla Stanley

Of course, but you have to make sure that they're available first.

11:23 a.m.

Noah Williams

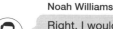

Right. I wouldn't want to walk in on someone else's meeting. How do I book a room?

11:24 a.m.

Layla Stanley

The easiest way is to use our intranet scheduling system. Have you used it before?

11:25 a.m.

Noah Williams

_____
_____

11:26 a.m.

① Yes, it reserved my meeting for this afternoon.

② I haven't and would appreciate some help.

③ I can postpone my meeting if necessary.

④ No, I don't usually go to the fourth floor.

07

A: How about going to a baseball game tomorrow?

B: _____.

A: Really? I didn't know that.

B: I play it once in a while, but I don't enjoy watching it.

A: We should do something else then.

B: Sure. I wouldn't mind going to a museum.

① It's hard for me to say

② I've already got plans

③ I'm not a big fan of the sport

④ That's a possibility

※ 다음 글을 읽고 물음에 답하시오. [08~09]

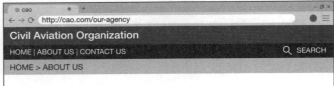

Civil Aviation Organization

HOME | ABOUT US | CONTACT US   🔍 SEARCH

HOME > ABOUT US

History

The Civil Aviation Organization (CAO) was created to address concerns about air traffic safety. Founded in 1950 as the National Flight Council, the agency unified oversight of aviation under one organization. Previously, local boards regulated aviation in their areas.

Activities

The CAO oversees all aspects of air travel, including the coordination of air traffic control, certification and inspection of aircraft, and establishment of safety and training standards. It is also charged with administering security checks at the nation's airports for both domestic and international flights.

Goals

• Safety: Our top priority is ensuring the safety of everyone involved in the aviation industry.
• Innovation: We aim to make air travel more efficient and environmentally sustainable through the use of modern technology.

08 윗글에서 Civil Aviation Organization에 관한 내용과 일치하는 것은?

① It originally had a different name.

② It relies on the work of regional aviation boards.

③ It administers safety checks at airports in other countries.

④ It embraces technology to make air travel cheaper.

09 밑줄 친 "standards"의 의미와 가장 가까운 것은?

① habits   ② penalties

③ guidelines   ④ measurements

※ 다음 글을 읽고 물음에 답하시오. [10~11]

The Adler Science Museum offers special discounts for official field trips taken during regular school hours (9:00 a.m. – 4:00 p.m., Monday to Friday). These discounts are not available on weekends, evenings, public holidays, or during the summer school break. Group reservations can be made on the museum's website or by contacting the museum's director of outreach directly by phone. Once the reservation is confirmed, the museum will underline{deliver} the tickets to the representative of the group.

▪ **Group Reservations:** Adlerscience.com/group

The cost of group tickets for field trips is $2 per student in elementary or middle school and $5 for high school students (High school tours also include a visit to the facility's research unit for a hands-on lesson). Teachers or supervisors accompanying the group are admitted free of charge.

▪ **CLOSED:** All national holidays and Sundays

For additional information, call 1 (877) 555-7726.

10 위 안내문의 내용과 일치하지 않는 것은?

① 주말 현장 학습에 대한 할인 혜택을 제공한다.

② 단체 예약은 온라인이나 전화로 할 수 있다.

③ 고등학생 투어에는 방문할 수 있는 구역이 추가된다.

④ 모든 공휴일에는 휴관한다.

11 밑줄 친 deliver의 의미와 가장 가까운 것은?

① address   ② bring

③ surrender   ④ release

12 다음 글의 내용과 일치하는 것은?

A recent study indicates that third party endorsements are as much as 90 percent more effective than advertising when it comes to influencing consumer spending. This is because buying an advertisement only requires a company to sing its own praises, while external promotion involves the generation of positive publicity by an independent party. Essentially, the claims a business makes about its products become more credible if they are endorsed by an outside source. To illustrate, many magazines routinely feature full-page advertisements displaying expensive designer clothing. While the clothes may look good in the photos, most people would be reluctant to buy them without first reading an objective assessment of them by, say, a fashion blogger who can confirm that they are a worthwhile purchase.

① People usually make purchases of expensive new items on a whim.

② Companies advertise by helping retailers market their products.

③ Businesses that depend on outside validation lose credibility.

④ Third party promotions have more of an impact than advertising.

13 다음 글의 내용과 일치하는 것은?

The fifth Annual Youth Music Camp will begin taking applications starting next Monday. Our 2-month-long intensive program for experienced students is a great opportunity for children aged 10 through 17 to develop their skills, learn from accomplished musicians, and make lifelong friends. While our limited budget previously only allowed us to accept string instrument performers, we will be extending our invitation this year for the first time to percussion and brass instrument players. This is thanks to the generous monetary donations of several local philanthropists who made it possible for us to expand. The deadline for those wishing to participate is 6 p.m. on June 8. All submissions must be made online, as we no longer provide paper forms. Parents who wish to volunteer must submit the appropriate documentation at least one week prior to the deadline for student participation.

① 악기를 처음 배우는 학생들을 대상으로 한다.

② 올해는 현악기 연주자들만 참여할 수 있다.

③ 참가 신청은 온라인으로 할 수 있다.

④ 학부모는 학생 접수가 마감된 후에 신청할 수 있다.

14 (A)에 들어갈 다음 이메일의 제목으로 가장 적절한 것은?

To	members@supermart.com
From	memberservices@supermartmail.com
Date	December 28
Subject	(A)

Dear Super Mart Members,

Thank you for renewing your membership for the upcoming year. As a member, you are eligible to receive the following rewards when shopping online or at any of our Super Mart locations.

1. Earn 1.5 points for every dollar spent on any purchase, including sales items.
2. Scan your membership card at checkout to receive personalized discounts.
3. Get access to free delivery for all purchases and free next-day delivery for purchases exceeding $50.
4. An additional 30 days will be added to the standard 90-day return and refund policy.
5. Receive a birthday coupon for a 5 percent discount on a single purchase, valid for 30 days.

Once again, we thank you for your continued patronage of Super Mart. For additional savings, sign up to receive email notifications informing customers of store-wide sales.

Sincerely,
Super Mart

① Grand Opening of a New Super Mart

② Double Points for All New Members

③ Benefits of Being a Super Mart Member

④ Seasonal Sales Are on the Way

15 다음 글의 요지로 가장 적절한 것은?

There's an expression among creators: stop comparing your behind-the-scenes with everyone else's highlight reel. When you are working on a piece of art, be it an illustration, a work of writing, music, etc., you are exposed to every part of the creative process, the behind-the-scenes of your work. You see only the work in progress, not the finished piece you have in mind. But when you look at the work of others, you only see their completed productions, their "highlight reel," without the messy and laborious struggles that brought them to the finish line. This deceptive comparison can be very demoralizing because it glorifies the result and masks the realities of the process. It is logical to assume that others went through a similarly difficult process, and it is simultaneously pointless to imagine the details of that process. It is better to improve your craft at your own pace.

① Beginning work on a new piece of art is the hardest part of the process.

② The value of a piece of art may differ from person to person.

③ Learn how to appreciate the beauty and effort that go into works of art.

④ Don't measure your incomplete work against the completed work of others.

16 다음 문장이 들어갈 위치로 가장 적절한 것은?

Research shows that a visual representation is your best bet.

Every employee has a great idea now and then—something that may boost revenue or a concept for a new product. It may be clear in your head and you may even jot it down so that you don't forget. (①) Still, it will remain only an idea if you don't know how to bring it to life. (②) After all, an idea will not bear fruit unless you can get someone interested in it. Giving a presentation or writing a report can be a good start, but it usually isn't enough. (③) A prototype of the item and a mock-up advertisement are some examples. These can help others see your idea the way you see it. And don't be concerned if you aren't the world's best artist. (④) Advertising teams, marketers, and designers can all help you actualize the first glimmer of an idea you had in mind.

17 다음 글에 이어질 내용을 문맥상 가장 어울리게 순서대로 배열한 것은?

No one today speaks Latin conversationally or can lay claim to it being their native language, and for this reason, many say that the language is dead.

(A) Hence, its strong influence on the academe has resulted in a continued interest in Latin programs, whether for enjoyment or utility, and this shows promise of a comeback for this language.

(B) Yet, we cannot deny that many Latin words pop up in our lives from day to day—words like etcetera, vice versa, and the lovely veritas, meaning "truth," a word that happens to be the motto of Harvard University.

(C) Clearly, Latin figures in our lives, but especially in the academe, and this is because the language has had such a long and colorful history. It likely developed around 1000 BC in the Italian peninsula and was strongly influenced by Etruscan, an Indo-European language. Used extensively by the Roman government, Latin was then embraced by the Catholic church, which became the center of intellectual development.

① (A) – (B) – (C) ② (B) – (C) – (A)
③ (C) – (A) – (B) ④ (C) – (B) – (A)

18 다음 글의 흐름상 가장 어색한 문장은?

According to historians, the development of agriculture was spurred by a climatic change known as the Younger Dryas event. This was a 1,000-year period of temperatures lower than had prevailed since the end of the previous ice age. ① By the time this occurred, a hunter-gatherer culture, known as the Natufians, had become established in the Levant—the area of southwestern Asia along the Eastern Mediterranean Sea. ② When the climate changed during the Younger Dryas, it caused a sudden drought that killed off the wild grains that the Natufians relied upon. ③ This prompted the civilization to clear the dry scrublands around their settlement and plant seeds to provide sustenance for the sedentary population. ④ The Sumerian civilization in nearby Mesopotamia is regarded as the first settled civilization. By growing their own food, the Natufians were able to cope with the rapid loss of wild food stocks.

※ 빈칸에 들어갈 말로 가장 적절한 것을 고르시오.

[19~20]

19

Originally from Japan, emojis utilize pictures to communicate feelings. They became widespread through mobile phones and websites but were looked upon with contempt by language authorities. In 2015, however, Oxford Dictionaries declared the "face with tears of joy" emoji to be its "Word of the Year." How did a picture character attain such a distinction? Researchers say that emojis are like language, conveying meanings and eliciting responses. But the emoji has an advantage: it can be understood by people of all languages. Millions of people around the world today use these picture characters to transmit meanings that they _____ _____.

① want to conceal through digital representation

② cannot communicate to others in their own language

③ can easily translate into a local language

④ need to master just like any written language

20

Considered by many to be the most recognizable painting in the world, the Mona Lisa is also one of the most enigmatic. There have been numerous attempts to interpret the facial expression of Lisa Gherardini, the painting's subject. One art expert thinks the mystery stems from the use of sfumato, a technique that lends paintings a smoky, hazy air. This haziness is especially apparent in the contours of Lisa's face and in her eyes and mouth. The smudged tone makes it difficult for viewers to discern her emotions. Another art expert, however, believes that the mysteriousness is caused by the very details of the painting—the smile, which appears elusive, and the set of Lisa's face, which is inscrutable and has been described as being confident or even deadpan. It may not have been Leonardo da Vinci's intention, however, to make her face so impenetrable. It's possible that he may have merely captured the subject's inner thought, _____.

① what he wanted to paint

② what she was recollecting

③ what mystery is

④ what his feelings were

정답 · 해석 · 해설 p. 125

실전동형모의고사 12회
모바일 자동 채점 + 성적 분석 서비스 바로 가기

QR코드를 이용해 모바일로 간편하게 채점하고 나의 실력이 어느 정도인지, 취약 부분이 어디인지 바로 파악해 보세요.

12회 핵심 어휘 리스트

☑ 잘 외워지지 않는 어휘 및 표현은 박스에 체크하여 한 번 더 확인하세요.

□ command	몡 명령	□ exceed	툉 초과하다, 넘다
□ justify	툉 정당화하다	□ valid	혱 유효한
□ comprehend	툉 이해하다	□ laborious	혱 힘든
□ deployment	몡 배치, 전개	□ deceptive	혱 기만적인
□ surpass	툉 뛰어넘다, 능가하다	□ demoralize	툉 의기소침하게 하다
□ populous	혱 인구가 많은	□ simultaneously	閉 동시에
□ aviation	몡 항공	□ revenue	몡 수입
□ unify	툉 통합하다	□ prototype	몡 견본, 원형
□ oversight	몡 감독, 관리	□ promise	몡 전망, 가망
□ administer	툉 운영하다, 관리하다	□ figure	툉 중요하다 몡 수치
□ embrace	툉 수용하다	□ peninsula	몡 반도
□ hands-on	혱 직접 해 보는	□ extensively	閉 광범위하게
□ third party	제삼자	□ intellectual	혱 지적인
□ endorsement	몡 추천, 지지	□ agriculture	몡 농업
□ publicity	몡 홍보	□ prevail	툉 만연하다
□ assessment	몡 평가	□ drought	몡 가뭄
□ on a whim	즉흥적으로	□ sedentary	혱 정착한
□ validation	몡 검증, 확인	□ cope with	~에 대처하다
□ intensive	혱 집중적인	□ stock	몡 비축물
□ accomplished	혱 뛰어난, 능숙한	□ contempt	몡 경멸, 무시
□ philanthropist	몡 자선가	□ declare	툉 공표하다, 선언하다
□ submission	몡 제출	□ contour	몡 윤곽
□ documentation	몡 서류	□ elusive	혱 파악하기 어려운
□ renew	툉 갱신하다	□ discern	툉 식별하다
□ checkout	몡 계산대	□ recollect	툉 (기억 등을) 상기하다, 회상하다

Quiz 각 어휘 및 표현의 알맞은 뜻을 찾아 연결하세요.

01 command	ⓐ 이해하다	06 deployment	ⓐ 공표하다, 선언하다
02 endorsement	ⓑ 기만적인	07 elusive	ⓑ 집중적인
03 laborious	ⓒ 추천, 지지	08 declare	ⓒ 항공
04 comprehend	ⓓ 명령	09 demoralize	ⓓ 배치, 전개
05 deceptive	ⓔ 정착한	10 intensive	ⓔ 파악하기 어려운
	ⓕ 힘든		ⓕ 의기소침하게 하다

Answer | 01 ⓓ 02 ⓒ 03 ⓕ 04 ⓐ 05 ⓑ 06 ⓓ 07 ⓔ 08 ⓐ 09 ⓕ 10 ⓑ

채점용 정답지

채점용 정답지 활용 방법

1. 문제집 맨 뒤의 OMR 답안지를 사용하여 문제를 풀고, 채점용 정답지를 활용하여 채점합니다.
2. 맞은 것은 O, 맞았는데 찍은 것은 △, 틀린 것은 X를 문번에 표시하고, △와 X가 표시된 문제는 해설을 통해 확실하게 학습합니다.

* 매 회차 마지막 문제 하단의 QR코드를 스캔하여 모바일 페이지에서 정답을 입력하고 성적 분석 서비스를 이용하실 수 있습니다.

1회 실전동형모의고사

문번	제 2 과목			
01	❶	②	③	④
02	①	❷	③	④
03	❶	②	③	④
04	①	❷	③	④
05	❶	②	③	④
06	①	②	③	❹
07	①	②	❸	④
08	①	②	③	❹
09	①	❷	③	④
10	①	❷	③	④
11	①	②	③	❹
12	①	②	③	❹
13	①	②	③	❹
14	❶	②	③	④
15	①	❷	③	④
16	①	❷	③	④
17	①	❷	③	④
18	①	②	❸	④
19	①	②	❸	④
20	①	❷	③	④
O: 개 △: 개 X: 개				

2회 실전동형모의고사

문번	제 2 과목			
01	①	②	③	❹
02	①	❷	③	④
03	①	②	❸	④
04	①	❷	③	④
05	①	②	❸	④
06	❶	②	③	④
07	①	②	③	❹
08	①	②	③	❹
09	①	②	❸	④
10	①	②	③	❹
11	①	②	③	❹
12	①	②	❸	④
13	①	②	❸	④
14	①	②	③	❹
15	①	❷	③	④
16	①	❷	③	④
17	①	②	❸	④
18	①	②	③	❹
19	①	②	③	❹
20	❶	②	③	④
O: 개 △: 개 X: 개				

3회 실전동형모의고사

문번	제 2 과목			
01	①	②	❸	④
02	①	②	③	❹
03	①	❷	③	④
04	❶	②	③	④
05	①	②	❸	④
06	❶	②	③	④
07	①	②	❸	④
08	①	②	③	❹
09	①	❷	③	④
10	①	❷	③	④
11	①	❷	③	④
12	①	❷	③	④
13	①	②	❸	④
14	①	②	❸	④
15	①	②	❸	④
16	①	②	③	❹
17	①	②	③	❹
18	①	②	❸	④
19	❶	②	③	④
20	①	❷	③	④
O: 개 △: 개 X: 개				

4회 실전동형모의고사

문번	제 2 과목			
01	①	②	❸	④
02	❶	②	③	④
03	①	❷	③	④
04	①	❷	③	④
05	❶	②	③	④
06	①	②	❸	④
07	①	❷	③	④
08	①	❷	③	④
09	①	❷	③	④
10	❶	②	③	④
11	①	②	③	❹
12	①	②	❸	④
13	①	❷	③	④
14	①	❷	③	④
15	❶	②	③	④
16	①	②	❸	④
17	①	②	③	❹
18	①	②	③	❹
19	①	❷	③	④
20	❶	②	③	④
O: 개 △: 개 X: 개				

5회 실전동형모의고사

문번	제 2 과목			
01	①	❷	③	④
02	❶	②	③	④
03	①	②	❸	④
04	①	❷	③	④
05	①	②	❸	④
06	❶	②	③	④
07	①	❷	③	④
08	①	❷	③	④
09	①	②	③	❹
10	①	②	❸	④
11	❶	②	③	④
12	❶	②	③	④
13	①	❷	③	④
14	①	②	❸	④
15	①	❷	③	④
16	①	❷	③	④
17	①	②	❸	④
18	①	②	❸	④
19	①	❷	③	④
20	❶	②	③	④
O: 개 △: 개 X: 개				

6회 실전동형모의고사

문번	제 2 과목			
01	①	②	❸	④
02	①	②	❸	④
03	①	②	❸	④
04	①	②	③	❹
05	❶	②	③	④
06	①	②	❸	④
07	①	②	③	❹
08	①	❷	③	④
09	①	②	❸	④
10	①	❷	③	④
11	①	②	❸	④
12	①	❷	③	④
13	①	②	③	❹
14	①	②	③	❹
15	①	②	❸	④
16	❶	②	③	④
17	①	②	③	❹
18	①	②	❸	④
19	①	②	③	❹
20	①	②	❸	④
O: 개 △: 개 X: 개				

해커스공무원
gosi.Hackers.com

채점용 정답지

7회 실전동형모의고사

문번	제 2 과목			
01	❶	②	③	④
02	①	②	③	❹
03	①	❷	③	④
04	①	❷	③	④
05	①	②	③	❹
06	①	②	❸	④
07	①	❷	③	④
08	①	②	③	❹
09	①	❷	③	④
10	①	❷	③	④
11	①	❷	③	④
12	①	②	❸	④
13	①	②	❸	④
14	①	②	❸	④
15	①	❷	③	④
16	①	②	❸	④
17	①	②	③	❹
18	❶	②	③	④
19	❶	②	③	④
20	①	②	③	❹
O: 개 △: 개 X: 개				

8회 실전동형모의고사

문번	제 2 과목			
01	❶	②	③	④
02	①	②	❸	④
03	❶	②	③	④
04	❶	②	③	④
05	①	❷	③	④
06	①	②	❸	④
07	①	②	③	❹
08	①	❷	③	④
09	①	②	❸	④
10	①	②	❸	④
11	❶	②	③	④
12	①	②	③	❹
13	①	❷	③	④
14	①	②	❸	④
15	①	❷	③	④
16	①	❷	③	④
17	①	②	❸	④
18	①	②	③	❹
19	❶	②	③	④
20	①	❷	③	④
O: 개 △: 개 X: 개				

9회 실전동형모의고사

문번	제 2 과목			
01	①	②	③	❹
02	❶	②	③	④
03	①	②	❸	④
04	①	②	③	❹
05	①	❷	③	④
06	①	②	③	❹
07	❶	②	③	④
08	❶	②	③	④
09	①	❷	③	④
10	①	❷	③	④
11	①	❷	③	④
12	❶	②	③	④
13	①	❷	③	④
14	❶	②	③	④
15	①	②	❸	④
16	①	②	③	❹
17	①	❷	③	④
18	❶	②	③	④
19	①	②	③	❹
20	❶	②	③	④
O: 개 △: 개 X: 개				

10회 실전동형모의고사

문번	제 2 과목			
01	①	②	③	❹
02	①	②	③	❹
03	①	❷	③	④
04	①	❷	③	④
05	①	②	③	❹
06	①	②	❸	④
07	①	②	③	❹
08	①	②	③	❹
09	❶	②	③	④
10	①	❷	③	④
11	①	❷	③	④
12	①	②	③	❹
13	①	②	③	❹
14	①	②	③	❹
15	①	❷	③	④
16	①	②	③	❹
17	①	❷	③	④
18	①	②	❸	④
19	❶	②	③	④
20	①	②	❸	④
O: 개 △: 개 X: 개				

11회 실전동형모의고사

문번	제 2 과목			
01	①	②	③	❹
02	①	②	❸	④
03	①	②	③	❹
04	①	②	③	❹
05	①	②	③	❹
06	①	②	③	❹
07	❶	②	③	④
08	❶	②	③	④
09	①	②	❸	④
10	①	②	❸	④
11	①	❷	③	④
12	①	②	❸	④
13	①	②	❸	④
14	①	②	❸	④
15	①	②	❸	④
16	①	②	③	❹
17	①	❷	③	④
18	①	❷	③	④
19	❶	②	③	④
20	❶	②	③	④
O: 개 △: 개 X: 개				

12회 실전동형모의고사

문번	제 2 과목			
01	①	②	③	❹
02	①	②	❸	④
03	①	②	❸	④
04	❶	②	③	④
05	❶	②	③	④
06	①	❷	③	④
07	①	②	❸	④
08	❶	②	③	④
09	①	②	❸	④
10	❶	②	③	④
11	①	❷	③	④
12	①	②	③	❹
13	①	②	❸	④
14	①	②	❸	④
15	①	②	③	❹
16	①	②	❸	④
17	①	❷	③	④
18	①	②	③	❹
19	①	❷	③	④
20	①	❷	③	④
O: 개 △: 개 X: 개				

해커스공무원
gosi.Hackers.com

MEMO

MEMO

해커스공무원 실전동형모의고사 영어 1 답안지

컴퓨터용 흑색사인펜만 사용

성명	
자필성명	[필적감정용 기재] *아래 예시문을 옮겨 적으시오 본인은 OOO(응시자성명)임을 확인함
응시직렬	
응시지역	
시험장소	

※ 시험감독관 서명
(성명을 정자로 기재할 것)

응시번호

생년월일

문번	회				문번	회				문번	회				문번	회				문번	회			
01	①	②	③	④	01	①	②	③	④	01	①	②	③	④	01	①	②	③	④	01	①	②	③	④
02	①	②	③	④	02	①	②	③	④	02	①	②	③	④	02	①	②	③	④	02	①	②	③	④
03	①	②	③	④	03	①	②	③	④	03	①	②	③	④	03	①	②	③	④	03	①	②	③	④
04	①	②	③	④	04	①	②	③	④	04	①	②	③	④	04	①	②	③	④	04	①	②	③	④
05	①	②	③	④	05	①	②	③	④	05	①	②	③	④	05	①	②	③	④	05	①	②	③	④
06	①	②	③	④	06	①	②	③	④	06	①	②	③	④	06	①	②	③	④	06	①	②	③	④
07	①	②	③	④	07	①	②	③	④	07	①	②	③	④	07	①	②	③	④	07	①	②	③	④
08	①	②	③	④	08	①	②	③	④	08	①	②	③	④	08	①	②	③	④	08	①	②	③	④
09	①	②	③	④	09	①	②	③	④	09	①	②	③	④	09	①	②	③	④	09	①	②	③	④
10	①	②	③	④	10	①	②	③	④	10	①	②	③	④	10	①	②	③	④	10	①	②	③	④
11	①	②	③	④	11	①	②	③	④	11	①	②	③	④	11	①	②	③	④	11	①	②	③	④
12	①	②	③	④	12	①	②	③	④	12	①	②	③	④	12	①	②	③	④	12	①	②	③	④
13	①	②	③	④	13	①	②	③	④	13	①	②	③	④	13	①	②	③	④	13	①	②	③	④
14	①	②	③	④	14	①	②	③	④	14	①	②	③	④	14	①	②	③	④	14	①	②	③	④
15	①	②	③	④	15	①	②	③	④	15	①	②	③	④	15	①	②	③	④	15	①	②	③	④
16	①	②	③	④	16	①	②	③	④	16	①	②	③	④	16	①	②	③	④	16	①	②	③	④
17	①	②	③	④	17	①	②	③	④	17	①	②	③	④	17	①	②	③	④	17	①	②	③	④
18	①	②	③	④	18	①	②	③	④	18	①	②	③	④	18	①	②	③	④	18	①	②	③	④
19	①	②	③	④	19	①	②	③	④	19	①	②	③	④	19	①	②	③	④	19	①	②	③	④
20	①	②	③	④	20	①	②	③	④	20	①	②	③	④	20	①	②	③	④	20	①	②	③	④

해커스공무원 실전동형모의고사 영어 1 답안지

※ 시험감독관 확인
(성명을 정자로 기재할 것)

본인은 000(응시자성명)임을 확인함

생 년 월 일

| 0 1 2 3 4 5 6 7 8 9 |

응 시 번 호

| 0 1 2 3 4 5 6 7 8 9 |

컴퓨터용 흑색사인펜만 사용

성명	
자필성명	본인 성명 기재
응시직렬	
응시지역	
시험장소	

[필적감정용 기재]
*아래 예시문을 옮겨 적으시오

점	
책	

문번	회			
01	1	2	3	4
02	1	2	3	4
03	1	2	3	4
04	1	2	3	4
05	1	2	3	4
06	1	2	3	4
07	1	2	3	4
08	1	2	3	4
09	1	2	3	4
10	1	2	3	4
11	1	2	3	4
12	1	2	3	4
13	1	2	3	4
14	1	2	3	4
15	1	2	3	4
16	1	2	3	4
17	1	2	3	4
18	1	2	3	4
19	1	2	3	4
20	1	2	3	4

2025 최신개정판

해커스공무원
실전동형
모의고사
영어 ①

개정 12판 1쇄 발행 2025년 2월 27일

지은이	해커스 공무원시험연구소
펴낸곳	해커스패스
펴낸이	해커스공무원 출판팀
주소	서울특별시 강남구 강남대로 428 해커스공무원
고객센터	1588-4055
교재 관련 문의	gosi@hackerspass.com
	해커스공무원 사이트(gosi.Hackers.com) 교재 Q&A 게시판
	카카오톡 플러스 친구 [해커스공무원 노량진캠퍼스]
학원 강의 및 동영상강의	gosi.Hackers.com
ISBN	979-11-7244-807-3 (13740)
Serial Number	12-01-01

공무원 교육 1위* 해커스공무원
모바일 자동 채점 + 성적 분석 서비스

한눈에 보는 서비스 사용법

Step 1.

교재 구입 후 시간 내 문제 풀어보고
교재 내 수록되어 있는 QR코드 인식!

2021년 공개경쟁채용 필기시험 대비
해커스공무원 최종점검 기출모의고사

Step 2.

모바일로 접속 후 '지금 채점하기'
버튼 클릭!

1회
2021 해커스공무원 실전동형모의고사 한국사
1

지금 채점하기

내 성적 분석하기

Step 3.

OMR 카드에 적어놓은 답안과 똑같이
모바일 채점 페이지에 입력하기!

2021 해커스공무원 실전동형모의고사 한국사 1_
9회

번호	답안지
1	1 2 3 4
2	1 2 3 4
3	1 2 3 4

Step 4.

채점 후 내 석차, 문제별 점수, 회차별
성적 추이 확인해보기!

나의 점수 **90점**
백분위 상위 11.87%
내 석차 33등
전체 278명

**실시간 성적 분석
결과 확인**

**문제별 정답률 및
틀린 문제 난이도 체크**

**회차별 나의 성적
변화 확인**

* [공무원 교육 1위 해커스공무원] 한경비즈니스 2024 한국품질만족도 교육(온·오프라인 공무원학원) 1위

해커스공무원 gosi.Hackers.com

2025 최신개정판

해커스공무원
**실전동형
모의고사
영어** 1

약점 보완 해설집

ⅢⅢ 해커스공무원

해커스공무원

실전동형
모의고사
영어 1

약점 보완 해설집

해커스

▶ 정답

p. 14

01	① 어휘 – 어휘 & 표현	11	④ 독해 – 세부내용 파악
02	② 어휘 – 어휘 & 표현	12	④ 독해 – 세부내용 파악
03	① 문법 – 시제	13	④ 독해 – 세부내용 파악
04	② 문법 – 수 일치	14	① 독해 – 전체내용 파악
05	① 문법 – 동명사	15	② 독해 – 전체내용 파악
06	④ 어휘 – 생활영어	16	② 독해 – 논리적 흐름 파악
07	③ 어휘 – 생활영어	17	② 독해 – 논리적 흐름 파악
08	④ 독해 – 전체내용 파악	18	③ 독해 – 논리적 흐름 파악
09	② 독해 – 유의어 파악	19	③ 독해 – 추론
10	② 독해 – 전체내용 파악	20	② 독해 – 추론

▶ 취약영역 분석표

영역	세부 유형	문항 수	소계
어휘	어휘&표현	2	/4
	생활영어	2	
문법	시제	1	/3
	수 일치	1	
	동명사	1	
독해	전체내용 파악	4	/13
	세부내용 파악	3	
	추론	2	
	논리적 흐름 파악	3	
	유의어 파악	1	
총계			/20

01 　어휘 credible

난이도 중 ●●○

밑줄 친 부분에 들어갈 말로 가장 적절한 것을 고르시오.

> Recorded footage later confirmed that the early witness accounts were _____, as they matched the video evidence.

① credible
② suspicious
③ conflicting
④ vague

해석

녹화된 영상은 초기 목격자의 진술이 그 영상 증거와 일치하였기 때문에 신뢰할 수 있다는 것이 확인되었다.

① 신뢰할 수 있는
② 의심스러운
③ 모순되는
④ 모호한

정답 ①

어휘

footage 화면, 장면　confirm 확인하다, 확정하다　witness 목격자
account 설명, 말　match 일치하다　credible 신뢰할 수 있는
suspicious 의심스러운　conflicting 모순되는, 상충되는

이것도 알면 합격!

credible(신뢰할 수 있는)의 유의어
= reliable, trustworthy, believable

02 　어휘 relaxed

난이도 하 ●○○

밑줄 친 부분에 들어갈 말로 가장 적절한 것을 고르시오.

> Before retirement, most people anticipate leading a(n) _____ lifestyle; however, many become restless once they actually have a schedule free of obligations.

① active
② relaxed
③ supportive
④ busy

해석

은퇴 전에, 대부분의 사람들은 여유 있는 삶의 방식을 이끌어 갈 것으로 기대하지만, 많은 사람들은 실제로 의무가 없는 일정을 가지면 불안해진다.

① 활동적인
② 여유 있는
③ 지원하는
④ 바쁜

정답 ②

어휘

retirement 은퇴　anticipate 기대하다, 예상하다
restless 불안한, 가만히 못 있는　obligation 의무
supportive 지원하는, 도와주는　busy 바쁜

이것도 알면 합격!

relaxed(여유 있는)의 유의어
= laid-back, unhurried, easy-going

03 문법 시제 난이도 하 ●○○

밑줄 친 부분에 들어갈 말로 가장 적절한 것을 고르시오.

> Unless a student _____ urgent medical care, the professor will typically expect attendance in class.

① requires
② will require
③ requiring
④ have required

[해석]

학생이 긴급한 의료를 필요로 하지 않는 한, 그 교수는 일반적으로 수업에의 출석을 기대할 것이다.

[해설]

① 현재 시제 빈칸은 조건을 나타내는 부사절 접속사 Unless가 이끄는 부사절(Unless ~ medical care)의 동사 자리이다. 조건을 나타내는 부사절에서는 미래를 나타내기 위해 미래 시제 대신 현재 시제를 사용하므로 현재 시제 requires가 정답이다.

정답 ①

[어휘]

urgent 긴급한 typically 일반적으로 attendance 출석, 참석

이것도 알면 합격!

시간·조건의 부사절을 이끄는 접속사

| > if/unless | > when | > before |
| > after | > as soon as | > by the time |

04 문법 수 일치 난이도 중 ●●○

밑줄 친 부분 중 어법상 옳지 않은 것을 고르시오.

> Acquiring new skills takes time. Upon ① mastering foundational concepts, the implementation of a consistent routine with clear goals and measurable milestones ② become crucial. Effective instructors will have their students ③ practice regularly by assigning targeted exercises, providing feedback, and encouraging ④ them to apply their skills in various contexts to ensure improvement.

[해석]

새로운 기술을 습득하는 것에는 시간이 걸린다. 기본 개념을 완전히 익히자마자, 명확한 목표와 측정 가능한 이정표를 갖춘 일관된 루틴의 실행이 중요해진다. 유능한 지도자는 향상을 보장하기 위해 목표에 맞는 과제를 부여하고, 피드백을 제공하고, 다양한 맥락에서 자신의 기술을 적용하도록 격려함으로써 그들의 학생들이 규칙적으로 연습하도록 할 것이다.

[해설]

② 주어와 동사의 수 일치 주어 자리에 단수 명사 the implementation이 왔으므로 복수 동사 become을 단수 동사 becomes로 고쳐야 한다. 참고로, 주어와 동사 사이의 수식어 거품(of ~ milestones)은 동사의 수 결정에 영향을 주지 않는다.

[오답 분석]

① 동명사 관련 표현 문맥상 '기본 개념을 익히자마자'라는 의미가 되어야 자연스러운데, '-하자마자'는 동명사구 관용 표현 upon -ing로 나타낼 수 있으므로, Upon 뒤에 동명사 mastering이 올바르게 쓰였다.

③ 5형식 동사 동사 have는 5형식 동사로 쓰일 때 동사원형을 목적격 보어로 취하는 동사이므로 목적어 their students 뒤에 동사원형 practice가 올바르게 쓰였다.

④ 인칭대명사 인칭대명사는 그것이 지시하는 명사에 수를 일치해야 하는데 대명사가 지시하는 명사(their students)가 복수이므로, 복수 대명사 them이 올바르게 쓰였다.

정답 ②

[어휘]

acquire 습득하다 master 완전히 익히다 foundational 기본의 implementation 실행, 이행 consistent 일관된 measurable 측정 가능한 milestone 이정표 assign 부여하다, 할당하다

이것도 알면 합격!

동사원형을 목적격 보어로 취하는 동사

| 사역동사 | > have ~이 -하게 시키다
> make ~이 -하게 만들다 | > let ~이 -하도록 허락하다 |
| 지각동사 | > see ~이 -하는 것을 보다
> watch ~이 -하는 것을 보다
> notice ~이 -하는 것을 알아채다 | > hear ~이 -하는 소리를 듣다
> feel ~이 -하는 것을 느끼다 |

05 문법 동명사 난이도 중 ●●○

밑줄 친 부분 중 어법상 옳지 않은 것을 고르시오.

> Many first-time travelers ① are opposed to step out of their cultural comfort zone. Consequently, many engage in activities with other tourists, ② most of whom prefer visiting popular attractions over exploring somewhere ③ unfamiliar, thereby missing opportunities to experience life ④ shaped by local traditions.

[해석]

많은 첫 여행자들은 자신의 문화적 안전지대에서 나오는 것에 반대한다. 그 결과, 많은 사람들이 다른 관광객들과 함께 활동에 참여하는데, 그들 중 대부분은 익숙하지 않은 곳을 탐험하는 것보다 인기 있는 명소를 방문하는 것을 선호하여, 현지 전통에 의해 형성된 삶을 경험할 기회를 놓친다.

[해설]

① 동명사 관련 표현 문맥상 '안전지대에서 나오는 것에 반대한다'라는 의미가 되어야 자연스러운데, '-에 반대하다'는 동명사 관련 표현 be opposed to -ing를 사용하여 나타낼 수 있으므로, are opposed to step out을 are opposed to stepping out으로 고쳐야 한다.

[오답 분석]

② 수량 표현 + 관계대명사 문맥상 '그들 중 대부분'이라는 의미가 되어야 자연스러운데, '~중 대부분'은 'most of + 관계대명사(whom)'를 사용하여 나타낼 수 있으므로, most of whom이 올바르게 쓰였다. 참

고로, 선행사(other tourists)가 사람이므로 사람을 나타내며 전치사 (of) 뒤에 올 수 있는 목적격 관계대명사 whom이 올바르게 쓰였다.

③ **형용사 자리** -where로 끝나는 명사는 형용사가 항상 뒤에서 수식하므로 명사 somewhere 뒤에 형용사 unfamiliar가 올바르게 쓰였다.

④ **현재분사 vs. 과거분사** 수식받는 명사(life)와 분사가 '삶이 형성되다'라는 의미의 수동 관계이므로, 과거분사 shaped가 올바르게 쓰였다.

정답 ①

어휘

step out of ~에서 나오다   attraction 명소   explore 탐험하다

이것도 알면 **합격!**

-able/-ible로 끝나는 형용사는 명사를 뒤에서 수식할 수 있으며, -where, -thing, -one, -body로 끝나는 명사는 형용사가 항상 뒤에서 수식한다.

> The only <u>seat</u> <u>available</u> was at the back of the bus.
>   명사   형용사
> 이용 가능한 유일한 좌석은 버스 뒤쪽에 있었다.

> I want to tell you <u>something</u> <u>important</u>.
>   명사   형용사
> 나는 너에게 중요한 것을 말해주고 싶다.

---

06   생활영어 Yes. I'll be home until noon.   난이도 하 ●○○

밑줄 친 부분에 들어갈 말로 가장 적절한 것을 고르시오.

A: Hi. I need to get my air conditioner repaired.
B: OK. Can you describe the issue you're having?
A: The machine turns on, but cool air doesn't come out.
B: I see. I can have a technician come out tomorrow.
A: Hmm. I have plans in the afternoon.
B: Does the morning work for you?
A: _____
B: Great. Our technician will arrive by 9:30 a.m.

① Yes. I'd like to see the newer models.
② No. I'll choose another day.
③ No. I can't turn the air conditioner on.
④ Yes. I'll be home until noon.

해석

A: 안녕하세요. 저는 에어컨을 수리해야 해요.
B: 알겠습니다. 어떤 문제가 있는지 설명해 주시겠어요?
A: 그 기계(에어컨)가 켜지기는 하는데, 시원한 바람은 나오지 않아요.
B: 그렇군요. 내일 기술자를 보내드릴 수 있습니다.
A: 음. 제가 오후에 일정이 있어요.
B: 아침은 괜찮으신가요?
A: 네. 정오까지 집에 있을 거예요.
B: 좋습니다. 저희 기술자가 오전 9시 30분까지 도착할 겁니다.

---

① 네. 최신 모델을 보고 싶어요.
② 아니요. 다른 날을 선택할게요.
③ 아니요. 에어컨을 켤 수 없어요.
④ 네. 정오까지 집에 있을 거예요.

해설

오후에 일정이 있다고 말하는 A의 말에 B가 아침은 괜찮냐고 묻고, 빈칸 뒤에서 다시 B가 Our technician will arrive by 9:30 a.m.(저희 기술자가 오전 9시 30분까지 도착할 겁니다)이라고 말하고 있으므로, 빈칸에는 '④ 네. 정오까지 집에 있을 거예요(Yes. I'll be home until noon)'가 오는 것이 자연스럽다.

정답 ④

어휘

repair 수리하다   describe 설명하다, 묘사하다   technician 기술자

이것도 알면 **합격!**

약속 시간을 조율할 때 쓸 수 있는 표현

> Please let me know if there is a more convenient time for you.
> 당신에게 더 편리한 시간이 있다면 알려주세요.
> When would be a good time for you?
> 언제 시간이 괜찮으세요?

---

07   생활영어 I'll send you a link to sign up.   난이도 중 ●●○

밑줄 친 부분에 들어갈 말로 가장 적절한 것을 고르시오.

 **Kelsey Chan**
Does your team use Pro Project Plus?
9:31

Tom Cain
I've never even heard of that. What is it?
9:32

 Kelsey Chan
It's a work management and collaboration tool. It's great for creating and following project roadmaps.
9:33

Tom Cain
It sounds really useful!
9:33

 Kelsey Chan
It is. We are much more organized now that we use it. I think it would be helpful for your team too.
9:34

Tom Cain
How can I start using it?
9:34

 Kelsey Chan
_____
9:34

① You should complete the current projects first.

② Most of the employees are already using it.

③ I'll send you a link to sign up.

④ I already scheduled a team meeting.

해석

Kelsey Chan: 당신의 팀은 Pro Project Plus를 사용하나요?

Tom Cain: 그걸 들어본 적도 없어요. 그게 뭔가요?

Kelsey Chan: 업무 관리 및 협업 도구예요. 프로젝트 지침을 만들고 따라가는 데 아주 좋아요.

Tom Cain: 정말 유용할 것 같네요!

Kelsey Chan: 맞아요. 우리는 그걸 사용해서 훨씬 더 체계적이에요. 당신의 팀에도 도움이 될 것 같아요.

Tom Cain: 어떻게 그것을 사용하기 시작할 수 있나요?

Kelsey Chan: 제가 가입할 수 있는 링크를 보내드릴게요.

① 당신은 현재 진행 중인 프로젝트를 먼저 완료해야 해요.

② 대부분의 직원들은 이미 그것을 사용하고 있어요.

③ 제가 가입할 수 있는 링크를 보내드릴게요.

④ 저는 이미 팀 회의를 예약했어요.

해설

Pro Project Plus를 사용하여 팀이 훨씬 더 체계적이라며 당신의 팀에도 도움이 될 것 같다는 Kelsey Chan의 말에 Tom Cain이 How can I start using it(어떻게 그것을 사용하기 시작할 수 있나요)이라고 묻고 있으므로, 빈칸에는 '③ 제가 가입할 수 있는 링크를 보내드릴게요(I'll send you a link to sign up)'가 오는 것이 자연스럽다.

정답 ③

어휘

management 관리   collaboration 협업, 협력
roadmap (일·계획 등을 일목요연하게 정리한) 지침, 로드맵
organized 체계적인, 조직화된   sign up 가입하다

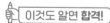 이것도 알면 **합격!**

방법을 문의할 때 쓸 수 있는 표현

> Could you please explain how to do this?
  이것을 어떻게 하는지 설명해 주시겠어요?
> Can you walk me through how this works?
  이것이 어떻게 작동하는지 설명해 주실 수 있나요?
> Can you show me how this is done?
  이것을 어떻게 하는지 보여주시겠어요?

08~09   다음 글을 읽고 물음에 답하시오.

To	Cowansville Department of Transportation
From	Paula Jenkins
Date	April 15
Subject	Parking at Cowansville Train Station

B I U T· 𝒜 A· T· ⊖ 🖼 🔗 ☰ ☰ ☰ ↺ ↻ ⟨⟩

To Whom It May Concern,

I am writing to bring your attention to an important matter affecting members of our community. Specifically, the parking area for the Cowansville Train Station is inadequately equipped for visitors with limited mobility. I understand that it is legally stated that disabled parking spaces must be installed near the entrance of facilities.

The current lack of accessible parking spaces has made it challenging for individuals who truly need these accommodations to use the station. I have personally seen people with wheelchairs struggling to navigate their way across the parking lot because they had no choice but to park in spaces far from the entrance, and it is upsetting.

It has reached the <u>point</u> where immediate action is needed to address the issue. I therefore ask that you create a designated disabled parking area near the station's entrance. Thank you for your time, and I look forward to seeing improvements.

Sincerely,
Paula Jenkins

해석

수신: Cowansville 교통부

발신: Paula Jenkins

날짜: 4월 15일

제목: Cowansville 기차역의 주차

관계자분께,

저는 우리 지역사회 구성원들에게 영향을 미치는 중요한 문제에 귀하의 관심을 환기하기 위해 글을 씁니다. 특히, Cowansville 기차역의 주차 공간은 이동성이 제한된 방문객들을 위한 시설이 불충분하게 갖춰져 있습니다. 저는 시설 입구 근처에 장애인 주차 공간을 설치해야 한다는 법적 규정이 있는 것으로 알고 있습니다.

현재 접근하기 쉬운 주차 공간에 대한 자금의 부족함은 이러한 시설이 꼭 필요한 사람들이 역을 이용하는 것을 어렵게 만들었습니다. 저는 휠체어를 탄 사람들이 입구에서 멀리 떨어진 공간에 주차할 수밖에 없어 주차장을 가로질러 길을 찾기 위해 애쓰는 것을 직접 본 적이 있는데, 이는 속상한 일입니다.

이 문제를 해결하기 위해 즉각적인 조치가 필요한 <u>시점</u>에 도달했습니다. 따라서 저는 역 입구 근처에 지정된 장애인 주차 구역을 만들어 주시기를 요청합니다. 시간 내주셔서 감사드리며, 개선된 모습을 보기를 기대합니다.

Paula Jenkins 드림

---

08 독해 전체내용 파악(목적 파악)   난이도 중 ●●○

윗글의 목적으로 가장 적절한 것은?

① 기차역의 주차 요금을 인하하는 것을 제안하려고
② 기차역 주차 공간의 확장 계획에 대해 문의하려고
③ 장애인 주차 구역의 무단 사용에 대한 불만을 제기하려고
④ 기차역 입구에 지정 주차 공간을 마련해줄 것을 요청하려고

해설

지문 처음에서 Cowansville 기차역의 주차 공간은 이동성이 제한된 방문객들을 위한 시설이 불충분하게 갖춰져 있다고 했고, 지문 마지막에서 역 입구 근처에 지정된 장애인 주차 구역을 만들어 주기를 요청한다고 하고 있으므로, '④ 기차역 입구에 지정 주차 공간을 마련해줄 것을 요청하려고'가 이 글의 목적이다.

[오답 분석]
① 주차 요금 인하에 대해서는 언급되지 않았다.
② 주차 공간 확장 계획에 대해서는 언급되지 않았다.
③ 지정된 장애인 주차 구역이 언급되기는 했지만, 그곳의 무단 사용에 대해서는 언급되지 않았다.

정답 ④

---

09 독해 유의어 파악   난이도 하 ●○○

밑줄 친 "point"의 의미와 가장 가까운 것은?

① tip
② stage
③ detail
④ goal

해석
① 끝부분
② 시기
③ 세부 사항
④ 목표

해설

point(시점)가 포함된 문장(It has reached the point where immediate action is needed to address the issue)에서 이 문제를 해결하기 위해 즉각적인 조치가 필요한 시점에 도달했다고 했으므로 point는 '시점'이라는 의미로 사용되었다. 따라서 '시기'라는 의미의 ② stage가 정답이다.

정답 ②

10~11 다음 글을 읽고 물음에 답하시오.

[A]

The Montgomery Library will be extending its operating hours starting on March 1 to meet growing demands for better access to its resources, study spaces, and community programs.

New Hours
- **Monday – Friday**: 8:00 a.m. – 9:00 p.m.
                        (previously closed at 7:00 p.m.)
- **Saturday**: 9:00 a.m. – 6:00 p.m. (unchanged)
- **Sunday**: 10:00 a.m. – 5:00 p.m. (previously closed)

Benefits of Extended Hours
- **Study Areas and Computer Lab**
Take advantage of more time to use our reading rooms, group study spaces, and computer facilities.

- **Expanded Access to Resources**
Browse and check out materials at times that may be more convenient for your schedule.

- **New Community Programs**
New Sunday activities include book clubs for all ages and children's story time sessions throughout the day.

For more information about library services and programs, visit www.montgomerylib.org or call us at (925) 457-9235.

해석

(A) 도서관에서 더 많은 시간을 즐겨보세요

Montgomery 도서관은 자원, 학습 공간, 그리고 지역사회 프로그램에의 더 나은 접근에 대한 증가하는 수요를 충족하기 위해 3월 1일부터 운영 시간을 연장할 예정입니다.

새로운 운영 시간
- **월요일 – 금요일**: 오전 8시 – 오후 9시
                 (이전에는 오후 7시에 마감)
- **토요일**: 오전 9시 – 오후 6시 (변동 없음)
- **일요일**: 오전 10시 – 오후 5시 (이전에는 휴관)

연장된 운영 시간의 이점
- **학습 공간 및 컴퓨터실**
우리의 독서실, 그룹 학습 공간, 그리고 컴퓨터 시설을 사용하기 위해 더 많은 시간을 활용해 보세요.

- **자원에 대한 확장된 접근**
여러분의 일정에 더 편할 수 있는 시간에 자료를 열람하고 대출해 보세요.

- **새로운 지역사회 프로그램**
새로운 일요일 활동에는 모든 연령대를 위한 독서회와 하루 종일 진행되는 어린이 이야기 시간 세션이 포함됩니다.

도서관 서비스 및 프로그램에 대한 더 많은 정보는 www.montgomerylib.org를 방문하거나 (925) 457-9235로 저희에게 전화해 주세요.

어휘

extend 연장하다, 확대하다   operating 운영의   demand 수요, 요구
previously 이전에는   take advantage of ~을 활용하다, ~을 이용하다
facility 시설   material 자료   browse 열람하다, 둘러보다
check out 대출하다

---

10   독해 전체내용 파악(제목 파악)   난이도 중 ●●○

(A)에 들어갈 윗글의 제목으로 가장 적절한 것은?

① Update Your Library Card
② Enjoy More Time at the Library
③ Sign Up for a Book Club
④ Transform Your Reading Habits

해석

① 여러분의 도서관 카드를 갱신하세요
② 도서관에서 더 많은 시간을 즐겨보세요
③ 독서회에 가입해 보세요
④ 여러분의 독서 습관을 변화시켜 보세요

해설

지문 처음에서 Montgomery 도서관은 운영 시간을 연장할 예정이라고 했고, 지문 전반에 걸쳐 연장된 운영 시간의 이점에 대해 설명하고 있으므로, '② 도서관에서 더 많은 시간을 즐겨보세요'가 이 글의 제목이다.

[오답 분석]

① 도서관 카드의 갱신에 대해서는 언급되지 않았다.
③ 새로운 일요일 활동에 독서회가 포함된다고는 했지만, 독서회에 가입해 보라는 내용은 언급되지 않았다.
④ 독서 습관에 대해서는 언급되지 않았다.

정답 ②

어휘

update 갱신하다   transform 변화시키다   habit 습관, 버릇

---

11   독해 세부내용 파악(내용 불일치 파악)   난이도 중 ●●○

Montgomery Library에 관한 윗글의 내용과 일치하지 않는 것은?

① 새로운 운영 시간은 3월부터 적용된다.
② 토요일의 운영 시간은 이전과 동일하게 유지된다.
③ 컴퓨터 시설을 사용하는 데 더 많은 시간을 활용할 수 있다.
④ 일요일에는 아이들을 대상으로 하는 독서회가 열릴 예정이다.

해설

지문 마지막에서 새로운 일요일 활동에는 모든 연령대를 위한 독서회가 포함된다고 했으므로, '④ 일요일에는 아이들을 대상으로 하는 독서회가 열릴 예정이다'라는 것은 지문의 내용과 일치하지 않는다.

[오답 분석]

① 첫 번째 문장에 Montgomery 도서관은 3월 1일부터 운영 시간을 연장할 예정이라고 언급되었다.
② 두 번째 단락의 'New Hours(새로운 운영 시간)'에 토요일의 운영 시간은 변동 없다고 언급되었다.
③ 세 번째 단락의 '학습 공간 및 컴퓨터실'에 컴퓨터 시설을 사용하기 위해 더 많은 시간을 활용해 보라고 언급되었다.

정답 ④

---

12   독해 세부내용 파악(내용 불일치 파악)   난이도 중 ●●○

Open Entrepreneurship Portal에 관한 다음 글의 내용과 일치하지 않는 것은?

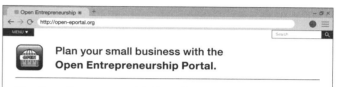

Plan your small business with the Open Entrepreneurship Portal.

The Open Entrepreneurship Portal is a pilot program launched by the Small Business Bureau. The portal hosts data collected from public and private sectors that can help small business owners make informed decisions regarding their operations. Current data includes consumer preferences and shopping habits based on location. Small business owners can use this information to gauge competition in certain markets and make more accurate predictions regarding growth outlook. During the two-month pilot program, users are encouraged to submit feedback reports through the portal, which may be used to improve the platform before its official release next year.

① It includes public and private data.
② Data helps users understand the market environment.
③ The pilot program will last two months.
④ Feedback can be submitted starting next year.

해석

열린 기업가 정신 포털로 여러분의 소규모 사업을 계획해 보세요.

'열린 기업가 정신 포털'은 중소기업청에서 출시한 파일럿 프로그램입니다. 이 포털은 소상공인들이 그들의 운영과 관련하여 정보에 입각한 결정을 내리도록 하는 데 도움을 줄 수 있는 공공 및 민간 부문에서 수집한 정보를 관리합니다. 현재의 정보는 위치에 따른 소비자 선호도와 쇼핑 습관을 포함합니다. 소상공인은 특정 시장에서 경쟁을 측정하고 성장 전망에 대한 더 정확한 예측을 하기 위해 이 정보를 사용할 수 있습니다. 2개월 간의 파일럿 프로그램 기간 동안, 사용자는 포털을 통해 피드백 보고서를 제출하도록 권장되며, 이는 내년의 공식 출시 전에 이 플랫폼을 개선하기 위해 사용될 수 있습니다.

① 공공 및 민간의 정보를 포함한다.
② 정보는 사용자가 시장 환경을 이해하는 데 도움을 준다.
③ 파일럿 프로그램은 두 달 동안 진행될 것이다.
④ 피드백은 내년부터 제출할 수 있다.

해설

지문 마지막에서 사용자는 파일럿 프로그램 기간 동안 포털을 통해 피드백 보고서를 제출하도록 권장되며, 이는 내년의 공식 출시 전에 플랫폼을 개선하기 위해 사용될 수 있다고 했으므로, '④ 피드백은 내년부터 제출할 수 있다'는 것은 지문의 내용과 일치하지 않는다.

[오답 분석]
① 두 번째 문장에 포털은 공공 및 민간 부문에서 수집한 정보를 관리한다고 언급되었다.
② 네 번째 문장에 소상공인은 시장에서 경쟁을 측정하고 성장 전망에 대한 더 정확한 예측을 하기 위해 정보를 사용할 수 있다고 언급되었다.
③ 다섯 번째 문장에 파일럿 프로그램의 기간은 2개월이라고 언급되었다.

정답 ④

어휘

entrepreneurship 기업가 정신, 창업 정신　pilot 파일럿(시험 방송용 프로그램)
bureau 청, 부서[국]　host 관리하다, 주최하다　sector 부문, 분야
operation 운영, 활동　preference 선호도　gauge 측정하다

---

13 독해 세부내용 파악(내용 일치 파악)　난이도 중 ●●○

Civil Servant Provision에 관한 다음 글의 내용과 일치하는 것은?

Ministry of Public Administration and Security

INTRODUCTION　POLICIES　NEWS　UPDATES　　🔍 SEARCH

HOME > POLICIES

Amendment to the Civil Servant Provision

The Ministry of Public Administration and Security recently revised the Civil Servant Provision to allow public officials who are harmed while performing dangerous job duties to receive extended medical leave. Under this amended provision, public officials who are injured or become sick responding to work-related disasters, infectious diseases, fires, etc., are now eligible to take a medical leave of absence for up to five years. This period may be extended by up to three additional years based on medical findings and other considerations. The previous period was three years, with the possibility of a two-year extension. The purpose of this revision is to improve the rights of public officials and provide them sufficient time to heal from job-related harm without having to worry about returning to work.

① It covers injuries sustained outside of work duties.
② It now allows for up to three years of medical leave.
③ It permits an extension of up to five additional years.
④ It is intended to provide sufficient time for recovery.

해석

공무원 규정의 개정

행정안전부는 최근에 위험한 업무를 수행하다가 피해를 본 공무원이 연장된 질병 휴가를 받을 수 있도록 하기 위해 공무원 규정을 개정했습니다. 이 개정된 규정에 따라, 업무상 재해, 전염병, 화재 등에 대응하다가 부상을 당하거나 질병에 걸린 공무원은 이제 최대 5년의 질병 휴가를 쓸 수 있습니다. 이 기간은 의학적 소견 및 기타 고려 사항에 따라 추가 3년까지 연장될 수 있습니다. 기존의 기간은 3년이었으며, 2년 연장이 가능했습니다. 이번 개정의 목적은 공무원의 권리를 향상시키고 복직에 대한 걱정 없이 업무상의 피해를 치유할 수 있는 충분한 시간을 제공하는 것입니다.

① 업무 외적으로 입은 부상을 포함한다.
② 이제 최대 3년의 질병 휴가를 허용한다.
③ 5년까지 추가로 연장하는 것을 허용한다.
④ 회복을 위한 충분한 시간을 제공하기 위한 것이다.

해설

지문 마지막에서 이번 개정의 목적은 업무상의 피해를 치유할 수 있는 충분한 시간을 제공하는 것이라고 했으므로, '④ 회복을 위한 충분한 시간을 제공하기 위한 것이다'라는 것은 지문의 내용과 일치한다.

[오답 분석]
① 첫 번째 문장에서 위험한 업무를 수행하다가 피해를 본 공무원이 연장된 질병 휴가를 받을 수 있도록 하기 위해 공무원 규정을 개정했다고 했으므로 지문의 내용과 다르다.
② 두 번째 문장에서 부상을 당하거나 질병에 걸린 공무원은 이제 최대 5년의 질병 휴가를 쓸 수 있다고 했으므로 지문의 내용과 다르다.
③ 세 번째 문장에서 이 기간(질병 휴가 기간)은 추가 3년까지 연장될 수 있다고 했으므로 지문의 내용과 다르다.

정답 ④

어휘

ministry (정부의 각) 부처　administration 행정, 관리　amendment 개정
civil servant 공무원　provision 규정, 조항　revise 개정하다, 변경하다
public official 공무원　infectious 전염성의
medical leave of absence 질병 휴가(병가)　finding 소견
extension 연장, 확대　sustain (피해 등을) 입다, 당하다

---

14 독해 전체내용 파악(주제 파악)　난이도 중 ●●○

다음 글의 주제로 가장 적절한 것은?

Every October, the number of hikers nearly doubles the monthly average, with over four million people visiting the mountains to view the autumn foliage. This surge in visitors also leads to a spike in hiking accidents. According to the National Parks Department, the most common incidents are slips, getting lost, and physical distress. To reduce risks, the Parks Department recommends that hikers warm up before hiking and make sure the trail is suitable for their fitness level. Also, they should be aware of how long the hike will take so they can finish before dark. As autumn temperatures can change suddenly, packing clothes for various weather conditions is crucial. It is important to keep these precautions in mind even when hiking in local areas, as 60 percent of accidents occur near people's homes, not in the middle of national parks.

① Measures to prevent hiking accidents
② Common risks found in national parks
③ Reasons why the number of hikers is surging
④ Identifying the right hiking trail based on fitness level

[해석]

매년 10월에, 등산객 수는 월평균의 거의 두 배가 되며, 400만 명이 넘는 사람들이 가을 단풍을 보기 위해 산을 찾는다. 이러한 방문객의 급증은 등산 사고의 급증으로도 이어진다. 국립공원관리국에 따르면, 가장 흔한 사고는 미끄러짐, 길을 잃는 것, 그리고 신체적 고통이다. 위험을 줄이기 위해, 국립공원관리국은 등산객들이 등산 전에 준비운동을 하고 등산로가 자신의 체력 수준에 적합한지 확인할 것을 권고한다. 또한, 그들(등산객들)은 어두워지기 전에 등산을 마칠 수 있도록 등산이 얼마나 걸릴지 알아야 한다. 가을의 기온은 갑자기 변할 수 있으므로, 다양한 기상 조건에 맞는 옷을 챙기는 것이 필수적이다. 사고의 60퍼센트가 국립공원 한가운데가 아닌 사람들의 집 근처에서 발생하므로, 주변 지역에서 등산할 때도 이러한 주의 사항을 기억해 두는 것이 중요하다.

① 등산 사고를 예방하기 위한 대책
② 국립공원에서 발견되는 흔한 위험 요소
③ 등산객 수가 급증하는 이유
④ 체력 수준에 따른 올바른 등산로 확인하기

[해설]

지문 처음에서 등산객 수의 급증은 등산 사고의 급증으로 이어진다고 한 후, 지문 전반에 걸쳐 흔한 등산 사고의 위험을 줄이기 위해 국립공원관리국이 권고하는 주의 사항에 대해 설명하고 있으므로, '① 등산 사고를 예방하기 위한 대책'이 이 글의 주제이다.

[오답 분석]

② 국립공원에서 발견되는 흔한 위험 요소는 사고의 위험을 줄이기 위한 대책을 설명하기 위한 내용으로 지엽적이다.
③ 등산객들이 가을 단풍을 보기 위해 산에 방문하기 때문에 10월에 등산객 수가 급증한다고 언급되었으나 지엽적이다.
④ 체력 수준에 따른 올바른 등산로를 확인하는 것은 국립공원관리국이 권고하는 주의 사항 중 하나로 지엽적이다.

정답 ①

[어휘]

foliage 단풍, 나뭇잎 surge 급증 spike 급증, 급등 incident 사고, 사건
slip 미끄러짐 distress 고통, 곤경 suitable 적합한, 적절한
precaution 주의 사항, 예방책 measures 대책, 조치
identify 확인하다, 알아보다

[구문 분석]

[11행] It is important / to keep these precautions in mind (생략)
: 이처럼 긴 진짜 주어를 대신해 가짜 주어 it이 주어 자리에 온 경우, 가짜 주어 it은 해석하지 않고 뒤에 있는 진짜 주어 to 부정사(to keep ~)를 가짜 주어 it의 자리에 넣어 '~하는 것'이라고 해석한다.

---

15 독해 전체내용 파악(요지 파악) 난이도 상 ●●●

다음 글의 요지로 가장 적절한 것은?

With AI textbooks being implemented, the Department of Education has invested considerable resources in training educators and preparing classrooms for this new technology. To date, over 10,000 teachers have received training, with another 150,000 teachers to take part in training before this program launches. These sessions not only familiarize teachers with the technology but also give them the skills to teach students how to use it. In addition, the Department of Education has evaluated schools' devices and digital infrastructure, making improvements that are needed ahead of AI textbook adoption. During the school year, 1,200 digital tutors will be available to assist with lesson planning and address any technological problems teachers may face.

① Educational outcomes should improve with the adoption of AI textbooks.
② Training and support are being prioritized before AI textbook implementation.
③ Students in the digital era are well-prepared to use AI textbooks.
④ Protocols need to be in place to effectively address technological problems.

[해석]

AI 교과서가 시행되어서, 교육부는 이 새로운 기술을 위해 교육자를 교육하고 교실을 준비하는 데 상당한 자원을 투자했다. 현재까지, 만 명 이상의 교사가 교육을 받았으며, 추가로 15만 명의 교사가 이 프로그램이 시작되기 전에 교육에 참여할 예정이다. 이 수업은 교사들을 기술에 익숙해지게 할 뿐만 아니라 학생들에게 그것을 사용하는 방법을 가르치는 기술도 제공한다. 또한, 교육부는 학교의 기기와 디지털 인프라를 평가하여 AI 교과서 채택을 앞두고 필요한 부분을 개선했다. 학년도 동안, 1,200명의 디지털 강사가 수업 계획을 지원하고 교사가 직면할 수 있는 기술적 문제를 해결하기 위해 준비될 것이다.

① 교육적 성과는 AI 교과서 채택으로 향상되어야 한다.
② AI 교과서 시행에 앞서 교육과 지원이 우선시되고 있다.
③ 디지털 시대의 학생들은 AI 교과서를 활용할 준비가 잘 되어있다.
④ 기술적인 문제를 효과적으로 해결하기 위한 실시 요강이 준비되어야 한다.

[해설]

지문 처음에서 AI 교과서가 시행되어서 교육부는 새로운 기술을 위해 교육자를 교육하고 교실을 준비하는 데 상당한 자원을 투자했다고 하고, 지문 전반에 걸쳐 AI 교과서 시행을 위한 교육과 지원에 대해 설명하고 있으므로, '② AI 교과서 시행에 앞서 교육과 지원이 우선시되고 있다'가 이 글의 요지이다.

[오답 분석]

① 교육적 성과가 AI 교과서 채택으로 향상되어야 한다는 것은 언급되지 않았다.
③ 디지털 시대의 학생들이 AI 교과서를 활용할 준비가 잘 되어있는지에 대해서는 언급되지 않았다.
④ 기술적 문제를 해결하기 위해 디지털 강사가 준비될 것이라고는 했으

나, 실시 요강이 준비되어야 한다는 것에 대해서는 언급되지 않았다.

정답 ②

[어휘]

textbook 교과서 implement 시행하다 invest 투자하다
considerable 상당한, 많은 take part in ~에 참여하다 evaluate 평가하다
device 기기, 장치 infrastructure 인프라(기본 시설), 기반 adoption 채택
address 해결하다 outcome 성과, 결과 prioritize 우선시하다 era 시대
protocol 실시 요강 in place ~을 위한 준비가 되어 있는

---

16 독해 논리적 흐름 파악(무관한 문장 삭제) 난이도 중 ●●○

다음 글의 흐름상 어색한 문장은?

When considering the impact of relationships on children, it is common to think first of the parent-child relationship, but sibling relationships can be just as important. ① Given their similarities in age, siblings often become each other's first and closest friends with whom they share their thoughts and feelings. ② Brothers and sisters may keep things from one another to avoid being teased. ③ Their closeness also allows siblings to develop social skills. ④ Building interpersonal relationships with each other gives brothers and sisters practice before they attempt to befriend people outside their family. In this way, strong sibling relationships can positively influence their emotional well-being and social interactions for years to come.

[해석]

관계가 아이들에게 미치는 영향을 고려할 때, 부모와 자녀의 관계를 먼저 생각하는 것이 일반적이지만, 형제자매 관계도 마찬가지로 중요할 수 있다. ① 그들 나이의 유사함을 고려하면, 형제자매는 종종 자신의 생각과 감정을 공유하는 서로의 첫 번째이자 가장 가까운 친구가 된다. ② 형제자매는 놀림당하는 것을 피하기 위해 서로에게 무언가를 숨길 수도 있다. ③ 그들의 친밀함은 또한 형제자매가 사회적 기술을 개발할 수 있게 한다. ④ 서로 간에 대인 관계를 구축하는 것은 형제자매에게 가족 외의 사람들과 친구가 되려고 시도하기 전에 연습을 할 수 있게 해 준다. 이러한 방식으로, 견고한 형제자매 관계는 앞으로도 그들의 정서적 안녕과 사회적 상호작용에 긍정적으로 영향을 미칠 수 있다.

[해설]

지문 처음에서 관계가 아이들에게 미치는 영향을 고려할 때 형제자매 관계가 부모와 자녀의 관계와 마찬가지로 중요할 수 있다고 하고, ①, ③, ④번에서 형제자매 관계가 아이들에게 미치는 긍정적인 영향에 대해 설명하고 있다. 그러나 ②번은 형제자매가 놀림당하는 것을 피하기 위해 서로에게 무언가를 숨길 수도 있다는 내용으로, 형제자매 관계의 긍정적인 영향에 대해 설명하는 지문 전반의 내용과 관련이 없다.

정답 ②

[어휘]

consider 고려하다 impact 영향 sibling 형제자매
given that ~을 고려하면 tease 놀리다 interpersonal 대인 관계의
attempt 시도하다 befriend 친구가 되다

---

17 독해 논리적 흐름 파악(문장 삽입) 난이도 중 ●●○

주어진 문장이 들어갈 위치로 가장 적절한 것은?

For example, broken dishes, which have no inherent value, can be used to tile tabletop or create mosaics and other forms of art.

Environmentalists in the 1980s began upcycling as an alternative to throwing out or recycling unwanted materials. (①) Prior to this time, materials were broken down to be reused, often decreasing their value, but with upcycling, these items can be transformed into more valuable products. (②) As a result, significant amounts of waste can be prevented from being tossed out and added to landfills, reducing the amount of pollution caused by consumer activity. (③) Upcycling also conserves resources by giving materials a second life, curtailing the need for further production. (④) These factors have made upcycling a central component of sustainable design and consumer culture.

[해석]

예를 들어, 고유한 가치가 없는 깨진 접시는 테이블 상판에 타일을 붙이거나 모자이크 및 기타 형태의 예술 작품을 만드는 데 사용될 수 있다.

1980년대의 환경 운동가들은 원치 않는 재료를 버리거나 재활용하는 것에 대한 대안으로 업사이클링을 시작했다. (①) 이때 이전에, 재료는 재사용되기 위해 분해되어 그것들의 가치가 떨어지는 경우가 많았지만, 업사이클링을 통해 이러한 물품들이 더 가치 있는 제품으로 탈바꿈될 수 있다. (②) 결과적으로, 상당한 양의 폐기물이 버려져 쓰레기 매립지에 추가되는 것을 방지할 수 있고, 소비자 활동으로 야기되는 오염의 양을 줄일 수 있다. (③) 업사이클링은 또한 재료에 두 번째 생명을 부여하고 추가 생산의 필요성을 줄임으로써 자원을 보존한다. (④) 이러한 요인들은 업사이클링을 지속 가능한 디자인과 소비자 문화의 핵심 구성 요소로 만들었다.

[해설]

②번 앞 문장에서 업사이클링을 통해 물품들이 더 가치 있는 제품으로 탈바꿈될 수 있다고 했으므로, ②번에 예를 들어(For example) 깨진 접시는 테이블 상판에 타일을 붙이거나 예술 작품을 만드는 데 사용될 수 있다는 내용의 주어진 문장이 나와야 지문이 자연스럽게 연결된다.

[오답 분석]
① 뒤 문장의 this time(이때)은 ①번 앞 문장에 나오는 1980년대의 환경 운동가들이 업사이클링을 시작한 때를 의미하므로 ①번에 다른 문장이 삽입되면 문맥상 부자연스럽다.
③ 앞 문장에 폐기물이 버려지는 것을 방지하고 소비자 활동으로 야기되는 오염의 양을 줄일 수 있다는 업사이클링의 결과에 대해 설명하고 있고, 뒤 문장에 업사이클링은 또한(also) 자원을 보존한다고 하며 앞 문장에 대해 추가로 설명하는 내용이 이어지므로 ③번에 다른 문장이 삽입되면 부자연스럽다.
④ 뒤 문장의 These factors(이러한 요인들)는 ④번 앞부분의 폐기물이 버려져 쓰레기 매립지에 추가되는 것을 방지할 수 있는 것, 소비자 활동으로 야기되는 오염의 양을 줄일 수 있는 것, 재료에 두 번째 생명을 부여하는 것, 추가 생산의 필요성을 줄이는 것을 의미하므로 ④번에 다른 문장이 삽입되면 문맥상 부자연스럽다.

정답 ②

어휘

inherent 고유한, 내재하는 environmentalist 환경 운동가
upcycling 업사이클링(재활용품을 이용하여 기존의 제품보다 품질이나 가치가 더 높은 새 제품을 만드는 과정) alternative 대안 toss out 버리다, 내던지다
landfill 쓰레기 매립지 curtail 줄이다 sustainable 지속 가능한

18 독해 논리적 흐름 파악(문단 순서 배열) 난이도 중 ●●○

주어진 글 다음에 이어질 글의 순서로 가장 적절한 것은?

When I decided to apply for my first job, I looked through online advertisements and found that there was an abundance of openings for people in my dream job.

(A) I skimmed through the requirements in the job posting with trembling eyes. I was at a loss as to how I could find a job without experience.

(B) I scrolled through the advertising pages and enthusiastically explored the job postings that filled the screen. But as I read the requirements, I became disillusioned. Most advertisements said prior experience was required.

(C) Pushing back my chair and standing up with determination, I decided to change my approach. I'd never get anywhere if I didn't take the first step. I sat down at the keyboard and started writing my résumé.

① (A) – (C) – (B)　　　② (B) – (C) – (A)
③ (B) – (A) – (C)　　　④ (C) – (A) – (B)

해석

내가 첫 번째 직장에 지원하기로 결심했을 때, 나는 온라인 광고를 살펴보았고 내가 꿈꾸던 직무의 사람들을 위한 대량의 채용 공고가 있다는 것을 알게 되었다.

(B) 나는 광고 페이지를 스크롤 하면서 화면을 가득 채운 채용 공고를 열정적으로 탐색했다. 하지만 요구 사항을 읽으면서 나는 환멸을 느끼게 되었다. 대부분의 광고에서는 사전 경험이 필요하다고 했다.

(A) 나는 떨리는 눈으로 그 채용 공고의 요구 사항을 훑어보았다. 경험 없이 어떻게 일자리를 찾을 수 있을지 막막했다.

(C) 의자를 뒤로 젖히고 결의를 다지고 일어선 나는 접근 방식을 바꾸기로 결정했다. 첫발을 내딛지 않으면 나는 아무 데도 갈 수 없을 것이다. 나는 키보드 앞에 앉아 이력서를 쓰기 시작했다.

해설

주어진 문장에서 글쓴이가 꿈꾸던 직무의 사람들을 위한 대량의 채용 공고가 있다는 것을 알게 되었다고 한 뒤, (B)에서 광고 페이지를 스크롤 하면서 채용 공고를 열정적으로 탐색했지만, 대부분의 광고에서는 사전 경험이 필요하다고 해서 환멸을 느꼈다고 하고 있다. 이어서 (A)에서 그 채용 공고의 요구 사항을 훑어보며 막막했다고 한 뒤, (C)에서 접근 방식을 바꾸기로 결정하여 키보드 앞에 앉아 이력서를 쓰기 시작했다고 하고 있다.

정답 ③

어휘

advertisement 광고 skim 훑어보다 requirement 요구 사항
trembling 떨리는 enthusiastically 열정적으로, 매우 열심히
disillusioned 환멸을 느낀 determination 결의, 투지 résumé 이력서

19 독해 추론(빈칸 완성 – 구) 난이도 상 ●●●

밑줄 친 부분에 들어갈 말로 가장 적절한 것을 고르시오.

Although the job market for young people has shown improvement since the COVID-19 pandemic, approximately 13 percent of young people remain unemployed worldwide, according to the International Labour Organization. One key factor contributing to global youth unemployment is the mismatch between the skills young people possess and the needs of the labor market, which are rapidly changing due to advances in AI and digital technologies. Furthermore, as is often the case during times of economic instability, young people struggle the most to find secure employment, with half of those who do work confined to short-term or informal jobs. It is feared that this situation will _____ as young people who remain unemployed or underemployed today will experience fewer opportunities for professional development, earn lower wages, and ultimately save less for retirement.

① force older workers out of the job market
② encourage youth to start their own businesses
③ have significant long-term consequences
④ cause frequent career changes to become more common

해설

국제노동기구에 따르면, 코로나19 팬데믹 이후 청년 고용 시장은 개선을 보였지만, 전 세계적으로 여전히 약 13퍼센트의 청년들이 실업 상태이다. 전 세계의 청년 실업에 기여하는 주요 요인 하나는 청년들이 보유한 기술과 노동 시장의 요구 사이의 불일치인데, 이것(노동 시장)은 AI 및 디지털 기술의 발전으로 인해 빠르게 변화하고 있다. 뿐만 아니라, 경제 불안정 시기에 흔히 그렇듯이, 청년들은 안정적인 일자리를 찾는 데 가장 큰 어려움을 겪는데, 일을 하는 청년들의 절반은 단기 또는 비정규직 일자리에 국한되어 있다. 이러한 상황은 주목할 만한 장기적 결과를 가질 것으로 우려되는데, 오늘날 계속 실업 상태이거나 불완전 고용 상태에 있는 청년들은 더 적은 전문성 개발 기회를 경험하고, 더 낮은 임금을 받으며, 궁극적으로 은퇴를 위해 덜 저축할 것이기 때문이다.

① 고령 근로자들을 고용 시장에서 퇴출한다
② 청년들이 자신의 사업을 시작하도록 장려한다
③ 주목할 만한 장기적 결과를 가진다
④ 빈번한 직업 변화를 더욱 흔해지게 한다

해설

빈칸 뒤 문장에서 오늘날 계속 실업 상태이거나 불완전 고용 상태에 있는 청년들은 더 적은 전문성 개발 기회를 경험하고, 더 낮은 임금을 받으며, 궁극적으로 은퇴를 위해 덜 저축할 것이라고 설명하고 있으므로, 빈칸에는 이러

한 상황(전 세계의 청년 실업)은 '③ 주목할 만한 장기적 결과를 가질' 것으로 우려된다는 내용이 들어가야 한다.

[오답 분석]
① 고령 근로자들을 고용 시장에서 퇴출하는 것은 지문의 내용과 관련이 없다.
② 청년들이 자신의 사업을 시작하도록 장려하는 것은 지문의 내용과 관련이 없다.
④ 빈번한 직업 변화를 더욱 흔해지게 한다는 내용은 언급되지 않았다.

정답 ③

어휘

unemployed 실업자인, 실직한   contribute 기여하다
mismatch 불일치, 부조화   possess 보유하다   instability 불안정
secure 안정적인, 확실한   confine 국한시키다
underemployed 불완전 고용의, 능력 이하의 일에 종사하고 있는   wage 임금
significant 주목할 만한, 중요한   consequence 결과
frequent 빈번한, 잦은

---

20   독해   추론(빈칸 완성 – 구)   난이도 중 ●●○

밑줄 친 부분에 들어갈 말로 가장 적절한 것을 고르시오.

> In the modern world, technology has changed the way we communicate, making non-face-to-face communication both easier and more common. People today often wonder, "Why would I waste time meeting in person when text-based messages are quicker and easier?" But the saved effort and time offered by new communication media can also leave people confused and asking, "What did they mean by this?" Without the context offered by visual and verbal cues, non-face-to-face communication can lead to misunderstandings and unnecessary offense. This is because people tend to read messages in ways that were unintended due to their preconceived notions or personal biases. As a result, non-face-to-face communicators must consider how their conversation partners will interpret their words. By sending detailed, unambiguous language that sets the appropriate tone and clearly expresses the intent of their messages, non-face-to-face communicators can _____.

① reduce wasting their recipients' time
② minimize confusion and avoid miscommunication
③ show that they are interested in others' ideas
④ engage their partners in a beneficial conversation

해석

현대 사회에서, 기술은 우리가 의사소통하는 방식을 변화시켜 비대면 의사소통을 더 쉽고 더 흔하게 만들었다. 오늘날의 사람들은 종종 '문자 기반 메시지가 더 빠르고 쉬운데 왜 내가 직접 만나는 데 시간을 낭비해야 할까?'하고 궁금해한다. 하지만 새로운 의사소통 매체가 제공하는 절약된 노력과 시간은 또한 사람들을 혼란스럽게 하고 '그들은 이것을 무슨 뜻으로

말했을까?'라고 묻게 한다. 시각적 및 언어적 단서가 제공하는 맥락 없이, 비대면 의사소통은 오해와 불필요한 불쾌감으로 이어질 수 있다. 이는 사람들이 그들의 선입관이나 개인적 편견으로 인해 의도하지 않은 방식으로 메시지를 읽는 경향이 있기 때문이다. 결국, 비대면 의사소통을 하는 사람들은 대화 상대방이 그들의 말을 어떻게 해석할지를 고려해야 한다. 적절한 어조를 설정하고 메시지의 의도를 분명하게 표현하는 상세하고 명확한 언어를 보냄으로써, 비대면 의사소통을 하는 사람들은 혼란을 최소화하고 의사소통 오류를 피할 수 있다.

① 수신자의 시간을 낭비하는 것을 줄인다
② 혼란을 최소화하고 의사소통 오류를 피한다
③ 그들이 다른 사람들의 생각에 관심이 있다는 것을 보여준다
④ 상대를 유익한 대화에 참여시킨다

해설

지문 중간에서 비대면 의사소통은 시각적 및 언어적 단서가 제공하는 맥락 없이 오해와 불필요한 불쾌감으로 이어질 수 있다고 하고, 빈칸 앞 문장에서 비대면 의사소통을 하는 사람들은 대화 상대방이 그들의 말을 어떻게 해석할지를 고려해야 한다고 설명하고 있으므로, 빈칸에는 상세하고 명확한 언어를 보냄으로써, 비대면 의사소통을 하는 사람들은 '② 혼란을 최소화하고 의사소통 오류를 피할' 수 있다는 내용이 들어가야 한다.

[오답 분석]
① 수신자의 시간을 낭비하는 것을 줄인다는 것은 지문의 내용과 관련이 없다.
③ 그들(비대면 의사소통을 하는 사람들)이 다른 사람들의 생각에 관심이 있다는 것을 보여준다는 내용은 언급되지 않았다.
④ 상대를 유익한 대화에 참여시킨다는 것은 지문의 내용과 관련이 없다.

정답 ②

어휘

non face-to-face 비대면의   context 맥락   visual 시각적인
verbal 언어적인   cue 단서   misunderstanding 오해
offense 불쾌감, 기분을 해치는 것   preconceived notion 선입관   bias 편견
unambiguous 명확한, 모호하지 않은   intent 의도   recipient 수신자
minimize 최소화하다   confusion 혼란   miscommunication 의사소통 오류
engage 참여시키다, 관여시키다   beneficial 유익한, 이로운

◎ 정답

p. 22

01	④ 어휘 – 어휘&표현	11	④ 독해 – 유의어 파악
02	② 어휘 – 어휘&표현	12	③ 독해 – 세부내용 파악
03	③ 문법 – to 부정사	13	③ 독해 – 세부내용 파악
04	② 문법 – 대명사	14	④ 독해 – 전체내용 파악
05	③ 문법 – 병치·도치·강조 구문&능동태·수동태	15	② 독해 – 전체내용 파악
06	① 어휘 – 생활영어	16	② 독해 – 논리적 흐름 파악
07	③ 어휘 – 생활영어	17	③ 독해 – 논리적 흐름 파악
08	④ 독해 – 전체내용 파악	18	④ 독해 – 논리적 흐름 파악
09	③ 독해 – 유의어 파악	19	④ 독해 – 추론
10	④ 독해 – 세부내용 파악	20	① 독해 – 추론

◎ 취약영역 분석표

영역	세부 유형	문항 수	소계
어휘	어휘&표현	2	/4
	생활영어	2	
문법	to 부정사	1	/3
	대명사	1	
	병치·도치·강조 구문 & 능동태·수동태	1	
독해	전체내용 파악	3	/13
	세부내용 파악	3	
	추론	2	
	논리적 흐름 파악	3	
	유의어 파악	2	
총계			/20

---

01 어휘 personalized

난이도 중 ●●○

밑줄 친 부분에 들어갈 말로 적절한 것은?

> Any educational system's success depends on how well it addresses each student's needs. Therefore, teaching strategies should be _____.

① reserved
② repetitive
③ persistent
④ personalized

[해석]

모든 교육 제도의 성공은 그것(교육 제도)이 각 학생의 요구를 얼마나 잘 다루는지에 달려 있다. 그러므로, 교육 전략은 개인화되어야 한다.

① 보류한
② 반복적인
③ 끈질긴
④ 개인화된

정답 ④

[어휘]

address 다루다 strategy 전략 reserved 보류한 repetitive 반복적인
persistent 끈질긴, 집요한 personalized 개인화된, (개인의 필요에) 맞춘

 **이것도 알면 합격!**

personalized(개인화된)의 유의어
= customized, made-to-order

---

02 어휘 recover = heal

난이도 하 ●○○

밑줄 친 부분의 의미와 가장 가까운 것을 고르시오.

> Sean's friends were surprised to find him completely recovered and back to his normal routine when they visited him after his accident.

① diagnosed
② healed
③ isolated
④ injured

[해석]

Sean의 친구들은 사고 이후에 그를 방문했을 때 그가 완전히 회복되어 일상으로 돌아온 것을 발견하고 놀랐다.

① 진단된
② 치유된
③ 고립된
④ 부상을 입은

정답 ②

[어휘]

completely 완전히, 전적으로 recover 회복하다 accident 사고
diagnose 진단하다 heal 치유하다, 낫다 isolate 고립시키다, 격리하다

이것도 알면 합격!

recover(회복하다)와 유사한 의미의 표현
= get better, get well, recuperate, improve

03 문법 to 부정사
난이도 하 ●○○

밑줄 친 부분에 들어갈 말로 가장 적절한 것은?

The coding instructor encouraged the former baker _____ a career in programming.

① pursue
② pursuing
③ to pursue
④ pursued

해석

그 코딩 강사는 전직 제빵사에게 프로그래밍 분야에서의 경력을 추구하도록 권유했다.

해설

③ **to 부정사를 취하는 동사** 빈칸은 동사 encourage(~에게 - 하도록 권유하다)의 목적격 보어 자리이다. 동사 encourage는 to 부정사를 목적격 보어로 취하므로, to 부정사 to pursue가 정답이다.

정답 ③

어휘

instructor 강사 pursue 추구하다, 밀고 나가다

🎓 **이것도 알면 합격!**

to 부정사를 목적격 보어로 취하는 동사

> want ~이 -하는 것을 원하다	> expect ~이 -할 것을 기대하다
> ask ~이 -할 것을 요청하다	> tell ~에게 -하도록 이야기하다
> cause ~이 -하게 (원인 제공)하다	> allow ~이 -하게 허락하다
> get ~이 -하게 시키다	> force ~이 -하게 강요하다

04 문법 대명사
난이도 중 ●●○

밑줄 친 부분 중 어법상 옳지 않은 것은?

① In spite of the association we have with Bram Stoker and *Dracula*, the credit for inventing vampires does not go to the author of this 1897 novel; in fact, ② those belongs to Romania in the form of legends ③ passed down for generations, which not only inspired ④ his work but have also contributed to the enduring interest in vampire lore.

해석

우리가 가진 브램 스토커와 『드라큘라』의 연관성에도 불구하고, 뱀파이어를 창조한 공은 이 1897년 소설의 작가에게 돌아가지 않는다. 사실, 그것(공)은 여러 세대에 걸쳐 전해진 전설의 형태로 루마니아에 속하는데, 이는 그의 작품에 영감을 줬을 뿐만 아니라 뱀파이어 구전에 대한 지속적인 관심에도 기여했다.

해설

② **지시대명사** 대명사가 지시하는 명사가 단수 명사 the credit(공)이므로 복수 지시대명사 those를 단수 지시대명사 that으로 고쳐야 한다.

[오답 분석]

① **전치사 4:** 양보 명사(the association) 앞에 올 수 있는 것은 전치사이고, 문맥상 '연관성에도 불구하고'라는 의미가 되어야 자연스러우므로 양보를 나타내는 전치사 In spite of(~에도 불구하고)가 올바르게 쓰였다.

③ **현재분사 vs. 과거분사** 수식받는 명사 legends와 분사가 '전설이 전해지다'라는 의미의 수동 관계이므로 과거분사 passed가 올바르게 쓰였다.

④ **인칭대명사** 명사(work) 앞에서 소유의 의미를 나타내기 위해서는 소유격 대명사가 와야 하고, 대명사가 지시하는 명사(Bram Stoker)가 단수이므로 단수 소유격 대명사 his가 올바르게 쓰였다.

정답 ②

어휘

association 연관성, 연상 credit 공(적), 신뢰 legend 전설
generation 세대 inspire 영감을 주다 contribute 기여하다
enduring 지속되는, 오래가는 lore 구전, 지식

🎓 **이것도 알면 합격!**

지시대명사 those는 '~한 사람들'이라는 뜻으로 쓰일 수 있고, 이때 뒤에서 수식어(전치사구, 관계절, 분사)의 꾸밈을 받는다.

> Those with good manners are respected by others.
　　　　전치사구
예의 바른 사람들은 다른 사람들로부터 존경받는다.

> Those who love music often go to concerts.
　　　　관계절
음악을 사랑하는 사람들은 종종 콘서트에 간다.

> Those interested in sports can join the club.
　　　　분사구
스포츠에 관심이 있는 사람들은 동아리에 가입할 수 있다.

05 문법 병치·도치·강조 구문 & 능동태·수동태
난이도 중 ●●○

밑줄 친 부분 중 어법상 옳지 않은 것은?

Internet media is ① similar to traditional media in ② a multitude of ways, and those similarities keep increasing over time. For example, videos that are streamed on the Internet are frequently accompanied and ③ interrupt by commercial breaks, not unlike television. In addition, just as magazine pages are broken up by pages of advertisements, web articles are surrounded left, right, top, and bottom with all types and sizes of ④ paid ads.

해석

인터넷 매체는 많은 방면에서 전통적인 매체와 비슷하고, 이러한 유사성은 시간이 흐르면서 계속 증가하고 있다. 예를 들어, 인터넷에서 흘러나오는 영상들은 텔레비전과 다르지 않게, 흔히 상업적인 광고들이 동반되고 그것들에 의해 중단된다. 게다가, 잡지의 페이지들이 광고 페이지들로 인해 나누어지는 것과 같이, 웹 기사들은 좌측, 우측, 상단, 그리고 하단이 모든 유형과 크기의 지불된 광고들로 둘러싸여 있다.

해설

③ 병치 구문 | 능동태·수동태 구별 접속사(and)로 연결된 병치 구문에 서는 같은 품사나 구조끼리 연결되어야 하는데, and 앞에 수동태 are (frequently) accompanied가 왔고, 문맥상 주어(videos ~ the Internet)와 동사가 '영상들이 상업적인 광고들에 의해 중단된다'라는 의 미의 수동 관계이므로 and 뒤에도 수동태가 와야 한다. 따라서 동사원 형 interrupt를 수동태 (are) interrupted로 고쳐야 한다.

[오답 분석]

① 기타 전치사 문맥상 '전통적인 매체와 비슷한'이라는 의미가 되어야 자 연스러운데, '~와 비슷한'은 전치사 숙어 표현 similar to로 나타낼 수 있으므로 similar to가 올바르게 쓰였다.

② 수량 표현 복수 명사 앞에 오는 수량 표현 a multitude of(많은)가 복 수 명사 ways 앞에 올바르게 쓰였다.

④ 현재분사 vs. 과거분사 수식받는 명사 ads와 분사가 '광고가 지불되 다'라는 의미의 수동 관계이므로 과거분사 paid가 올바르게 쓰였다.

정답 ③

어휘

stream 흘러나오다 accompany 동반하다 interrupt 중단시키다, 방해하다
commercial 상업적인 break 광고, 휴식 break up ~을 나누다, 부수다

 이것도 알면 합격!

기타 전치사

> except (for) ~을 제외하고	> unlike ~와 달리
> but ~ 외에	> for ~치고는, ~에 비해서
> against ~에 반대하여	> as ~로서

---

06 생활영어 I see. In that case, I'd like to extend the warranty.
난이도 중 ●●○

밑줄 친 부분에 들어갈 말로 적절한 것을 고르시오.

A: Good morning! How can I help you today?

B: Hi. I have a question about a laptop I purchased here.

A: Sure. What would you like to know?

B: The screen started flickering yesterday. I'm wondering if it's covered by warranty.

A: Display issues are typically covered. Do you have your receipt?

B: Yes. Here it is.

A: Let me take a look. It seems the purchase date was 14 months ago. The standard warranty period is one year.

B: _____

A: I'm afraid extensions need to be purchased within the initial coverage period.

① I see. In that case, I'd like to extend the warranty.

② Where will repairs to my laptop be carried out?

③ That's strange. I thought it covered accidental damages too.

④ What if I forgot to sign up for the warranty?

해석

A: 좋은 아침입니다! 오늘 무엇을 도와드릴까요?

B: 안녕하세요. 여기에서 구입한 노트북에 관해 질문이 있어요.

A: 물론이죠. 무엇을 알고 싶으신가요?

B: 어제 화면이 깜빡이기 시작했어요. 이것이 보증에 포함되는지 궁 금합니다.

A: 화면 문제는 보통 포함됩니다. 영수증을 가지고 계신가요?

B: 네. 여기 있어요.

A: 제가 살펴볼게요. 구매 날짜가 14개월 전인 것 같네요. 일반적인 보증 기간은 1년입니다.

B: 그렇군요. 그렇다면, 저는 보증을 연장하고 싶어요.

A: 죄송하지만 연장은 초기 보장 기간 내에 구매해야 합니다.

① 그렇군요. 그렇다면, 저는 보증을 연장하고 싶어요.

② 제 노트북 수리는 어디에서 진행되나요?

③ 이상하네요. 저는 그것이 우발적인 손상도 보상한다고 생각했어요.

④ 보증을 신청하는 것을 잊어버렸으면 어떻게 하나요?

해설

구매 날짜가 14개월 전인 것 같은데 일반적인 보증 기간은 1년이라는 A의 말에 B가 대답하고, 빈칸 뒤에서 A가 I'm afraid extensions need to be purchased within the initial coverage period(죄송하지만 연장은 초기 보장 기간 내에 구매해야 합니다)라고 말하고 있으므로 빈칸에는 '① 그렇군 요. 그렇다면, 저는 보증을 연장하고 싶어요(I see. In that case, I'd like to extend the warranty)'가 오는 것이 자연스럽다.

정답 ①

어휘

laptop 노트북, 휴대용 컴퓨터 purchase 구입하다 flicker 깜빡이다
warranty 보증 receipt 영수증 standard 일반적인, 보통의
extension (기간의) 연장 initial 초기의, 처음의 coverage 보장
carry out 진행하다, 수행하다 accidental 우발적인, 우연한

이것도 알면 합격!

안타까움을 나타낼 때 쓸 수 있는 표현

> Unfortunately 안타깝게도	> Regrettably 유감스럽게도
> I'm afraid 안타깝게도	> It's a shame 안타깝게도
> I'm sorry to say 실망스럽게도	

07 생활영어 What facilities does the admission fee include?
난이도 하 ●○○

밑줄 친 부분에 들어갈 말로 적절한 것을 고르시오.

Irene
Hello. I have a question about using your sports facilities.
1:44 pm

Sports Pavilion
I would be happy to help. What is your question?
1:45 pm

Irene
_____
_____
1:45 pm

Sports Pavilion
You can use the gym, multipurpose room, and track.
1:46 pm

Irene
What about the pool?
1:47 pm

Sports Pavilion
Unfortunately, we cannot guarantee pool availability. You have to sign up for the wait list.
1:47 pm

Irene
I see. How can I do that?
1:48 pm

Sports Pavilion
Ask the front desk worker when you pay. They will notify you if a spot opens up.
1:49 pm

① Do you provide personal training?
② How early does the facility open?
③ What facilities does the admission fee include?
④ Is there a discount for local residents?

해석

Irene: 안녕하세요. 스포츠 시설 이용에 관해 질문이 있습니다.
Sports Pavilion: 도와드리게 되어 기쁩니다. 질문이 무엇인가요?
Irene: 입장료에는 어떤 시설이 포함되나요?
Sports Pavilion: 체육관, 다목적실, 그리고 트랙을 이용하실 수 있습니다.
Irene: 수영장은요?
Sports Pavilion: 안타깝게도, 수영장 이용 가능 여부는 보장할 수 없습니다. 대기자 명단에 등록하셔야 합니다.
Irene: 그렇군요. 그건 어떻게 하나요?
Sports Pavilion: 결제하실 때 접수처 직원에게 문의하세요. 자리가 나면 그들이 알려드릴 거예요.

① 개인 지도를 제공하나요?
② 시설은 얼마나 일찍 여나요?

③ 입장료에는 어떤 시설이 포함되나요?
④ 지역 주민을 위한 할인이 있나요?

해설

스포츠 시설 이용에 관해 질문이 있다는 Irene의 말에 Sports Pavilion이 질문이 무엇이냐고 묻고, 빈칸 뒤에서 다시 Sports Pavilion이 You can use the gym, multipurpose room, and track(체육관, 다목적실, 그리고 트랙을 이용하실 수 있습니다)이라고 대답하고 있으므로, 빈칸에는 '③ 입장료에는 어떤 시설이 포함되나요?(What facilities does the admission fee include?)'가 오는 것이 자연스럽다.

정답 ③

어휘

facility 시설 guarantee 보장하다 notify 알리다 admission 입장

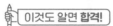 이것도 알면 **합격!**

체육관에서 쓸 수 있는 다양한 표현

> Are there locker rooms available? 라커 룸을 이용할 수 있나요?
> Do you have a membership program? 회원권 프로그램이 있나요?
> What type of equipment do you have? 어떤 종류의 장비가 있나요?

08~09 다음 글을 읽고 물음에 답하시오.

To	Bradenville City Council
From	Alexis Clements
Date	July 19
Subject	Lack of Public Washrooms Downtown

B I U T⁴ ℐ Ａ T⊙ ⊕ ⌨ ❖ ⊞ ☰ ☰ ☰ ↺ ↻ </>

Dear Bradenville City Council,

I am writing to share my experience as a recent visitor to your beautiful city. While Bradenville has much to offer to tourists in terms of attractions and entertainment, it became quite apparent to me that there is a shortage of public restrooms in the downtown area.

During my weeklong stay, I found myself having to repeatedly make purchases at cafés and restaurants simply to use their restrooms. I found this to be extremely inconvenient and awkward. I can only imagine how much more difficult it must be for families with young children and for those with medical conditions who require routine access to such facilities.

I think you should consider installing public restrooms in key locations downtown as doing so would not only improve the experience for tourists but also benefit local residents and enhance the city's overall appeal.

Sincerely,
Alexis Clements

해석

수신: Bradenville 시의회
발신: Alexis Clements
날짜: 7월 19일
제목: 시내 공중화장실의 부족

Bradenville 시의회께,

저는 여러분의 아름다운 도시를 최근에 방문한 관광객으로서 제 경험을 공유하고자 글을 씁니다. Bradenville은 명소와 즐길 거리 측면에서 관광객들에게 많은 것을 제공하지만, 시내 지역에 공중화장실이 부족하다는 점이 매우 분명해졌습니다.

일주일 간 머무는 동안, 저는 그저 화장실을 이용하기 위해 카페나 식당에서 여러 번 구매해야 했습니다. 저는 이것이 매우 불편하고 어색하다고 생각했습니다. 어린 자녀가 있는 가족이나 그러한 시설의 반복적인 이용이 필요한 질병이 있는 사람들에게는 얼마나 훨씬 더 어려운 상황일지 짐작만 할 수 있을 뿐입니다.

저는 여러분께서 시내의 주요 지역에 공중화장실을 설치하는 것을 고려해야 한다고 생각하며, 이는 관광객들을 위한 경험을 향상할 뿐만 아니라 지역 주민들에게도 도움이 되고 도시의 전반적인 매력을 높일 것이기 때문입니다.

Alexis Clements 드림

어휘

in terms of ~ 측면에서 attraction 명소, 매력 shortage 부족
repeatedly 여러 번, 반복적으로 extremely 매우, 극히
inconvenient 불편한 awkward 어색한 appeal 매력, 호소

08 독해 전체내용 파악(목적 파악) 난이도 중 ●●○

윗글의 목적으로 가장 적절한 것은?

① 공중화장실의 청결 상태에 대해 불평하려고
② 시내 시설 안내 지도를 제작할 것을 요청하려고
③ 카페 및 식당 직원의 부당한 대우에 대해 항의하려고
④ 시내에 공중화장실을 설치할 것을 제안하려고

해설

지문 처음에서 Bradenville의 시내 지역에 공중화장실이 부족하다는 점이 매우 분명해졌다고 했고, 지문 마지막에서 시내의 주요 지역에 공중화장실을 설치하는 것을 고려해야 한다고 하고 있으므로, '④ 시내에 공중화장실을 설치할 것을 제안하려고'가 이 글의 목적이다.

[오답 분석]
① 공중화장실이 부족하다는 점에 대해서는 언급했지만, 공중화장실의 청결 상태에 대한 불평은 언급되지 않았다.
② 시내 시설 안내 지도에 대한 내용은 언급되지 않았다.
③ 카페 및 식당 직원의 부당한 대우에 대한 항의는 언급되지 않았다.

정답 ④

09 독해 유의어 파악 난이도 중 ●●○

밑줄 친 routine의 의미와 가장 가까운 것은?

① systematic
② normal
③ recurring
④ conventional

해석

① 체계적인
② 보통의
③ 거듭 발생하는
④ 전통적인

해설

routine(반복적인)이 포함된 문장(I can only imagine how much more difficult it must be ~ for those with medical conditions who require routine access to such facilities)에서 그러한 시설의 반복적인 이용이 필요한 질병이 있는 사람들에게는 얼마나 훨씬 더 어려운 상황일지 짐작만 할 수 있을 뿐이라고 했으므로 routine은 '반복적인'이라는 의미로 사용되었다. 따라서 '거듭 발생하는'이라는 의미의 ③ recurring이 정답이다.

정답 ③

10~11 다음 글을 읽고 물음에 답하시오.

Enhance your gardening experience with PlantNow

With the PlantNow app, users can track important dates, such as when they planted seeds or last fertilized their plants. The app also sends reminders for watering and other maintenance tasks. Users who enable location services on their mobile device can refer to a seasonal planting guide customized to their specific climate zone. One very useful feature recently added to the app is the Plant Identifier, which allows users to take a picture of any plant and receive a list of possible matches, along with full care instructions and growth tips. In an upcoming update, the Plant Identifier will also provide pest and disease diagnostics for plants based on their appearance.

해석

PlantNow와 함께 여러분의 정원 가꾸기 경험을 향상시키세요
PlantNow 앱으로, 사용자는 씨앗을 심은 날짜나 마지막으로 식물에 비료를 준 날짜와 같은 중요한 날짜를 추적할 수 있습니다. 이 앱은 또한 물 주기 및 다른 유지 관리 작업에 대한 알림을 보냅니다. 모바일 기기에서 위치 서비스를 활성화한 사용자는 자신의 특정 기후대에 맞춘 계절별 식물 재배 가이드를 참고할 수 있습니다. 최근에 앱에 추가된 매우 유용한 기능 하나는 '식물 식별기'인데, 이것은 사용자에게 식물의 사진을 찍고 일치할 수 있는 것의 목록을 완전한 관리 지침 및 성장 팁과 함께 받을 수 있도록 합니다. 앞으로의 업데이트에서는, '식물 식별기'가 그들(식물)의 외형을 기반으로 식물을 위한 해충과 질병 진단 기능도 제공할 예정입니다.

어휘

enhance 향상시키다, 개선하다　experience 경험, 체험　track 추적하다
seed 씨앗　fertilize 비료를 주다, 수정하다　upcoming 앞으로의, 다가오는
pest 해충　diagnostics 진단　appearance 외형, 모습

해설

matches(일치하는 것)가 포함된 문장(One very useful feature recently added to the app is the Plant Identifier, which allows users to ~ receive a list of possible matches ~)에서 최근에 앱에 추가된 매우 유용한 기능 하나는 '식물 식별기'인데, 이것은 사용자에게 일치할 수 있는 것의 목록을 받을 수 있도록 한다고 했으므로 matches는 '일치하는 것'이라는 의미로 사용되었다. 따라서 '동등한 것'이라는 의미의 ④ counterparts가 정답이다.

정답 ④

---

10 독해 세부내용 파악(내용 불일치 파악)　난이도 중 ●●○

PlantNow 앱에 관한 윗글의 내용과 일치하지 않는 것은?

① It sends reminders for plant maintenance tasks.
② Users can get gardening advice specific to their location.
③ Identifying unknown plants is a feature of the app.
④ It currently diagnoses diseases in plants.

해석

① 식물 유지 관리 작업에 대한 알림을 보낸다.
② 사용자는 자신의 위치에 맞는 정원 가꾸기 조언을 받을 수 있다.
③ 알 수 없는 식물을 식별하는 것이 앱의 특징이다.
④ 현재 식물의 질병을 진단한다.

해설

지문 마지막에서 앞으로의 업데이트에서는 '식물 식별기'가 식물의 외형을 기반으로 식물을 위한 해충과 질병 진단 기능도 제공할 예정이라고 했으므로, '④ 현재 식물의 질병을 진단한다'는 것은 지문의 내용과 일치하지 않는다.

[오답 분석]
① 두 번째 문장에 앱은 물 주기 및 다른 유지 관리 작업에 대한 알림을 보낸다고 언급되었다.
② 세 번째 문장에 모바일 기기에서 위치 서비스를 활성화한 사용자는 자신의 특정 기후대에 맞춘 계절별 식물 재배 가이드를 참고할 수 있다고 언급되었다.
③ 네 번째 문장에 '식물 식별기' 기능은 사용자에게 식물의 사진을 찍고 일치할 수 있는 것의 목록을 받을 수 있도록 한다고 언급되었다.

정답 ④

어휘

reminder 알림, 상기시키는 것　diagnose 진단하다

---

12 독해 세부내용 파악(내용 일치 파악)　난이도 중 ●●○

Holiday Cooking Competition에 관한 다음 글의 내용과 일치하는 것은?

Holiday Cooking Competition

• **Entry Fee:** $25.00
• **Date & Time:** Saturday, December 13, 10 a.m.

The competition is open to all amateur cooks. Dishes presented must be a unique personal recipe. Any type of cuisine is acceptable.

Registration forms must be submitted no later than November 31.

Please be aware: A refrigerator, stove, and oven will be provided. Contestants are responsible for bringing small equipment, cookware, utensils, and other items needed to cook and serve their dishes, as well as the ingredients they will use.

① 이틀에 걸쳐 진행된다.
② 전문 요리사들이 참여 대상이다.
③ 조리법은 참가자들이 직접 개발해야 한다.
④ 참가자들에게 재료가 제공될 것이다.

---

11 독해 유의어 파악　난이도 하 ●○○

밑줄 친 matches의 의미와 가장 가까운 것은?

① trials　　　　　② copies
③ pairs　　　　　④ counterparts

해석

① 시험　　　　　② 사본
③ 쌍　　　　　　④ 동등한 것

해석

휴일 요리 대회

• **참가비:** 25달러

• **날짜 및 시간:** 12월 13일 토요일, 오전 10시

이 대회는 모든 아마추어 요리사에게 열려 있습니다. 제출되는 요리는 고유한 개인의 조리법이어야 합니다. 모든 종류의 요리가 허용됩니다. 신청서는 늦어도 11월 31일까지는 제출되어야 합니다.

알아 두세요: 냉장고, 가스레인지, 그리고 오븐은 제공될 것입니다. 참가자들은 사용할 재료뿐만 아니라 요리를 만들고 제공하는 데 필요한 소형 장비, 취사도구, 식기류 및 기타 물품을 가져올 책임이 있습니다.

해설

지문 중간에서 제출되는 요리는 고유한 개인의 조리법이어야 한다고 했으므로, '③ 조리법은 참가자들이 직접 개발해야 한다'는 지문의 내용과 일치한다.

[오답 분석]

① 지문 처음의 '날짜 및 시간'에서 대회는 12월 13일 토요일 오전 10시에 진행된다고 했으므로 지문의 내용과 다르다.

② 지문 중간에서 대회는 모든 아마추어 요리사에게 열려 있다고 했으므로 지문의 내용과 다르다.

④ 마지막 문장에서 참가자들은 사용할 재료를 가져올 책임이 있다고 했으므로 지문의 내용과 다르다.

정답 ③

어휘

competition 대회, 경쟁 entry 참가, 입장 amateur 아마추어, 비전문가
unique 고유한, 독특한 recipe 조리법, 레시피 cuisine 요리
acceptable 허용되는 registration 신청, 등록 submit 제출하다
refrigerator 냉장고 stove 가스레인지, 스토브 contestant 참가자
equipment 장비 cookware 취사도구 utensil 식기류 ingredient 재료

---

13 독해 세부내용 파악(내용 불일치 파악) 난이도 상 ●●●

다음 글의 내용과 일치하지 않는 것은?

Charles Dickens's works have been favorites of readers for nearly two centuries. The prolific writer's books, short stories, novellas, and essays introduced many well-known characters, but perhaps the one that is most prominent and influential is Ebenezer Scrooge from *A Christmas Carol*. The miserly, selfish businessman in the story had little regard for those around him before undergoing a profound transformation into a generous member of society. In the real world, the Scrooge character has transcended Dickens's story and become a cultural symbol. Today, people who display cheap tendencies or selfish behavior are often called "Scrooge" due to their similarity to the character. The name is even used in criticizing elements of the capitalist system that are said to value money over people.

① Readers have enjoyed Dickens's stories for almost 200 years.

② *A Christmas Carol* features a figure with cultural influence.

③ Scrooge was unable to change his selfish ways in the story.

④ The name Scrooge is used in social commentary on capitalism.

해석

찰스 디킨스의 작품들은 거의 두 세기 동안 독자들이 가장 좋아하는 작품들이었다. 이 다작하는 작가의 책, 단편 소설, 중편 소설, 그리고 수필은 많은 유명한 등장인물들을 선보였지만, 아마도 가장 두드러지고 영향력 있는 인물은 『크리스마스 캐럴』의 Ebenezer Scrooge일 것이다. 이 이야기의 구두쇠이고 이기적인 사업가는 사회의 관대한 구성원으로의 엄청난 변화를 겪기 전에는 주변 사람들을 거의 신경 쓰지 않았다. 현실 세계에서, Scrooge라는 등장인물은 디킨스의 이야기를 초월하여 문화적 상징이 되었다. 오늘날, 인색한 성향이나 이기적인 행동을 보이는 사람들은 그 등장인물과 그들의 유사성 때문에 종종 'Scrooge'라고 불린다. 이 이름은 사람보다 돈을 더 중시한다고 여겨지는 자본주의 체제의 요소를 비판하는 데에도 사용된다.

① 독자들은 거의 200년 동안 디킨스의 이야기를 즐겨왔다.

② 『크리스마스 캐럴』은 문화적 영향력을 가진 인물을 포함한다.

③ Scrooge는 이야기 속에서 그의 이기적인 방식을 바꿀 수 없었다.

④ Scrooge라는 이름은 자본주의에 대한 사회적 논평에서 사용된다.

해설

지문 중간에서 구두쇠이고 이기적인 사업가(Ebenezer Scrooge)는 사회의 관대한 구성원으로의 엄청난 변화를 겪기 전에는 주변 사람들을 거의 신경 쓰지 않았다고 했으므로 Scrooge의 이기적인 성향이 변한 것을 알 수 있다. 따라서 '③ Scrooge는 이야기 속에서 그의 이기적인 방식을 바꿀 수 없었다'는 것은 지문의 내용과 일치하지 않는다.

[오답 분석]

① 첫 번째 문장에 찰스 디킨스의 작품들은 거의 두 세기 동안 독자들이 가장 좋아하는 작품들이었다고 언급되었다.

② 두 번째 문장에 찰스 디킨스 작품 중 가장 두드러지고 영향력 있는 인물은 『크리스마스 캐럴』의 Ebenezer Scrooge라고 언급되었고, 네 번째 문장에 Scrooge라는 캐릭터는 디킨스의 이야기를 초월하여 문화적 상징이 되었다고 언급되었다.

④ 마지막 문장에 Scrooge라는 이름은 사람보다 돈을 더 중시한다고 여겨지는 자본주의 체제의 요소를 비판하는 데 사용된다고 언급되었다.

정답 ③

어휘

prolific 다작하는 novella 중편 소설 essay 수필
introduce 선보이다, 소개하다 prominent 두드러지는, 눈에 잘 띄는
influential 영향력 있는 miserly 구두쇠인 selfish 이기적인
undergo 겪다 profound 엄청난, 깊은 transformation 변화
generous 관대한 transcend 초월하다 symbol 상징 cheap 인색한
tendency 성향 criticize 비판하다 capitalist 자본주의적인
feature (특별히) 포함하다 figure (그림·소설 등에서 사람·동물을 나타내는) 인물
commentary 논평

14 독해 전체내용 파악(주제 파악) 난이도 중 ●●○

다음 글의 주제로 적절한 것은?

It may appear improbable that a single object could symbolize both destruction and protection, but in Norse mythology, Mjölnir, the hammer wielded by Thor, the god of thunder, did exactly that. Forged by the dwarves Sindri and Brokkr, Mjölnir was said to be able to crush mountains and was used by Thor as a fearsome weapon in battle. The hammer was even considered the best weapon of the Aesir, the tribe of Norse gods and goddesses. This violent nature stands in contrast to its other uses in Norse myths. Mjölnir was also a symbol of protection for the people who would use similar large hammers to beat drums to ward off evil spirits and protect the community. They were even used to bless couples during wedding ceremonies.

① Thor's use of a hammer in war
② Weapons of Norse gods and goddesses
③ Importance of power in Norse stories
④ The contrasting nature of a mythological tool

해석

하나의 물건이 파괴와 보호 모두를 상징할 수 있다는 것이 불가능해 보일 수도 있지만, 북유럽 신화에서 천둥의 신 토르가 휘두르는 망치인 몰니르가 바로 그랬다. 난쟁이 Sindri와 Brokkr에 의해 만들어진 몰니르는 산을 부술 수 있다고 전해졌으며 전투에서 토르에 의해 무시무시한 무기로 사용되었다. 이 망치는 북유럽 신과 여신의 부족인 아사 신족의 최고의 무기로 여겨지기도 했다. 이러한 난폭한 특성은 북유럽 신화에서 그것(망치)의 다른 용도와는 대조적이다. 몰니르는 드럼을 쳐서 악령을 물리치고 공동체를 보호하기 위해 비슷한 큰 망치를 사용하는 사람들에게 보호의 상징이기도 했다. 그것들(큰 망치)은 심지어 결혼식에서 부부를 축복하는 데에도 사용되었다.

① 전쟁에서의 토르의 망치 사용
② 북유럽 신과 여신들의 무기
③ 북유럽 이야기에서 힘의 중요성
④ 신화적 도구의 대조적인 특성

해설

지문 처음에서 하나의 물건이 파괴와 보호 모두를 상징할 수 있다는 것이 불가능해 보일 수도 있지만 몰니르가 바로 그랬다고 하며, 지문 전반에 걸쳐 몰니르가 지닌 난폭한 특성과 이와 대조적으로 몰니르가 사람들에게 보호의 상징이기도 했던 점에 대해 설명하고 있으므로, '④ 신화적 도구의 대조적인 특성'이 이 글의 주제이다.

[오답 분석]
① 전쟁에서의 토르의 망치 사용은 몰니르가 지닌 난폭한 특성을 설명하기 위한 예시이므로 지엽적이다.
② 몰니르가 북유럽 신과 여신의 부족인 아사 신족의 최고의 무기로 여겨지기도 했다고 언급되었으나 몰니르의 힘에 대해 설명하기 위한 예시이므로 지엽적이다.
③ 북유럽 이야기에서 힘의 중요성에 대해서는 언급되지 않았다.

정답 ④

어휘

improbable 불가능한, 사실 같지 않은 symbolize 상징하다
destruction 파괴 Norse 북유럽의 mythology 신화 hammer 망치
wield (무기·도구를) 휘두르다, 들다 forge (철 등을 벼려서 금속 제품으로) 만들다
dwarf 난쟁이 fearsome 무시무시한 weapon 무기 battle 전투
ward off 물리치다 contrasting 대조적인, 대비를 이루는

15 독해 전체내용 파악(제목 파악) 난이도 상 ●●●

다음 글의 제목으로 적절한 것은?

The Triffin Dilemma is a paradox that affects the economy of countries when their currency is used as the international reserve currency. The dilemma was developed by economist Robert Triffin who recognized the conflict that would arise between the country's short-term domestic economic goals and long-term global monetary stability. In order for a currency to be used as a global reserve, the country must run trade deficits so the money remains liquid enough for international transactions. But these deficits can reduce confidence in the value of the currency and destabilize the global economy. The theory was validated by the U.S. dollar, which previously had a fixed value based on gold. In order to remain the world's reserve currency, its value had to be allowed to fluctuate to meet the needs of the international monetary system.

* reserve currency(기축 통화): 각 나라가 대외 지급에 대비하여 보유하는 통화

① The Changing International Monetary System
② Economic Conflicts of Reserve Currencies
③ What Are Reserve Currencies?
④ Why Are Fluctuating Currencies Dangerous?

해석

트리핀 딜레마는 국가의 통화가 국제 기축 통화로 사용될 때 그 국가의 경제에 영향을 미치는 역설이다. 이 딜레마는 국가의 단기적인 국내 경제 목표와 장기적인 세계 통화 안정성 사이에서 발생할 수 있는 갈등을 인식한 경제학자 로버트 트리핀에 의해 개발되었다. 통화가 세계적인 준비금으로 사용되기 위해서, 그 국가는 무역 적자를 운영하여 통화가 국제 거래를 위해 충분히 유동적으로 유지되도록 해야 한다. 그러나 이러한 적자는 통화의 가치에 대한 신뢰를 떨어뜨리고 세계 경제를 불안정하게 만들 수 있다. 이 이론은 미국 달러에 의해 입증되었는데, 그것(달러)은 이전에 금을 기반으로 한 고정된 가치를 가졌다. 세계의 기축 통화로 존속하기 위해서는, 국제 통화 체계의 요구를 충족하기 위해 그 가치가 변동되는 것이 허용되어야 했다.

① 변화하는 국제 통화 체계
② 기축 통화의 경제적 갈등
③ 기축 통화란 무엇인가?
④ 왜 변동하는 통화가 위험한가?

해설

지문 처음에서 트리핀 딜레마는 국가의 통화가 국제 기축 통화로 사용될 때 그 국가의 경제에 영향을 미치는 역설이라고 한 뒤, 지문 전반에 걸쳐 통화

가 세계적인 준비금으로 사용되기 위해서는 국가가 무역 적자를 운영하여 통화가 국제 거래를 위해 충분히 유동적으로 유지되도록 해야 하는데, 이것이 통화의 가치에 대한 신뢰를 떨어뜨리고 세계 경제를 불안정하게 만들 수 있는 딜레마에 대해 설명하고 있으므로, '② 기축 통화의 경제적 갈등'이 이 글의 제목이다.

[오답 분석]
① 변화하는 국제 통화 체계에 대해서는 언급되지 않았다.
③ 기축 통화가 무엇인지에 대해서는 언급되지 않았다.
④ 변동하는 통화가 왜 위험한지에 대해서는 언급되지 않았다.

정답 ②

[어휘]

paradox 역설 currency 통화 economist 경제학자 recognize 인식하다 domestic 국내의 monetary 통화의 stability 안정성 reserve 준비금 deficit 적자 liquid 유동적인, 현금화하기 쉬운 transaction 거래 confidence 신뢰 destabilize 불안정하게 만들다 validate 입증하다 fluctuate 변동하다, 수시로 변하다

[구문 분석]

[10행] The theory was validated / by the U.S. dollar, / which previously had a fixed value / based on gold.
: 이처럼 '콤마 + which'가 이끄는 절이 문장을 꾸며주는 경우, which는 앞에 나온 문장 전체를 의미한다는 것에 유의하며 '이것은'이라고 해석한다.

---

16 독해 논리적 흐름 파악(무관한 문장 삭제) 난이도 중 ●●○

다음 글의 흐름상 어색한 문장은?

Despite the value of its mission of finding life in space, some people argue that the Search for Extraterrestrial Intelligence (SETI) project is a waste of resources. These critics say that the universe's vastness makes the odds of detecting signs of intelligent life astronomically small. ① They believe that SETI relies too heavily on the idea that aliens would employ technology similar to that of humans, such as the use of radio waves for long distance communication. ② They found that an unusual 72-second-long radio signal occurred in space. ③ Skeptics also point to the total lack of success in finding any signs of life during the project's nearly seven-decade history as proof of its futility. ④ Spending more time and money looking for alien life with the same basic assumptions and methods with no tangible results, would simply be a waste. If intelligent life does exist, they say, it could be so advanced that SETI researchers wouldn't recognize its signals.

[해석]

우주에서 생명체를 찾는다는 임무의 가치에도 불구하고, 일부 사람들은 '외계 지적 생명체 탐사'(SETI) 프로젝트가 자원의 낭비라고 주장한다. 이 비평가들은 우주의 광활함이 지적 생명체의 징후를 발견할 가능성을 천문학적으로 작게 만든다고 말한다. ① 그들은 SETI가 장거리 통신을 위해 전파를 사용하는 것과 같은 인간의 기술과 유사한 기술을 외계인이 사용할 것이라는 생각에 너무 많이 의존한다고 믿는다. ② 그들은 우주에서 72초

길이의 비정상적인 무선 신호가 발생했다는 것을 발견했다. ③ 회의론자들은 또한 이 프로젝트의 거의 70년의 역사 동안 어떠한 생명체의 징후를 찾는 데에도 전혀 성공하지 못했다는 점을 그 쓸모없음의 증거로 지적한다. ④ 실체적인 결과 없이 동일한 기본 가정과 방법으로 외계 생명체를 찾는 데 더 많은 시간과 돈을 쓰는 것은 그저 낭비일 것이다. 지적 생명체가 정말 존재한다면, 그것은 너무 발전해서 SETI 연구원들이 그것의 신호를 인식하지 못할 것이라고 그들(회의론자들)은 말한다.

[해설]

지문 첫 문장에서 일부 사람들은 SETI 프로젝트가 자원의 낭비라고 주장한다고 한 뒤, ①번과 ③번에서는 SETI 프로젝트가 외계인이 인간과 유사한 기술을 사용할 것이라는 생각에 너무 많이 의존하고, 거의 70년의 역사 동안 어떠한 생명체의 징후를 찾는 데에도 전혀 성공하지 못했다고 하며 SETI 프로젝트에 대한 회의론자들의 비평을 언급하고, ④번에서는 실체적인 결과 없이 동일한 가정과 방법으로 더 많은 시간과 돈을 쓰는 것은 낭비일 것이라며 SETI 프로젝트를 비판하고 있으므로 모두 첫 문장과 관련이 있다. 그러나 ②번은 우주에서 비정상적인 무선 신호가 발생했다는 것을 발견했다는 내용으로 SETI 프로젝트의 비판적인 주장에 대한 지문 전반의 내용과 관련이 없다.

정답 ②

[어휘]

extraterrestrial 외계의, 지구 밖 생물체의 vastness 광활함 odds 가능성 detect 발견하다, 감지하다 astronomically 천문학적으로 employ 사용하다 skeptic 회의론자 futility 쓸모없음 assumption 가정 method 방법 tangible 실체적인, 명확한

---

17 독해 논리적 흐름 파악(문장 삽입) 난이도 중 ●●○

주어진 문장이 들어갈 위치로 적절한 것은?

Although the Supreme Court recognized their tribal sovereignty, the Cherokee and other tribes were forced to make a 1,000-mile journey to the uninhabited Oklahoma territory to make room for new American settlers.

The Cherokee people were skilled farmers and traders in their ancestral homelands in the southeastern United States. (①) They thrived there, building a sophisticated society with advanced agriculture, a written language, schools, and impressive infrastructure. (②) However, in 1830, the United States government passed the Indian Removal Act, which ejected them from their land. (③) Known as the Trail of Tears, this difficult march resulted in the deaths of thousands of tribe members from disease, starvation, and exposure to the elements. (④) Today, this dark event in American history is commemorated with landmarks along the trail that serve as reminders of the injustice and the resilience of the Cherokee people.

해석

대법원이 그들 부족의 주권을 인정했음에도 불구하고, 체로키족과 다른 부족들은 새로운 미국 정착민을 위한 공간을 마련하기 위해 사람이 살지 않는 오클라호마 지역으로 1,000마일을 여행해야 했다.

체로키족은 미국 남동부에 있는 그들 조상의 고향에서 숙련된 농부이자 상인들이었다. (①) 그들은 선진 농업, 문자 언어, 학교, 그리고 놀라운 사회 기반 시설을 갖춘 정교한 사회를 건설하며 그곳에서 번영했다. (②) 그러나, 1830년에, 미국 정부는 '인디언 이주법'을 통과시켰는데, 이는 그들(체로키족)을 그들의 땅에서 쫓아냈다. (③) '눈물의 길'로 알려진 이 힘겨운 행군은 수천 명의 부족원들이 질병, 굶주림, 그리고 폭풍우에의 노출로 사망하는 결과를 낳았다. (④) 오늘날, 미국 역사 속 이 어두운 사건은 그 길(눈물의 길)을 따라 있는 랜드마크로 기념되며, 이는 불공정함과 체로키족의 회복력을 상기시키는 역할을 한다.

해설

③번 앞 문장에 1830년에 미국 정부가 '인디언 이주법'을 통과시켜 체로키족을 그들의 땅에서 쫓아냈다는 내용이 있고, ③번 뒤에서 '눈물의 길'로 알려진 힘겨운 행군에 대해 설명하고 있으므로, ③번 자리에 대법원이 부족의 주권을 인정했음에도 불구하고 체로키족과 다른 부족들은 새로운 정착민을 위한 공간을 마련하기 위해 사람이 살지 않는 지역으로 1,000마일을 여행해야 했다는 내용의 주어진 문장이 나와야 지문이 자연스럽게 연결된다.

[오답 분석]

① 앞 문장에 체로키족은 그들 조상의 고향에서 숙련된 농부이자 상인들이었다는 내용이 있고, ①번 뒤 문장에 그들(They)이 정교한 사회를 건설하며 그곳에서 번영했다는 내용이 있으므로 ①번에 다른 문장이 삽입되면 문맥상 부자연스럽다.

② 앞 문장에 체로키족이 정교한 사회를 건설하며 번영했다는 내용이 있고, ②번 뒤 문장에 그러나(However) 1830년에 미국 정부가 '인디언 이주법'을 통과시키며 그들을 그들의 땅에서 쫓아냈다는 내용이 있으므로 ②번에 다른 문장이 삽입되면 문맥상 부자연스럽다.

④ 앞 문장에 힘겨운 행군이 수천 명의 부족원들이 사망하는 결과를 낳았다는 내용이 있고, ④번 뒤 문장에 미국 역사 속 이 어두운 사건(this dark event in American history)에 대해 설명하는 내용이 있으므로 ④번에 다른 문장이 삽입되면 문맥상 부자연스럽다.

정답 ③

어휘

Supreme Court 대법원 **tribal** 부족의 **sovereignty** 주권, 자주
uninhabited 사람이 살지 않는 **territory** 지역, 영토 **trader** 상인
ancestral 조상의 **thrive** 번영하다 **sophisticated** 정교한
agriculture 농업 **infrastructure** 사회 기반 시설 **eject** 쫓아내다
march 행군, 행진 **starvation** 굶주림 **exposure** 노출
the elements 폭풍우, 비바람 **commemorate** 기념하다 **injustice** 불공정
resilience 회복력

---

18 독해 논리적 흐름 파악(문단 순서 배열) 난이도 중 ●●○

주어진 글 다음에 이어질 글의 순서로 적절한 것은?

Social media platforms create environments where individuals are exposed to political perspectives that align with their existing beliefs.

(A) Both sides end up hearing only opinions that match their own and diminish the credibility of the opposing view. The result of this is clear: there are fewer opportunities for the dialog required to address important issues in society.
(B) Moreover, the continuous online activities of both sides of the political spectrum contribute to a growing polarization.
(C) These digital spaces facilitate interaction among users who share similar views, thereby causing them to reinforce their takes.

① (A) – (B) – (C)
② (B) – (A) – (C)
③ (C) – (A) – (B)
④ (C) – (B) – (A)

해석

소셜 미디어 플랫폼은 사람들이 자신의 기존 신념과 일치하는 정치적 관점에 노출되는 환경을 조성한다.

(C) 이러한 디지털 공간은 비슷한 견해를 공유하는 사용자 간의 상호작용을 촉진하는데, 그렇게 함으로써 그들이 자신의 견해를 강화하도록 한다.
(B) 나아가, 정치적 스펙트럼 양쪽의 지속적인 온라인 활동은 증가하는 양극화에 기여한다.
(A) 양측 모두 결국 자신(의 의견)과 일치하는 의견만 듣고 반대 의견의 신뢰성을 깎아내리게 된다. 이것의 결과는 분명한데, 사회의 중요한 문제를 해결하는 데 필요한 대화의 기회가 더 적다.

해설

주어진 문장에서 소셜 미디어 플랫폼은 사람들이 자신의 기존 신념과 일치하는 정치적 관점에 노출되는 환경을 조성한다고 한 후, (C)에서 이러한 디지털 공간(These digital spaces)은 비슷한 견해를 공유하는 사용자 간의 상호작용을 촉진한다고 설명하고 있다. 이어 (B)에서 나아가(Moreover) 정치적 스펙트럼 양쪽의 지속적인 온라인 활동은 증가하는 양극화에 기여한다고 한 후, (A)에서 양측이 자신과 일치하는 의견만 듣고 반대 의견의 신뢰성을 깎아내리게 된 결과 사회의 중요한 문제를 해결하는 데 필요한 대화의 기회가 더 적어진다는 결과에 대해 설명하고 있다.

정답 ④

어휘

political 정치적인 **perspective** 관점, 시각 **diminish** 깎아내리다, 줄어들다
credibility 신뢰성 **continuous** 지속적인 **spectrum** 스펙트럼, 범위
contribute 기여하다 **polarization** 양극화 **reinforce** 강화하다 **take** 견해

19 　독해 추론(빈칸 완성 – 절)　　　난이도 중 ●●○

밑줄 친 부분에 들어갈 말로 적절한 것을 고르시오.

_____.
When you hold an advantage in negotiation, such as having a viable alternative if the negotiation fails or when the other party is under greater time constraints, taking an aggressive approach to maximize your benefits can be highly effective. On the other hand, in scenarios where the other party's satisfaction is paramount—such as in customer service—a cooperative approach may yield better results. For example, resolving an upset customer's issue by offering a refund or discount is often more beneficial for the company than risking a negative business review through prolonged negotiations. Lastly, in cases where public interest is a priority, such as in a community development project, adopting an inclusive approach can be a strategic move. Prioritizing the perspectives of local residents over the sole interests of the negotiating parties can lead to more successful and widely supported outcomes.

① There are three techniques to win any negotiation
② Customers anticipate going through the negotiation process
③ You can employ negotiation skills to keep all parties satisfied
④ Different negotiation strategies can be utilized depending on the situation

해석

상황에 따라 각기 다른 협상 전략이 활용될 수 있다. 협상이 실패하면 실행할 수 있는 대안을 가지고 있거나 상대방이 더 큰 시간 제약을 받고 있을 때와 같이 당신이 협상에서 이점을 갖고 있는 경우, 당신의 이익을 극대화하기 위해 공격적인 접근 방식을 취하는 것이 매우 효과적일 수 있다. 반면에, 고객 서비스에서와 같이 상대방의 만족도가 가장 중요한 시나리오에서는, 협력적인 접근 방식이 더 나은 결과를 낼 수 있다. 예를 들어, 화가 난 고객의 문제를 환불이나 할인을 제공함으로써 해결하는 것이 종종 장기간의 협상을 통한 부정적인 사업 평가를 감수하는 것보다 회사에 더 유익하다. 마지막으로, 지역사회 개발 사업에서처럼 공익이 우선시되는 경우에는, 포용적 접근 방식을 채택하는 것이 전략적인 조치일 수 있다. 협상 당사자 단독의 이익보다 지역 주민의 관점을 우선시하는 것이 더 성공적이고 폭넓은 지지를 받는 결과로 이어질 수 있다.

① 어떤 협상이든 이길 수 있는 세 가지 기술이 있다
② 고객들은 협상 과정을 겪을 것을 기대한다
③ 모든 당사자를 만족시키기 위해 협상 기술을 사용할 수 있다
④ 상황에 따라 각기 다른 협상 전략이 활용될 수 있다

해설

지문 전반에 걸쳐 협상에서 이점을 갖고 있는 경우, 상대방의 만족도가 가장 중요한 경우, 공익이 우선시되는 경우에서 사용할 수 있는 서로 다른 협상 전략에 대해 설명하고 있으므로, 빈칸에는 '④ 상황에 따라 각기 다른 협상 전략이 활용될 수 있다'는 내용이 들어가야 한다.

[오답 분석]
① 어떤 협상이든 이길 수 있는 세 가지 기술은 언급되지 않았다.
② 고객들이 협상 과정을 겪을 것을 기대하는지는 지문의 내용과 관련이 없다.

③ 모든 당사자를 만족시키기 위해 협상 기술을 사용할 수 있다는 것에 대해서는 언급되지 않았다.

정답 ④

어휘

negotiation 협상　viable 실행할 수 있는　alternative 대안
constraint 제약, 제한　aggressive 공격적인　approach 접근 방식
paramount 가장 중요한　cooperative 협력적인　yield 내다, 산출하다
resolve 해결하다　prolonged 장기간의　inclusive 포용적인
technique 기술　anticipate 기대하다, 예상하다　employ 사용하다
strategy 전략　utilize 활용하다

20 　독해 추론(빈칸 완성 – 절)　　　난이도 중 ●●○

밑줄 친 부분에 들어갈 말로 적절한 것을 고르시오.

In hierarchical organizations, communication occurs both horizontally and vertically, but vertical communication is relatively uncommon. Instead, most workplace communication occurs horizontally, between employees at the same organizational level. These interactions typically involve exchanging information through meetings, informal conversations, emails, or instant messages on work platforms, with the primary goal of addressing day-to-day job-related challenges. In contrast, vertical communication happens between different levels of the hierarchy, such as between management and employees. This type of communication is generally limited to specific situations, like leadership sharing updates on company goals or policies or employees providing feedback through annual surveys. Because such exchanges are tied to occasional events rather than daily collaboration, _____.

① vertical communication tends to be less frequent
② communication is noticeably faster and more efficient
③ promotions often arise from vertical communication
④ horizontal communications channels are abandoned for long periods

해석

계급 조직에서는, 의사소통이 수평적, 수직적으로 모두 이루어지지만, 수직적 의사소통은 비교적 흔하지 않다. 대신에, 대부분의 직장 내 의사소통은 조직상 동일한 계급의 직원들 간에 수평적으로 일어난다. 이러한 상호작용은 일반적으로 회의, 비공식 대화, 이메일, 또는 업무 플랫폼에서의 인스턴트 메시지를 통해 정보를 교환하는 것을 포함하며, 이것의 주요 목표는 일상적인 업무 관련 문제를 해결하는 것이다. 대조적으로, 수직적 의사소통은 경영진과 직원 사이와 같이 계층의 서로 다른 계급 간에 발생한다. 이러한 유형의 의사소통은 일반적으로 경영진이 회사 목표나 정책에 대한 최신 정보를 공유하거나 직원들이 연례 설문조사를 통해 피드백을 제공하는 것과 같은 특정 상황으로 제한된다. 그러한 교류(수직적 의사소통)는 일상적인 협업보다는 가끔의 일과 관련 있기 때문에, 수직적 상호작용은 덜 빈번한 경향이 있다.

① 수직적 상호작용은 덜 빈번한 경향이 있다

② 의사소통은 눈에 띄게 더 빠르고 효율적이다
③ 승진은 종종 수직적 의사소통에서 발생한다
④ 수평적 의사소통 채널은 오랜 기간 동안 방치된다

해설

지문 처음에서 계급 조직에서 수직적 의사소통은 비교적 흔하지 않다고 하고, 지문 전반에 걸쳐 대부분의 직장 내 의사소통은 수평적으로 일어나며, 수직적 의사소통은 특정한 상황으로 제한된다고 설명하고 있으므로, 빈칸에는 그러한 교류(수직적 의사소통)는 일상적인 협업보다는 가끔의 일과 관련 있기 때문에 '① 수직적 상호작용은 덜 빈번한 경향이 있다'는 내용이 들어가야 한다.

[오답 분석]

② 의사소통이 더 빠르고 효율적인 것에 대해서는 언급되지 않았다.
③ 승진이 수직적 의사소통에서 발생하는지는 지문의 내용과 관련이 없다.
④ 수평적 의사소통 채널이 오랜 기간 동안 방치되는지에 대해서는 언급되지 않았다.

정답 ①

어휘

hierarchical 계급의, 계층의 horizontally 수평적으로
vertically 수직적으로 relatively 비교적 informal 비공식적인
instant message 인스턴트 메시지(네트워크상에서 즉석으로 주고받는 것이 가능한 메시지) tied to ~와 관련 있는 occasional 가끔의
collaboration 협업 frequent 빈번한 noticeably 눈에 띄게
promotion 승진 abandon 방치하다

▶ 정답

p. 30

01	③ 어휘 – 어휘&표현	11	② 독해 – 유의어 파악
02	④ 어휘 – 어휘&표현	12	② 독해 – 세부내용 파악
03	② 문법 – 명사절	13	③ 독해 – 세부내용 파악
04	① 문법 – 동사의 종류	14	③ 독해 – 전체내용 파악
05	③ 문법 – 명사절	15	③ 독해 – 전체내용 파악
06	① 어휘 – 생활영어	16	④ 독해 – 논리적 흐름 파악
07	③ 어휘 – 생활영어	17	④ 독해 – 논리적 흐름 파악
08	④ 독해 – 전체내용 파악	18	③ 독해 – 논리적 흐름 파악
09	② 독해 – 세부내용 파악	19	① 독해 – 추론
10	② 독해 – 세부내용 파악	20	② 독해 – 추론

▶ 취약영역 분석표

영역	세부 유형	문항 수	소계
어휘	어휘&표현	2	/4
	생활영어	2	
문법	명사절	2	/3
	동사의 종류	1	
독해	전체내용 파악	3	/13
	세부내용 파악	4	
	추론	2	
	논리적 흐름 파악	3	
	유의어 파악	1	
총계			/20

---

01 어휘 accelerate

난이도 하 ●○○

밑줄 친 부분에 들어갈 말로 가장 적절한 것을 고르시오.

To _____ the resolution of disputes, the company set up a dedicated customer service hotline.

① refresh
② advertise
③ accelerate
④ postpone

해석

분쟁의 해결을 가속화하기 위해, 그 회사는 고객 서비스 전용의 직통 전화를 구축했다.

① 기운이 나게 하다
② 광고하다
③ 가속화하다
④ 미루다

정답 ③

어휘

resolution 해결 dispute 분쟁 set up 구축하다, 수립하다
dedicated ~ 전용의, 특정한 작업용으로 만들어진 hotline 직통 전화, 핫라인

이것도 알면 합격!

accelerate(가속화하다)의 유의어
= speed, hasten, expedite

---

02 어휘 objective

난이도 하 ●○○

밑줄 친 부분에 들어갈 말로 가장 적절한 것을 고르시오.

In most academic fields, researchers are expected to uphold _____ standards, so any form of personal bias must be carefully examined and eliminated.

① high
② consistent
③ ethical
④ objective

해석

대부분의 학문 분야에서, 연구원들은 객관적인 기준을 따를 것으로 기대되므로, 어떠한 형태의 개인적인 편견도 신중하게 검토되고 제거되어야 한다.

① 높은
② 일관된
③ 윤리적인
④ 객관적인

정답 ④

어휘

academic 학문의 uphold (법·원칙 등을) 따르다 bias 편견
examine 검토하다 eliminate 제거하다 consistent 일관된
ethical 윤리적인 objective 객관적인

이것도 알면 합격!

objective(객관적인)의 유의어
= impartial, neutral, unbiased

03 문법 명사절 　　　　난이도 중 ●●○

밑줄 친 부분에 들어갈 말로 가장 적절한 것을 고르시오.

> When the first offer came in, the couple consulted with their real estate agent on _____ to sell their house or wait for a better offer.

① if
② whether
③ which
④ that

해석

첫 번째 제안이 들어왔을 때, 그 부부는 그들의 집을 팔지 아니면 더 나은 제안을 기다릴지에 대해 부동산 중개인과 상의했다.

해설

② 명사절 접속사 2: if와 whether 빈칸은 전치사(on)의 목적어 자리에 올 수 있는 명사절 접속사의 자리이다. 문맥상 '그들의 집을 팔지 아니면 더 나은 제안을 기다릴지'라는 의미가 되어야 자연스러우므로 불확실한 사실(~인지 아닌지)을 나타내는 명사절 접속사 ① if와 ② whether가 정답 후보인데, if는 to 부정사(to sell) 뒤에 올 수 없고, 전치사 뒤에서 쓰일 수 없으므로 whether가 정답이다.

정답 ②

어휘

consult with ~와 상의하다, 협의하다　　real estate agent 부동산 중개인

이것도 알면 합격!

if가 이끄는 명사절은 주어나 전치사의 목적어로는 쓰일 수 없다.

> If(→ Whether) he will come is unknown.
　그가 올지는 알 수 없다.

> We talked about if(→ Whether) he was telling the truth.
　우리는 그가 진실을 말하고 있는지에 대해 이야기를 나눴다.

04 문법 동사의 종류 　　　　난이도 중 ●●○

밑줄 친 부분 중 어법상 옳지 않은 것은?

> The manager ① mentioned the staff that the deadline was fast approaching. If the research they had done on their customers beforehand had been more thorough, they ② could have avoided the last-minute rush. Hardly ③ had they finished the final report when the client requested further revisions. The design team, ④ whose work was critical to the project, worked late into the night to meet the client's latest demands.

해석

그 관리자는 직원들에게 마감일이 빠르게 다가오고 있다고 언급했다. 만약 그들이 고객에 대한 사전 조사를 좀 더 철저하게 진행했다면, 그들은 막판에 서두르는 것을 피할 수 있었을 것이다. 그들이 최종 보고서를 마치자마자 고객은 추가 수정 사항을 요청했다. 프로젝트에 중대한 업무를 맡은 디자인 팀은 고객의 최신 요구를 충족시키기 위해 밤늦게까지 작업했다.

해설

① 4형식 동사 that절을 목적어로 갖는 3형식 동사 mention 뒤에는 '말하는 대상(the staff)'이 혼자 올 수 없고 'to + 말하는 대상'(to the staff)의 형태로 와야 하므로 mentioned the staff를 mentioned to the staff로 고쳐야 한다.

[오답 분석]

② 가정법 과거완료 종속절에 가정법 과거완료 구문 If the research ~ had been이 왔으므로 주절에도 가정법 과거완료를 만드는 '주어 + would/should/could/might + have p.p.'의 형태인 could have avoided가 올바르게 쓰였다.

③ 도치 구문: 부사구 도치 1 부정을 나타내는 부사구(Hardly)가 강조되어 문장 맨 앞에 오면 주어와 조동사가 도치되어 '조동사(had) + 주어(they) + 동사(finished)'의 어순이 되어야 하므로 had they finished가 올바르게 쓰였다.

④ 관계대명사 선행사(The design team)가 사람이고, 관계절 내에서 work가 누구의 업무인지를 나타내므로, 사람을 가리키는 소유격 관계대명사 whose가 올바르게 쓰였다.

정답 ①

어휘

mention 언급하다　avoid 피하다, 모면하다　last-minute 막판의
rush 서두름　revision 수정　critical 중대한

이것도 알면 합격!

부정과 제한을 나타내는 부사(구)가 강조되어 문장의 맨 앞에 나올 때 주어와 조동사가 도치되어 '조동사 + 주어 + 동사'의 어순이 된다.

부정을 나타내는 부사(구)	> never 결코 ~않다 > hardly / seldom / rarely / little 거의 ~않다 > not until ~하고 나서야 비로소 –하다 > no longer 더 이상 ~않다 > nor / neither ~도 역시 –않다
제한을 나타내는 부사구	> not only ~일 뿐 아니라　　> only + 부사구 오직

05 문법 명사절 　　　　난이도 중 ●●○

밑줄 친 부분 중 어법상 옳지 않은 것은?

> The elephant cactus is the largest known species of cactus ① to be found in the world. Located in northern Mexico, these plants, which live hundreds of years, can keep ② growing until they reach heights of 20 meters tall. Sharp needles are ③ which most people see covering the plant, but during late spring, giant, white flowers bloom from its branches. Also, the elephant cactus produces a fruit that can be either eaten whole and raw or squeezed as juice, and is considered culturally and culinarily ④ significant to the Seri people, an indigenous group in Mexico.

해석

코끼리 선인장은 이 세상에서 발견되는 가장 크다고 알려진 선인장의 종

류이다. 북부 멕시코에서 발견되며, 수백 년을 사는 이 식물들은 그것들이 20미터 높이에 달할 때까지 계속해서 자랄 수 있다. 대부분의 사람들이 보는 그 식물을 덮는 것은 뾰족한 가시들이지만, 늦봄 동안에, 크고 흰 꽃들이 그것의 가지들에 핀다. 또한, 코끼리 선인장은 날 것 통째로나 즙을 짜내서 먹을 수 있는 열매를 만들고, (이 열매는) 문화적으로나 요리상으로나 멕시코의 토착 집단인 세리족에게 중요하다.

[해설]

③ **명사절 접속사 3: 의문사** 문맥상 '대부분의 사람들이 보는 것'이라는 의미가 되어야 자연스럽고, '대부분의 사람들이 보는 것'에 대한 범위가 특정하게 정해지지 않았기 때문에 가리키는 대상에 대한 범위가 특정하게 정해져 있을 때 쓰일 수 있는 의문대명사 which를 의문대명사 what으로 고쳐야 한다.

[오답 분석]

① **to 부정사의 형태** 목적어(the largest known species of cactus)와 to 부정사가 '가장 크다고 알려진 선인장의 종류가 발견되다'라는 의미의 수동 관계이므로 to 부정사의 수동형 to be found가 올바르게 쓰였다.

② **동명사를 목적어로 취하는 동사** 동사 keep은 동명사를 목적어로 취할 수 있으므로 동명사 growing이 올바르게 쓰였다.

④ **5형식 동사의 수동태** 목적격 보어를 취하는 5형식 동사(consider)가 수동태가 되면 목적격 보어 significant는 수동태 동사(is considered) 뒤에 그대로 남아야 하므로 is considered ~ significant가 올바르게 쓰였다.

정답 ③

[어휘]

cactus 선인장 bloom (꽃 등이) 피다 raw 날 것의 squeeze 즙을 짜내다
culinarily 요리상으로 indigenous 토착의

이것도 알면 합격!

동사 keep과 같이 동명사를 목적어로 취하는 동사들

> recommend -ing 추천하다	> consider -ing 고려하다
> stop -ing 그만두다	> finish -ing 끝내다
> dislike -ing 싫어하다	> deny -ing 부인하다

---

06 생활영어 It would be my pleasure. 난이도 하 ●○○

밑줄 친 부분에 들어갈 말로 가장 적절한 것을 고르시오.

A: Did you go to the grocery store yet?
B: Yes. I just finished putting the food away.
A: Oh, I see. I forgot to ask you to pick up some soy milk. I can't have dairy products anymore and my stomach hurts if I do.
B: I can go back now and get it for you.
A: I couldn't ask you to do that.
B: Don't worry about it. _____

① It would be my pleasure.
② Your stomach will feel better soon.
③ We can go out for dinner tonight.

④ It was my mistake anyway.

[해석]

A: 너는 아직 식료품점에 다녀오지 않았니?
B: 응 (다녀왔어). 나는 막 음식을 제자리에 뒀어.
A: 아, 그렇구나. 나는 두유 좀 사 오라고 네게 말하는 걸 잊었어. 나는 더 이상 유제품들을 먹을 수 없고 나는 그러면(그걸 먹으면) 배가 아파.
B: 내가 지금 다시 돌아가서 너에게 그걸 사다 줄 수 있어.
A: 너한테 그걸 해달라고 부탁할 수는 없어.
B: 그것에 대해선 걱정하지 마. <u>나는 기꺼이 할 수 있어.</u>

① 나는 기꺼이 할 수 있어.
② 네 배는 곧 나아질 거야.
③ 우리는 오늘 밤에 저녁을 먹으러 나갈 수 있어.
④ 아무튼 내 실수였어.

[해설]

두유를 사 오라고 말하는 것을 잊었다는 A를 위해 B가 다시 돌아가서 두유를 사 올 수 있다고 했고, 이어서 A가 너한테 그걸 해달라고 부탁할 수는 없다고 대답하고 있다. 이에 빈칸 앞에서 B가 Don't worry about it (그것에 대해선 걱정하지 마)이라고 말하고 있으므로, 빈칸에는 '① 나는 기꺼이 할 수 있어(It would be my pleasure)'가 오는 것이 자연스럽다.

정답 ①

[어휘]

put away ~을 제자리에 두다, 치우다 dairy product 유제품

이것도 알면 합격!

무언가를 요청할 때 쓸 수 있는 표현

> Could you give me a hand with fixing my car?
내 차를 고치는 것 좀 도와줄래?
> Could you do me a favor and drive me to the airport?
나를 공항까지 운전해서 데려다 줄 수 있니?

---

07 생활영어 I'll call his personal assistant and ask. 난이도 하 ●○○

밑줄 친 부분에 들어갈 말로 가장 적절한 것을 고르시오.

 Molly Griggs
Did you book the meeting room for tomorrow?
11:09

Ben Ortiz
I did. But I still haven't been able to contact our CEO.
11:09

 Molly Griggs
Oh. He needs to be there to hear our proposal.
11:10

Ben Ortiz
I know. I emailed him and sent him a meeting invite on the message board, but he hasn't responded.
11:11

Molly Griggs
Maybe he's out of the office on a business trip.
11:11

Ben Ortiz
How can we make sure?
11:11

Molly Griggs
_____
11:12

① Please send me a quick email.
② Let's just follow the plan.
③ I'll call his personal assistant and ask.
④ We should change the meeting time.

해석

> Molly Griggs: 내일을 위해 회의실을 예약하셨나요?
> Ben Ortiz: 했어요. 그런데 아직 CEO와 연락이 안 됐어요.
> Molly Griggs: 아. 그는 우리 제안을 듣기 위해 오셔야 해요.
> Ben Ortiz: 알아요. 이메일을 보내고 메시지 게시판에 회의 초대장을 보냈는데, 아직 답장하지 않았어요.
> Molly Griggs: 아마도 그는 출장 중이라 사무실에 없을 수도 있어요.
> Ben Ortiz: 우리가 어떻게 확인할 수 있을까요?
> Molly Griggs: 제가 그의 개인 비서에게 전화해서 물어볼게요.

① 제게 간단한 이메일을 보내주세요.
② 그냥 계획대로 합시다.
③ 제가 그의 개인 비서에게 전화해서 물어볼게요.
④ 우리는 회의 시간을 변경해야 해요.

해설

CEO에게 이메일을 보내고 회의 초대장을 보냈는데 아직 답장하지 않았다는 Ben Ortiz의 말에 Molly Griggs가 아마도 그가 출장 중이라 사무실에 없을 수도 있다고 한 뒤, Ben Ortiz가 How can we make sure(우리가 어떻게 확인할 수 있을까요)이라고 묻고 있으므로, 빈칸에는 '③ 제가 그의 개인 비서에게 전화해서 물어볼게요(I'll call his personal assistant and ask)'가 오는 것이 자연스럽다.

정답 ③

어휘

contact 연락하다   proposal 제안   business trip 출장

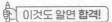 이것도 알면 **합격!**

회의와 관련된 다양한 표현

> set up a meeting 회의를 준비하다
> prepare the agenda 안건을 준비하다
> follow up on the meeting 회의 후 후속 조치를 취하다
> send out meeting minutes 회의록을 보내다

08~09 다음 글을 읽고 물음에 답하시오.

[A]

The Golden Meadow Forest is near to the hearts of all local residents.

The forest's tree density has reached a historic low. Experts are worried that its future is in peril. We must all work together to save it.

A local conservation group is fighting to protect this precious natural treasure. It will host an open forum to discuss issues facing the forest. Attend and find out what you can do.

The health of the forest affects all aspects of life in the local community. After all, it's more than just a beautiful location; it's also a source of clean air, recreation, and biodiversity.

Location: Piedmont Community Center
Date: Monday, April 10
Time: 7:00 p.m.

To learn more about the group's activities, visit www.goldenmeadow.com.

해석

(A) **우리 지역의 보물 보호하기**

Golden Meadow 숲은 모든 지역 주민들의 마음속에 자리 잡고 있습니다.

이 숲의 나무 밀도는 사상 최저 수준에 도달했습니다. 전문가들은 숲의 미래가 위험에 처해 있다고 우려합니다. 우리는 그것(숲)을 구하기 위해 모두 힘을 합쳐야 합니다.

지역의 보존 단체가 이 귀중한 천연 보물을 보호하기 위해 노력하고 있습니다. 그것(지역의 보존 단체)은 숲이 직면한 문제를 논의하기 위해 공개 토론회를 개최할 예정입니다. 참석하여 여러분이 무엇을 할 수 있는지 알아보세요.

숲의 건강은 지역 사회의 모든 삶의 측면에 영향을 미칩니다. 결국, 이곳은 단순히 아름다운 장소 그 이상으로, 깨끗한 공기, 휴양, 그리고 생물 다양성의 원천이기도 합니다.

장소: Piedmont 지역 문화 회관
날짜: 4월 10일 월요일
시간: 오후 7시

단체의 활동에 대해 더 알기 위해서는 www.goldenmeadow.com을 방문해 주세요.

어휘

resident 주민   density 밀도   in peril 위험한   conservation 보존, 보호
precious 귀중한   treasure 보물   biodiversity 생물 다양성

08　독해　전체내용 파악(제목 파악)　난이도 하 ●○○

(A)에 들어갈 윗글의 제목으로 가장 적절한 것은?

① The Joy of Forest Walks
② Exploring Local Wildlife
③ Forest Mysteries Uncovered
④ Protecting Our Local Treasures

[해석]

① 숲길 산책의 즐거움
② 지역의 야생 동물 탐구하기
③ 밝혀진 숲의 신비
④ 우리 지역의 보물 보호하기

[해설]

지문 처음에서 숲의 나무 밀도가 사상 최저 수준에 도달했으며 그것을 구하기 위해 모두 힘을 합쳐야 한다고 한 후, 지문 중간에서 지역의 보존 단체가 이 귀중한 천연 보물을 보호하기 위해 노력하고 있으며 공개 토론회를 개최할 예정이니 참석하여 무엇을 할 수 있는지 알아보라고 하고 있으므로, '④ 우리 지역의 보물 보호하기'가 이 글의 제목이다.

[오답 분석]

① 숲길 산책의 즐거움은 지문과 관련이 없다.
② 지역의 야생 동물을 탐구하는 것에 대해서는 언급되지 않았다.
③ 밝혀진 숲의 신비는 지문과 관련이 없다.

정답 ④

[어휘]

explore 탐구하다, 탐험하다　uncovered 밝혀진, 폭로된

09　독해　세부내용 파악(내용 불일치 파악)　난이도 중 ●●○

위 안내문의 내용과 일치하지 않는 것은?

① 전문가들이 숲에 대해 걱정하고 있다.
② 지방 정부가 토론회를 열 예정이다.
③ 숲은 지역 사회에 휴양을 제공한다.
④ 공개 포럼은 지역 문화 회관에서 열릴 것이다.

[해설]

지문 중간에서 지역의 보존 단체가 숲이 직면한 문제를 논의하기 위해 공개 토론회를 개최할 예정이라고 했으므로, '② 지방 정부가 토론회를 열 예정이다'라는 것은 지문의 내용과 일치하지 않는다.

[오답 분석]

① 세 번째 문장에 전문가들은 숲의 미래가 위험에 처해 있다고 우려한다고 언급되었다.
③ 아홉 번째 문장에 이 숲은 단순히 아름다운 장소 그 이상으로, 깨끗한 공기, 휴양, 그리고 생물 다양성의 원천이기도 하다고 언급되었다.
④ 지문 중간의 '장소'에 Piedmont 지역 문화 회관에서 개최된다고 언급되었다.

정답 ②

10~11　다음 글을 읽고 물음에 답하시오.

To	maria_hickman@jsmail.com
From	jenson_vega@klarksburgculture.org
Date	March 6
Subject	Your upcoming interview

Dear Ms. Hickman,

I am writing with regard to your upcoming interview for the position of community outreach manager at Klarksburg Cultural Center.

We initially scheduled your interview at our downtown office for Tuesday, March 12, at 10:00 a.m. However, due to a last-minute scheduling conflict affecting the hiring committee's availability, we would like to reschedule your interview for Wednesday, March 13, at 1:00 p.m. As was mentioned, the interview will consist of a 30-minute panel interview with the hiring committee followed by a 15-minute, one-on-one discussion with the community engagement director. It will take place in Suite H, on the third floor of our building.

I sincerely apologize for any inconvenience this change may cause. Please confirm your availability for the new date and time as soon as possible.

Sincerely,
Jenson Vega

[해석]

수신: maria_hickman@jsmail.com
발신: jenson_vega@klarksburgculture.org
날짜: 3월 6일
제목: 곧 있을 면접

Hickman 씨께,

저는 Klarksburg 문화센터의 지역사회 봉사활동 관리자 직책에 대한 곧 있을 귀하의 면접과 관련하여 글을 씁니다.

저희는 귀하의 면접을 원래 3월 12일 화요일 오전 10시에 저희의 시내 사무실에서 진행할 예정이었습니다. 하지만, 채용위원회의 참석 여부에 영향을 미치는 막바지의 일정 충돌로 인해, 저희는 귀하의 면접 일정을 3월 13일 수요일 오후 1시로 변경하고자 합니다. 앞서 언급했듯이, 면접은 채용위원회와 30분간 위원단 면접을 진행한 후 지역사회 고용 책임자와 15분간 일대일 토론을 하는 것으로 구성될 예정입니다. 그것(면접)은 당사 건물 3층에 있는 Suite H에서 진행됩니다.

이번 변경으로 인해 불편을 끼쳐드려 진심으로 사과드립니다. 가능한 한 빨리 새로운 날짜와 시간에 참석 가능하신지를 확정해 주시기를 바랍니다.

Jenson Vega 드림

[어휘]

outreach 봉사활동　last-minute 막바지의
scheduling conflict 일정 충돌(두 개 이상의 일정이 겹치는 상황)
committee 위원회　panel 위원단, 배심원　engagement 고용, 계약

10 독해 세부내용 파악(내용 불일치 파악) 난이도 중 ●●○

위 이메일의 내용과 일치하지 않는 것은?

① 원래 화요일 오전에 면접이 진행될 예정이었다.

② 면접에 채용위원회가 참석하지 않는 것으로 바뀌었다.

③ 면접은 위원단 면접과 일대일 토론으로 구성된다.

④ 건물의 3층에서 면접이 진행될 것이다.

해설

지문 중간에서 채용위원회의 참석 여부에 영향을 미치는 막바지의 일정 충돌로 인해 면접 일정을 변경하고자 한다고 했고, 면접은 채용위원회와 30분간 위원단 면접을 진행하는 것으로 구성된다고 했으므로, '② 면접에 채용위원회가 참석하지 않는 것으로 바뀌었다'는 것은 지문의 내용과 일치하지 않는다.

[오답 분석]

① 두 번째 문장에 Hickman 씨의 면접은 원래 3월 12일 화요일 오전 10시에 진행될 예정이었다고 언급되었다.

③ 네 번째 문장에 면접은 채용위원회와 30분간 위원단 면접을 진행한 후 지역사회 고용 책임자와 15분간 일대일 토론을 하는 것으로 구성될 예정이라고 언급되었다.

④ 다섯 번째 문장에 면접은 당사 건물 3층에 있는 Suite H에서 진행된다고 언급되었다.

정답 ②

11 독해 유의어 파악 난이도 하 ●○○

밑줄 친 position의 의미와 가장 가까운 것은?

① location

② role

③ pose

④ attitude

해석

① 위치

② 역할

③ 자세

④ 태도

해설

position(직책)이 포함된 문장(I am writing with regard to your upcoming interview for the position of community outreach manager ~)에서 지역사회 봉사활동 관리자 직책에 대한 곧 있을 면접과 관련하여 글을 쓴다고 했으므로 position은 '직책'이라는 의미로 사용되었다. 따라서 '역할'이라는 의미의 ② role이 정답이다.

정답 ②

12 독해 세부내용 파악(내용 불일치 파악) 난이도 중 ●●○

Mobile Identification Certificate에 관한 다음 글의 내용과 일치하지 않는 것은?

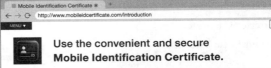

Use the convenient and secure
Mobile Identification Certificate.

The Mobile Identification Certificate allows you to store your ID on your smart device, so you no longer need to carry the physical card for identification purposes. This certificate is available to residents aged 17 and older. Those who already possess a physical ID card can apply for the certificate for free in one of two ways. The first option is to visit a community center, where a special QR code linked to your ID information will be created for you to take a picture of with your mobile device. The second option is to upgrade your current ID card to one with a built-in IC chip. Once you have the upgraded card, you can transfer your ID information to your phone by simply tapping the card to your device, with no need for a visit to a community center. The certificate is secured with encryption to prevent counterfeiting or theft, and it can only be used on one mobile device.

① Residents must be a certain age to get it.

② It can be applied for online.

③ Encryption protects the certificate from theft.

④ It can only be used on a single device.

해석

편리하고 안전한 **모바일 신분증**을 사용하세요.

모바일 신분증은 여러분의 신분증을 스마트 기기에 저장할 수 있도록 해주기 때문에, 여러분은 더 이상 신분 확인 목적으로 실물 신분증을 들고 다닐 필요가 없습니다. 이 신분증은 17세 이상의 주민이 이용할 수 있습니다. 이미 실물 신분증을 소지한 사람들은 두 가지 방법 중 하나로 무료로 신분증을 신청할 수 있습니다. 첫 번째 방법은 주민 센터를 방문하는 것인데, 그곳에서 모바일 기기로 사진을 찍을 수 있도록 여러분의 신분증 정보와 연결된 특수 QR 코드가 생성될 것입니다. 두 번째 방법은 현재의 신분증을 IC 칩이 내장된 신분증으로 업그레이드하는 것입니다. 업그레이드된 카드를 보유하게 되면, 주민센터를 방문할 필요 없이 카드를 간단히 여러분의 기기에 갖다 댐으로써 신분증 정보를 휴대 전화로 전송할 수 있습니다. 그 증명서(신분증)는 위조 또는 도난을 방지하기 위해 암호화되어 보호되며, 하나의 모바일 기기에서만 사용할 수 있습니다.

① 주민들은 그것을 얻기 위해 특정한 연령이어야 한다.

② 온라인으로 신청할 수 있다.

③ 암호화는 신분증을 도난으로부터 보호한다.

④ 하나의 기기에서만 사용할 수 있다.

해설

지문 중간에서 두 가지 방법 중 하나로 신분증을 신청할 수 있는데, 첫 번째 방법은 주민 센터를 방문하는 것이고, 두 번째 방법은 현재의 신분증을 IC

칩이 내장된 신분증으로 업그레이드하는 것이라고 했으므로, '② 온라인으로 신청할 수 있다'는 것은 지문의 내용과 일치하지 않는다.

[오답 분석]
① 두 번째 문장에 신분증은 17세 이상의 주민이 이용할 수 있다고 언급되었다.
③ 마지막 문장에 신분증은 위조 또는 도난을 방지하기 위해 암호화되어 보호된다고 언급되었다.
④ 마지막 문장에 신분증은 하나의 모바일 기기에서만 사용할 수 있다고 언급되었다.

정답 ②

어휘

identification 신분 증명, 식별   certificate 증명, 증명서
physical 실물의, 물리적인   built-in 내장의, 붙박이의   encrypt 암호화하다
counterfeit 위조하다

---

13 독해 세부내용 파악(내용 일치 파악)   난이도 중 ●●○

다음 글의 내용과 일치하는 것은?

Inspired by Germany's efficient Autobahn, the US Congress approved the Federal Aid Highway Act of 1956. This legislation allocated $30 billion in funding for 66,000 kilometers of infrastructure, the most ambitious construction project in the country's history. While a few critics cited the increased gas prices and road tolls needed to finance the project and the loss of farmland to new highways, the decision was met with near-universal acclaim. Not only did the actual building of the highway network provide thousands of jobs, but it also boosted the trucking industry and stimulated the development of the roadside economy. Today, roadside hotels, restaurants, tourist attractions, and amusement parks rely almost entirely on the millions of drivers who traverse America's highways.

① Autobahn construction is seldom concerned with the US highway act.
② Fuel price decline was attributed to highway construction.
③ Employment skyrocketed in road-related industries.
④ Roadside businesses are subsidized by the government.

해석

독일의 효율적인 아우토반에 영감을 받아서, 미국 의회는 1956년도에 연방 보조 고속도로법을 승인했다. 이 법률 제정은 그 국가의 역사상 가장 야심 찬 건설 사업이었던, 6만 6천 킬로미터의 기반 시설을 위한 자금에 3백억 달러를 할당했다. 몇몇 비평가들이 그 사업에 자금을 대기 위해 필요했던 인상된 기름값 및 도로 통행료와 새 고속도로로 인한 농지의 감소를 언급하기는 했지만, 그 결정은 거의 전 세계적인 환호를 받았다. 그 고속도로망의 실제 건축은 수천 개의 일자리를 제공했을 뿐만 아니라, 그것은 트럭 운송 산업도 부흥시켰고 도로변 경제의 발전도 자극했다. 오늘날, 도로변의 호텔, 식당, 관광 명소와 놀이공원은 미국의 고속도로들을 가로지르는 수백만 명의 운전자들에 거의 전적으로 의지한다.

---

① 아우토반의 건설은 미국 고속도로법과 거의 관련이 없다.
② 기름값 하락은 고속도로 건설 때문이다.
③ 도로 관련 산업들에서 고용이 급증했다.
④ 도로변의 가게들은 정부에 의해 보조금을 받는다.

해설

지문 중간에서 고속도로망의 실제 건축이 수천 개의 일자리를 제공했을 뿐만 아니라, 트럭 운송 산업을 부흥시키고 도로변 경제의 발전을 자극했다고 했으므로, '③ 도로 관련 산업들에서 고용이 급증했다'는 것은 지문의 내용과 일치한다.

[오답 분석]
① 첫 번째 문장에서 아우토반에 영감을 받아 미국 의회가 연방 보조 고속도로법을 승인했다고 했으므로 지문의 내용과 다르다.
② 세 번째 문장에서 건설 사업에 자금을 대기 위해 기름값 인상이 필요했다고 했으므로 지문의 내용과 다르다.
④ 마지막 문장에서 도로변의 호텔, 식당 등은 고속도로들을 가로지르는 수백만 명의 운전자들에 거의 전적으로 의지한다고 했으므로 지문의 내용과 다르다.

정답 ③

어휘

Autobahn 아우토반(독일의 자동차 전용 고속도로)   approve 승인하다, 찬성하다
legislation 법률 제정, 법안   allocate 할당하다   infrastructure 기반 시설
ambitious 야심 찬, 어마어마한   cite 언급하다, 인용하다   toll 통행료
finance 자금을 대다   acclaim 환호, 칭송하다   boost 부흥시키다
stimulate 자극하다, 격려하다   traverse 가로지르다, 건너다
be concerned with ~과 관련이 있다   seldom 전혀 ~ 않다
attribute to ~ 때문이다, ~의 탓으로 돌리다   skyrocket 급증하다, 치솟다
subsidize 보조금을 주다

구문 분석

[8행] Not only / did the actual building / of the highway network / provide thousands of jobs, / but it also boosted the trucking industry / and stimulated the development / of the roadside economy.

: 이처럼 제한을 나타내는 부사구가 'not only A but (also) B' 구문의 A에는 기본이 되는 내용, B에는 첨가하는 내용이 나오며, 'A뿐만 아니라 B도'라고 해석한다.

---

14 독해 전체내용 파악(제목 파악)   난이도 중 ●●○

다음 글의 제목으로 가장 적절한 것은?

Combined efforts by governments worldwide to protect the ozone layer have been successful and are expected to lead to positive effects, a recent study suggests. In 1987, the Montreal Protocol went into effect to collectively phase out chemicals that cause ozone depletion in 197 countries. Implementation of the protocol has been largely successful. The ozone layer has recovered to the healthy levels of the 1980s, and thus is able to offer stronger protection from the Sun's ultraviolet radiation, which causes skin cancer, cataracts, and certain autoimmune diseases. Experts estimate that 400 million cases of skin cancer and 50 million cataract cases will be prevented due to the Montreal Protocol in the next 100 years, helping to save more than two million lives in the United States alone.

① Participation in Protocol Highest in History
② How Radiation Affects the Human Body
③ Health Benefits of Preserving the Ozone Layer
④ Decline in Release of Ozone-destroying Substances

[해석]

오존층을 보호하기 위한 전 세계 정부들의 협력은 성공적이었고, 긍정적인 결과를 가져올 것으로 예측된다고 최근 연구는 시사한다. 1987년에, 197개국에서 공동으로 오존 감소를 유발하는 화학 물질들을 단계적으로 없애기 위해 몬트리올 의정서가 시행되었다. 그 의정서의 이행은 대체로 성공적이었다. 오존층은 1980년대의 건강한 수준으로 회복되어, 태양의 자외선 방사로부터 더 강력한 보호를 제공할 수 있는데, 이것(태양의 자외선 방사)은 피부암, 백내장과 특정한 자가면역 질환들을 유발한다. 전문가들은 4억 건의 피부암 사례들과 5천만 건의 백내장 사례들이 앞으로 100년 안에 몬트리올 의정서에 의해 예방되어서 미국에서만 2백만 명 이상의 목숨을 살리는 것을 도울 것이라고 추정한다.

① 역사상 가장 참여가 높았던 의정서
② 방사선이 인체에 어떻게 영향을 미치는가
③ 오존층을 보호하는 것의 건강상 이점들
④ 오존층을 파괴하는 물질 방출에의 감소

[해설]

지문 처음에서 오존층을 보호하기 위한 전 세계 정부들의 협력이 긍정적인 결과를 가져올 것으로 예측된다고 한 뒤, 오존 감소를 유발하는 화학 물질들을 없애기 위한 몬트리올 의정서의 시행이 오존층을 회복시켜 피부암, 백내장과 특정한 자가면역 질환들을 유발하는 태양의 자외선 방사로부터 더 강력한 보호를 제공해서 많은 사람들의 목숨을 살릴 수 있을 것으로 추정된다고 설명하고 있으므로, '③ 오존층을 보호하는 것의 건강상 이점들'이 이 글의 제목이다.

[오답 분석]

① 몬트리올 의정서가 197개국에서 시행되었다고는 했으나 그 참여가 역사상 가장 높았는지에 대해서는 언급되지 않았다.
② 태양의 자외선 방사가 피부암, 백내장 등을 유발한다고는 했으나 이는 지엽적이다.
④ 오존층을 파괴하는 물질 방출에의 감소는 몬트리올 의정서를 시행하는 목적이므로 지엽적이다.

정답 ③

[어휘]

Montreal Protocol 몬트리올 의정서(유엔 환경 계획(UNEP)에 따라 1987년에 채택된 오존층 보호를 위한 조약) go into effect 시행되다, 발효되다
phase out ~을 단계적으로 없애다 depletion 감소, 고갈
implementation 이행 ultraviolet 자외선
radiation (열·에너지 등의) 방사(선), 복사 cataract 백내장
autoimmune 자가면역 estimate 추정하다 preserve 보호하다, 보존하다
decline 감소

---

15 독해 전체내용 파악(주제 파악) 난이도 중 ●●○

다음 글의 주제로 가장 적절한 것은?

While many potential vehicle owners are interested in fully electric vehicles, most have to rely on their local governments to provide infrastructure to support them. Specifically, governments must invest in the creation of more public charging stations so that electric vehicle ownership can be practical and worthwhile for citizens. This requires a bit of forward thinking on the part of politicians, as well as an investment in facilities that will take years to construct and longer to reach peak traffic. Yet this is the direction the auto industry has been moving in, and officials should act soon to stay ahead of the curve.

① the prohibitive costs of infrastructure for electric vehicles
② the impracticality of electric cars at this point in time
③ government measures as a requisite for electric car ownership
④ technological requirements of effective charging stations

[해석]

많은 잠재적인 자동차 소유자들이 완전히 전기로 움직이는 자동차들에 관심이 있지만, 대다수는 그것들(완전히 전기로 움직이는 자동차들)을 유지하기 위한 공공 기반 시설을 제공하는 그들의 지방 정부들에 의존해야 한다. 특히, 정부는 더 많은 공공 충전소들의 건설에 투자해서 전기 자동차 소유가 시민들에게 실용적이고 가치 있을 수 있도록 해야 한다. 이것은 건설하는 데 수년이 걸리고 최대 교통량에 도달하는 데는 더 긴 시간이 걸릴 시설들에 대한 투자뿐만 아니라, 정치인들 측의 약간 진보적인 생각도 필요로 한다. 그러나 이것이 자동차 업계가 진출해 온 방향이며, 당국자들은 시대에 앞서 있기 위해 빨리 행동을 취해야 한다.

① 전기 자동차들을 위한 공공 기반 시설의 엄청나게 비싼 비용
② 현시점에서 전기 자동차들의 비실용성
③ 전기 자동차 소유를 위한 요건으로서 정부의 대책
④ 효과적인 충전소의 기술적인 요건

[해설]

지문 중간에서 전기 자동차의 소유가 실용적이고 가치 있도록 하기 위해서는 공공 기반 시설들의 건설에 대한 정부의 투자뿐만 아니라 정치인들의 진보적인 생각이 필요하다고 하고, 지문 마지막에서 자동차 업계가 이러한 방향으로 진출하고 있어서 당국자들이 시대에 앞서기 위해 더 빨리 행동을 취해야 한다는 것을 설명하고 있으므로, '③ 전기 자동차 소유를 위한 요건으로서 정부의 대책'이 이 글의 주제이다.

[오답 분석]

① 전기 자동차들을 위한 공공 기반 시설의 비용이 엄청나게 비싼지에 대해서는 언급되지 않았다.
② 현시점에서 전기 자동차가 실용적이지 않다고는 언급되지 않았다.
④ 효과적인 충전소의 기술적인 요건에 대해서는 언급되지 않았다.

정답 ③

[어휘]

infrastructure 공공 기반 시설 move in 진출하다
ahead of the curve 시대에 앞서서 prohibitive 엄청나게 비싼, 금지하는
requisite 요건; 필요한

16 독해 논리적 흐름 파악(무관한 문장 삭제) 난이도 중 ●●○

다음 중 글의 전체적인 흐름과 관계없는 문장은?

A prosperous society is created by building a strong foundation, and early education is part of that base. ① Better teachers, more funding, and diverse programs, of course, are all needed in order to provide the proper academic setting for future generations to get started on the right foot. ② Yet, there are also more obscure, but no less crucial, aspects needed to bolster early education that often go overlooked. ③ For instance, accessible daycare and paid family leave are just two programs that indirectly help foster a learning environment in which children can succeed. ④ Nurseries and preschools have risen in number by more than 20 percent, as parents who place a greater emphasis on early education are on the rise. In this regard, making an investment in such peripheral areas can pay off.

해석

번영하는 사회는 튼튼한 기반을 세움으로써 형성되고, 조기 교육은 그 토대의 일부이다. ① 물론, 더 좋은 교사들, 더 많은 자금과 다양한 프로그램들이 미래 세대가 순조로운 출발을 하도록 적절한 교육 환경을 제공하기 위해 모두 필요하다. ② 하지만, 덜 중요하지 않지만 더 잘 알려지지 않은, 종종 간과되는 조기 교육을 강화하는 데 필요한 측면들도 있다. ③ 예를 들어, 이용 가능한 탁아소와 유급 육아 휴가는 아이들이 성공할 수 있는 학습 환경을 조성하는 데 간접적으로 도움을 주는 두 프로그램이다. ④ 탁아소와 유치원은 수가 20퍼센트 이상까지 증가했는데, 이는 조기 교육에 더 큰 중점을 두는 부모들이 증가하고 있기 때문이다. 이 점에서, 그러한 주변 영역에 투자하는 것은 좋은 결과를 낼 수 있다.

해설

지문 첫 문장에서 조기 교육은 번영하는 사회를 형성하는 토대의 일부라고 한 뒤 ①, ②, ③번에서 적절한 교육 환경을 제공하기 위해 더 좋은 교사, 더 많은 자금 등이 필요하지만 탁아소와 유급 육아 휴가와 같이 종종 간과되는 측면들도 아이들의 학습 환경 조성에 도움을 준다고 설명하고 있으므로, 모두 지문 첫 문장의 내용과 관련이 있다. 그러나 ④번은 조기 교육에 중점을 두는 부모들의 증가로 인해 탁아소와 유치원의 수가 증가했다는 내용으로, 지문 첫 문장의 내용과 관련이 없다.

정답 ④

어휘

prosperous 번영하는, 성공한 start on the right foot 순조로운 출발을 하다
obscure 잘 알려지지 않은, 모호한 bolster 강화하다, 북돋우다
overlook 간과하다 accessible 이용 가능한 daycare 탁아소
family leave 육아 휴가 foster 조성하다 nursery 탁아소 preschool 유치원
place an emphasis on ~에 중점을 두다 peripheral 주변의, 중요하지 않은

17 독해 논리적 흐름 파악(문장 삽입) 난이도 상 ●●●

주어진 문장이 들어갈 위치로 가장 적절한 것은?

Instead, they are forced to flex their artistic muscles and come up with creative solutions to fix, hide, or incorporate mistakes organically into the final piece of art.

Digital art is becoming more popular these days because of its ease of access, convenient use, and shareability. Additionally, becoming an adept digital artist is likely to provide a lucrative career as the future of labor becomes more reliant on technology. (①) This is because digital work can be completed and sent prolifically over the Internet, and many businesses employ several graphic designers to create digital art for company websites. (②) But traditional art skills, even if less financially rewarding, are still needed for the holistic development of any artist. (③) The traditional artist has value, namely, in their approach as a problem solver. When mistakes occur, traditional artists are reticent to waste supplies or throw out an in-progress sketch, canvas, or sculpture. (④) Digital artists, on the other hand, do not have to overcome these types of challenges, as they can easily undo a mistake or delete an unsatisfactory draft with the press of a button. This convenience, it turns out, actually prevents them from fully growing as artists.

* holistic development: 전인적인 발전(지식이나 기능 따위의 교육에 치우치지 않고 인간이 지닌 모든 자질을 조화롭게 발달시키는 것)

해석

그 대신에, 그들은 그들의 예술적인 근육들을 움직여서 실수들을 고치거나, 숨기거나 유기적으로 최종적인 예술 작품에 포함시킬 창의적인 해결책들을 생각해내도록 요구된다.

디지털 아트는 그것의 접근 용이성, 편리한 사용과 공유성 때문에 오늘날 더 인기있어지고 있다. 게다가, 능숙한 디지털 예술가가 되는 것은 노동의 미래가 기술에 더 의존적이게 되면서 수익성이 좋은 일을 제공할 가능성이 있다. (①) 이것은 디지털 작품이 완성되어서 인터넷으로 많이 전달될 수 있어서, 많은 기업들이 회사 웹사이트를 위한 디지털 아트를 만들 여럿의 그래픽 디자이너들을 고용하기 때문이다. (②) 하지만 전통적인 예술 기법들은, 금전적으로 수익을 덜 내더라도, 여전히 어떤 예술가의 전인적인 발전을 위해 필요하다. (③) 전통적인 예술가는 즉, 문제 해결사로서의 그들의 접근의 측면에서 가치가 있다. 실수가 발생하면, 전통적인 예술가들은 비품들을 낭비하거나 진행 중인 스케치, 유화나 조각상을 포기하는 것을 삼간다. (④) 반면에, 디지털 예술가들은 버튼 하나를 누름으로써 쉽게 실수를 원상태로 되돌리거나 불만족스러운 초안을 삭제할 수 있기 때문에 이러한 종류의 난제들을 극복할 필요가 없다. 이러한 편리성은, 알고 보면, 실제로 그들이 완전히 예술가들로 성장하는 것을 막는 것으로 밝혀졌다.

해설

④번 앞 문장에 실수가 발생했을 때 전통적인 예술가들은 비품들을 낭비하거나 진행 중이었던 작품들을 포기하는 것을 삼간다는 내용이 있으므로, ④번에 그들(전통적인 예술가들)은 그 대신에(Instead) 실수들을 고치고, 숨기거나 작품에 포함시킬 창의적인 해결책들을 생각해 내도록 요구된다는 내

용의 주어진 문장이 나와야 지문이 자연스럽게 연결된다.

[오답 분석]

① 앞 문장에 능숙한 디지털 예술가가 되는 것은 수익성이 좋은 일을 제공할 가능성이 있다는 내용이 있고, ①번 뒤 문장에 이것(This)은 디지털 작품이 인터넷으로 많이 전달될 수 있어 기업들이 웹사이트의 디지털 아트를 만들 디자이너들을 여럿 고용하기 때문이라며 그 이유를 설명하고 있으므로 ①번에 다른 문장이 삽입되면 문맥상 부자연스럽다.

② 앞부분은 디지털 예술가가 되는 것이 수익성이 좋은 이유를 설명하는 내용이고, ②번 뒤 문장은 하지만(But) 전통적인 예술 기법들은 금전적으로 수익을 덜 내더라도 예술가의 전인적인 발전을 위해 필요하다는 대조적인 내용이므로 ②번에 다른 문장이 삽입되면 문맥상 부자연스럽다.

③ 앞 문장은 전통적인 예술 기법들이 예술가의 전인적인 발전을 위해 필요하다는 내용이고, ③번 뒤 문장은 즉(namely) 전통적인 예술가들이 문제 해결사로서 접근하는 측면에서 가치가 있다며 앞 문장을 부연하는 내용이므로 ③번에 다른 문장이 삽입되면 문맥상 부자연스럽다.

정답 ④

어휘

flex 움직이다, 구부리다　incorporate 포함시키다, 통합시키다
organically 유기적으로, 근본적으로　ease 용이성
shareability 공유성, 공유 가능성　adept 능숙한　lucrative 수익성이 좋은
reliant on ~에 의존적인　prolifically 많이, 다작하면서
rewarding 수익을 내는, 보람 있는　reticent ~을 삼가는, 말수가 적은
throw out ~을 포기하다, ~을 버리다　sculpture 조각상
undo 원상태로 되돌리다, 취소하다　unsatisfactory 불만족스러운

---

18 독해 논리적 흐름 파악(문단 순서 배열)　난이도 중 ●●○

주어진 글 다음에 이어질 글의 순서로 가장 적절한 것은?

Sociolinguistics emerged in the 1930s and is focused on studying patterns within languages. The idea is that by analyzing these linguistic characteristics, experts can understand how language and society interact.

(A) On the whole though, the most prominent area explored by sociolinguists is related to language variations that exist between members of different social classes, with more affluent people tending to use standard, school-taught language.

(B) Lower classes, on the other hand, have developed a unique dialect of non-standard English with its own grammar and vocabulary.

(C) In the field's short history, sociolinguists have contributed insights about how pronunciation, diction, and grammatical usage can reflect societal differences based on age, sex, and occupation.

① (A) – (B) – (C)
② (B) – (C) – (A)
③ (C) – (A) – (B)
④ (C) – (B) – (A)

해석

사회언어학은 1930년대에 나타났고 언어 내에서의 패턴들을 연구하는 것에 중점을 두고 있다. 이러한 언어학적 특징들을 분석함으로써, 전문가들이 언어와 사회가 어떻게 상호작용하는지 이해할 수 있다는 것이 그 취지이다.

(C) 그 분야의 짧은 역사 속에서, 사회언어학자들은 어떻게 발음, 어조와 문법적 용법이 연령, 성별과 직업에 기반한 사회적 차이들을 반영할 수 있는지에 대한 통찰력에 이바지했다.

(A) 하지만 대체로, 사회언어학자들에 의해 탐구된 가장 중요한 분야는 더 부유한 사람들이 표준적이고 학교에서 배운 언어를 사용하려는 경향이 있다는 것을 포함하여, 각기 다른 사회적 계층의 구성원들 사이에 존재하는 언어 변이와 관련되어 있다.

(B) 반면에, 노동자 계층들은 그것의 고유한 문법과 어휘들과 함께 비표준적인 영어의 독특한 방언을 발달시켜 왔다.

해설

주어진 문단에서 사회언어학이 1930년대에 등장한 배경과 취지에 대해 언급한 뒤, (C)에서 사회언어학자들이 그 분야에서 어떻게 발음, 어조 등이 사회적 차이들을 반영할 수 있었는지에 대한 통찰력에 이바지했다고 설명하고 있다. 이어서 (A)에서 하지만 대체로(On the whole though) 사회언어학의 주요 분야가 사회적 계층의 구성원들 사이에 존재하는 언어 변이와 관련되어 있다고 하며 더 부유한 사람들이 표준적이고 학교에서 배운 언어를 사용하려는 경향이 있다고 언급한 뒤, (B)에서 반면에(on the other hand) 노동자 계층들은 고유한 문법과 어휘들과 함께 독특한 방언을 발달시켰다고 하며 부유한 사람들과 비교하고 있다.

정답 ③

어휘

sociolinguistics 사회언어학　linguistic 언어학적인　interact 상호작용하다
prominent 중요한　variation 변이　affluent 부유한, 풍족한
lower class 노동자 계층, 하층 계급　dialect 방언, 사투리　insight 통찰력
diction 어조, 어휘 선택　occupation 직업

---

19 독해 추론(빈칸 완성 – 절)　난이도 중 ●●○

밑줄 친 부분에 들어갈 말로 가장 적절한 것을 고르시오.

The increase in the digitization of products is causing a psychological shift in how people view ownership. Whereas consumers had a permanent sense of possession over their tangible products, with digital goods, that sense of ownership is more temporary. For example, CDs and DVDs—the physical versions of music, movies, and TV shows—have been replaced with streaming services. Photos and documents don't need to be printed out or saved on USB drives anymore—they exist as intangible files on the cloud. Large products are entering the digital world as well. Many young people in cities are selling their cars and using ridesharing services. While digitization comes with the benefits of increased sustainability, it also makes customers less brand-loyal, less likely to recommend products to others, and less likely to spend more money on items. In short, because consumers feel as if they are only renting, _____. As a result, more customers are giving up on cultivating collections or staying up to date with the latest releases from brands.

① they are not attached to the products anymore
② the speed of digitization has only increased
③ the price of goods has become more stable
④ they are more likely to resell the goods

해석

제품들에 대한 디지털화의 증가는 사람들이 소유권을 어떻게 여기는지와 관련된 심리적 변화를 초래하고 있다. 소비자들은 그들이 만질 수 있는 유형의 제품들에 대해 영구적인 소유권 의식을 가졌던 반면, 디지털 제품들에 대해서는, 그러한 소유권 의식이 더욱 일시적이다. 예를 들어, 음악, 영화와 TV 프로그램들의 물질적인 형태인 CD와 DVD는 스트리밍 서비스들로 대체되어 왔다. 사진과 서류는 그것들이 클라우드에 무형의 파일로 존재하기 때문에 더 이상 인쇄되거나 USB 드라이브에 저장될 필요가 없다. 대형 제품들 또한 디지털 분야에 진입하고 있다. 도시에 있는 많은 젊은이들이 그들의 차를 팔고 (차량) 함께 타기 서비스를 사용하고 있다. 디지털화에는 증가된 지속 가능성의 이점들이 따라오지만, 그것은 또한 소비자들이 브랜드에 덜 충성하고, 다른 사람들에게 제품들을 추천할 가능성이 적으며, 물품들에 돈을 더 소비할 가능성이 적게 만들 수 있다. 즉, 소비자들은 그들이 마치 (물품들을) 임대만 하고 있다고 느끼기 때문에, 그들은 더 이상 제품들에 애착을 가지지 않는다. 그 결과, 더 많은 소비자들이 수집품에 몰두하거나 브랜드로부터의 최근 발매품에 대해 최신의 상태로 유지하는 것을 포기하고 있다.
① 그들은 더 이상 제품들에 애착을 가지지 않는다
② 디지털화의 속도는 겨우 올랐다
③ 제품들의 가격은 더 안정적이게 되었다
④ 그들은 제품들을 되팔 가능성이 더 크다

해설

지문 처음에서 소비자들이 그들이 만질 수 있는 유형의 제품들에 대해서는 영구적인 소유권 의식을 가지는 반면, 디지털 제품들에 대해서는 그러한 소유권 의식이 더욱 일시적이라고 하며 스트리밍 서비스, 클라우드, (차량) 함께 타기 서비스를 예시로 들어 설명하고 있다. 따라서, 빈칸에는 소비자들이 스스로 임대만 하고 있다고 느끼기 때문에 '① 그들은 더 이상 제품들에 애착을 가지지 않는다'는 내용이 들어가야 한다.

[오답 분석]
② 디지털화의 속도에 대해서는 언급되지 않았다.
③ 제품들의 가격에 대해서는 언급되지 않았다.
④ 소비자들이 제품들을 임대만 하고 있다고 느끼기 때문에 제품들을 되팔 가능성이 더 크다는 것은 지문의 문맥에 적절하지 않다.

정답 ①

어휘

digitization 디지털화　permanent 영구적인　possession 소유(권)
tangible 유형의, 만질 수 있는　replace with ~으로 대체하다
streaming service 스트리밍 서비스(음악이나 동영상 파일을 인터넷에 연결된 상태에서 실시간으로 재생하는 일)　cloud 클라우드(인터넷상에 마련된 개인용 서버에 각종 사진, 문서, 음악 따위의 파일을 저장해두는 시스템)
sustainability 지속 가능성　loyal 충성하는, 충실한　rent 임대하다
cultivate ~에 몰두하다, 재배하다　up to date 최신의
attached 애착을 가지는

---

20 독해 추론(빈칸 완성 – 단어)　　난이도 중 ●●○

밑줄 친 부분에 들어갈 말로 가장 적절한 것을 고르시오.

Gift-giving has become deeply entrenched in our culture, and while finding a present that someone will actually like and find value in is difficult, gifting cash is considered coldhearted. A common solution to this gift-giving predicament is the gift card, which has exploded in popularity in recent years. But as it turns out, the main beneficiaries of gift cards are the businesses themselves. Most of this money becomes a _____ expenditure, disappearing into oblivion as it is banished to a forgotten drawer by the recipient. According to a survey, nearly 20 percent of responders said they weren't likely to use it at all. This equates to a substantial amount of money, nearly 10 billion dollars that will not be redeemed by customers, but instead, stay in the companies' pockets.

① dubious
② prodigal
③ momentous
④ skeptical

해석

선물 주기는 우리 문화에 단단히 자리 잡게 되었고, 누군가가 실제로 좋아하고 가치를 찾을 수 있는 선물을 찾는 것이 어려울지라도, 현금을 선물하는 것은 무정하다고 여겨진다. 이러한 선물 주기의 곤경에 대한 흔한 해결책은 기프트 카드인데, 이것은 최근 몇 년 동안 인기가 폭발적으로 증가했다. 그러나 알고 보니, 기프트 카드의 주요 수혜자들은 그 사업체들 자체였다. 이러한 돈의 대부분은 그것(기프트 카드)이 (기프트 카드를) 받는 사람의 잊혀진 서랍으로 내쫓겨 망각 속으로 사라지면서 낭비하는 지출이 된다. 조사에 따르면, 거의 20퍼센트가 되는 응답자들은 그들이 그것(기프트 카드)을 그다지 쓰지 않을 것 같다고 말했다. 이는 소비자들에 의해 상품으로 바꿔지지 않을 거의 100억 달러의 상당한 액수의 돈과 맞먹고, 오히려 회사들의 주머니에 남는다.
① 수상쩍은
② 낭비하는
③ 중대한
④ 회의적인

해설

지문 중간에서 기프트 카드의 주요 수혜자들은 그 사업체들 자체였다고 한 뒤, 이러한 돈의 대부분은 기프트 카드가 받는 사람들의 서랍으로 내쫓겨 망각 속으로 사라지면서 어떠한 지출이 된다고 설명하고 있다. 또한, 빈칸 뒤 문장에서 거의 20퍼센트가 되는 응답자들이 기프트 카드를 그다지 쓰지 않을 것 같다고 말한 조사 결과에 대해 언급했으므로, 빈칸에는 '② 낭비하는' 지출이 된다는 내용이 들어가야 한다.

정답 ②

어휘

entrench 단단히 자리 잡게 하다, 참호를 파다　coldhearted 무정한, 냉담한
predicament 곤경, 궁지　beneficiary 수혜자　expenditure 지출, 소비
oblivion 망각　banish 내쫓다　recipient 받는 사람, 수취인
equate ~과 맞먹다　substantial 상당한　redeem 상품으로 바꾸다, 상쇄하다
dubious 수상쩍은　prodigal 낭비하는　momentous 중대한
skeptical 회의적인

▶ 정답
p. 38

01	③ 어휘 – 어휘&표현	11	④ 독해 – 유의어 파악	
02	① 어휘 – 어휘&표현	12	③ 독해 – 세부내용 파악	
03	② 문법 – 시제&능동태·수동태	13	② 독해 – 세부내용 파악	
04	② 문법 – 부사절	14	② 독해 – 세부내용 파악	
05	① 문법 – 분사	15	① 독해 – 전체내용 파악	
06	③ 어휘 – 생활영어	16	③ 독해 – 논리적 흐름 파악	
07	② 어휘 – 생활영어	17	④ 독해 – 논리적 흐름 파악	
08	② 독해 – 전체내용 파악	18	④ 독해 – 추론	
09	② 독해 – 유의어 파악	19	② 독해 – 추론	
10	① 독해 – 세부내용 파악	20	① 독해 – 추론	

▶ 취약영역 분석표

영역	세부 유형	문항 수	소계
어휘	어휘&표현	2	/4
	생활영어	2	
문법	시제&능동태·수동태	1	/3
	부사절	1	
	분사	1	
독해	전체내용 파악	2	/13
	세부내용 파악	4	
	추론	3	
	논리적 흐름 파악	2	
	유의어 파악	2	
총계			/20

---

01 어휘 patient
난이도 하 ●○○

밑줄 친 부분에 들어갈 말로 가장 적절한 것을 고르시오.

> With hospitals becoming increasingly understaffed in some parts of the world, people have no choice but to be _____ when visiting emergency rooms.

① comfortable
② secure
③ patient
④ courageous

[해석]
세계의 일부 지역에서 병원 인원이 점점 더 부족해지면서, 사람들은 응급실에 방문할 때 인내심이 있을 수밖에 없다.
① 편한
② 안심하는
③ 인내심이 있는
④ 용감한

정답 ③

[어휘]
understaffed 인원이 부족한   emergency room 응급실
secure 안심하는, 안전한   patient 인내심이 있는   courageous 용감한

 이것도 알면 **합격!**

patient(인내심이 있는)의 유의어
= tolerant, persevering, uncomplaining

---

02 어휘 reliable
난이도 하 ●○○

밑줄 친 부분에 들어갈 말로 가장 적절한 것을 고르시오.

> To ensure the information they present to the public is accurate, journalists should cite only _____ sources.

① reliable
② temporary
③ additional
④ anonymous

[해석]
그들이 대중에게 제시하는 정보가 정확한 것을 보장하기 위해, 기자들은 신뢰할 수 있는 출처만 인용해야 한다.
① 신뢰할 수 있는
② 일시적인
③ 추가의
④ 익명의

정답 ①

[어휘]
ensure 보장하다   accurate 정확한   journalist 기자   cite 인용하다
source 출처   temporary 일시적인, 임시의   anonymous 익명의

이것도 알면 **합격!**

reliable(신뢰할 수 있는)의 유의어
= credible, trustworthy, believable

---

03 문법 시제 & 능동태·수동태
난이도 중 ●●○

밑줄 친 부분에 들어갈 말로 가장 적절한 것을 고르시오.

> The economic reforms have led to increased foreign investment, which _____ rapid growth in the country's infrastructure.

① had stimulated
② has stimulated
③ was stimulated
④ has been stimulated

[해석]
경제 개혁은 외국인 투자의 증가를 이끌었으며, 이는 국가 인프라의 빠른 성장을 자극했다.

해설

② **현재완료 시제 | 능동태·수동태 구별** 문맥상 '경제 개혁이 외국인 투자의 증가를 이끈 것이 국가 인프라의 빠른 성장을 자극했다'라는 과거의 변화가 현재에 미친 영향을 표현하고 있으므로 현재완료 시제가 와야 하고, 관계대명사 which의 선행사인 앞 문장(외국인 투자의 증가를 이끈 것)과 동사가 '이는 ~을 자극했다'라는 의미의 능동 관계이므로, 현재완료 능동태 has stimulated가 정답이다.

정답 ②

어휘

reform 개혁 investment 투자 stimulate 자극하다

🔖 이것도 알면 합격!

현재완료 시제(have/has + p.p.)는 과거에 발생하여 현재까지 영향을 미치는 일을 표현한다.

> She <u>has studied</u> English since she was 10.
  그녀는 10살 때부터 영어를 공부해 왔다. (계속)

> He <u>has</u> just <u>arrived</u> home.
  그는 방금 집에 도착했다. (완료)

> I <u>have lost</u> my wallet.
  나는 지갑을 잃어버렸다. (결과)

> They <u>have</u> never <u>seen</u> snow.
  그들은 한 번도 눈을 본 적이 없다. (경험)

---

04 문법 부사절 난이도 하 ●○○

밑줄 친 부분 중 어법상 옳지 않은 것을 고르시오.

> Brutalism, with its harsh concrete forms, became ① popular in the mid-20th century, especially in the former Yugoslavia. ② Despite these buildings look cold and uninviting, they have developed a strong fan base. Today, they serve as reminders to people of the uniqueness and duality of the former country. Interestingly, the buildings, ③ which were designed ④ to reflect socialist ideals, have become engines of capitalism, attracting tourists from around the world.

해석

브루탈리즘은 거친 콘크리트 형태로 20세기 중반에 특히 이전 유고슬라비아에서 인기를 얻었다. 비록 이 건물들이 차갑고 매력적이지 않게 보일지라도, 그것들은 강력한 팬층을 형성했다. 오늘날, 그것들은 사람들에게 그 이전 나라(이전 유고슬라비아)의 독특함과 이중성을 상기시키는 역할을 한다. 흥미롭게도, 사회주의 이념을 반영하도록 설계된 이 건물들은 자본주의의 엔진이 되어 전 세계에서 관광객들을 끌어들이고 있다.

해설

② **부사절 자리와 쓰임** 문맥상 '이 건물들이 ~ 보일지라도'라는 의미가 되어야 자연스러운데, '비록 ~이지만'의 의미를 나타내면서 두 개의 절을 연결할 수 있는 것은 접속사이므로 전치사 Despite를 부사절 접속사 Although로 고쳐야 한다.

[오답 분석]

① **보어 자리** 주격 보어를 취하는 동사 become(became)의 보어 자리

에는 명사나 형용사 역할을 하는 것이 와야 하므로, 형용사 popular가 올바르게 쓰였다.

③ **관계대명사** 선행사(the buildings)가 사물이고, 관계절 내에서 동사 were designed의 주어 역할을 하므로 주격 관계대명사 which가 올바르게 쓰였다.

④ **to 부정사의 역할** 문맥상 '사회주의 이념을 반영하도록'이라는 의미가 되어야 자연스러우므로 부사처럼 목적을 나타낼 수 있는 to 부정사 to reflect가 올바르게 쓰였다.

정답 ②

어휘

brutalism 브루탈리즘(거대한 콘크리트나 철제 블록 등을 사용하여 추하게 여겨지기도 한 건축 양식) harsh 거친, 가혹한 uninviting 매력적이지 않은 uniqueness 독특함 duality 이중성, 양면성 reflect 반영하다, 비추다 socialist 사회주의의; 사회주의자 capitalism 자본주의

🔖 이것도 알면 합격!

to 부정사가 목적을 나타낼 때 to 대신 in order to, so as to를 쓸 수 있다.

> She left early <u>in order to</u> catch the bus.
  그녀는 버스를 잡기 위해 일찍 떠났다.

> They exercise <u>so as to</u> stay healthy.
  그들은 건강을 유지하기 위해 운동한다.

---

05 문법 분사 난이도 중 ●●○

밑줄 친 부분 중 어법상 옳지 않은 것을 고르시오.

> Thomas Letts, a 19th-century stationer and a printer, was the son of the man ① crediting with publishing the first commercially produced diary, and who himself popularized the format of the diary by ② offering them in a wide variety of sizes and styles. What he accomplished in the world of stationery ③ was impressive, but following his death, his company was liquidated due to mismanagement. A few years later, his son ④ reformed the company, maintaining private ownership rather than taking the company public, and for more than 100 years, Thomas Letts's business has continued to successfully operate.

해석

19세기 문방구 상인이자 인쇄업자인 Thomas Letts는 최초의 상업적으로 생산된 일기장을 발행한 것에 대하여 공이 있다고 여겨지는 남자의 아들이었고, 그 자신(Thomas Letts)은 그것들을 매우 다양한 크기와 양식들로 제공함으로써 일기장의 형식을 대중화한 사람이었다. 그가 문구류 업계에서 이룩한 것은 인상적이었지만, 그의 죽음 이후 그의 회사는 그릇된 경영으로 인해 매각되었다. 몇 년 후, 그의 아들은 회사를 상장하지 않고 민간 소유를 유지하면서 회사를 개혁했고, 100년이 넘는 시간 동안 Thomas Letts의 회사는 계속해서 성공적으로 운영되었다.

해설

① **현재분사 vs. 과거분사** 수식받는 명사(the man)와 분사가 '남자가 공이 있다고 여겨지다'라는 의미의 수동 관계이므로, 현재분사 crediting을 과거분사 credited로 고쳐야 한다.

[오답 분석]

② **전치사 자리** 전치사(by) 뒤에는 명사 역할을 하는 것이 와야 하므로 동명사 offering이 올바르게 쓰였다.

③ **주어와 동사의 수 일치** 명사절 주어(What of ~ stationery)는 단수 취급하므로 단수 동사 was가 올바르게 쓰였다.

④ **능동태·수동태 구별** 동사 reformed 뒤에 목적어(the company)가 있고, 주어(his son)와 동사가 '그의 아들이 개혁하다'라는 의미의 능동 관계이므로 능동태 reformed가 올바르게 쓰였다.

정답 ①

어휘

stationer 문방구 상인   credit ~에게 공이 있다고 여기다; 신뢰
commercially 상업적으로   popularize 대중화하다
liquidate 매각하다, 팔다   mismanagement 그릇된 경영
take public (주식을) 상장하다

🖋 이것도 알면 합격!

동작의 행위자를 굳이 밝힐 필요가 없을 만큼 일반적이거나 또는 불분명할 때는 'by + 행위자'가 생략된다.

> English is spoken all over the world. (행위자가 일반적인 사람)
  영어는 전 세계에서 사용된다.

> The window was broken last night. (행위자가 불분명함)
  어젯밤에 창문이 깨졌다.

---

06 생활영어 That's a pretty bold move to make.
난이도 중 ●●○

밑줄 친 부분에 들어갈 말로 가장 적절한 것을 고르시오.

A: Today's my last day working here at the accounting firm.
B: What are you talking about?
A: Well, I've always wanted to be a game programmer, so I've decided to give it a shot.
B: Wow! _____.
A: I know, but nothing ventured, nothing gained, right?
B: I suppose. I wouldn't have the courage to do it, though.

① You should speak up more often
② I'm sure you'll enjoy accounting
③ That's a pretty bold move to make
④ At least you gave it a try

해석

A: 오늘이 내가 여기 회계 사무소에서 일하는 마지막 날이야.
B: 무슨 말이야?
A: 음, 나는 항상 게임 프로그래머가 되고 싶어서, 한 번 시도해보기로 결정했어.
B: 우와! 그건 상당히 과감한 행동인데.
A: 알아, 하지만 모험하지 않으면 아무것도 얻을 수 없어, 그렇지?
B: 그런 것 같아. 하지만 나는 그렇게 할 용기가 없을 거야.

---

① 너는 더 자주 거리낌 없이 말해야 해
② 나는 네가 회계 업무를 즐길 거라고 확신해
③ 그건 상당히 과감한 행동인데
④ 적어도 넌 그걸 한 번 시도해 봤잖아

해설

게임 프로그래머가 되기 위해 회사를 그만둔다는 A의 말에 대해 B가 놀라움을 표현한 뒤, 빈칸 뒤에서 다시 A가 I know, but nothing ventured, nothing gained, right?(알아, 하지만 모험하지 않으면 아무것도 얻을 수 없어, 그렇지?)이라고 말하고 있으므로, 빈칸에는 '③ 그건 상당히 과감한 행동인데(That's a pretty bold move to make)'가 들어가야 자연스럽다.

정답 ③

어휘

accounting 회계, 회계 업무   give ~ a shot ~을 한 번 시도해 보다
venture 모험하다   courage 용기   speak up ~을 거리낌 없이 말하다
bold 과감한

🖋 이것도 알면 합격!

상대방을 격려할 때 쓸 수 있는 다양한 표현

> I admire your bravery. 나는 너의 용기에 감탄해.
> That takes a lot of courage. 그건 상당한 용기가 필요해.
> You have guts. 너는 배짱이 있구나.

---

07 생활영어 What if I don't know Korean?
난이도 하 ●○○

밑줄 친 부분에 들어갈 말로 가장 적절한 것을 고르시오.

Jessica
Hey, how do you like living in Seoul?
3:57

Henry
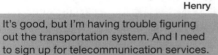
It's good, but I'm having trouble figuring out the transportation system. And I need to sign up for telecommunication services.
3:58

Jessica
Have you downloaded the Seoul app? It can help with all of that.
3:58

Henry
_____

3:59

Jessica
It's available in five languages, including English.
3:59

Henry
Oh, OK. That's good to know.

4:00

Jessica

The app is actually designed for foreigners. So it's really helpful with immigration and language support too.

4:01

Henry

I'll have to download it then.

4:01

① How can I find the app?

② What if I don't know Korean?

③ Is it an official government application?

④ Can I speak to someone who can help me?

해석

Jessica: 안녕하세요, 서울에서 사는 건 어때요?

Henry: 좋아요, 그런데 교통 시스템을 이해하는 데 어려움을 겪고 있어요. 그리고 통신 서비스도 신청해야 해요.

Jessica: '서울' 앱을 다운로드해 보셨어요? 그것이 그 모든 걸 도와줄 수 있어요.

Henry: 만약 제가 한국어를 모르면 어떻게 하나요?

Jessica: 그건 영어를 포함해 다섯 개의 언어로 이용할 수 있어요.

Henry: 아, 그렇군요. 다행이네요.

Jessica: 그 앱은 실제로 외국인들을 위해 만들어졌어요. 그래서 이민과 언어 지원에도 정말 유용해요.

Henry: 그럼 그걸 다운로드해야겠네요.

① 그 앱을 어떻게 찾을 수 있나요?

② 만약 제가 한국어를 모르면 어떻게 하나요?

③ 그건 정부의 공식 애플리케이션인가요?

④ 저를 도와줄 수 있는 사람과 이야기할 수 있나요?

해설

교통 시스템을 이해하는 데 어려움을 겪고 있고 통신 서비스도 신청해야 한다는 Henry의 말에 Jessica가 '서울' 앱이 그 모든 걸 도와줄 수 있다고 말한 뒤, 빈칸 뒤에서 다시 Jessica가 It's available in five languages, including English(그건 영어를 포함해 다섯 개의 언어로 이용할 수 있어요)라고 대답하고 있으므로, 빈칸에는 '② 만약 제가 한국어를 모르면 어떻게 하나요?(What if I don't know Korean?)'가 오는 것이 자연스럽다.

정답 ②

어휘

figure out 이해하다　transportation 교통　sign up 신청하다, 가입하다
telecommunication 통신　immigration 이민, 이주

 이것도 알면 **합격!**

안부를 물을 때 쓸 수 있는 표현

> **How are you doing?** 어떻게 지내세요?

> **How's everything?** 잘 지내시나요?

> **How have you been?** 그동안 어떻게 지내셨어요?

> **What's new?** 새로운 일 있나요?

08~09 다음 글을 읽고 물음에 답하시오.

To	Snyder Public Works Department
From	Donovan Carr
Date	August 18
Subject	Overgrown Vegetation Obstructing Stop Sign

To Whom It May Concern,

I am writing to inform you of a serious safety concern caused by overgrown vegetation at the intersection of Barber Street and Gillespie Avenue. Several large bushes have grown to completely block the visibility of the stop sign on the northeast corner.

As someone who commutes through this intersection on a daily basis, I am aware of the stop sign's <u>presence</u> and take the necessary caution when approaching it. However, I have seen other drivers drive right past it as they fail to notice it. At this point, I feel like an accident is inevitable.

I believe this issue could be easily resolved with some simple, routine maintenance. I therefore ask that you take action by removing the bushes obstructing the sign as soon as possible. I would hate to hear about anyone getting hurt because of something so preventable.

Sincerely,
Donovan Carr

해석

수신: Snyder 공공사업부

발신: Donovan Carr

날짜: 8월 18일

제목: 너무 크게 자란 식물이 정지 표지판을 막는 것

관계자분께,

저는 Barber거리와 Gillespie가 교차로에서 너무 크게 자란 식물로 인해 발생한 심각한 안전 문제에 대해 알리고자 이 글을 씁니다. 몇몇 큰 덤불이 자라서 북동쪽 코너에 있는 정지 표지판의 가시성을 완전히 막고 있습니다.

매일 이 교차로를 통해 출퇴근하는 사람으로서, 저는 정지 표지판의 존재를 알고 있어 그것에 접근할 때 필요한 주의를 기울이고 있습니다. 하지만, 다른 운전자들이 그것(정지 표지판)을 알아채지 못해서 그것을 그대로 지나치는 것을 보았습니다. 이 시점에서, 저는 사고가 불가피하다고 느껴집니다.

이 문제가 간단한 정기적인 유지보수로 쉽게 해결될 수 있다고 생각합니다. 따라서 저는 표지판을 막고 있는 덤불을 가능한 한 빨리 제거하여 조치를 취해 주시기를 요청합니다. 이렇게 예방할 수 있는 일로 인해 누군가가 다쳤다는 소식을 듣고 싶지 않습니다.

Donovan Carr 드림

어휘

vegetation 식물　obstruct (진로·시야 등을) 막다, 방해하다

intersection 교차로 visibility 가시성, 눈에 보임 be aware of ~을 알다
caution 주의 approach 접근하다 inevitable 불가피한
resolve 해결하다, 결심하다 preventable 예방할 수 있는

---

08 독해 전체내용 파악(목적 파악) 난이도 중 ●●○

윗글의 목적으로 가장 적절한 것은?

① 정지 표지판을 무시하는 난폭 운전자들에 대해 불평하려고
② 정지 표지판을 막고 있는 식물을 제거해줄 것을 요청하려고
③ 위험한 교차로에 정지 표지판을 설치할 것을 제안하려고
④ 식물에 가려진 정지 표지판으로 인한 사고를 신고하려고

해설

지문 처음에서 교차로에서 너무 크게 자란 식물로 인해 발생한 심각한 안
전 문제에 대해 알리고자 글을 쓴다고 했고, 지문 마지막에서 표지판을 막
고 있는 덤불을 가능한 한 빨리 제거하여 조치를 취해 주기를 요청한다고
했으므로, '② 정지 표지판을 막고 있는 식물을 제거해줄 것을 요청하려고'
가 이 글의 목적이다.

[오답 분석]
① 난폭 운전자들에 대한 불평은 언급되지 않았다.
③ 위험한 교차로에 정지 표지판을 설치하는 것에 대한 내용은 언급되
지 않았다.
④ 정지 표지판으로 인한 사고를 신고하는 것에 대한 내용은 언급되지
않았다.

정답 ②

---

09 독해 유의어 파악 난이도 중 ●●○

밑줄 친 "presence"의 의미와 가장 가까운 것은?

① function   ② existence
③ company   ④ demeanor

해석

① 기능   ② 존재
③ 동석   ④ 행실

해설

presence(존재)가 포함된 문장(I am aware of the stop sign's
presence and take the necessary caution when approaching it)
에서 정지 표지판의 존재를 알고 있어 그것에 접근할 때 필요한 주의를 기울
이고 있다고 했으므로 presence는 '존재'라는 의미로 사용되었다. 따라서
'존재'라는 의미의 ② existence가 정답이다.

정답 ②

10~11 다음 글을 읽고 물음에 답하시오.

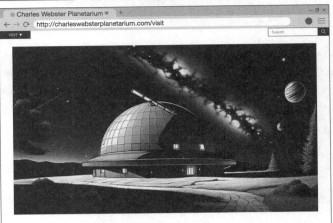

Charles Webster Planetarium

Reopening Weekend
The Charles Webster Planetarium is reopening after two years
of renovations. To <u>mark</u> this occasion, fees for admission
and individual exhibits will not be charged this Saturday and
Sunday only. Bring the entire family for a fascinating day of
uncovering the mysteries of the universe.

Exhibits Like No Other
We offer the only spacewalk simulator available to the public.
Step inside and experience what it's like to be an astronaut
in orbit. We also feature the most extensive collection of
telescopes in the country, including some astronomical tools
that date back 300 years.

Gift Shop Sale
For this reopening weekend, all gift shop items will be offered
at a 15 percent discount. Please note that certain products are
subject to purchase limits, with restrictions on the number of
units a customer can buy.

해석

Charles Webster 천문관
재개관의 주말
Charles Webster 천문관이 2년간의 보수를 마치고 재개관합니다.
이 행사를 <u>기념하기</u> 위해, 이번 주 토요일과 일요일에만 입장료와 개
인 전시회 요금이 청구되지 않을 예정입니다. 우주의 신비를 발견하는
매혹적인 하루를 위해 온 가족을 데려오세요.

타의 추종을 불허하는 전시
저희는 대중이 이용할 수 있는 유일한 우주 유영 모의 훈련 장치를 제
공합니다. 안으로 들어가서 궤도 안의 우주비행사가 되는 것이 어떤
것인지 체험해 보세요. 저희는 또한 300년 전으로 거슬러 올라가는
몇몇 천문 도구를 포함하여 우리나라에서 가장 광범위한 망원경 컬렉
션을 특별히 포함합니다.

기념품점 할인
이번 재개관 주말에는, 기념품점의 모든 상품이 15퍼센트 할인된 가
격에 제공될 예정입니다. 특정 제품은 구매 한도가 적용되어 고객이
구매할 수 있는 수량에 제한이 있다는 점에 유의하시기를 바랍니다.

어휘

어휘

planetarium 천문관   renovation 보수, 개조   uncover 발견하다, 알아내다
spacewalk 우주 유영   astronaut 우주비행사   orbit 궤도
extensive 광범위한, 폭넓은   telescope 망원경   astronomical 천문의

일과 일요일에만 입장료와 개인 전시회 요금이 청구되지 않을 예정이라고 했으므로 mark는 '기념하다'라는 의미로 사용되었다. 따라서 '기념하다'라는 의미의 ④ celebrate가 정답이다.

정답 ④

---

10 독해 세부내용 파악(내용 일치 파악) 난이도 중 ●●○

윗글에서 Charles Webster Planetarium에 관한 내용과 일치하는 것은?

① It was closed for two years.
② It offers discounted admission on the weekend.
③ It lets visitors meet an astronaut.
④ It puts purchase limits on all gift shop items.

해석

① 2년 동안 문을 닫았다.
② 주말에는 할인된 입장료를 제공한다.
③ 방문객들이 우주비행사를 만날 수 있게 해준다.
④ 기념품점의 모든 상품에는 구매 한도가 적용된다.

해설

지문 처음에서 Charles Webster 천문관이 2년간의 보수를 마치고 재개관한다고 했으므로, '① 2년 동안 문을 닫았다'는 지문의 내용과 일치한다.

[오답 분석]
② 두 번째 문장에서 이번 주 토요일과 일요일에만 입장료와 개인 전시회 요금이 청구되지 않을 예정이라고 했으므로, 지문의 내용과 다르다.
③ 다섯 번째 문장에서 궤도 안의 우주비행사가 되는 것이 어떤 것인지 체험해 보라고 했으나, 우주비행사를 만날 수 있게 해주는지에 대해서는 언급되지 않았다.
④ 마지막 문장에서 기념품점의 특정 제품에 구매 한도가 적용된다고 했으므로, 지문의 내용과 다르다.

정답 ①

---

11 독해 유의어 파악 난이도 중 ●●●

밑줄 친 "mark"의 의미와 가장 가까운 것은?

① check   ② identify
③ grade   ④ celebrate

해석

① 확인하다   ② 식별하다
③ 채점하다   ④ 기념하다

해설

mark(기념하다)가 포함된 문장(To mark this occasion, fees for admission and individual exhibits will not be charged this Saturday and Sunday only)에서 이 행사를 기념하기 위해 이번 주 토요

---

12 독해 세부내용 파악(내용 불일치 파악) 난이도 중 ●●○

다음 글의 내용과 일치하지 않는 것은?

Mackinac Island, Michigan, is home to the only highway in the US without cars. Residents of the small town wanted to outlaw motor vehicles in the 1890s, when tourists first brought them onto the island. The traffic and noise caused by these new "horseless carriages" led angry locals to pass the ban in 1898. Since then, those traversing the 13.4-kilometer road have had to do so by other means. People are permitted to travel by horse, carriage, bicycle, or on foot, and there are a few notable exceptions. For instance, the police jeep is allowed on the roadway because it's used to assist the elderly in winter. In addition, the embargo was temporarily lifted for the making of a film, though the cast and crew were strictly forbidden from driving any automobiles unless they were actually shooting a scene.

① 맥키노 섬은 미국에서 차가 없는 유일한 고속도로이다.
② 주민들의 바람에 부응하여 1898년 맥키노 섬에서 자동차 통행이 금지되었다.
③ 맥키노 섬의 경찰차는 겨울철에 한해 사용이 금지된다.
④ 맥키노 섬에서 영화 촬영 중인 배우는 일시적으로 자동차 운전을 할 수 있다.

해석

미시간주의 맥키노 섬은 미국에서 차가 없는 유일한 고속도로가 생겨난 곳이다. 그 작은 마을의 주민들은 관광객들이 그 섬에 처음으로 자동차를 가지고 왔던 1890년대에, 그것을 금지하고 싶어 했다. 이 새로운 '말 없는 마차'로 인해 초래된 교통량과 소음은 성난 주민들이 1898년에 금지령을 통과시키게 했다. 그때부터, 그 13.4킬로미터 길이의 도로를 지나야 하는 사람들은 다른 수단들을 통해 그렇게 해야 했다. 사람들은 말, 마차, 자전거 또는 도보로 이동하는 것이 허용되고, 몇몇 주요한 예외가 있기도 하다. 예를 들어, 경찰 지프차는 겨울철에 노인들을 돕기 위해 사용되기 때문에 그 도로 위에서 허용된다. 이외에도, 금지는 영화 촬영을 위해 일시적으로 해제되기도 했지만, 배우와 제작진은 그들이 실제로 장면을 촬영하고 있지 않다면 어떤 자동차라도 운전하는 것이 엄격하게 금지되었다.

해설

지문 마지막에서 경찰 지프차는 겨울철에 노인들을 돕기 위해 사용되기 때문에 그 도로 위에서 허용된다고 했으므로, '③ 맥키노 섬의 경찰차는 겨울철에 한해 사용이 금지된다'는 것은 지문의 내용과 일치하지 않는다.

[오답 분석]
① 첫 번째 문장에 맥키노 섬이 미국에서 차가 없는 유일한 고속도로가 생겨난 곳이라고 언급되었다.
② 세 번째 문장에 성난 주민들이 1898년에 자동차 금지령을 통과시켰

다고 언급되었다.
④ 마지막 문장에 영화 촬영을 위해 금지가 일시적으로 해제되기도 했다고 언급되었다.

정답 ③

어휘

outlaw 금지하다, 불법화하다 motor vehicle 자동차 carriage 마차
ban 금지(령); 금지하다 traverse 지나가다, 횡단하다, 가로지르다
notable 주요한, 유명한, 눈에 띄는 exception 예외 embargo 금지
temporarily 일시적으로 lift 해제하다, 들어올리다

---

13 독해 세부내용 파악(내용 불일치 파악) 난이도 중 ●●○

다음 글의 내용과 일치하지 않는 것은?

Today, high heels are seen mostly on women, but they were once more popular with men. Historians believe that high-heeled boots were initially worn during the ninth century by horse-riding Persian soldiers, as the heels kept their feet from sliding through the stirrups. Elevated footwear spread to Europe in the 1600s after a visit from Persian diplomats. Wealthy men including King Louis XIV adopted them as a way to appear taller, and the shoes soon became an indicator of masculinity, dominance, and social status. Louis XIV's affinity for the shoes was so great that he forbid other forms of footwear from being worn by courtiers. However, the trend of towering shoes began to decline, as they were seen as appearing feminine. Eventually, by the 18th century, heels had fallen out of favor with men owing to their impracticality.

① Shoes with elevated heels likely served a military purpose at first.
② High-heeled shoes were once only worn by upper-class women.
③ Courtiers in King Louis XIV's court were required to wear high heels.
④ Men eventually abandoned high heels because they found them useless.

해석

오늘날, 굽이 높은 신발은 대부분 여성들에게서 보여지지만, 그것들은 한때 남성들에게 더 인기 있었다. 역사가들은 굽이 높은 부츠가 9세기 중에 페르시아 기마병들에 의해 처음으로 착용되었을 것이라고 생각하는데, 이는 굽이 그들의 발이 등자 사이로 미끄러지는 것을 막아주었기 때문이다. 페르시아 외교관들의 방문 후인 1600년대에 높은 신발류는 유럽으로 퍼졌다. 루이 14세를 포함한 부유한 남성들은 그것들을 키가 더 커 보이기 위한 방법으로 썼고, 그 신발들은 머지않아 남성성, 권세와 사회적 지위의 지표가 되었다. 루이 14세의 그 신발(굽이 높은 신발)에 대한 애호는 매우 굉장해서 그는 조정에서 일하는 신하들이 다른 형태의 신발들을 신는 것을 금지했다. 그러나, 매우 높은 신발의 유행은 그것들이 여성적으로 여겨지면서 하락하기 시작했다. 결국, 18세기가 되면서, 굽이 높은 신발은 그것들의 비실용성 때문에 남성들의 총애를 잃었다.

① 높은 굽을 가진 신발은 처음에 군사적 목적으로 쓰였을 가능성이 있다.
② 굽이 높은 신발은 한때 상류층 여성들에 의해서만 착용되었다.
③ 루이 14세의 궁궐에서 일하는 신하들은 굽이 높은 신발을 신도록 요

구되었다.
④ 남성들은 굽이 높은 신발이 쓸모없다고 생각했기 때문에 결국 그것들을 포기했다.

해설

지문 중간에서 루이 14세를 포함한 부유한 남성들이 키가 커 보이기 위해 높은 신발을 신었다고 언급되었으므로, '② 굽이 높은 신발은 한때 상류층 여성들에 의해서만 착용되었다'는 것은 지문의 내용과 일치하지 않는다.

[오답 분석]
① 두 번째 문장에 굽이 높은 부츠가 페르시아 기마병들의 발이 등자 사이로 미끄러지지 않게 해주었다고 언급되었다.
③ 다섯 번째 문장에 루이 14세가 조정에서 일하는 신하들이 다른 형태의 신발들을 신는 것을 금지했다고 언급되었다.
④ 마지막 문장에 굽이 높은 신발은 비실용성 때문에 남성들의 총애를 잃었다고 언급되었다.

정답 ②

어휘

stirrup (말 안장 양쪽에 달린) 등자 elevated 높은 diplomat 외교관
indicator 지표 masculinity 남성성 dominance 권세, 우월
affinity 애호, 친밀감 forbid 금지하다 courtier (조정에서 일하는) 신하
towering 매우 높은 impracticality 비실용성 serve 쓰이다, 도움이 되다
abandon 포기하다, 단념하다

---

14 독해 세부내용 파악(내용 일치 파악) 난이도 상 ●●●

다음 글의 내용과 일치하는 것은?

Hummingbirds, the smallest of all known bird species, are the acrobats of the aerial world. Unlike other birds, hummingbirds can fly with their bodies in an upright position, hover in place, and even propel themselves backward. This is possible due to their unique anatomy. Over 25 percent of the birds' weight is made up of the muscles that connect the wings to the torso. In addition, the hummingbird wing is rigid from shoulder to wingtip, without the mid-wing joint of other birds. These two adaptations allow the birds to flap their wings extremely quickly, up to 80 beats per second, and produce power on both the upward and downward strokes. With this speed and power, hummingbirds can fly at speeds of 100km/hr and stop almost immediately. This becomes important in their mating rituals during which males fly high into the air then dive at full speed to impress potential mates.

① Their small size allows hummingbirds to fly faster than other birds.
② Specialized anatomical structures permit hummingbirds to fly in unique ways.
③ Additional wing joints make hummingbird wings move faster than normal.
④ Hummingbirds fly backward to attract potential mates.

해석

알려진 모든 새 종들 중에서 가장 작은 벌새들은 공중 세계의 곡예사이다. 다른 새들과 다르게, 벌새들은 그것들의 몸이 똑바로 선 자세인 채로 날 수 있고, 제자리에서 공중을 맴돌 수 있고, 심지어 그것들 스스로가 뒤로 날아가게 할 수도 있다. 이것은 그것들의 독특한 해부학적 구조 덕분에 가능하다. 그 새들의 몸무게의 25퍼센트 이상은 날개와 몸통을 연결하는 근육들로 이루어져 있다. 게다가, 벌새의 날개는 다른 새들의 날개 중간 관절이 없이, 어깨부터 날개 끝까지 단단하다. 이 두 가지 적응 구조는 그 새들이 그것들의 날개를 초당 80번까지 몹시 빠르게 펄럭거릴 수 있도록 하고, 위로 향하고 아래로 향하는 날갯짓 모두에 힘을 만들어 낸다. 이 속도와 힘으로, 벌새들은 지속 100킬로미터의 속도로 날고 거의 즉시 멈출 수 있다. 이것은 수컷들이 가능성 있는 짝들에게 인상을 남기기 위해 하는 높이 날아서 최대 속력으로 급강하하는 그것들의 짝짓기 의식 동안에 중요해진다.

① 그것들의 작은 크기는 벌새들이 다른 새들보다 더 빨리 나는 것을 가능하게 한다.
② 특수화된 해부학적 구조는 벌새들이 독특한 방식으로 날도록 한다.
③ 추가적인 날개 관절은 벌새의 날개들이 일반적인 것보다 더 빨리 움직이게 한다.
④ 벌새들은 가능성 있는 짝들의 마음을 끌기 위해 뒤로 난다.

해설

지문 처음에서 벌새들이 똑바로 선 자세로 날 수 있고, 공중의 같은 자리에서 정지할 수 있으며, 심지어 뒤로 날 수 있는 것은 그것들의 독특한 해부학적 구조 덕분이라고 했으므로, '② 특수화된 해부학적 구조는 벌새들이 독특한 방식으로 날도록 한다'는 것은 지문의 내용과 일치한다.

[오답 분석]
① 첫 번째 문장에서 벌새는 알려진 새 종들 중에서 가장 작다고는 언급되었지만, 벌새의 작은 크기가 그것들이 다른 새들보다 더 빨리 나는 것을 가능하게 하는지에 대해서는 언급되지 않았다.
③ 다섯 번째 문장에서 벌새들은 다른 새들의 날개 중간 관절이 없다고 했으므로 지문의 내용과 반대이다.
④ 마지막 문장에서 수컷들은 가능성 있는 짝들에게 인상을 남기기 위해 하늘 높이 날아서 최대 속력으로 급강하한다고 했으므로 지문의 내용과 다르다.

정답 ②

어휘

hummingbird 벌새 acrobat 곡예사 aerial 공중의, 대기의 upright 똑바로 선, 수직의 hover 공중을 맴돌다 propel 날아가게 하다 anatomy 해부학적 구조 torso 몸통 rigid 단단한 joint 관절 adaptation 적응 (구조) flap 펄럭거리다 stroke 날갯짓 mating 짝짓기 potential 가능성 있는

---

15 독해 전체내용 파악(주제 파악) 난이도 중 ●●○

다음 글의 주제로 가장 적절한 것은?

Anxiety is the most commonly diagnosed mental disorder in the United States. People who suffer from this condition report feelings of unease that last for long periods of time. These feelings can interfere with their ability to properly socialize and perform in work and school. In order to deal with anxiety, psychologists recommend a combination of psychotherapy and medication. Cognitive Behavioral Therapy (CBT) is one of the most often used versions of psychotherapy to deal with prolonged anxiety. CBT teaches sufferers how to deal with the factors of their lives that cause their anxiety. It identifies these triggers and helps the patient challenge them in order to neutralize their effect. When combined with anti-anxiety medications, which treat the symptoms rather than the cause of the condition, CBT allows anxiety sufferers to live normal lives free of their crippling condition.

① How people can deal with a mental disorder
② What causes people to develop anxiety issues
③ When medications can be used in psychiatry
④ Why some people are more vulnerable to mental illness

해석

불안은 미국에서 가장 흔히 진단되는 정신장애이다. 이 질환으로 고통받는 사람들은 오랜 기간 동안 지속되는 불안감을 전한다. 이러한 감정들은 직장과 학교에서 적절하게 사교활동을 하고 일을 하는 그들의 능력을 방해할 수 있다. 불안을 다루기 위해, 심리학자들은 심리 치료와 약물 치료의 결합을 추천한다. 인지 행동 치료(CBT)는 오래 계속되는 불안을 다루기 위해 가장 흔히 사용되는 심리 치료 형태들 중 하나이다. CBT는 환자들에게 그들의 불안을 일으키는 삶의 요소들을 다루는 방법을 가르친다. 이것은 이러한 유인들을 밝히고 환자들이 그것들의 영향을 제압하기 위해 도전하도록 돕는다. 질환의 원인보다는 그 증상들을 치료하는 항불안제 약물과 결합될 때, CBT는 불안감을 겪는 환자들이 심각한 손상을 주는 질환이 없는 평범한 삶을 살도록 한다.

① 사람들이 어떻게 정신장애에 대처할 수 있는가
② 무엇이 사람들에게 불안 문제들이 생기게 하는가
③ 정신 의학에서 언제 약물 치료가 사용될 수 있는가
④ 왜 몇몇 사람들이 정신 질환에 더 취약한가

해설

지문 처음에서 불안이 미국에서 가장 흔히 진단되는 정신장애이고, 불안을 겪는 사람들은 직장과 학교에서 사교활동과 일의 능력을 발휘하지 못함을 언급하고 있다. 이어서 심리학자들은 심리 치료와 약물 치료 결합을 추천한다고 하며 가장 흔히 사용되는 심리 치료의 형태 중 하나인 인지 행동 치료(CBT)에 대해 설명하고 있으므로, '① 사람들이 어떻게 정신장애에 대처할 수 있는가'가 이 글의 주제이다.

[오답 분석]
② 무엇이 사람들에게 불안 문제들이 생기게 하는지에 대해서는 언급되지 않았다.
③ 불안을 처리하기 위해 심리 치료와 약물 치료의 결합이 이루어진다는 점은 언급되었지만, 정신 의학에서 언제 약물 치료가 사용될 수 있는지에 대해서는 언급되지 않았다.
④ 왜 몇몇 사람들이 정신 질환에 더 취약한지에 대해서는 언급되지 않았다.

정답 ①

어휘

anxiety 불안 diagnose 진단하다 mental disorder 정신장애 condition 질환 unease 불안 socialize 사교활동을 하다, 어울리다

psychologist 심리학자 psychotherapy 심리 치료
medication 약물 치료, 약 cognitive 인지의
prolonged 오래 계속되는, 장기적인 identify 밝히다, 확인하다
trigger 유인; 유발하다 neutralize 제압하다, 중화하다
cripple 심각한 손상을 주다 psychiatry 정신 의학 vulnerable 취약한

어휘

biologist 생물학자 reliant 의존하는 chemistry 화학
reproduction 번식, 복제 one sort or another 갖가지 종류의
result from ~에 기인하다 specialize in ~을 전공하다
interact 상호 작용하다 empty 빈, 무의미한 void (빈) 공간, 공허함

---

16 독해 논리적 흐름 파악(무관한 문장 삭제) 난이도 중 ●●○

글의 흐름상 가장 어색한 문장은?

Biologists are more reliant upon understanding chemistry than chemists are upon understanding biology. ① Biological occurrences from hunger to reproduction to the presence of the water and air upon which all organisms rely result from a chemical reaction of one sort or another on a basic level. ② Those who specialize in biology, therefore, must have a basic understanding of how different chemicals, both internal and external, interact to cause the things that they study. ③ In fact, most universities require students majoring in science to have a basic knowledge of various scientific fields. ④ Chemists, on the other hand, have less need to understand biology for their work. They seek to understand the basics of chemical elements and their interactions wherever they should occur, be it a living environment or an otherwise empty void.

해석

생물학자들은 화학자들이 생물학을 이해하는 데 그러한(의존하는) 것보다 화학을 이해하는 것에 더 의존한다. ① 배고픔에서부터 번식까지와 모든 유기체들이 의존하는 물과 공기의 존재까지, 생물학적인 발생들은 기초적인 차원에서 갖가지 종류의 화학적인 반응에 기인한다. ② 따라서, 생물학을 전공하는 사람들은 어떻게 서로 다른 화학 물질들이, 내적으로도 외적으로도, 그들이 연구하는 것들을 유발하도록 상호 작용하는지에 대한 기초적인 이해를 가져야 한다. ③ 실제로, 대부분의 대학들은 과학을 전공하는 학생들이 다양한 과학적 분야들에 대한 기초적인 지식을 가질 것을 요구한다. ④ 반면, 화학자들은 그들의 연구를 위해 생물학을 이해할 적은 필요성을 가진다. 그들은 화학 원소들의 기초와 그것들의 상호 작용들을 그것들이 생활 환경이나 빈 공간 어디에서 일어나든지 간에 이해하는 것을 추구한다.

해설

지문 처음에서 화학자들이 생물학을 이해하는 데 의존하는 것보다 생물학자들이 화학을 이해하는 것에 더 의존한다고 한 뒤, ①번에서 생물학적인 발생들은 기초적인 차원에서 갖가지 종류의 화학적인 반응에 기인한다고 언급하고 있다. ②번에서 따라서(therefore) 생물학을 전공하는 사람들은 화학에 대한 기초적인 이해를 가져야 한다고 하고, ④번에서 반면에(on the other hand) 화학자들은 그들의 연구를 위해 생물학을 이해할 필요가 적다고 하며 그 반대의 경우를 설명하고 있으므로, 모두 지문 처음의 내용과 관련이 있다. 그러나 ③번은 대부분의 대학들은 과학을 전공하는 학생들이 다양한 과학적 분야들에 대한 기초적인 지식을 가질 것을 요구한다는 내용으로, 지문 처음의 내용과 관련이 없다.

정답 ③

---

17 독해 논리적 흐름 파악(문장 삽입) 난이도 중 ●●○

주어진 문장이 들어갈 위치로 가장 적절한 것은?

This could be due to the fact that people typically use pronouns to refer to a noun, so when they want to say the actual noun, they have to pause and think about it first before selecting the most accurate noun.

Fillers like *ah*, *uh*, and *um* are so much a part of our daily conversation that we don't give them a second thought. (①) Yet, a closer look into when people use them reveals much about how we communicate, a language study concludes. (②) Researchers analyzed thousands of speech recordings from nine distinct languages and noted that when people pause and utter a filler, it's because they are visualizing the word they want to say. (③) Sixty percent of the time, people visualize nouns rather than verbs. (④) On the other hand, it's much easier to remember verbs because they are action words, and actions are a lot easier to "see" in one's mind.

해석

이것은 사람들이 보통 명사를 언급하기 위해 대명사를 사용한다는 사실 때문일 수 있어서 그들은 실제 명사를 말하고 싶을 때, 가장 정확한 명사를 선택하기 전에 먼저 잠시 멈추고 그것에 대해 생각해야 한다.

'아', '어'와 '음'과 같은 삽입어는 우리 일상 대화의 매우 커다란 한 부분이기 때문에 우리는 그것들을 다시 잘 생각해 보지 않는다. (①) 그러나, 한 언어 연구는 사람들이 언제 그것들을 사용하는지 더 자세히 들여다보는 것은 우리가 어떻게 소통하는지에 대한 많은 것을 드러낸다고 결론짓는다. (②) 연구원들은 9개의 서로 다른 언어에서 수천 개의 담화 기록들을 분석했고 사람들이 잠시 멈추고 삽입어를 내는 경우, 그것은 그들이 말하고자 하는 단어를 시각화하고 있기 때문이라는 것을 알아차렸다. (③) 그 중 60퍼센트의 경우에, 사람들은 동사보다는 명사를 시각화한다. (④) 반면에, 동사들은 행동 단어들이고, 행동들은 머릿속에서 '보는' 것이 훨씬 더 쉽기 때문에 동사를 훨씬 더 기억하기 쉽다.

해설

④번 앞 문장에 사람들이 삽입어를 낼 때 그 중 60퍼센트가 동사보다는 명사를 시각화한다는 내용이 있고, ④번 뒤 문장에 반면에(On the other hand) 동사는 훨씬 더 기억하기 쉽다는 내용이 있으므로, ④번에 이것(This)은 사람들이 보통 명사를 언급하기 위해 대명사를 사용한다는 사실 때문일 수 있다는 내용의 주어진 문장이 나와야 지문이 자연스럽게 연결된다.

[오답 분석]
① 앞 문장에 삽입어가 우리 일상의 한 부분이기 때문에 우리는 그것들을

다시 잘 생각해 보지 않는다는 것은 ①번 뒤 문장에 그러나 언어 연구를 통해 사람들이 삽입어를 뜻하는 이것들(them)을 언제 사용하는지를 확인함으로써 어떻게 소통하는지를 알 수 있다는 것과 연결되는 내용이므로 ①번에 다른 문장이 삽입되면 문맥상 부자연스럽다.

② 앞 문장에서 한 언어 연구가 사람들이 삽입어를 언제 사용하는지를 통해 우리가 어떻게 소통하는지를 알 수 있음을 결론지었다고 했고, ②번 뒤 문장은 연구원들이 어떻게 연구를 했는지 그 과정을 설명하는 내용이므로 ②번에 다른 문장이 삽입되면 문맥상 부자연스럽다.

③ 앞 문장에서 사람들이 삽입어를 내는 이유는 말하고자 하는 단어를 시각화하기 때문이라고 했고, ③번 뒤 문장에 사람들이 삽입어를 낼 때, 동사보다는 명사를 시각화한다는 내용이 있으므로 주어진 문장이 ③번에 삽입되면 문맥상 부자연스럽다.

정답 ④

어휘

pronoun 대명사 pause 잠시 멈추다 accurate 정확한 fillers 삽입어
communicate 소통하다 conclude 결론짓다 analyze 분석하다
distinct 서로 다른 utter (어떤 소리를 입 밖에) 내다, 말을 하다
visualize 시각화하다

---

18 독해 추론(빈칸 완성 – 연결어) 난이도 중 ●●○

빈칸 (A), (B)에 들어갈 말로 가장 적절한 것은?

Experts say that more than $23 billion worth of illegally caught fish circulates in the market each year. ___(A)___, that number is expected to be scaled down drastically in the near future thanks to Project Eyes on the Seas. The initiative was launched by a nonprofit organization in collaboration with a satellite applications company. Together, they came up with a comprehensive monitoring system using data collected by spacecraft in orbit. Their new tracking program is far superior to the current model in several important ways. ___(B)___, it will finally allow officials to observe marine zones in real time. The availability of up-to-date information will help authorities locate suspicious vehicles more quickly and thereby reduce the incidences of illegal fishing.

	(A)	(B)
①	Particularly	Until now
②	Additionally	On the contrary
③	Accordingly	To that end
④	Fortunately	For example

해석

전문가들은 매년 시장에서 230억 달러 이상의 가치가 있는 불법으로 포획된 물고기가 유통된다고 말한다. (A) 다행히도, 그 숫자는 Eyes on the Seas 프로젝트 덕분에 머지않아 대폭 줄어들 것으로 예상된다. 그 계획은 위성 응용 프로그램 회사와 협력하여 한 비영리 단체에 의해 시작되었다. 함께, 그들은 궤도 내에 있는 우주선에 의해 수집된 데이터를 이용하는 종합적인 감시 장치를 생각해 냈다. 그들의 새로운 추적 프로그램은 여러 가지 중요한 방면에서 현재의 모델보다 훨씬 우수하다. (B) 예를 들어, 그것은 마침내 관계자들이 실시간으로 해양 지역들을 관찰할 수 있

게 해줄 것이다. 최신 정보의 입수 가능성은 당국이 의심스러운 운반 기구들의 위치를 더 빠르게 찾아내도록 도와서 불법 어획의 발생률을 감소시킬 것이다.

	(A)	(B)
①	특히	지금까지
②	게다가	그와는 반대로
③	그러므로	그 목적을 위하여
④	다행히도	예를 들어

해설

(A) 빈칸 앞 문장은 매년 시장에서 230억 달러 이상의 가치가 있는 불법 포획 물고기가 유통된다는 내용이고, (A) 빈칸 뒤 문장은 Eyes on the Seas 프로젝트 덕분에 그 숫자가 줄어들 것으로 예상된다는 내용이므로, (A)에는 기대를 나타내는 연결어인 Fortunately(다행히도)가 들어가야 한다. (B) 빈칸 앞 문장은 새로운 추적 프로그램이 여러 방면에서 현재 모델보다 우수하다는 내용이고, (B) 빈칸 뒤 문장은 그것이 실시간으로 해양 지역들을 관찰할 수 있게 해줄 것이라며 새로운 프로그램의 우수함에 대한 예시를 드는 내용이므로, (B)에는 For example(예를 들어)이 들어가야 한다. 따라서 ④번이 정답이다.

정답 ④

어휘

circulate 유통되다, 순환하다 scale down ~을 줄이다, 축소하다
drastically 대폭, 급격히 initiative 계획 launch 시작하다, 착수하다
in collaboration with ~와 협력하여 satellite 위성
come up with ~을 생각해 내다 comprehensive 종합적인, 포괄적인
monitoring 감시 spacecraft 우주선 orbit 궤도 tracking 추적
superior 우수한 observe 관찰하다 suspicious 의심스러운
vehicle 운반 기구, 탈것 incidence 발생률

---

19 독해 추론(빈칸 완성 – 구) 난이도 중 ●●○

밑줄 친 부분에 들어갈 말로 가장 적절한 것을 고르시오.

Having amassed over $150 billion, Bill Gates—the founder of Microsoft—is one of the richest people in history. However, Gates does not see money as a great asset to him any longer. "Money has no utility to me beyond a certain point." Therefore, he has decided _____.
Through his family's philanthropic organization, the Bill & Melinda Gates Foundation, Gates has donated about $60 billion to charity groups that work towards social, health, and education developments. He also teamed up with Warren Buffett to found the Giving Pledge campaign. The two billionaires recruited other wealthy individuals to sign the pledge, promising to donate at least half of their net worth to charity.

① to find new ways to earn money for his business

② to put his vast fortune to use for the less fortunate

③ to connect high net worth individuals with one another

④ to develop technology to improve health and education

해석

1500억 달러 이상을 축적했기 때문에, Microsoft의 설립자인 빌 게이츠는 역사상 가장 부유한 사람들 중 한 명이다. 그러나, 게이츠는 더 이상 돈을 그의 위대한 자산으로 여기지 않는다. "돈은 어느 정도를 넘으면 저에게 아무런 효용이 없습니다." 따라서, 그는 <u>그의 막대한 재산을 운이 덜 좋은 사람들을 위해 사용하기로</u> 결정했다. 그의 가족의 자선 단체인 Bill & Melinda Gates 재단을 통해, 게이츠는 약 600억 달러를 사회, 보건과 교육 개발을 위해 일하는 자선 단체들에 기부해 왔다. 그는 또한 워런 버핏과 협력해서 Giving Pledge 캠페인을 시작했다. 그 두 명의 억만장자들은 그들 순자산의 최소한 절반을 자선 단체에 기부할 것을 약속하며, 그 서약에 서명할 다른 부유한 사람들을 모집했다.

① 그의 사업을 위해 돈을 버는 새로운 방법들을 찾기로
② 그의 막대한 재산을 운이 덜 좋은 사람들을 위해 사용하기로
③ 많은 순자산이 있는 사람들을 또 다른 사람들과 연결하기로
④ 보건과 교육을 개선하는 기술을 개발하기로

해설

빈칸 뒤 문장에 빌 게이츠가 그의 가족 자선 단체를 통해 사회, 보건과 교육 개발을 위해 일하는 자선 단체들에 약 600억 달러를 기부했다는 내용이 있으므로, 빈칸에는 빌 게이츠가 '② 그의 막대한 재산을 운이 덜 좋은 사람들을 위해 사용하기로' 했다는 내용이 들어가야 한다.

[오답 분석]
① 빌 게이츠가 사업을 위해 돈을 벌 새로운 방법들을 찾았는지에 대해서는 언급되지 않았다.
③ 빈칸 뒤에 빌 게이츠가 워런 버핏과 협력한 Giving Pledge 캠페인을 통해 부유한 사람들이 순자산의 최소한 절반을 자선 단체에 기부하도록 한 것은 그가 펼쳤던 자선 활동 중 하나이므로 지엽적이다.
④ 빈칸 뒤 문장에 빌 게이츠가 사회, 보건과 교육 개발을 위한 자선 단체들에 기부해 왔다고 했으므로 지문의 내용과 다르다.

정답 ②

어휘

amass 축적하다, 모으다 **founder** 설립자 **asset** 자산 **utility** 효용
philanthropic 자선의, 인정 많은 **foundation** 재단 **donate** 기부하다
charity group 자선 단체 **team up** 협력하다 **found** 시작하다, 설립하다
billionaire 억만장자 **recruit** 모집하다 **pledge** 서약 **net worth** 순자산

구문 분석

[9행] He also teamed up / with Warren Buffett / to found the Giving Pledge campaign.
: 이처럼 to 부정사구(to found the Giving Pledge campaign)가 부사처럼 문장을 꾸며주며 목적을 나타내는 경우, '~하기 위해'라고 해석한다.

---

20 독해 추론(빈칸 완성 – 구) 난이도 상 ●●●

밑줄 친 부분에 들어갈 말로 가장 적절한 것을 고르시오.

For roughly half of its existence, the United States federal government relied on tariffs as its primary source of revenue. These taxes on imports were both easy to institute and easy for port authorities to collect. Over the decades, as the nation expanded and stratified, problems in the tariff system became more apparent. The irregularity with which they were introduced made them unpredictable, and they hit the poor the hardest. In the interim, states had introduced local taxation systems to varying degrees of success, and so in 1909 an amendment of the constitution was proposed to institute a federal income tax. It _____, and the income tax soon became the government's dominant means of funds.

① was ratified by an overwhelming majority of states
② led to a split in opinions by members of Congress
③ presented more problems than the tariff system
④ was not feasible under the existing economy

해석

그것의 존재의 대략 절반 동안, 미국 연방 정부는 수입의 주요한 원천으로서 관세에 의존했다. 수입품에 대한 이러한 세금들은 도입하기 쉬우며 항만 당국이 징수하기 용이했다. 수십 년 동안, 국가가 팽창되고 계층화되면서, 관세 제도의 문제점들이 더욱 분명해졌다. 그것들(관세 제도의 문제점들)과 함께 도입된 변칙은 그것들(문제점들)을 예측할 수 없게 만들었고, 그것들(문제점들)은 가난한 사람들에게 가장 큰 타격을 주었다. 그동안에, 주들은 각기 다른 성과 수준에 맞추어 지역 과세 제도들을 도입했고, 그 결과 1909년에 연방 소득세를 도입하기 위한 헌법 개정안이 발의되었다. 이는 <u>압도적인 대다수의 주들에 의해 비준되었고</u>, 머지않아 소득세는 정부의 주된 자금 수단이 되었다.

① 압도적인 대다수의 주들에 의해 비준되었다
② 의회 의원들에 의해 의견 분열로 이어졌다
③ 관세 제도보다 더 많은 문제들을 제기했다
④ 기존의 경제하에서 실현 가능하지 않았다

해설

빈칸 앞 문장에 연방 소득세를 도입하기 위한 헌법 개정안이 발의되었다는 내용이 있고, 빈칸 뒷부분에 머지않아 소득세가 정부의 주된 자금 수단이 되었다는 내용이 있으므로, 빈칸에는 '① 압도적인 대다수의 주들에 의해 비준되었다'가 들어가야 한다.

[오답 분석]
② 빈칸 뒷부분에 소득세가 정부의 주된 자금 수단이 되었다는 내용이 있으므로 의회 의원들에 의해 의견 분열로 이어졌다는 것은 지문의 문맥에 적절하지 않다.
③ 빈칸 앞부분에서 관세 제도의 문제점들이 분명해져서 주들이 지역 과세 제도를 도입한 결과, 연방 소득세를 도입하기 위한 헌법 개정안이 발의되었다고 했으므로 관세 제도보다 더 많은 문제를 제기했다는 것은 지문의 문맥에 적절하지 않다.
④ 기존의 경제하에서의 실현 가능 여부에 대해서는 언급되지 않았다.

정답 ①

어휘

tariff 관세 **primary** 주요한, 주된 **revenue** 수입 **institute** 도입하다
port 항만 **collect** 징수하다, 모으다 **stratify** 계층화하다 **apparent** 분명한
irregularity 변칙, 불규칙 **unpredictable** 예측할 수 없는
in the interim 그동안에 **taxation** 과세 **amendment** (헌법 등의) 개정(안)
constitution 헌법 **ratify** 비준하다 **feasible** 실현 가능한

p. 46

▶ 정답

01	② 어휘 – 어휘&표현	11	① 독해 – 유의어 파악
02	① 어휘 – 어휘&표현	12	① 독해 – 전체내용 파악
03	③ 문법 – 시제	13	② 독해 – 전체내용 파악
04	② 문법 – 능동태·수동태	14	③ 독해 – 전체내용 파악
05	③ 문법 – 조동사	15	② 독해 – 전체내용 파악
06	① 어휘 – 생활영어	16	② 독해 – 세부내용 파악
07	② 어휘 – 생활영어	17	③ 독해 – 논리적 흐름 파악
08	② 독해 – 전체내용 파악	18	③ 독해 – 논리적 흐름 파악
09	④ 독해 – 세부내용 파악	19	② 독해 – 논리적 흐름 파악
10	③ 독해 – 세부내용 파악	20	① 독해 – 추론

▶ 취약영역 분석표

영역	세부 유형	문항 수	소계
어휘	어휘&표현	2	/4
	생활영어	2	
문법	시제	1	/3
	능동태·수동태	1	
	조동사	1	
독해	전체내용 파악	5	/13
	세부내용 파악	3	
	추론	1	
	논리적 흐름 파악	3	
	유의어 파악	1	
총계			/20

---

01 어휘 preservation
난이도 중 ●●○

밑줄 친 부분에 들어갈 말로 가장 적절한 것을 고르시오.

> Globalization has led to the spread of similar cultural standards, making the _____ of traditional customs and practices necessary for preventing cultural uniformity.

① elimination
② preservation
③ reputation
④ transformation

해석

세계화는 비슷한 문화적 표준의 확산을 이끌었는데, 이는 문화적 획일성을 방지하기 위한 전통적인 관습과 관행의 보존을 필수적으로 만들었다.

① 제거
② 보존
③ 평판
④ 변화

정답 ②

어휘

spread 확산 custom 관습 uniformity 획일성, 일률성
elimination 제거 reputation 평판, 명성

 이것도 알면 **합격!**

preservation(보존)의 유의어
= conservation, maintenance, protection

02 어휘 immediate
난이도 중 ●●○

밑줄 친 부분에 들어갈 말로 가장 적절한 것을 고르시오.

> Clearly, more effective approaches are required to address the problems faced by society today. The need to solve poverty, climate change, and inequality is _____.

① immediate
② impossible
③ prearranged
④ preliminary

해석

분명히, 오늘날 사회가 직면한 문제를 해결하기 위해 보다 효과적인 접근법이 필요하다. 빈곤, 기후 변화, 그리고 불평등을 해결해야 할 필요성이 시급하다.

① 시급한
② 불가능한
③ 미리 계획된
④ 예비의

정답 ①

어휘

effective 효과적인 approach 접근법 face 직면하다 poverty 빈곤
inequality 불평등 immediate 시급한, 즉각적인 prearranged 미리 계획된
preliminary 예비의

이것도 알면 **합격!**

immediate(시급한)의 유의어
= pressing, urgent

03 문법 시제
난이도 중 ●●○

밑줄 친 부분에 들어갈 말로 가장 적절한 것을 고르시오.

> Once she _____ her internship at the company, she will have received experience working in a professional environment.

① completed
② complete
③ completes
④ completing

해석

그녀가 그 회사에서 그녀의 인턴십을 끝내면, 그녀는 전문적인 환경에서 일하는 경험을 얻게 될 것이다.

해설

③ 현재 시제 빈칸은 부사절 접속사 Once가 이끄는 종속절의 동사 자리이다. 조건을 나타내는 부사절(Once ~ company)에서는 미래를 나타내기 위해 현재 시제를 써야 하므로, 현재 시제 completes가 정답이다.

정답 ③

어휘

internship 인턴십(인턴 사원 근무)

이것도 알면 합격!

명사절에서는 when이나 if가 쓰였더라도 미래 시제를 그대로 사용한다.

> Can you tell me **if** he <u>will help</u> us?
  그가 우리를 도와줄 것인지 말해 주겠니?

> Do you know **when** the train <u>will leave</u>?
  너는 기차가 언제 출발하는지 아니?

---

04 문법 능동태·수동태 난이도 중 ●●○

밑줄 친 부분 중 어법상 옳지 않은 것은?

It is undeniable that humans are social creatures who not only crave acceptance ① <u>but also want</u> to fit in with others. Not wanting to be left out is a reason why trends ② <u>are existed</u>. When a new trend emerges, ③ <u>its</u> influence can spread across continents within hours through social media, often drawing ④ <u>as much attention as</u> a headline-grabbing global event.

해석

인간은 수용을 갈망할 뿐만 아니라 다른 사람들과 어울리고 싶어 하기도 하는 사회적 존재라는 것은 부인할 수 없다. 배제되고 싶어하지 않는다는 것이 트렌드가 존재하는 이유이다. 새로운 트렌드가 등장하면, 그 영향력은 소셜 미디어를 통해 몇 시간 내에 대륙 전역으로 퍼질 수 있으며, 종종 헤드라인을 장식하는 세계적인 사건만큼이나 많은 관심을 끈다.

해설

② **수동태로 쓸 수 없는 동사** 동사 exist는 목적어를 취하지 않는 자동사이며 수동태로 쓸 수 없으므로, 수동태 are existed를 능동태 exist로 고쳐야 한다.

[오답 분석]

① **상관접속사 | 병치 구문** 문맥상 '~ 갈망할 뿐만 아니라, ~ 싶어 하기도 하다'라는 의미가 되어야 자연스러운데, 'A뿐만 아니라 B도'는 상관접속사 not only A but (also) B를 사용하여 나타낼 수 있다. 또한, 상관접속사로 연결된 병치 구문에서는 같은 구조끼리 연결되어야 하는데, but also 앞에 동사구(crave acceptance)가 왔으므로 but also 뒤에도 동사구가 와야 한다. 따라서 but also want가 올바르게 쓰였다.

③ **인칭대명사** 명사(influence) 앞에서 소유의 의미를 나타내기 위해서는 소유격 대명사가 와야 하고, 대명사가 지시하는 명사(a new trend)가 단수이므로 단수 소유격 대명사 its가 올바르게 쓰였다.

④ **원급** 문맥상 '세계적인 사건만큼이나 많은 관심'이라는 의미가 되어야 자연스러운데, '~만큼 많은 -'은 'as + much + 명사 + as'로 나타낼 수 있으므로 as much attention as가 올바르게 쓰였다.

정답 ②

어휘

undeniable 부인할 수 없는 creature (생명이 있는) 존재 crave 갈망하다
acceptance 수용, 승인 emerge 등장하다 continent 대륙
attention 관심, 주목

이것도 알면 합격!

수동태로 쓸 수 없는 타동사

> resemble 닮다	> fit ~에 맞다	> become ~에 어울리다
> cost (비용이) ~들다	> suit 잘 맞다	> equal ~과 같다
> lack ~이 부족하다	> let ~하게 하다	

---

05 문법 조동사 난이도 중 ●●○

밑줄 친 부분 중 어법상 옳지 않은 것은?

The first applicant sat in front of Linda. ① <u>So impressed was she</u> by his education and personality that she could hardly conceal it. He also possessed enough experience in international advertising ② <u>to be</u> a real asset to the team. She sighed, remembering the instructions she had been given. Her manager insisted that the new marketing director ③ <u>spoke</u> a foreign language. Thanking him for coming in, she reluctantly ④ <u>called</u> the next candidate. But throughout the rest of the interview process, she thought of how she could convince her manager to give the first job seeker a chance.

해석

그 첫 번째 지원자는 Linda의 앞에 앉았다. 그녀는 그의 소양과 인성에 깊은 인상을 받아서 그것을 거의 숨길 수가 없었다. 그는 또한 팀에 진정한 자산이 될 국제 광고에서의 충분한 경험을 가졌다. 그녀는 그녀가 받은 지침들을 떠올리며 한숨을 쉬었다. 그녀의 관리자는 새로운 마케팅 부장이 외국어를 해야 한다고 고집했다. 그에게 와준 것에 대한 감사를 표하며, 그녀는 마지못해 다음 지원자를 불렀다. 하지만 남은 면접 절차 내내, 그녀는 그 첫 번째 구직자에게 기회를 주기 위해 그녀의 관리자를 어떻게 설득해야 할지를 생각했다.

해설

③ **조동사 should의 생략** 주절에 주장을 나타내는 동사 insist가 오면 종속절에는 '(should +) 동사원형'이 와야 하므로 과거 동사 spoke를 동사원형 speak로 고쳐야 한다.

[오답 분석]

① **도치 구문: 부사구 도치 1** 'So + 형용사(impressed)'가 강조되어 문장의 맨 앞에 나오면 주어와 동사가 도치되어 '동사(was) + 주어(she)'의 어순으로 쓰여야 하므로 So impressed was she가 올바르게 쓰였다.

② **to 부정사의 역할** 문맥상 '팀에 진정한 자산이 될 충분한 경험'이라는 의미가 되어야 자연스러우므로 형용사처럼 명사(experience)를 수식할 수 있는 to 부정사 to be가 올바르게 쓰였다.

④ **능동태·수동태 구별** 동사 call 뒤에 목적어(the next candidate)가 있고, 주어(she)와 동사가 '그녀가 부르다'라는 의미의 능동 관계이므

로 능동태 called가 올바르게 쓰였다.

정답 ③

【어휘】

asset 자산, 재산 sigh 한숨을 쉬다 insist 고집하다, 주장하다
reluctantly 마지못해, 꺼려하며

【이것도 알면 **합격!**】

주절에 다음과 같은 제안·의무·요청·주장을 나타내는 동사가 나오면, 종속절에는 '(should +) 동사원형'이 와야 한다.

제안	suggest 제안하다 propose 제안하다
의무	command 명령하다 order 명령하다
요청	request 요청하다 demand 요구하다 require 요구하다
주장	insist 주장하다

---

06 생활영어 Yes, but we only have blue in stock.
난이도 하 ●○○

밑줄 친 부분에 들어갈 말로 가장 적절한 것을 고르시오.

A: How do you like the sneakers?
B: They're really comfortable, but do they come in any other colors?
A: _____.
B: Could you check your warehouse to make sure?
A: I did when another customer made the same request earlier.
B: Oh, I see. Then I'll get these.

① Yes, but we only have blue in stock
② I think black would look better on you
③ They come with an extra pair of laces
④ Another size might fit you more comfortably

【해석】

A: 그 운동화는 어떠세요?
B: 정말 편하기는 한데, 그것들이 또 다른 색깔로도 나오나요?
A: 네, 하지만 저희는 파란색만 재고가 있어요.
B: 확실히 하기 위해서 창고를 확인해 줄 수 있나요?
A: 다른 손님이 이전에 같은 요청을 했을 때 제가 확인했어요.
B: 오, 그렇군요. 그러면 저는 이것들을 살게요.

① 네, 하지만 저희는 파란색만 재고가 있어요
② 저 생각엔 검정색이 당신에게 더 잘 어울릴 것 같아요
③ 그것들은 여분의 끈 한 쌍이 딸려 있어요
④ 다른 치수가 당신에게 더 편하게 맞을지도 몰라요

【해설】

운동화가 어떤지를 묻는 A의 질문에 대해 빈칸 앞에서 B가 또 다른 색깔로도 그 운동화가 나오는지 묻고, 빈칸 뒤에서 다시 B가 Could you check your warehouse to make sure?(확실히 하기 위해서 창고를 확인해 줄 수

있나요?)라고 말하고 있으므로, 빈칸에는 '① 네, 하지만 저희는 파란색만 재고가 있어요(Yes, but we only have blue in stock)'가 오는 것이 자연스럽다.

정답 ①

【어휘】

come (상품이) 나오다 warehouse 창고
have something in stock ~의 재고가 있다 lace 신발끈

【이것도 알면 **합격!**】

상점에서 쓸 수 있는 다양한 표현

> I'm just browsing. 저는 그냥 둘러보는 중이에요.
> It comes in a variety of colors. 그건 다양한 색깔들로 나와요.
> I'm of two minds about it. 나는 그걸 살지 말지 결정을 못 하겠어.

---

07 생활영어 Were you logged onto the company's remote system?
난이도 중 ●●○

밑줄 친 부분에 들어갈 말로 가장 적절한 것을 고르시오.

 Paul Lee
I understand you had an issue this morning while working from home. Can you tell me about it?
2:11 p.m.

Nicole Howard
My computer suddenly shut down, and I lost the files I was working on. I tried to recover them but couldn't.
2:12 p.m.

 Paul Lee
_____
_____
2:12 p.m.

Nicole Howard
I definitely remember signing in this morning.
2:13 p.m.

 Paul Lee
Then we should have no problem. Files get saved automatically every 15 minutes to the system. The IT team will be able to retrieve the lost files from our servers.
2:14 p.m.

Nicole Howard
I'm so happy to hear that. What a relief!
2:14 p.m.

① Did you try rebooting your device?
② Were you logged onto the company's remote system?
③ Can you tell me the names of the files?
④ Do you have any other projects you can work on?

해석

Paul Lee: 오늘 아침 재택근무 중에 문제가 있었던 것으로 알고 있어요. 문제에 대해 말씀해 주실 수 있나요? Nicole Howard: 제 컴퓨터가 갑자기 꺼졌고, 작업 중이던 파일을 잃어버렸어요. 복구하려고 했는데 못했어요. Paul Lee: 회사의 원격 시스템에 로그인되어 있었나요? Nicole Howard: 오늘 아침에 로그인한 걸 확실히 기억해요. Paul Lee: 그럼 문제없을 거예요. 파일은 15분마다 시스템에 자동으로 저장돼요. IT 부서가 우리 서버에서 잃어버린 파일을 복구할 수 있을 거예요. Nicole Howard: 그 말을 들으니 정말 기쁘네요. 정말 다행이에요!

① 기기를 재시동하는 것을 시도해 보셨나요?
② 회사의 원격 시스템에 로그인되어 있었나요?
③ 파일명을 말씀해 주실 수 있나요?
④ 작업할 수 있는 다른 프로젝트가 있으신가요?

해설

컴퓨터가 갑자기 꺼졌고 작업 중이던 파일을 잃어버렸다는 Nicole Howard의 말에 Paul Lee가 질문하고, 빈칸 뒤에서 Nicole Howard가 I definitely remember signing in this morning(오늘 아침에 로그인한 걸 확실히 기억해요)이라고 말하고 있으므로, 빈칸에는 '② 회사의 원격 시스템에 로그인되어 있었나요?(Were you logged onto the company's remote system?)'가 오는 것이 자연스럽다.

정답 ②

어휘

definitely 확실히   automatically 자동으로   retrieve 복구하다, 되찾아오다
reboot 재시동하다   remote 원격의

이것도 알면 합격!

원격 근무와 관련된 다양한 표현

> remote work 원격 근무
> work from home(WFH) 재택근무
> home office 가정 내 사무실
> virtual workspace 가상 작업 공간
> video conferencing 화상 회의
> hybrid model 하이브리드 모델(원격 근무와 사무실 근무 병행)

08~09 다음 글을 읽고 물음에 답하시오.

[A]

To stay protected, it's important to check air quality measurements. As part of the Clean Air Awareness Initiative, two new digital tools have been developed to help citizens stay up-to-date about air quality. Use both to keep safe from the harmful effects of air pollution.

Air Quality Measurements
- **Air pollution scale:** Ranges across six levels from "Good" to "Hazardous"
- **Air quality index:** Higher scores indicate more serious health concerns

Tools
- **Mobile Alert System**
  Sign up to receive real-time, localized notifications when air quality reaches levels that require wearing a mask or avoiding outdoor activity.
- **Monitoring Site**
  Check forecasts of air quality for up to a week in advance; this site provides more detailed information regarding the air quality.

To learn more about how to protect yourself from air pollution and find ways to help reduce it, visit our website at www.cleanairawareness.com.

해석

(A) 대기 상태에 대한 정보를 잘 알아두세요

보호된 상태로 있기 위해서는, 대기질 측정을 확인하는 것이 중요합니다. '깨끗한 대기 인식 계획'의 일환으로, 시민들이 대기질에 대한 최신 정보를 유지할 수 있도록 돕기 위해 두 가지 새로운 디지털 도구가 개발되었습니다. 대기 오염의 유해한 영향으로부터 안전을 유지하기 위해 두 가지를 모두 사용하세요.

대기질 측정
- 대기 오염 등급: '좋은'부터 '위험한'까지 6단계에 걸쳐 있습니다
- 대기질 지수: 높은 점수는 더 심각한 건강 우려를 나타냅니다

도구
- 모바일 경보 시스템
  대기질이 마스크 착용이나 야외 활동을 피하는 것을 필요로 하는 수준에 도달할 때 실시간의 지역화된 알림을 받기 위해 가입하세요.
- 모니터링 사이트
  최대 일주일 전에 대기질 예보를 확인하세요. 이 사이트는 대기질에 대한 더 자세한 정보를 제공합니다.

대기 오염으로부터 자신을 보호하는 방법에 대해 자세히 알아보고 그것(대기 오염)을 줄이는 데 도움이 되는 방법을 찾으려면, 저희 웹사이트 www.cleanairawareness.com을 방문하세요.

어휘

measurement 측정, 측량   awareness 인식, 의식
initiative (특정한 문제 해결·목적 달성을 위한 새로운) 계획   scale (측정용) 등급
hazardous 위험한   index 지수, 지표   indicate 나타내다   alert 경보
real-time 실시간의   localized 지역화된, 국부적인   notification 알림

08 독해 전체내용 파악(제목 파악)   난이도 중 ●●○

(A)에 들어갈 윗글의 제목으로 가장 적절한 것은?

① Plan a Safe Outdoor Activity
② Stay Informed about Air Conditions

③ Join a Clean Air Volunteer Program

④ Receive Training on New Digital Tools

[해석]

① 안전한 야외 활동을 계획하세요

② 대기 상태에 대한 정보를 잘 알아두세요

③ 깨끗한 대기 자원봉사 프로그램에 참여하세요

④ 새로운 디지털 도구에 대한 교육을 받아보세요

[해설]

지문 처음에서 보호된 상태로 있기 위해서는 대기질 측정을 확인하는 것이 중요하다고 하며 대기질에 대한 최신 정보를 유지할 수 있도록 돕기 위해 개발된 새로운 디지털 도구를 사용해 대기 오염의 유해한 영향으로부터 안전을 유지하라고 하고, 지문 전반에 걸쳐 이러한 디지털 도구에 대해 설명하고 있으므로, '② 대기 상태에 대한 정보를 잘 알아두세요'가 이 글의 제목이다.

[오답 분석]

① 안전한 야외 활동을 계획하라는 내용은 언급되지 않았다.

③ 깨끗한 대기 자원봉사 프로그램에 참여하라는 내용은 언급되지 않았다.

④ 새로운 디지털 도구를 사용하라고는 언급되었으나, 교육을 받아보라는 내용은 언급되지 않았다.

정답 ②

[어휘]

outdoor 야외의   receive 받다

---

09 독해 세부내용 파악(내용 불일치 파악)   난이도 중 ●●○

위 안내문의 내용과 일치하지 않는 것은?

① 대기질에 대한 최신 정보를 제공하는 디지털 도구가 개발되었다.

② 대기질 지수가 높을수록 건강에 대한 우려가 더 심각해진다.

③ 모바일 경보 시스템은 가입자들에게 실시간 알림을 제공한다.

④ 모니터링 사이트는 향후 2주간의 대기질 예보를 제공한다.

[해설]

지문 마지막의 '모니터링 사이트'에서 최대 일주일 전에 대기질 예보를 확인하라고 했으므로, '④ 모니터링 사이트는 향후 2주간의 대기질 예보를 제공한다'는 것은 지문의 내용과 일치하지 않는다.

[오답 분석]

① 두 번째 문장에 시민들이 대기질에 대한 최신 정보를 유지할 수 있도록 돕기 위해 두 가지 새로운 디지털 도구가 개발되었다고 언급되었다.

② 지문 중간의 '대기질 측정'에 대기질 지수의 높은 점수는 더 심각한 건강 우려를 나타낸다고 언급되었다.

③ 지문 중간의 '도구'에 실시간의 지역화된 알림을 받기 위해 모바일 경보 시스템에 가입하라고 언급되었다.

정답 ④

10~11   다음 글을 읽고 물음에 답하시오.

HOME > POLICIES

National Highways Management Agency

We ensure the safety and efficiency of federal and state highways, focusing on minimizing traffic, reducing travel times, and responding to emergencies. Our responsibilities also include inspecting the <u>condition</u> of roads and bridges, coordinating necessary repairs, and managing the placement and maintenance of on-road signage.

Looking Ahead

We are committed to reducing greenhouse gas emissions by constructing eco-friendly infrastructure. To support the ongoing shift to cleaner transportation, we are also making the expansion of electric vehicle charging networks along major highways a priority.

Principles

• Safety First: All our projects and decisions take the safety of the public into consideration before all else.

• Infrastructure Longevity: We use durable materials and advanced construction techniques to extend the lifespan of roads and bridges.

[해석]

국도 관리청

우리는 교통 혼잡을 최소화하고, 이동 시간을 단축하며, 비상 상황에 대응하는 데 중점을 두어 연방 및 주 고속 도로의 안전과 효율성을 보장합니다. 우리의 책임에는 또한 도로와 교량의 상태를 점검하고, 필요한 수리를 조정하며, 도로 표지판 배치의 관리 및 유지가 포함됩니다.

미래를 내다보기

우리는 친환경 인프라를 구축함으로써 온실가스 배출을 줄이는 데 전념하고 있습니다. 더 깨끗한 교통수단으로의 지속적인 전환을 지원하기 위해, 우리는 주요 고속 도로를 따라 전기차 충전 네트워크를 확장하는 것도 우선 과제로 삼고 있습니다.

신조

• 안전 최우선: 우리의 모든 프로젝트와 결정은 공공의 안전을 다른 무엇보다 우선적으로 고려합니다.

• 인프라 수명: 도로와 교량의 수명을 연장하기 위해 내구성이 높은 재료와 첨단 건설 기술을 사용합니다.

[어휘]

highway 고속 도로   federal 연방의   focus on ~에 중점을 두다
minimize 최소화하다   respond 대응하다, 대답하다   emergency 비상 (상황)
inspect 점검하다   coordinate 조정하다   placement 배치
signage 표지판, 기호   commit 전념하다, 약속하다   emission 배출
ongoing 지속적인   priority 우선
take ~ into consideration ~을 고려하다   longevity 수명, 오래 지속됨
durable 내구성이 있는   advanced 첨단의, 선진의   lifespan 수명

10 독해 세부내용 파악(내용 일치 파악) 난이도 상 ●●●

윗글에서 National Highways Management Agency에 관한 내용과 일치하는 것은?

① It adds signs to roads to limit the flow of traffic.
② It works to reduce emissions by prohibiting certain types of vehicles from highways.
③ It aims to support electric vehicle infrastructure.
④ It makes frequent repairs to extend the lifespan of roads and bridges.

해석
① 교통의 흐름을 제한하기 위해 도로에 표지판을 추가한다.
② 특정 종류의 차량이 고속도로를 이용하는 것을 금지하여 배출가스를 줄이는 데 힘쓴다.
③ 전기차 인프라를 지원하는 것을 목표로 한다.
④ 도로와 교량의 수명을 연장하기 위해 자주 수리한다.

해설
지문 중간의 '미래를 내다보기'에서 국도 관리청은 전기차 충전 네트워크를 확장하는 것도 우선 과제로 삼고 있다고 했으므로, '③ 전기차 인프라를 지원하는 것을 목표로 한다'는 것은 지문의 내용과 일치한다.

[오답 분석]
① 두 번째 문장에서 책임에 도로 표지판 배치의 관리 및 유지가 포함된다고 했지만, 교통의 흐름을 제한하기 위해 도로에 표지판을 추가하는지는 알 수 없다.
② 세 번째 문장에서 친환경 인프라를 구축함으로써 온실가스 배출을 줄이는 데 전념하고 있다고 했지만, 특정 종류의 차량이 고속도로를 이용하는 것을 금지하여 배출가스를 줄이는 데 힘쓰는지는 알 수 없다.
④ 마지막 문장에서 도로와 교량의 수명을 연장하기 위해 내구성이 높은 재료와 첨단 건설 기술을 사용한다고는 했지만, 자주 수리하는지는 알 수 없다.

정답 ③

어휘
limit 제한하다 flow 흐름 frequent 잦은, 빈번한

11 독해 유의어 파악 난이도 중 ●●●

밑줄 친 "condition"의 의미와 가장 가까운 것은?

① status   ② prerequisite
③ limitation   ④ problem

해석
① 상태   ② 전제 조건
③ 제약   ④ 문제

해설
condition(상태)이 포함된 문장(Our responsibilities also include inspecting the condition of roads and bridges ~)에서 책임에는 도

로와 교량의 상태를 점검하는 것이 포함된다고 했으므로 condition은 '상태'라는 의미로 사용되었다. 따라서 '상태'라는 의미의 ① status가 정답이다.

정답 ①

12 독해 전체내용 파악(목적 파악) 난이도 중 ●●○

다음 글의 목적으로 가장 적절한 것은?

To	customers@ygamart.com
From	customerrelations@ygamart.com
Date	January 8
Subject	The rising cost of groceries

B I U ... A T ... ...

Dear Valued YGA Mart Customers,

With the cost of food continuing to rise, we understand how important it is to make every dollar count. To help you save money while still enjoying your favorite foods, we've put together a list of simple strategies:

1. Sign up for the YGA Rewards card to earn points on every purchase. Every 20,000 points redeemed equals $10 off your grocery bill.
2. Download our app or visit our website to find coupons tailored to your preferences.
3. Buy pantry staples and non-perishable items in bulk for lower overall prices.
4. Choose store-brand products. They are just as high quality as name brands but come at a fraction of the cost.
5. Don't miss out on special deals and limited-time offers highlighted in our flyer every week.

Thank you for choosing YGA Mart, where we are committed to helping you find value and quality in every purchase. Start implementing these tips today to see what a difference they'll make!

Sincerely,
YGA Mart

① To provide customers with tips on how to save money
② To provide customers with guidance on how to earn rewards points faster
③ To provide customers with information about store-brand products
④ To provide customers with instructions for finding coupons

해석

수신: customers@ygamart.com
발신: customerrelations@ygamart.com
날짜: 1월 8일
제목: 상승하는 식료품의 비용

소중한 YGA 마트 고객 여러분께,

식품 가격이 계속 상승함에 따라, 저희는 모든 돈을 중요하게 여기는 것이 얼마나 중요한지 잘 알고 있습니다. 여러분이 가장 좋아하는 음식을 즐기면서도 비용을 절약하는 데 도움을 드리고자, 간단한 전략 목록을 만들었습니다:

1. YGA 멤버십 카드에 가입하여 매 구매 시마다 포인트를 적립하세요. 교환된 20,000포인트마다 식료품비에서 10달러를 할인받을 수 있습니다.

2. 앱을 다운로드하거나 저희의 웹사이트를 방문하여 여러분의 선호에 맞는 쿠폰을 찾아보세요.

3. 식료품 저장실의 기본 식품과 잘 상하지 않는 품목을 대량으로 구매하여 전체 가격을 낮추세요.

4. 매장 자체 브랜드 제품을 선택하세요. 그것들은 유명 브랜드만큼이나 고품질이지만 비용은 극히 일부에 불과합니다.

5. 매주 전단지에서 강조된 특별 할인과 기간 한정 혜택을 놓치지 마세요.

YGA 마트를 선택해 주셔서 감사드리며, 저희는 여러분의 모든 구매에서 가치와 품질을 찾을 수 있도록 하는 데 전념하고 있습니다. 오늘부터 이 조언을 실행하여 그것들이 얼마나 큰 변화를 가져올지 확인해 보세요!

YGA 마트 드림

① 고객들에게 비용 절감 방법에 대한 조언을 제공하기 위해
② 고객들에게 보상 포인트를 더 빨리 적립하는 방법에 대한 지침을 제공하기 위해
③ 고객들에게 매장 자체 브랜드 제품에 관한 정보를 제공하기 위해
④ 고객들에게 쿠폰을 찾는 것에 대한 설명을 제공하기 위해

> **해설**

지문 처음에서 비용을 절약하는 데 도움을 주고자 간단한 전략 목록을 만들었다고 했고, 지문 전반에 걸쳐 다섯 가지 조언에 대해 설명하고 있으므로, '① 고객들에게 비용 절감 방법에 대한 조언을 제공하기 위해'가 이 글의 목적이다.

> **[오답 분석]**

② 보상 포인트를 더 빨리 적립하는 방법에 대해서는 언급되지 않았다.
③ 매장 자체 브랜드 제품이 언급되기는 했지만, 그것의 정보에 대해서는 언급되지 않았다.
④ 쿠폰을 찾는 것에 대한 설명에 대해서는 언급되지 않았다.

정답 ①

> **어휘**

put together (이것저것을 모아) 만들다, 준비하다   strategy 전략
redeem 교환하다, 상환하다   pantry 식료품 저장실
staple 기본 식품, 주요 식품   perishable 잘 상하는   in bulk 대량으로
fraction 일부, 부분   flyer 전단지   implement 실행하다   instruction 설명

---

13   독해 전체내용 파악(요지 파악)   난이도 중 ●●○

다음 글의 요지로 가장 적절한 것은?

> **Understanding Sleep Quality**
>
> Quality of sleep has a major influence on a person's overall health. Studies show that seven to eight hours of quality sleep each night boosts the immune system, reduces the risk of heart disease, and promotes the healthy development of children and teens.
>
> **Rapid Eye Movement Sleep**
>
> Rapid Eye Movement (REM) sleep is the final stage of the four-stage sleep cycle. Insufficient REM sleep can lead to decreased memory function and impaired cognitive abilities. A prolonged lack of REM sleep may also contribute to sleep disorders, such as sleep apnea.
>
> While some people attempt to "catch up" on REM sleep by napping, this is generally ineffective. Most people cannot enter REM sleep until they've been asleep for at least 90 minutes, making it unrealistic to rely on short naps to recover lost REM sleep from the previous night.

* sleep apnea: 수면 무호흡증

① Sleep quality is determined by the final stage in the sleep cycle.
② Sleep quality has a significant impact on an individual's general health.
③ Sleep quality is the biggest contributing factor to boosting the immune system.
④ Sleep quality can be improved for most people by taking naps.

> **해석**

> **수면의 질 이해하기**
>
> 수면의 질은 개인의 전반적인 건강에 큰 영향을 미친다. 연구는 매일 밤 7~8시간의 양질의 수면은 면역 체계를 강화하고, 심장병 위험을 줄이며, 어린이와 청소년의 건강한 발달을 촉진한다는 것을 보여준다.
>
> **급속 안구 운동 수면**
>
> 급속 안구 운동 수면(렘수면)은 4단계 수면 주기의 마지막 단계이다. 불충분한 렘수면은 저하된 기억 기능과 손상된 인지 능력으로 이어질 수 있다. 장기적인 렘수면 부족은 수면 무호흡증과 같은 수면 장애의 원인이 될 수도 있다.
>
> 일부 사람들은 낮잠을 잠으로써 렘수면을 '따라잡으려고' 시도하지만, 이는 일반적으로 효과적이지 않다. 대부분의 사람들은 최소 90분 동안 잠들어 있을 때까지 렘수면에 접어들 수 없는데, 이는 전날 밤에 잃은 렘수면을 회복하기 위해 짧은 낮잠에 의존하는 것을 비현실적으로 만든다.

① 수면의 질은 수면 주기의 마지막 단계에 의해 결정된다.
② 수면의 질은 개인의 전반적인 건강에 큰 영향을 미친다.
③ 수면의 질은 면역 체계 증진의 가장 큰 기여 요소이다.
④ 대부분의 사람들은 낮잠을 자는 것을 통해 수면의 질을 향상할 수 있다.

> **해설**

지문 처음에서 수면의 질은 개인의 전반적인 건강에 큰 영향을 미친다고 했

고, 지문 전반에 걸쳐 저하된 기억 능력과 손상된 인지 능력과 같은 불충분한 렘수면의 영향에 대해 설명하고 있으므로, '② 수면의 질은 개인의 전반적인 건강에 큰 영향을 미친다'가 이 글의 요지이다.

[오답 분석]
① 수면의 질이 수면 주기의 마지막 단계에 의해 결정된다는 내용은 언급되지 않았다.
③ 양질의 수면이 면역 체계를 강화한다고는 언급되었으나, 수면의 질이 면역 체계 증진의 가장 큰 기여 요소인지는 알 수 없다.
④ 낮잠을 잠으로써 렘수면을 따라잡으려고 시도하는 것은 일반적으로 효과적이지 않다고 했으므로 지문의 내용과 다르다.

정답 ②

어휘
overall 전반적인, 전체의 boost 강화하다, 신장시키다 immune 면역의
promote 촉진하다, 증진하다 insufficient 불충분한 function 기능
impaired 손상된 cognitive 인지의 prolonged 장기적인, 오래 계속되는
disorder 장애 nap 낮잠을 자다, 잠깐 자다 determine 결정하다
factor 요소, 요인

---

14 독해 전체내용 파악(제목 파악) 난이도 중 ●●○

다음 글의 제목으로 가장 적절한 것은?

The next time you are tempted to order fast food, you may want to think twice. Researchers in Germany conducted an experiment in which they asked a group of healthy adult males to drink either water or a palm oil beverage. The latter contained the same amount of saturated fat as that of a regular cheeseburger and large fries. Those who consumed the beverage experienced an instant decrease in sensitivity to insulin, the hormone that regulates blood sugar levels, and impaired liver function. The resulting changes were similar to those seen in patients with diabetes and fatty liver disease.

① A Hormone That Regulates Fat and Sugar
② The Digestion Process of Saturated Fat
③ The Effects of a Single Fatty Meal on Health
④ Risk Factors for Diabetes and Fatty Liver Disease

해석
다음번에 당신이 패스트푸드를 주문하고 싶어질 때, 당신은 다시 생각하고 싶을지도 모른다. 독일의 연구진들은 건강한 성인 남성들의 한 무리에게 물이나 야자유 음료 중 하나를 마시게 하는 실험을 했다. 후자(야자유 음료)는 일반적인 치즈버거와 큰 사이즈의 감자튀김의 것과 같은 양의 포화지방을 함유했다. 그 음료를 마신 사람들은 혈당 수치를 조절하는 호르몬인 인슐린에 대한 민감성의 즉각적인 감소와 손상된 간 기능을 겪었다. 그 결과로 발생하는 변화들은 당뇨병과 지방간 질환이 있는 환자들에게서 볼 수 있는 것들과 유사했다.

① 지방과 당을 조절하는 호르몬
② 포화지방의 소화 과정
③ 지방이 많은 한 끼 식사가 건강에 미치는 영향들
④ 당뇨병과 지방간 질환의 위험 인자들

해설
지문 전반에 걸쳐 건강한 성인 남성들에게 물이나 포화지방을 함유한 야자유 음료를 마시게 한 실험에서, 포화지방을 함유한 음료를 마신 사람들이 인슐린에 대한 민감성의 즉각적인 감소와 간 기능의 손상을 겪었다는 것을 설명하고 있으므로, '③ 지방이 많은 한 끼 식사가 건강에 미치는 영향들'이 이 글의 제목이다.

[오답 분석]
① 지방과 당을 조절하는 호르몬은 지문과 관련이 없다.
② 포화지방의 소화 과정에 대해서는 언급되지 않았다.
④ 포화지방을 함유한 음료를 마신 사람들이 겪은 변화들이 당뇨병과 지방간 환자들에게서 볼 수 있는 것들과 유사하다고는 했으나, 당뇨병과 지방간 질환의 위험 인자들에 대해서는 언급되지 않았다.

정답 ③

어휘
be tempted to ~하고 싶어지다 saturated fat 포화지방
sensitivity 민감성 regulate 조절하다 impaired 손상된 liver 간
diabetes 당뇨병 digestion 소화

구문 분석
[9행] The resulting changes were similar / to those seen in patients / with diabetes and fatty liver disease.
: 이처럼 현재분사(resulting)가 명사를 꾸며주는 경우, '~한', 또는 '~하는'이라고 해석한다.

---

15 독해 전체내용 파악(제목 파악) 난이도 상 ●●●

다음 글의 제목으로 가장 적절한 것은?

On July 6, 2015, the International Space Station (ISS) received over three tons of new supplies via a rocket launched on July 3. Although the ISS reportedly had enough provisions to sustain the crew until October, the rocket's safe arrival was viewed as a relief. Two previous attempts to send the astronauts supplies in the months following the last delivery in April had both failed. The first spacecraft lost control before reaching the ISS, while the second never even reached orbit, exploding moments after being launched.

① Astronauts on ISS in Desperate Situation
② The Third Time's a Charm for ISS Delivery
③ ISS Delivery on Hold Until Further Notice
④ Rocket Failures Blamed on Negligence at ISS

해석
2015년 7월 6일, 국제 우주 정거장(ISS)은 7월 3일에 발사된 로켓을 통해 3톤이 넘는 새로운 물자를 받았다. 전하는 바에 따르면 비록 ISS가 10월까지 승무원들의 생명을 유지할 충분한 식량을 가지고 있었지만, 그 로켓의 안전한 도착은 근심을 덜어주는 것으로 여겨졌다. 4월의 마지막 배달 이후 몇 달에 걸쳐 우주 비행사들에게 물자를 보내기 위한 두 차례의 앞선 시도들은 모두 실패했었다. 첫 번째 우주선은 ISS에 도달하기 전에 조종 불능이 된 한편, 두 번째는 발사된 직후에 폭발하여 궤도에 도달하지도 못했다.

① 대단히 위험한 상황에 처한 ISS의 우주 비행사들

② 세 번째가 ISS 배달의 행운이었다

③ 추후 통지가 있을 때까지 보류된 ISS 배달

④ ISS에서의 부주의 때문에 일어난 로켓 고장

해설

지문 처음에서 2015년 7월 국제 우주 정거장에 새로운 물품들이 전달되었다고 하고, 지문 중간에서 4월의 마지막 배달 이후 우주 비행사들에게 물품을 보내려는 이전의 두 차례 시도는 모두 실패했었다고 했으므로, '② 세 번째가 ISS 배달의 행운이었다'가 이 글의 제목이다.

[오답 분석]

① ISS는 충분한 비축품을 가지고 있어서 로켓의 도착은 근심을 덜어주는 것으로 여겨졌다고 했으므로 ISS의 우주비행사들이 위험한 상황에 처했다는 것은 지문의 내용과 다르다.

③ ISS 배달이 추후 통지까지 보류되었는지는 언급되지 않았다.

④ 로켓 고장이 ISS에서의 부주의 때문에 일어났는지에 대해서는 언급되지 않았다.

정답 ②

어휘

via ~을 통해   launch 발사하다   reportedly 전하는 바에 따르면
provisions 식량, 저장품   sustain (생명 등을) 유지하다, 지지하다
astronaut 우주 비행사   orbit 궤도   desperate 대단히 위험한, 절망적인
charm 행운, 매력   on hold 보류된   blame ~ 때문으로 보다, 비난하다
negligence 부주의, 과실

---

16 **독해** 세부내용 파악(내용 불일치 파악)   난이도 상 ●●●

다음 글의 내용과 일치하지 않는 것은?

A detailed life-cycle analysis of recycled goods undertaken by scientists at Yale University has raised doubts about whether recycling is always the environmentally sound choice. The researchers calculated the energy consumed from the time the recyclables are picked up until they become usable new products. They then compared these numbers with the energy involved in sending the same objects to landfills or incinerators. The results varied depending on the material. Recycling glass, for instance, requires an extensive process of crushing it into small pellets, mixing those pellets with raw materials such as sand, and then creating a new container. The toxic factory emissions released as a result are high and can offset the environmental benefits of disposing of the glass. On the other hand, recycling aluminum is simple and highly efficient, taking only 5 percent of the energy that would be needed to dump it. Thus, the reality is that some recycling processes are advantageous to the environment, while others do more harm than good.

① Some goods require more energy to recycle than others.

② All recycled goods are first crushed into small pellets.

③ Processing recycled glass releases harmful gases into the air.

④ It requires less energy to recycle aluminum than to discard it.

해석

예일대학교의 과학자들에 의해 착수되었던 재활용품에 대한 상세한 수명 주기 분석은 재활용이 항상 환경적으로 타당한 선택인지에 대한 의문을 제기해왔다. 연구원들은 재활용할 수 있는 것들이 수거되는 시기부터 그것들이 사용할 수 있는 새로운 제품들이 될 때까지 소모된 에너지를 계산했다. 그리고 나서 그들은 동일한 물건들을 쓰레기 매립지나 소각로로 보내는 것에 수반되는 에너지를 이 수치들과 비교했다. 그 결과들은 물질에 따라 다양했다. 예를 들어, 유리를 재활용하는 것은 그것을 으스러뜨려 작은 알갱이들로 만들고, 그 알갱이들을 모래와 같은 원료들과 섞은 뒤, 새로운 용기를 만들어 내는 대규모의 과정을 필요로 한다. 그 결과로서 배출되는 독성 공장 배출물이 많기 때문에 유리를 처리하는 것의 환경적 이점들을 상쇄할 수 있다. 반면에, 알루미늄을 재활용하는 것은 그것을 버리는 데 필요한 에너지의 5퍼센트만이 들기 때문에 간단하고 매우 효과적이다. 따라서, 다른 것들이 득보다 실이 더 많은 반면, 일부 재활용 처리는 환경에 이롭다는 것이 현실이다.

① 일부 상품들은 재활용하는 데 다른 것들보다 더 많은 에너지를 필요로 한다.

② 모든 재활용된 상품들은 처음에 으스러뜨려져 작은 알갱이들로 만들어진다.

③ 재활용된 유리를 처리하는 것은 대기에 유해 가스를 방출한다.

④ 알루미늄을 재활용하는 것은 그것을 폐기하는 것보다 더 적은 에너지를 필요로 한다.

해설

지문 중간에서 유리를 재활용하기 위해 그것을 으스러뜨려 작은 알갱이들로 만든다고는 했지만, '② 모든 재활용된 상품들은 처음에 으스러뜨려져 작은 알갱이들로 만들어진다'는 것은 지문에서 언급되지 않았다.

[오답 분석]

① 다섯 번째 문장에서 유리를 재활용하는 것은 대규모의 과정을 필요로 한다고 언급되었다.

③ 여섯 번째 문장에서 유리 재활용으로 배출되는 유독성 공장 배출물이 많다고 언급되었다.

④ 일곱 번째 문장에서 알루미늄을 재활용하는 것은 그것을 버리는 데 필요한 에너지의 5퍼센트만 든다고 언급되었다.

정답 ②

어휘

undertake 착수하다   sound 타당한, 믿을 만한 것   calculate 계산하다
landfill 쓰레기 매립지   incinerator 소각로   vary 다양하다, 달라지다
extensive 대규모의, 넓은   crush A into B A를 으스러뜨려 B로 만들다
pellet 알갱이   toxic 독성의   emission (대기 속의) 배출물, 배기가스
offset 상쇄하다   dispose 처리하다   discard 폐기하다

17 독해 논리적 흐름 파악(무관한 문장 삭제) 난이도 상 ●●●

글의 흐름상 가장 어색한 문장은?

You may think that you can get to know someone by asking them thought-provoking questions. How do you feel about love? Do you believe in life after death? What do you think is the meaning of life? In reality, these questions actually tell you very little about a person. ① The best way to get to know someone is through seemingly insignificant questions. ② Asking someone what they eat for breakfast and where they like to shop, for instance, are good ways to learn about them. ③ Talking about values lets the other person know what you think is important. ④ Paying attention to the small details in these mundane aspects of life can show you what a person is really like.

해석

당신은 그들에게 진지하게 생각하게 하는 질문들을 물어봄으로써 누군가를 알게 될 수 있다고 생각할지도 모른다. 당신은 사랑에 대해 어떻게 생각하는가? 당신은 사후 세계를 믿는가? 당신은 삶의 의미가 무엇이라고 생각하는가? 사실, 이런 질문들이 실제로 한 사람에 대해 거의 알려주지는 않는다. ① 누군가를 알기 위한 가장 좋은 방법은 겉보기에는 사소해 보이는 질문들을 통해서이다. ② 예를 들어, 누군가에게 아침으로 무엇을 먹는지와 어디에서 쇼핑하는 것을 좋아하는지를 물어보는 것은 그들을 알게 되는 좋은 방법들이다. ③ 가치관에 대해 이야기하는 것은 다른 사람이 당신이 중요하게 생각하는 것을 알게 해준다. ④ 이러한 삶의 일상적인 측면들에서의 세세한 정보들에 관심을 가지는 것은 한 사람이 진짜 어떤 사람인지를 당신에게 보여줄 수 있다.

해설

지문 처음에서 진지하게 생각하게 하는 질문들이 실제로 한 사람에 대해 거의 알려주지 않는다고 언급한 뒤, ①번에서 누군가를 알기 위한 가장 좋은 방법은 사소해 보이는 질문들을 하는 것이라고 하고, ②, ④번에서 그러한 질문들의 예시와 효과에 대해 설명하고 있다. 그러나 ③번은 가치관에 대해 이야기하는 것의 중요성에 대한 내용으로, 지문 전반의 내용과 관련이 없다.

정답 ③

어휘

thought-provoking 진지하게 생각하게 하는 **seemingly** 겉보기에는 **insignificant** 사소한, 중요하지 않은 **value** 가치관 **mundane** 일상적인 **aspect** 측면

18 독해 논리적 흐름 파악(문장 삽입) 난이도 중 ●●○

주어진 문장이 들어갈 가장 알맞은 위치는?

This amounts to pouring gas on a fire.

As a teacher, there have been times when I've wanted to call it quits. Unruly classes and disrespectful children have tried my patience nearly to the breaking point. (①) But with a little practice and patience, there are ways to get your students under control. One simple but effective method is to stand in silence. (②) When a kid is acting up, the natural reaction for educators is to yell and scold. (③) For one thing, children react badly when publicly reprimanded. Additionally, a rift occurs in the teacher-student relationship, the strength of which is crucial to doing well in class. (④) Standing quietly nearby lets them know you are aware of their misconduct without overtly calling attention to it. Nine times out of ten, they settle down on their own.

해석

이것은 불에 기름을 붓는 것과 마찬가지다.

교사로서, 나는 사직하고 싶었던 적이 몇 번 있었다. 다루기 힘든 학급들과 무례한 아이들은 나의 인내심을 거의 한계점까지 시험했다. (①) 하지만 약간의 연습과 인내심으로, 당신의 학생들을 통제할 방법들이 있다. 한 가지 간단하지만 효과적인 방법은 말없이 서 있는 것이다. (②) 아이가 제멋대로 행동하고 있을 때, 교사에게 자연스러운 반응은 소리치고 꾸짖는 것이다. (③) 우선 첫째로, 아이들은 공개적으로 꾸지람을 들으면 좋지 않게 반응한다. 게다가, 교사와 학생의 관계에 불화가 발생하는데, 그 관계의 힘은 학급 생활을 잘하는 데에 매우 결정적이다. (④) 가까이에 조용히 서 있는 것은 공공연하게 그것에 주의를 환기시키지 않고도 당신이 그들(아이들)의 못된 짓을 인지하고 있다는 것을 그들에게 알려준다. 십중팔구로, 그들은 스스로 조용해진다.

해설

③번 앞 문장에서 아이가 제멋대로 행동하고 있을 때 교사에게 자연스러운 반응은 소리치고 꾸짖는 것이라고 하고, ③번 뒤 문장에서 아이들은 공개적인 꾸지람에 부정적으로 반응한다고 했으므로, ③번에 이것(소리치고 꾸짖는 것)은 불에 기름을 붓는 것과 마찬가지라는 내용의 주어진 문장이 나와야 지문이 자연스럽게 연결된다.

[오답 분석]

① 앞 문장은 화자가 다루기 힘든 학급들과 무례한 아이들 때문에 사직하고 싶었던 적이 있었다는 내용이고, ①번 뒤 문장은 하지만 연습과 인내심으로 학생들을 통제할 방법들이 있다고 하며 앞 문장과 이어지는 내용이므로 ①번에 다른 문장이 삽입되면 문맥상 부자연스럽다.

② 앞 문장은 학생들을 통제하는 한 가지 방법이 말없이 서 있는 것이라는 내용이고, ②번 뒤 문장에서 제멋대로 행동하는 아이들에 대한 교사에게 자연스러운 반응은 아이를 소리치고 꾸짖는 것이라고 하며 말없이 서 있는 것이 왜 효과적인지에 대해 부연 설명을 하고 있으므로 ②번에 다른 문장이 삽입되면 문맥상 부자연스럽다.

④ 뒤 문장은 가까이에 조용히 서 있는 것이 공공연하게 주의를 환기시키는 것 없이 아이들이 못된 짓을 인지할 수 있게 해준다는 긍정적인 내용이므로 ④번에 어떤 것이 불에 기름을 붓는 것과 마찬가지라는 내용의 주어진 문장이 삽입되면 문맥상 부자연스럽다.

정답 ③

어휘

amount to ~과 마찬가지다 **call it quits** 사직하다, 그만하기로 하다 **unruly** 다루기 힘든 **disrespectful** 무례한 **patience** 인내심

breaking point 한계점 act up 제멋대로 행동하다 scold 꾸짖다, 야단치다
reprimand 꾸짖다, 질책하다 rift 불화, 균열 misconduct 못된 짓, 비행
overtly 공공연하게, 명백히 call attention to ~에 주의를 환기시키다
nine times out of ten 십중팔구 settle down ~를 조용히 시키다, 진정시키다

---

19 독해 논리적 흐름 파악(문단 순서 배열) 난이도 상 ●●●

주어진 글 다음에 이어질 글의 순서로 가장 적절한 것은?

It is normal for businesses that sell consumer goods to be flooded with customers and receive an abundance of orders during the holiday season. That is why many are in the practice of hiring additional workers for that limited time period.

(A) For example, positions in the hospitality industry may entail only that employees greet guests and provide them with specific information or materials, while retailers are looking for additional cashiers and people to move stock around.

(B) These seasonal employees may be hired for a period of six months or less, as the nature of their employment necessitates that their working period is only temporary. This benefits students and those looking for a short boost in income.

(C) Other benefits include flexible work hours, as the demands of the seasonal work tend to require as many employees to be available when possible. Furthermore, such positions usually demand no specialization in the skills of workers.

① (A) – (C) – (B)　　　　② (B) – (C) – (A)
③ (C) – (A) – (B)　　　　④ (C) – (B) – (A)

[해석]

소비재를 파는 기업들이 휴가 기간에 손님들로 넘치고 다수의 주문들을 받는 것은 일반적이다. 그것이 많은 기업들이 그 한정된 기간 동안 추가적인 근로자들을 고용하는 관례를 따르는 이유이다.

(B) 이처럼 계절마다 다른 직원들은 6개월 또는 더 적은 기간 동안 고용되는데, 그들 일자리의 특성상 그들의 근무 기간이 오직 일시적일 것을 요하기 때문이다. 이는 학생들과 단기간의 수입 증가를 바라는 사람들에게 이익이 된다.

(C) 다른 이익들은 탄력적인 노동 시간을 포함하는데, 계절마다 다른 일자리의 수요는 가능할 때 최대한 많은 직원들이 일할 수 있는 것을 요구하는 경향이 있기 때문이다. 뿐만 아니라, 그런 일자리들은 보통 근로자들이 기술 면에서 전문화되는 것을 필요로 하지 않는다.

(A) 예를 들어, 서비스업에서의 일자리들은 직원들이 방문객들을 맞이하고 그들에게 특정 정보나 자료를 제공하는 것만 필요로 하고, 소매 상인들은 추가적인 출납원들과 재고를 옮길 사람들을 찾는다.

[해설]

주어진 문단에서 많은 기업들이 휴가 기간에 추가적인 직원들을 고용하는 관례를 따른다고 언급한 뒤, (B)에서 이처럼(These) 계절마다 다른 고용인들은 일자리의 특성상 짧은 기간 동안 근무하며, 이는 학생들이나 단기

간의 수입 증가를 바라는 사람들에게 이익이 된다는 것을 설명하고 있다. 이어서 (C)에서 다른 이익들(Other benefits)로는 탄력적인 노동 시간과 특별한 기술을 요구하지 않는다는 것이 있다고 설명한 뒤, (A)에서 서비스업과 소매업자들이 필요로 하는 일들의 예시로서(For example) 서비스업을 언급하고 있다.

정답 ②

[어휘]

abundance 다수, 풍부 practice 관례 hospitality industry 서비스업
entail ~을 필요로 하다, 수반하다 retailer 소매 상인 seasonal 계절마다 다른
necessitate ~을 요하다, 수반하다 temporary 일시적인, 임시의
flexible 탄력적인 demand 수요; 필요로 하다 specialization 전문화, 특수화

---

20 독해 추론(빈칸 완성 – 절) 난이도 중 ●●○

밑줄 친 부분에 들어갈 말로 가장 적절한 것은?

Some things don't require much care, but this doesn't hold true for potted plants you buy and take home. If you ask yourself, "How will I care for this plant?" the answer is "_____." Most people who have never taken care of a plant think that watering them regularly is enough. But when the soil at the top of the pot looks dry, they water again, not realizing that it may still be wet at the bottom. Watering this way will only drown the roots. Another consideration is how fast and large the roots grow. The plant may need to be transferred to a bigger pot, but before replanting, the soil has to be removed from the roots. Otherwise, it will harden and prevent proper root growth. The roots also need trimming; damaged, broken and twisted roots should be removed to encourage healthy leaves and buds. Really, if plant buyers took the time to read a magazine on gardening, they would learn what's needed to keep a plant healthy and alive.

① Do research
② No need to
③ Talk to it every single day
④ Give it more water if it begins to wilt

[해석]

어떤 것들은 많은 관리를 필요로 하지 않지만, 이것은 당신이 구매하여 집으로 가져온 화분에 심은 식물들에는 유효하지 않다. 만약 당신이 스스로에게 '나는 이 식물을 어떻게 돌볼 것인가?'라고 묻는다면 대답은 '연구하라'이다. 식물을 한 번도 돌본 적 없는 대부분의 사람들은 그것들에 규칙적으로 물을 주는 것으로 충분하다고 생각한다. 하지만 화분의 가장 위에 있는 흙이 말라 보일 때, 그것(흙)이 바닥은 아직 젖어 있을지도 모른다는 것을 알아차리지 못한 채, 그들은 다시 물을 준다. 이런 방식으로 물을 주는 것은 뿌리를 흠뻑 젖게 할 뿐이다. 또 다른 고려사항은 얼마나 빠르고 크게 뿌리가 자라는가이다. 식물은 더 큰 화분으로 옮겨져야 할지도 모르지만, 다시 심기 전에, 그 뿌리들에서 흙이 제거되어야 한다. 그렇지 않으면, 그것은 단단해져서 제대로 된 뿌리의 성장을 방해할 것이다. 뿌리들은 또한 손질되어야 하는데, 손상되고, 부러지고, 꼬인 뿌리들은 건강한 잎들

과 싹들을 돋우기 위해 제거되어야 하기 때문이다. 실제로, 만약 식물 구매자들이 시간을 들여 원예에 관한 잡지를 읽는다면, 그들은 식물을 건강하고 살아 있게 하는 데 무엇이 필요한지 배우게 될 것이다.

① 연구하라
② 그럴 필요가 없다
③ 그것에 매일 말을 걸어라
④ 그것이 시들기 시작하면 물을 더 줘라

해설

지문 뒷부분에 식물 구매자들이 시간을 들여 원예에 관한 잡지를 읽는다면, 그들은 식물을 건강하고 살아 있게 하는 데 무엇이 필요한지 배우게 될 것이라고 했으므로, 빈칸에는 '식물을 어떻게 돌볼 것인가'에 대한 대답으로서 '① 연구하라'는 내용이 들어가야 한다.

[오답 분석]

② 식물을 돌볼 필요가 없다는 것은 지문의 내용과 반대이다.
③ 식물에 매일 말을 거는 것에 대해서는 언급되지 않았다.
④ 식물이 시들기 시작하면 물을 더 주라는 것에 대해서는 언급되지 않았다.

정답 ①

어휘

hold true 유효하다   potted 화분에 심은
trim 손질하다, 다듬다   bud 싹, 꽃봉오리   wilt 시들다, 풀이 죽다

▶ 정답

p. 54

01	③ 어휘 – 어휘&표현	11	③ 독해 – 세부내용 파악
02	③ 어휘 – 어휘&표현	12	② 독해 – 전체내용 파악
03	③ 문법 – 관계절	13	④ 독해 – 전체내용 파악
04	④ 문법 – 능동태·수동태	14	④ 독해 – 세부내용 파악
05	① 문법 – 분사	15	③ 독해 – 세부내용 파악
06	③ 어휘 – 생활영어	16	① 독해 – 논리적 흐름 파악
07	④ 어휘 – 생활영어	17	④ 독해 – 논리적 흐름 파악
08	② 독해 – 전체내용 파악	18	③ 독해 – 논리적 흐름 파악
09	③ 독해 – 유의어 파악	19	④ 독해 – 추론
10	② 독해 – 전체내용 파악	20	③ 독해 – 추론

▶ 취약영역 분석표

영역	세부 유형	문항 수	소계
어휘	어휘&표현	2	/4
	생활영어	2	
문법	관계절	1	/3
	능동태·수동태	1	
	분사	1	
독해	전체내용 파악	4	/13
	세부내용 파악	3	
	추론	2	
	논리적 흐름 파악	3	
	유의어 파악	1	
총계			/20

---

01 | 어휘 representation

난이도 중 ●●○

밑줄 친 부분에 들어갈 말로 가장 적절한 것을 고르시오.

> When marginalized groups do not receive accurate _____ in film and television, stereotypes and misconceptions about them are able to perpetuate.

① compensation
② supervision
③ representation
④ information

해석

소외된 집단이 영화와 TV에서 정확한 묘사를 받지 못하면, 그들에 대한 고정관념과 오해가 영속될 수 있다.

① 보상
② 감독
③ 묘사
④ 정보

정답 ③

어휘

marginalized 소외된　accurate 정확한　stereotype 고정관념
misconception 오해　perpetuate 영속시키다, 영구화하다
compensation 보상　supervision 감독　representation 묘사, 표현

이것도 알면 합격!

representation(묘사)의 유의어
= portrayal, depiction, presentation

---

02 | 어휘 balanced

난이도 하 ●○○

밑줄 친 부분에 들어갈 말로 가장 적절한 것을 고르시오.

> Eating _____ meals that include a variety of foods from different groups is necessary to prevent nutritional deficiencies.

① extra
② restrictive
③ balanced
④ complicated

해석

영양 결핍을 예방하기 위해서는 서로 다른 (식품) 군의 다양한 음식을 포함하는 균형 잡힌 식사를 하는 것이 필수적이다.

① 추가의
② 제한하는
③ 균형 잡힌
④ 복잡한

정답 ③

어휘

prevent 예방하다, 막다　nutritional 영양의　deficiency 결핍, 결손
restrictive 제한하는　complicated 복잡한

이것도 알면 합격!

balanced(균형 잡힌)의 유의어
= equitable, even, fair

03 문법 관계절   난이도 하 ●○○

밑줄 친 부분에 들어갈 말로 가장 적절한 것을 고르시오.

> John believed that studying in the library _____ he could
> focus better would improve his grades.

① which   ② that
③ where   ④ what

해석

John은 그가 더 잘 집중할 수 있는 도서관에서 공부하는 것이 그의 성적을 향상시킬 것이라고 믿었다.

해설

③ **관계부사와 관계대명사 비교** 빈칸은 완전한 절(he could focus better)을 이끌며 장소를 나타내는 선행사(the library)를 뒤에서 수식할 수 있는 관계절을 이끄는 것의 자리이다. 따라서 장소를 나타내는 선행사와 함께 쓰이면서 완전한 절을 이끄는 관계부사 where이 정답이다. 참고로, 관계대명사 which, that, 명사절 접속사 what은 완전한 절을 이끌 수 없으므로 정답이 될 수 없고, that을 완전한 절을 이끌 수 있는 명사절 접속사로 보더라도 명사절은 명사(the library)를 뒤에서 수식할 수 없으므로 정답이 될 수 없다.

                                                      정답 ③

어휘

focus 집중하다   **grade** 성적

🔖 이것도 알면 **합격!**

관계부사 뒤에는 완전한 절이 오는 반면, 관계대명사 뒤에는 불완전한 절이 온다.

> I remember the day <u>when we first met.</u>
>   관계부사   완전한 절
> 나는 우리가 처음 만난 날을 기억한다.

> She is the girl <u>who won the competition.</u>
>   관계대명사   불완전한 절
> 그녀는 시합에서 우승한 소녀이다.

04 문법 능동태·수동태   난이도 중 ●●○

밑줄 친 부분 중 어법상 옳지 않은 것은?

> For both parents and non-parents alike, it can be a struggle
> to ① <u>interact with</u> children. Difficulties tend to stem from
> adults not ② <u>giving</u> the child a chance to communicate on an
> equal standing. Grown-ups may use overly simple vocabulary
> or sentence structures, or speak in a voice higher than their
> natural one in an effort to sound friendlier. These tactics
> ③ <u>mostly</u> work to alienate the child as they feel patronized.
> Instead, adults would fare better if they ④ <u>were treated</u>
> youngsters as peers, shaking their hands on a first encounter
> and asking for their opinions on current events.

해석

부모들과 부모가 아닌 사람들 둘 다에게, 아이들과 상호 작용을 하는 것은 투쟁이 될 수 있다. 어려움들은 아이들에게 동등한 입장에서 의사소통을 할 기회를 주지 않는 어른들에게서 기인하는 경향이 있다. 어른들은 몹시 간단한 어휘나 문장 구조를 사용하거나, 더 친절하게 들리기 위한 노력으로 그들의 자연적인 것(목소리)보다 더 높은 목소리로 말할지도 모른다. 이러한 전략들은 대체로 아이들이 가르침을 받는다고 느끼기 때문에 아이가 소외감을 느끼게 작용한다. 대신에, 어른들은 첫 만남에 악수를 하고 시사 문제에 대해 그들의 의견을 물음으로써 그들이 아이들을 또래들처럼 대한다면 더 잘 해나갈 것이다.

해설

④ **능동태·수동태 구별** 주어(they)와 동사가 '그들이 대하다'라는 의미의 능동 관계이므로 수동태 were treated를 능동태 treated로 고쳐야 한다.

[오답 분석]

① **기타 전치사** 동사 interact는 전치사 with와 함께 interact with (~와 상호 작용을 하다)의 형태로 자주 쓰이므로 interact with가 올바르게 쓰였다.

② **현재분사 vs. 과거분사** 수식받는 명사(adults)와 분사가 '어른들이 주지 않다'라는 의미의 능동 관계이므로 현재분사 giving이 올바르게 쓰였다. 참고로, 동사 give는 두 개의 목적어를 '간접 목적어(the child) + 직접 목적어(a chance)'의 순서로 취하는 4형식 동사이다.

③ **혼동하기 쉬운 형용사와 부사** 문맥상 '대체로 소외감을 느끼게 작용한다'라는 의미가 되어야 자연스럽고, '대체로'는 부사 mostly를 사용하여 나타낼 수 있으므로 mostly가 올바르게 쓰였다.

                                                      정답 ④

어휘

struggle 투쟁   **stem from** ~에서 기인하다   **standing** 입장, 지위
tactic 전략   **alienate** 소외감을 느끼게 하다, 멀어지게 만들다
patronize 가르치려 하다   **fare** 해나가다   **peer** 또래

🔖 이것도 알면 **합격!**

부사는 동사를 수식할 때 동사의 앞이나 뒤에 오지만, 동사 이외의 것을 수식할 때는 수식 받는 것 앞에 온다.

형용사 앞	The lecture she gave was **unexpectedly** short. 그녀가 한 강의는 예상외로 짧았다.
부사 앞	The bus near my house comes **quite** frequently. 나의 집 근처의 버스는 꽤 자주 온다.
전치사구 앞	I found my wallet **precisely** at the table where I had been sitting. 나는 나의 지갑을 내가 앉아 있었던 바로 그 테이블에서 찾았다.
문장 앞	**Lately,** more people are riding bicycles to work. 최근에, 더 많은 사람들이 직장까지 자전거를 타고 다닌다.

05 문법 분사   난이도 중 ●●○

밑줄 친 부분 중 어법상 옳지 않은 것은?

> With the global community ① become larger as each year passes, fostering free trade plays an essential part in helping ② to prevent wars. This is because being involved in free trade agreements ③ brings financial gains to the trading partners. International disputes are less likely to occur between countries engaged in fair trade because they stand to lose economic gains and jointly beneficial relationships. Therefore, it is the best way ④ for nations to remain on friendly and mutually dependent terms.

[해석]

해가 갈수록 국제 사회가 더 커지면서, 자유 무역을 발전시키는 것은 전쟁을 막는 것을 돕는 데 중요한 역할을 한다. 이것은 자유 무역 협정에 관여하는 것이 무역 동맹국에 금전상의 이익을 가져오기 때문이다. 자유 무역에 관련된 국가들 사이에서는 국제적인 분쟁이 일어날 가능성이 더 적은데, 그 이유는 (분쟁이 일어나면) 그들이 경제적 이익과 공동으로 이익이 되는 관계를 잃을 것으로 보이기 때문이다. 따라서, 이것은 국가들이 친밀하고 서로 의존적인 관계를 유지하게 하는 가장 좋은 방법이다.

[해설]

① **분사구문의 관용 표현** 동시에 일어나는 상황은 'with + 명사(the global community) + 분사'의 형태로 나타낼 수 있는데, 명사(the global community)와 분사가 '국제 사회가 더 커지다'라는 의미의 능동 관계이므로 동사 become을 현재분사 becoming으로 고쳐야 한다.

[오답 분석]

② **원형 부정사를 목적격 보어로 취하는 동사** 준 사역동사 help는 to 부정사와 원형 부정사를 모두 목적어로 취할 수 있으므로 to 부정사 to prevent가 올바르게 쓰였다.

③ **주어와 동사의 수 일치** 동명사구 주어(being involved ~ agreements)는 단수 취급하므로 단수 동사 brings가 올바르게 쓰였다.

④ **to 부정사의 의미상 주어** 문장의 주어(it)와 to 부정사의 행위 주체(nations)가 달라서 to 부정사의 의미상 주어가 필요할 경우, 'for + 명사'를 to 부정사 앞에 써야 하므로 to remain 앞에 for nations가 올바르게 쓰였다.

정답 ①

[어휘]

foster 발전시키다, 조성하다   play a part 역할을 하다   essential 중요한 agreement 협정, 동의   dispute 분쟁, 논쟁   engage in ~에 관여하다 stand to ~할 것으로 보이다, ~할 것 같다   mutually 서로, 상호 간에 dependent 의존적인   term 관계, 용어

🚀 [이것도 알면 합격!]

분사구문 관용 표현

> \> according to ~에 따르면
> \> providing / provided (that) 만일 ~이라면
> \> supposing / supposed (that) 만일 ~이라면
> \> considering ~을 고려해보면

06 생활영어 Why don't you go on ahead?   난이도 하 ●○○

밑줄 친 부분에 들어갈 말로 가장 적절한 것을 고르시오.

> A: Are you still joining us for dinner?
> B: Absolutely, but I have to deal with a crisis with one of my clients. So, I'll be a little late.
> A: That shouldn't be a problem. How much longer will you be?
> B: Maybe 30 minutes or so. _____
> A: That sounds good. I'll grab a table for the group.
> B: Perfect. I'll be there as soon as possible.

① Which restaurant will we go to?
② I think this task might take all night.
③ Why don't you go on ahead?
④ Be sure you're not late.

[해석]

> A: 여전히 우리와 저녁 식사를 함께하는 거지?
> B: 물론이지, 그런데 나는 내 고객 중 한 명에게 생긴 문제를 처리해야 해. 그래서 조금 늦을 거야.
> A: 그건 문제없어. 얼마나 더 오래 걸리니?
> B: 아마 30분 정도. 네가 먼저 가는 게 어때?
> A: 그게 좋겠다. 내가 단체석 테이블을 잡아 둘게.
> B: 좋아. 내가 최대한 빨리 그리로 갈게.

① 우리 어떤 식당으로 갈까?
② 나는 이 일이 밤새도록 걸릴 것 같아.
③ 네가 먼저 가는 게 어때?
④ 절대 늦지 마.

[해설]

얼마나 더 오래 걸리는지 묻는 A의 질문에 대해 B가 30분 정도라고 대답하고, 빈칸 뒤에서 다시 A가 That sounds good. I'll grab a table for the group(그게 좋겠다. 내가 단체석 테이블을 잡아 둘게)이라고 말하고 있으므로, 빈칸에는 '③ Why don't you go on ahead?(네가 먼저 가는 게 어때?)'가 오는 것이 자연스럽다.

정답 ③

[어휘]

deal with ~을 처리하다, 다루다

🚀 [이것도 알면 합격!]

계획을 확인할 때 쓸 수 있는 다양한 표현

> \> Are we still on schedule for ~?
>   우리 ~ 일정 그대로 진행되는거죠?
> \> Would you still be able to join us for ~?
>   여전히 ~에 함께하실 수 있으신가요?
> \> I just wanted to check if our plans are still set for ~.
>   우리 계획이 아직 그대로인지 확인하고 싶었어요.

07 생활영어 No. I'd like to hear about it. 난이도 중 ●●○

밑줄 친 부분에 들어갈 말로 가장 적절한 것을 고르시오.

 Jenny Hwang
Hello, I would like to request maternity leave.
09:23

HR department
Certainly. What dates would you like to request?
09:30

 Jenny Hwang
I would like the leave to start on August 1.
09:31

HR department
I will make a note of that and message you as soon as it's approved.
09:31

 Jenny Hwang
Thanks. Just to double-check, leave lasts for three months, right?
09:32

HR department
That's correct. And are you aware of the recent change to maternity payments?
09:33

 Jenny Hwang

09:34

HR department
Monthly payments have increased from 1.5 million won to 2.5 million won.
09:37

① No. I don't want to change the date.
② Yes. I updated my account information.
③ Yes. I've already been informed.
④ No. I'd like to hear about it.

해석

Jenny Hwang: 안녕하세요, 저는 출산 휴가를 신청하고 싶습니다.
인사 부서: 물론입니다. 어떤 날짜로 신청하시겠어요?
Jenny Hwang: 8월 1일부터 휴가를 시작하고 싶어요.
인사 부서: 제가 그것을 적어두고 승인되는 대로 메시지를 보내드릴 게요.
Jenny Hwang: 감사합니다. 다시 한번 확인하면, 휴가 기간은 3 개월 맞죠?
인사 부서: 맞아요. 그리고 출산 휴가 수당이 최근에 변경된 점을 알고 계시나요?
Jenny Hwang: <u>아니요. 그것에 대해 듣고 싶어요.</u>
인사 부서: 월 수당이 150만 원에서 250만 원으로 인상되었어요.

① 아니요. 날짜를 바꾸고 싶지 않아요.
② 네. 계좌 정보를 업데이트했어요.
③ 네. 이미 통지받았어요.
④ 아니요. 그것에 대해 듣고 싶어요.

해설

휴가 기간이 3개월이 맞냐는 Jenny Hwang의 질문에 인사 부서가 맞다고 대답하며 출산 휴가 수당이 최근에 변경된 점을 알고 있냐고 묻고, 빈 칸 뒤에서 다시 인사 부서가 Monthly payments have increased from 1.5 million won to 2.5 million won(월 수당이 150만 원에서 250만 원으로 인상되었어요)이라고 말하고 있으므로, 빈칸에는 '④ 아니요. 그것에 대해 듣고 싶어요(No. I'd like to hear about it)'가 오는 것이 자연스럽다.

정답 ④

어휘

maternity leave 출산 휴가 approve 승인하다, 찬성하다
payment 수당, 급여 account 계좌

이것도 알면 **합격!**

휴가와 관련된 다양한 표현

> annual leave 연차 휴가　　> marriage leave 결혼 휴가
> parental leave 육아 휴직　　> paid time off(PTO) 유급 휴가
> sick leave 병가　　> unpaid leave 무급 휴가

08~09 다음 글을 읽고 물음에 답하시오.

To	Automotive Department
From	Shae Collins
Date	October 9
Subject	Government Subsidy Application

To whom it may concern,

I hope this message finds you well. I am writing to inquire about how best to proceed in a unique situation regarding my current subsidy application.

I am the owner of a car rental service, and last month I submitted an application for a corporate government subsidy to cover five electronic vehicles. However, due to changes to my business's outlook, I would like to increase the subsidy claim to include additional vehicles.

After checking the application portal, I'm still unclear about what the best course of action is. Please let me know if I should revise my <u>outstanding</u> application, which I see is still under review, or submit a new application with the updated information. A prompt response would be appreciated.

Sincerely,
Shae Collins

해석

수신: 자동차 부서
발신: Shae Collins
날짜: 10월 9일
제목: 정부 보조금 신청서

담당자분께,

이 메시지가 잘 전달되기를 바랍니다. 저는 현재의 보조금 신청서와 관련하여 특별한 상황에서 진행하는 가장 좋은 방법에 대해 문의하기 위해 글을 씁니다.

저는 렌터카 서비스의 소유자이며, 지난달에 5대의 전기차를 보장하기 위한 기업 정부 보조금 신청서를 제출했습니다. 하지만, 저의 사업 전망 변경으로 인해, 보조금 청구를 늘려서 추가적인 차량을 포함하고 싶습니다.

신청 포털을 확인한 후에도 저는 여전히 최선의 방책이 무엇인지 잘 모르겠습니다. 아직 검토 중인 것으로 보이는 <u>미해결된</u> 신청서를 수정해야 할지, 아니면 업데이트된 정보가 포함된 새 신청서를 제출해야 할지 알려주세요. 신속하게 답변해 주시면 감사하겠습니다.

Shae Collins 드림

어휘

automotive 자동차의 subsidy 보조금 application 신청서
inquire 문의하다 proceed 진행하다 corporate 기업의
electronic 전기의 vehicle 차량 outlook 전망 claim 청구
course of action 방책, 행동 지침 revise 수정하다
outstanding 미해결된, 아직 처리되지 않은 prompt 신속한

08 독해 전체내용 파악(목적 파악) 난이도 중 ●●○

윗글의 목적으로 가장 적절한 것은?

① 복잡한 보조금 신청 방법에 대해 불만을 제기하려고
② 보조금 신청 내역을 수정하는 방법을 문의하려고
③ 전기차에 대한 보조금을 인상하는 것을 제안하려고
④ 보조금 신청서 양식을 변경할 것을 요청하려고

해설

지문 처음에서 현재의 보조금 신청서와 관련하여 특별한 상황에서 진행하는 가장 좋은 방법에 대해 문의하기 위해 글을 쓴다고 했고, 지문 마지막에서 보조금 청구를 늘려서 추가적인 차량을 포함하고 싶을 때 신청서를 수정해야 할지 새 신청서를 제출해야 할지 알려달라고 하고 있으므로, '② 보조금 신청 내역을 수정하는 방법을 문의하려고'가 이 글의 목적이다.

[오답 분석]
① 복잡한 보조금 신청 방법에 대한 불만은 언급되지 않았다.
③ 전기차 보조금을 인상하는 것에 대한 내용은 언급되지 않았다.
④ 보조금 신청서 양식을 변경하는 것에 대한 내용은 언급되지 않았다.

정답 ②

09 독해 유의어 파악 난이도 중 ●●●

밑줄 친 "outstanding"의 의미와 가장 가까운 것은?

① excellent
② primary
③ ongoing
④ significant

해석

① 훌륭한
② 주된
③ 진행 중인
④ 중요한

해설

outstanding(미해결된)이 포함된 문장(Please let me know if I should revise my outstanding application, which I see is still under review ~)에서 아직 검토 중인 것으로 보이는 미해결된 신청서를 수정해야 할지 알려 달라고 했으므로 outstanding은 '미해결된'이라는 의미로 사용되었다. 따라서 '진행 중인'이라는 의미의 ③ ongoing이 정답이다.

정답 ③

10~11 다음 글을 읽고 물음에 답하시오.

[A]

Sandersonville will host its first International Food Festival next month. This vibrant event will celebrate the cuisine of the many immigrant groups that make up the city. You won't want to miss this exciting cultural experience.

Details
- **Dates:** Monday, May 10 – Sunday, May 16
- **Times:** 3:00 p.m. – 9:00 p.m. (Monday – Friday)
  10:00 a.m. – 10:00 p.m. (Saturday & Sunday)
- **Location:** Sandersonville Central Park Pavilion

Special Features
- **Global Cuisine**
  Sample foods from more than 30 countries spanning the globe, as well as dishes unique to the Sandersonville area.
- **Live Cooking Demonstrations**
  Learn how to make dishes from a variety of cultures and where to source hard-to-find ingredients in local stores.
- **Informative Presentations**
  Enjoy a showcase of presentations highlighting the cultures of festival participants.

For a full list of vendors, activities, and presentations, please visit www.sandersonvillefoodfest.org or call 555-3773.

해석

(A) **도시의 다양한 음식 문화를 탐험해 보세요**

Sandersonville은 다음 달에 첫 번째 '국제 음식 축제'를 열 것입니다. 이 활기찬 행사는 도시를 이루고 있는 많은 이민자 집단의 요리를 기념할 것입니다. 이 흥미로운 문화적 경험을 놓치고 싶지 않을 것입니다.

세부 사항
- **날짜:** 5월 10일 월요일 – 5월 16일 일요일
- **시간:** 오후 3시 – 오후 9시 (월요일 – 금요일)
  오전 10시 – 오후 10시 (토요일 & 일요일)

- **장소:** Sandersonville 중앙 공원 별관

특별한 요소

- **세계 요리**
  전 세계 30개국 이상에서 온 음식뿐만 아니라, Sandersonville 지역 고유의 요리도 시식해 보세요.

- **라이브 요리 시연**
  다양한 문화의 요리를 만드는 방법과 현지 상점에서 찾기 어려운 재료를 어디서 구할 수 있는지를 알아보세요.

- **유익한 발표**
  축제 참가자들의 문화를 조명하는 발표 공개 행사를 즐겨보세요.
  판매 업체, 활동, 그리고 발표의 전체 목록을 위해서는 www.sandersonvillefoodfest.org를 방문하거나 555-3773으로 전화하세요.

[어휘]

cuisine 요리 immigrant 이민자 make up ~을 이루다, 구성하다
pavilion 별관, (공공 행사·전시회의) 가설 건물 ingredient 재료, 구성 요소
informative 유익한 vendor 판매 업체, 행상인

---

10 독해 전체내용 파악(제목 파악) 난이도 중 ●●○

(A)에 들어갈 윗글의 제목으로 가장 적절한 것은?

① Learn to Follow a Healthier Diet
② Explore the City's Diverse Food Cultures
③ Meet Friends from Around the World
④ Celebrate the Region's Historical Cuisine

[해석]

① 더 건강한 식단을 따르는 법을 배워보세요
② 도시의 다양한 음식 문화를 탐험해 보세요
③ 전 세계에서 온 친구들을 만나보세요
④ 이 지역의 역사적인 요리를 기념해 보세요

[해설]

지문 처음에서 '국제 음식 축제'가 열릴 것이라고 하고, 지문 전반에 걸쳐 전 세계 30개국 이상에서 온 음식을 시식하고 다양한 문화의 요리를 만드는 방법 등을 알아보라고 설명하고 있으므로, '② 도시의 다양한 음식 문화를 탐험해 보세요'가 이 글의 제목이다.

[오답 분석]
① 더 건강한 식단을 따르는 법은 지문의 내용과 관련이 없다.
③ 전 세계에서 온 친구들을 만나보라는 것에 대해서는 언급되지 않았다.
④ 지역 고유의 요리를 시식해 보라고 언급되었으나 지엽적이다.

정답 ②

[어휘]

follow 따르다 explore 탐험하다, 살피다

---

11 독해 세부내용 파악(내용 불일치 파악) 난이도 중 ●●●

International Food Festival에 관한 윗글의 내용과 일치하지 않는 것은?

① 이전에 한 번도 열린 적이 없다.
② 일주일 동안 진행될 예정이다.
③ 참가자들은 재료 샘플을 받을 것이다.
④ 온라인에서 더 많은 정보를 확인할 수 있다.

[해설]

지문 중간에서 현지 상점에서 찾기 어려운 재료를 어디서 구할 수 있는지를 알아보라고는 했지만 참가자들이 재료 샘플을 받을 것인지는 알 수 없으므로, '③ 참가자들은 재료 샘플을 받을 것이다'라는 것은 지문의 내용과 일치하지 않는다.

[오답 분석]
① 첫 번째 문장에 Sandersonville은 다음 달에 첫 번째 '국제 음식 축제'를 열 것이라고 언급되었다.
② 지문 중간의 '세부 사항'에 5월 10일 월요일부터 5월 16일 일요일까지 진행된다고 언급되었다.
④ 마지막 문장에 판매 업체, 활동, 그리고 발표의 전체 목록을 위해서는 웹사이트를 방문하라고 언급되었다.

정답 ③

---

12 독해 전체내용 파악(요지 파악) 난이도 중 ●●○

다음 글의 요지로 가장 적절한 것은?

> **Lifelong Learning in the Corporate World**
> Lifelong learning is a key skill for success throughout careers. What we learn in formal training or school is not enough to keep pace with ever-changing industries. Regardless of experience level, we must always stay on the path of self-improvement in our professional lives.
>
> **Benefits of Lifelong Learning**
> By continually developing our professional skills, we can increase our earning potential, improve job satisfaction, and open ourselves up to new opportunities in a rapidly shifting job market.
>
> As we see ourselves grow and improve in our chosen fields, we develop a rewarding sense of pride and confidence. These feelings in turn motivate us to continue to learn by embracing new challenges, taking on additional responsibilities, and pursuing higher positions we might not have considered before.

① Lifelong learning emerged as a response to industry changes.
② Lifelong learning is necessary for sustained professional achievement.
③ Lifelong learning rewards those in high positions.
④ Lifelong learning is first established with formal training and background knowledge.

[해석]

기업 세계에서의 평생 학습

평생 학습은 경력 전반에 걸쳐 성공을 위한 핵심 기술이다. 우리가 정규 교육이나 학교에서 배우는 것만으로는 끊임없이 변화하는 산업에 발맞추기에 충분하지 않다. 경험 수준과 관계없이, 우리는 직업 생활에서 항상 자기 계발의 길을 걸어야 한다.

평생 학습의 이점

우리의 전문적인 기술을 지속적으로 개발함으로써, 우리는 빠르게 변화하는 취업 시장에서 소득 잠재력을 늘리고, 직무 만족도를 높이며, 자신에게 새로운 기회를 열어줄 수 있다.

우리가 선택한 분야에서 성장하고 발전하는 모습을 보면서, 우리는 보람 있는 자부심과 자신감을 갖게 된다. 이러한 감정은 결과적으로 우리가 새로운 도전을 받아들이고, 추가적인 책임을 지고, 이전에는 고려하지 못했던 더 높은 위치를 추구함으로써 계속 학습하도록 동기를 부여한다.

① 평생 학습은 산업 변화에 대한 대응으로 등장했다.
② 지속적인 직업적 성과를 위해서는 평생 학습이 필요하다.
③ 평생 학습은 높은 지위에 있는 사람들에게 보상한다.
④ 평생 학습은 먼저 정규 교육과 배경지식을 바탕으로 확립된다.

[해설]

지문 처음에서 평생 학습은 경력 전반에 걸쳐 성공을 위한 핵심 기술이라고 했고, 지문 전반에 걸쳐 직업 생활에서의 평생 학습의 이점에 대해 설명하고 있으므로, '② 지속적인 직업적 성과를 위해서는 평생 학습이 필요하다'가 이 글의 요지이다.

[오답 분석]

① 평생 학습이 산업 변화에 대한 대응으로 등장했는지에 대해서는 언급되지 않았다.
③ 평생 학습이 높은 지위에 있는 사람들에게 보상한다는 내용은 언급되지 않았다.
④ 평생 학습이 정규 교육과 배경지식을 바탕으로 확립된다는 내용은 언급되지 않았다.

정답 ②

[어휘]

lifelong learning 평생 학습 corporate 기업의, 회사의 career 경력, 직업
keep pace with ~과 발맞추다 industry 산업 continually 지속적으로
potential 잠재력, 가능성 satisfaction 만족도 confidence 자신감
pursue 추구하다, 뒤쫓다 emerge 등장하다, 나오다
sustained 지속적인, 한결같은 achievement 성과, 성취
establish 확립하다, 수립하다

---

13 독해 전체내용 파악(제목 파악) 난이도 중 ●●○

다음 글의 제목으로 가장 적절한 것은?

Despite our curiosity, we have an inherent reluctance to engage in new experiences. We may distantly dream of trying something new, perhaps changing jobs or moving, meeting new people, or attempting new activities. However, the closer we get to committing to the decision, the more internal pushback we experience. Our minds have a natural inclination to seek the safety and comfort of the known and the comfortable, instinctual defenses to protect us from harm. These manifest themselves in feelings of doubt, in rationalizing the choice not to experiment with different things, and sometimes in blunt fear. Ultimately, it takes extra effort to push past these defenses, usually to the benefit of the person who gets to have a novel experience. It is rare that doing so results in any harm that validates the innate responses.

① Various Types of Responses to Fear
② Ways to Overcome Feelings of Doubt
③ Approaches to Rationalizing Choices
④ Internal Obstacles to New Experiences

[해석]

우리의 호기심에도 불구하고, 우리는 새로운 일들에 관여하는 것에 대한 타고난 꺼림을 가지고 있다. 우리는 아마 직업을 바꾸거나 이사를 하는 것, 새로운 사람들을 만나는 것 또는 새로운 활동들을 시도하는 것과 같이 새로운 것을 해 보는 것을 넌지시 꿈꿀지도 모른다. 하지만, 우리가 그 결심에 전념하게 되는 것에 가까워질수록, 우리는 더 많은 내적 반발을 겪는다. 우리의 마음은 우리를 손해로부터 보호하기 위한 본능적인 방어책인, 알려진 것과 편안한 것에서 안전함과 편안함을 찾으려는 타고난 성향이 있다. 이것들은 의심의 감정, 색다른 것들을 시도하지 않는 선택을 합리화하는 것, 그리고 때로는 있는 그대로의 두려움으로 직접 나타난다. 궁극적으로, 이러한 방어책들을 밀어젖히기 위해서는 추가적인 노력이 필요한데, 보통 새로운 경험을 하게 된 사람의 이익을 위한 것이다. 그렇게 하는 것이 선천적인 반응들의 정당성을 입증하는 어떠한 손해를 야기하는 경우는 드물다.

① 두려움에 대한 반응의 다양한 유형들
② 의심의 감정을 극복하는 방법들
③ 선택들을 합리화하는 접근 방법들
④ 새로운 경험들에 대한 내적인 장애물들

[해설]

지문 중간에서 우리의 마음은 우리를 손해로부터 보호하기 위한 본능적인 방어책인 알려진 것과 편안한 것에서 안전함과 편안함을 찾으려는 타고난 성향이 있으며, 이러한 새로운 시도에 대한 내적 거부감으로 인해 의심의 감정, 합리화 있는 그대로의 두려움이 나타난다고 설명하고 있으므로, '④ 새로운 경험들에 대한 내적인 장애물들'이 이 글의 제목이다.

[오답 분석]

① 두려움에 대한 반응의 유형들은 우리 내면의 본능적인 방어책을 설명하기 위한 것이므로 지엽적이다.
② 의심의 감정을 극복하는 방법들에 대해서는 언급되지 않았다.
③ 선택들을 합리화하는 접근 방법들은 지문의 내용과 관련이 없다.

정답 ④

[어휘]

curiosity 호기심 inherent 타고난, 본래의 reluctance 꺼림
pushback 반발 natural 타고난, 자연의 inclination 성향
instinctual 본능적인 manifest 나타나다 rationalize 합리화하다
blunt 있는 그대로의, 직설적인 push past ~을 밀어젖히다
validate 정당성을 입증하다 innate 선천적인 overcome 극복하다

14 독해 세부내용 파악(내용 일치 파악) 난이도 중 ●●○

다음 글의 내용과 일치하는 것은?

Lake Victoria is an enormous freshwater lake in Africa with a surface area of 70,000 square kilometers that borders on Kenya, Uganda, and Tanzania. Lake Victoria is known for being one of the most dangerous lakes in the world, with around 5,000 deaths there each year. "We never know what the weather will be like," says Obi, a local fisherman who depends on Lake Victoria for his livelihood. The erratic thunderstorms can break or capsize fishing boats, as strong winds create large waves. In addition to the unpredictable weather, many of the locals who make their living on the lake also cannot afford life jackets or proper radio equipment. The lack of resources means their chances for survival are reduced drastically if caught in a particularly bad storm.

① 어부들은 악천후 때문에 빅토리아 호수에서 거의 낚시를 하지 않는다.
② 빅토리아 호수에는 세계에서 가장 많은 바닷물이 유입된다.
③ 빅토리아 호수의 어부들은 날씨를 예측하기 위해 전기 장비를 사용한다.
④ 빅토리아 호수의 환경은 현지 주민들에게 위협이 될 수 있다.

[해석]

빅토리아 호수는 케냐, 우간다와 탄자니아에 접하는 표면적이 7만 제곱킬로미터인 아프리카의 거대한 민물 호수이다. 빅토리아 호수는 매년 약 5천 명의 사망자가 발생하는, 세계에서 가장 위험한 호수들 중 하나로 알려져 있다. 빅토리아 호수에 생계를 의존하는 현지 어부인 Obi는 "우리는 날씨가 어떻게 될지 전혀 알지 못합니다"라고 말한다. 불규칙한 뇌우는 어선을 부수거나 전복시킬 수 있는데, 이는 강한 바람이 커다란 파도들을 만들어내기 때문이다. 예측할 수 없는 날씨에 더해, 호수에서 생계를 꾸리는 많은 주민들은 구명조끼나 적절한 무선 설비를 살 형편도 안 된다. 자원의 부족은 특히 심한 폭풍을 만났을 때 그들의 생존 가능성이 대폭 줄어든다는 것을 의미한다.

[해설]

지문 처음에서 빅토리아 호수는 매년 약 5천 명의 사망자가 발생하는 세계에서 가장 위험한 호수들 중 하나라고 했고, 지문 뒷부분에서 주민들은 예측할 수 없는 날씨에 더해, 자원의 부족으로 심한 폭풍을 만나면 그들의 생존 가능성이 줄어든다고 했으므로, '④ 빅토리아 호수의 환경은 현지 주민들에게 위협이 될 수 있다'라는 것은 지문의 내용과 일치한다.

[오답 분석]

① 네 번째 문장에서 불규칙한 뇌우가 어선을 부수거나 전복시킬 수 있다고는 했지만, 어부들이 악천후 때문에 빅토리아 호수에서 거의 낚시를 하지 않는지에 대해서는 언급되지 않았다.
② 첫 번째 문장에서 빅토리아 호수는 아프리카의 거대한 민물 호수라고 했으므로 지문의 내용과 다르다.
③ 세 번째 문장에서 한 현지 어부가 날씨가 어떻게 될지 전혀 모른다고 했고, 마지막 문장에서 호수에 사는 주민들이 적절한 무선 설비를 살 형편이 안 된다고 했으므로 지문의 내용과 다르다.

정답 ④

[어휘]

enormous 거대한, 막대한 freshwater 민물, 담수 border on ~에 접하다
local 현지의; 주민 livelihood 생계 erratic 불규칙한 thunderstorm 뇌우
capsize 전복시키다 unpredictable 예측할 수 없는
make one's living 생계를 꾸리다 afford (~을 살) 형편이 되다
life jacket 구명조끼 radio equipment 무선 설비 resource 자원
drastically 대폭 be caught in (비 따위를) 만나다

15 독해 세부내용 파악(내용 일치 파악) 난이도 중 ●●○

다음 글의 내용과 일치하는 것은?

People have opposing opinions when it comes to the use of computers in the classroom. One concern that educators have is the cost of purchasing, installing, and maintaining both the hardware and software. Many teachers, as well as parents, believe that the money earmarked for PCs could be used in other, more important ways. For example, they say that hiring more faculty members would result in a smaller teacher-to-student ratio, which has been proven to have positive effects on student performance. Meanwhile, others say that technology can be used to bring more interactive activities to the classroom and make learning fun. They also point out that computer skills are essential for students entering the workforce. Their argument is that if PCs are not integrated into a student's life, he or she will be poorly prepared for the job environment.

① 학부모들은 학교가 기술에 대한 예산을 증대할 것을 촉구한다.
② 교사 대 학생 비율과 학생 성취도에는 밝혀진 상관관계가 없다.
③ 기술은 교실에 더 많은 쌍방향 활동들을 제공할 수 있다.
④ 삶에 컴퓨터가 통합되는 것은 학생들의 발달에 도움이 되지 않는다.

[해석]

사람들은 교실에서의 컴퓨터 사용에 관한 한 서로 다른 의견들을 가진다. 교육자들이 갖는 한 가지 우려는 하드웨어와 소프트웨어 모두를 구매하고, 설치하고, 유지하는 비용이다. 학부모들뿐만 아니라 많은 교사들도 컴퓨터에 책정된 돈이 다른 더 중요한 방식으로 사용될 수 있다고 생각한다. 예를 들어, 그들은 더 많은 교수진을 고용하는 것이 더 낮은 교사 대 학생 비율을 초래할 것이라고 말하는데, 이는 학생 성취도에 긍정적인 영향을 미친다는 것이 증명되었다. 한편, 다른 사람들은 기술이 교실에 더 많은 쌍방향의 활동들을 제공하는 데 사용될 수 있고 학습을 재미있게 만들 수 있다고 말한다. 그들은 또한 컴퓨터 기술이 직장에 들어가는 학생들에게 필수적이라고 지적한다. 그들의 주장은 만약 컴퓨터들이 학생들의 삶에 통합되지 않는다면, 그 사람은 직무 환경에 대해 불완전하게 준비되어 있을 것이라는 점이다.

[해설]

지문 중간에 기술이 교실에 더 많은 쌍방향의 활동들을 제공하는 데 사용될 수 있고 학습을 재미있게 만들 수 있다는 내용이 있으므로, '③ 기술은 교실에 더 많은 쌍방향 활동들을 제공할 수 있다'는 것은 지문의 내용과 일치한다.

[오답 분석]

① 세 번째 문장에서 학부모들뿐만 아니라 많은 교사들이 컴퓨터에 책정된 돈이 다른 더 중요한 방식으로 사용될 수 있다고 생각한다고 했으므로 지문의 내용과 다르다.

② 네 번째 문장에서 더 낮은 교사 대 학생 비율이 학생 성취도에 긍정
적인 영향을 미친다는 것이 증명되었다고 했으므로 지문의 내용과 다
르다.

④ 삶에 컴퓨터가 통합되는 것이 학생들의 발달에 도움이 되지 않는지에
대해서는 언급되지 않았다.

정답 ③

[어휘]

opposing 서로 다른 when it comes to ~에 관한 한
earmark 책정하다, 배당하다 faculty member 교수진 ratio 비율
performance 성취도 interactive 쌍방향의, 대화식의
enter the workforce 직장에 들어가다 integrate into ~에 통합시키다

---

16 독해 논리적 흐름 파악(무관한 문장 삭제) 난이도 중 ●●○

다음 글의 흐름상 가장 어색한 문장은?

Technology is not inherently evil. It is simply a tool that
helps people fulfill a task. But as with any tool, it can quickly
become a weapon in the wrong hands. ① More than ever,
advancements in technological warfare have the potential
to not only decrease casualties but also to increase conflict
dramatically. ② In the case of technology, the wrong hands are
not necessarily the ones of a criminal brandishing a gun but
a society playing with fire. ③ Thus, how we decide to wield
that power—the limitations that we choose or choose not to
impose—cannot be a discussion had in a vacuum. ④ Since
mankind's greatest and possibly most dangerous invention,
modern technology, affects us all, decisions regarding its use
must be made together.

[해석]

과학 기술이 본질적으로 나쁘진 않다. 그것은 단지 사람들이 일을 수행하
도록 돕는 도구일 뿐이다. 하지만 어떤 도구와 마찬가지로, 그것은 잘못된
손에 들어가게 되면 순식간에 무기가 될 수 있다. ① 그 어느 때보다, 기술
전쟁에서의 발전은 사상자를 줄일 (가능성)뿐만 아니라 갈등을 극적으로
증가시킬 가능성도 있다. ② 과학 기술의 경우, 이 잘못된 손은 꼭 총을 휘
두르는 범죄자의 것은 아니고 중대한 문제를 경솔하게 다루는 사회의 것이
기도 하다. ③ 따라서, 우리가 그 권력을 어떻게 행사할지 결정하는 것, 즉
우리가 가하기로 하거나 가하지 않기로 선택한 제약들은 외부와 단절된 상
태에서 이뤄진 논의가 될 수 없다. ④ 인류의 가장 위대하고 아마 가장 위
험한 발명품인 현대 기술은 우리 모두에게 영향을 미치기 때문에, 그것의
사용과 관련된 결정들은 반드시 함께 내려져야 한다.

[해설]

지문 처음에서 과학 기술은 사람들이 일을 수행하도록 돕는 도구이지만 잘
못된 손에 들어가면 무기가 될 수 있다고 한 뒤, ②번에서 과학 기술에서 꼭
범죄자만 부적절한 것은 아니라고 지적하고 있다. 이어서 ③, ④번에서 과
학 기술의 사용과 관련된 결정은 모두에게 영향을 미치기 때문에 외부와 단
절된 상태에서 논의될 수 없으며 그 힘의 사용과 관련된 결정이 반드시 함께
내려져야 한다고 설명하고 있다. 그러나 ①번은 기술 전쟁에서의 발전이 사
상자를 줄일 뿐만 아니라 갈등을 증가시킬 수도 있다는 내용으로, 지문 전
반의 내용과 관련이 없다.

정답 ①

[어휘]

inherently 본질적으로, 내재적으로 evil 나쁜, 사악한 fulfill 수행하다
as with ~과 마찬가지로 warfare 전쟁 casualties 사상자 conflict 갈등
criminal 범죄자 brandish 휘두르다, 과시하다
play with fire 중대한 문제를 경솔하게 다루다 wield 행사하다, 휘두르다
impose 가하다, 시행하다 in a vacuum 외부와 단절된 상태에서

[구문 분석]

[3행] More than ever, / advancements in technological warfare
have the potential / to not only decrease casualties / but also
to increase conflict dramatically.

: 이처럼 'not only A but (also) B' 구문의 A에는 기본이 되는 내용, B에는 첨가
하는 내용이 나오며, 'A뿐만 아니라 B도'라고 해석한다.

---

17 독해 논리적 흐름 파악(문장 삽입) 난이도 상 ●●●

주어진 문장이 들어갈 위치로 가장 적절한 것은?

Today, native languages are spoken by over six million people
in Mexico, with the most common being Nahuatl, the language
of the ancient Aztecs––which is spoken by 1.4 million––and
Yucatan Maya––with its 750,000 speakers.

Although most people believe Spanish to be the official
language of Mexico, this is not actually the case. (①) While
Spanish is the most widely spoken language and the one used for
all government business, the country has no official language.
(②) In fact, the Mexican constitution recognizes 68 separate
languages, most belonging to the country's many indigenous
groups, as "national languages." (③) The constitution
recognizes the right of these native civilizations to "preserve
and enrich their languages" and promotes intercultural,
bilingual education amongst its multicultural population.
(④) Despite the relatively large populations of speakers of
native tongues, the dominance of Spanish has left many of
these languages endangered. This has led to a movement for
language revitalization to save them from extinction.

[해석]

오늘날, 원주민 언어들은 멕시코에서 600만 명이 넘는 사람들에 의
해 구사되는데, 가장 흔한 것은 140만 명에 의해 사용되는 고대 아
즈텍족의 언어인 나와틀어와 75만 명의 사용자를 가진 유카탄 반도
의 마야어이다.

비록 대부분의 사람들이 스페인어가 멕시코의 공용어라고 믿지만, 사실
은 그렇지 않다. (①) 스페인어가 가장 널리 사용되는 언어이고 모든 정
부 업무에 사용되는 것이긴 하지만, 그 국가는 공용어가 없다. (②) 사
실, 멕시코 헌법은 대부분이 그 국가의 많은 토착 집단들에 속하는 68개
의 개별적인 언어들을 '국어'로 인정한다. (③) 헌법은 '그들의 언어들을
보존하고 가치를 높이기' 위해 이러한 원주민 문명의 권리를 인정하고 그
것(멕시코)의 다문화적인 인구 사이에서 문화 간의, 이중 언어를 사용하
는 교육을 장려한다. (④) 원주민 언어 사용자들의 상대적으로 큰 인구

수에도 불구하고, 스페인어의 우세는 많은 이러한 언어들이 소멸 위기에 처해지도록 남겨 두었다. 이것은 그들을 소멸로부터 지키는 언어 회생 운동으로 이어졌다.

해설

④번 뒤 문장에 원주민 언어 사용자들의 상대적으로 큰 인구수에도 불구하고 스페인어의 우세가 이러한 언어들이 소멸할 위기에 처하도록 했다는 내용이 있으므로, ④번에 멕시코에서 원주민 언어들을 구사하는 사람들의 수가 600만 명이 넘는다는 내용의 주어진 문장이 나와야 지문이 자연스럽게 연결된다.

[오답 분석]

① 앞 문장에 대부분의 사람들이 믿는 것과 달리 스페인어가 멕시코의 공용어가 아니라는 내용은 ①번 뒤 문장에 스페인어가 가장 널리 사용되기는 하지만, 멕시코에는 공용어가 없다는 내용과 이어지므로 ①번에 다른 문장이 삽입되면 문맥상 부자연스럽다.

② 앞 문장은 멕시코에 공용어가 없다는 내용이고, ②번 뒤 문장은 사실 멕시코 헌법에서 68개의 개별적인 언어들을 '국어'로 인정했다는 내용이므로 ②번에 다른 문장이 삽입되면 문맥상 부자연스럽다.

③ 앞 문장은 멕시코 헌법에서 68개의 개별적인 언어들을 '국어'로 인정한다는 내용이고, ③번 뒤 문장은 그와 관련해서 헌법에 고지된 내용을 설명하는 내용이므로 ③번에 다른 문장이 삽입되면 문맥상 부자연스럽다.

정답 ④

어휘

ancient 고대의 official language 공용어 constitution 헌법
recognize 인정하다 belong to ~에 속하다 indigenous 토착의
civilization 문명 preserve 보존하다 enrich 가치를 높이다, 풍요롭게 하다
promote 장려하다 intercultural 문화 간의 bilingual 이중 언어를 사용하는
multicultural 다문화적인 dominance 우세, 지배
endangered 소멸 위기에 처한 revitalization 회생 extinction 소멸, 멸종

---

18 독해 논리적 흐름 파악(문단 순서 배열) 난이도 중 ●●○

다음 글을 문맥에 맞게 순서대로 배열한 것은?

The goal of many North Americans is to own a house with a yard and perhaps even a swimming pool. The pursuit of this dream, however, has brought about the problem of urban sprawl.

(A) One result of this shift is that agricultural areas are lost. Another is that wildlife habitats are reduced or disappear altogether.

(B) What's more, those living in the suburbs must drive to and from work to the city every day. More cars on the road mean more pollution, leading to further environmental degradation.

(C) This refers to the outward growth of cities into rural regions. An estimated 800,000 hectares of farmland, forest, and vacant land is displaced by urban sprawl annually.

① (A) – (B) – (C) ② (B) – (C) – (D)

③ (C) – (A) – (B) ④ (C) – (B) – (A)

해석

많은 북아메리칸들의 목표는 정원과 어쩌면 수영장까지도 있는 집을 소유하는 것이다. 하지만, 이 꿈의 추구는 도시 스프롤 현상이라는 문제를 가져왔다.

(C) 이것은 시골 지역들로 뻗어가는 도시들의 밖으로 향하는 확장을 지칭한다. 약 80만 헥타르의 농지, 숲과 비어 있는 땅이 도시 스프롤 현상에 의해 매년 대체된다.

(A) 이 변화의 한 결과는 농업 지역들이 사라졌다는 것이다. 또 다른 것은 야생 동물 서식지들이 줄거나 완전히 사라진다는 것이다.

(B) 더욱이, 교외에 사는 사람들은 매일 출퇴근하기 위해 도시로 운전해야만 한다. 도로 위의 더 많은 차들은 더 많은 공해를 의미하고, 한층 더한 환경의 질적 저하로 이어진다.

해설

주어진 문단에서 많은 북아메리칸들의 목표인 정원과 수영장이 있는 집을 소유하는 것이 도시 스프롤 현상이라는 문제를 가져왔다고 한 뒤, (C)에서 이것은 도시들이 시골 지역들을 향해 확장되는 것을 지칭하며, 이로 인해 매년 농지, 숲 등이 대체된다고 언급하고 있다. 이어서 (A)에서 이 변화의 한 결과로 농업 지역이 사라지고 야생 동물 서식지가 줄었다고 한 뒤, (B)에서 더욱이 교외에 사는 사람들이 출퇴근하기 위해 도시로 운전해야 하기 때문에 이 현상은 더 심한 환경의 질적 저하로 이어진다고 설명하고 있다.

정답 ③

어휘

pursuit 추구, 좇음 urban sprawl 도시 스프롤 현상 shift 변화
habitat 서식지 suburb 교외 degradation (질적) 저하, 강등 rural 시골의
vacant 비어 있는

---

19 독해 추론(빈칸 완성 – 절) 난이도 중 ●●○

밑줄 친 부분에 들어갈 말로 가장 적절한 것은?

"Good fences make good neighbors" is a popular saying from Robert Frost's poem "Mending Wall." On the surface, the statement indicates that we should create boundaries, and as long as you don't tread into my personal space, we'll get along just fine. It seems to be saying, "Leave me alone and we'll all be happy!" However, what most people don't realize is that Frost was being ironic when he wrote the line. In reality, he was trying to describe how borders actually alienate us from each other. When we keep to ourselves, we become hostile and indifferent to our fellow man. Borders are what keep us cut off from our families and friends and neighbors. By making fences, _____.

① our relationships will be free of irony

② people can stay happy in their personal space

③ you should create your own boundaries

④ we isolate ourselves from those we love most

[해석]

'좋은 담장이 좋은 이웃을 만든다'는 로버트 프로스트의 시 '담장 고치기'에서 나온 유명한 격언이다. 표면적으로, 그 문장은 우리가 경계를 만들어야 하고, 당신이 나의 개인적인 공간에 발을 디디지 않는 한, 우리는 잘 지낼 것이라는 것을 나타낸다. 이것은 "나를 내버려두면 우리는 모두 행복할 거예요!"라고 말하는 것 같다. 하지만, 대부분의 사람들이 깨닫지 못하는 것은 프로스트가 이 구절을 썼을 때 그는 반어적이었다는 점이다. 사실, 그는 경계가 실제로 우리를 어떻게 서로에게서 멀어지게 만드는지 설명하려고 했다. 우리는 혼자 지낼 때 주변 사람에게 적대적이고 무관심하게 된다. 경계는 우리의 가족, 친구들과 이웃들로부터 우리를 단절시키는 것이다. 담장을 만듦으로써, 우리는 우리가 가장 사랑하는 사람들로부터 스스로를 고립시킨다.

① 우리의 관계는 모순이 없을 것이다
② 사람들은 그들의 개인적인 공간에서 행복을 유지할 수 있다
③ 당신은 당신만의 경계를 만들어야 한다
④ 우리는 우리가 가장 사랑하는 사람들로부터 스스로를 고립시킨다

[해설]

지문 처음에서 '좋은 담장이 좋은 이웃을 만든다'는 격언이 표면적으로는 우리가 경계를 만들어야 다른 사람과 잘 지냄을 나타내는 것처럼 보인다고 언급했지만, 지문 중간에 하지만(However) 사실 이 구절은 반어적으로 쓰였다는 내용이 있고, 빈칸 앞 문장에 경계는 우리의 가족, 친구들과 이웃들로부터 우리를 단절시킨다는 내용이 있으므로, 빈칸에는 담장을 만듦으로써 '④ 우리는 우리가 가장 사랑하는 사람들로부터 스스로를 고립시킨다'는 내용이 들어가야 한다.

[오답 분석]
① 사람들 간 관계의 모순은 지문의 내용과 관련이 없다.
② 사람들이 그들의 개인적인 공간에서 행복을 유지할 수 있다는 것은 프로스트의 주장과 반대되는 내용이므로 지문의 문맥에 적절하지 않다.
③ 당신은 당신만의 경계를 만들어야 한다는 것은 프로스트의 주장과 반대되는 내용이므로 지문의 문맥에 적절하지 않다.

정답 ④

[어휘]

saying 격언, 속담   tread 발을 디디다   ironic 반어적인, 풍자적인
alienate 멀어지게 만들다   keep to oneself 혼자 지내다   hostile 적대적인
indifferent 무관심한   cut off ~를 단절시키다   isolate 고립시키다

---

20 독해 추론(빈칸 완성 – 절)   난이도 중 ●●○

밑줄 친 부분에 들어갈 말로 가장 적절한 것은?

Many entrepreneurs think only of making a quick profit. Rather than planning ahead, they focus solely on the sales for the day and do not consider what tomorrow will bring. While living in the moment may benefit those in certain vocations, being shortsighted when trying to run a business can be risky. Unforeseen events can be costly and often occur when the entrepreneur least expects them. That's why it's important to always have a contingency plan, such as a line of credit, that is readily available in the event of an emergency. Remember, getting a last-minute loan from a financial institution or some other source is never guaranteed, so _____ _____.

① try to take each day as it comes
② there's no way to prepare for the worst
③ it's better to be safe than sorry
④ know when to cut your losses and move on

[해석]

많은 사업가들은 즉각적인 이윤을 내는 것만 생각한다. 미리 계획하기보다는, 그들은 오로지 당일의 매출에 집중하고 내일이 무엇을 가져올지는 고려하지 않는다. 현재에 사는 것이 특정 직업에 종사하는 사람들에게는 이로울 수도 있지만, 사업체를 운영하려고 할 때 근시안적인 것은 위험할 수 있다. 예기치 않은 사건들은 손실이 클 수 있고 사업가가 그것을 가장 덜 예상할 때 흔히 발생한다. 그것이 바로 비상시에 손쉽게 이용할 수 있는 대출 한도액과 같은 사전 대책을 항상 가지고 있는 것이 중요한 이유이다. 기억하라, 금융 기관이나 다른 출처로부터 막바지 대출을 받는 것은 절대 보장되지 않으므로, 나중에 후회하는 것보다 미리 조심하는 편이 낫다.

① 매일을 있는 그대로 받아들이려고 노력하라
② 최악에 대비하는 방법은 없다
③ 나중에 후회하는 것보다 미리 조심하는 편이 낫다
④ 언제 손을 떼고 떠나야 할지를 알아라

[해설]

지문 중간에서 예기치 않은 사건들은 손실이 클 수 있고, 사업자가 그것을 가장 덜 예상할 때 흔히 발생하기 때문에 사전 대책을 항상 가지고 있는 것이 중요하다고 했으므로, 빈칸에는 '③ 나중에 후회하는 것보다 미리 조심하는 편이 낫다'가 들어가야 한다.

[오답 분석]
① 매일을 있는 그대로 받아들이려 노력해야 한다는 것은 지문의 내용과 관련이 없다.
② 최악에 대비하는 방법에 대해서는 언급되지 않았다.
④ 언제 손을 떼고 떠나야 할지를 아는 것에 대해서는 언급되지 않았다.

정답 ③

[어휘]

entrepreneur 사업가   vocation 직업   shortsighted 근시안적인
unforeseen 예기치 않은   costly 손실이 큰   contingency plan 사전 대책
line of credit 대출 한도액   take ~ as it comes ~을 있는 그대로 받아들이다
it's better to be safe than sorry 나중에 후회하는 것보다 미리 조심하는 편이 낫다   cut one's losses (손해 되는 일에서) 손을 떼다

▶ 정답

01	① 어휘 – 어휘&표현	11	② 독해 – 세부내용 파악
02	④ 어휘 – 어휘&표현	12	② 독해 – 세부내용 파악
03	② 문법 – 조동사	13	③ 독해 – 전체내용 파악
04	② 문법 – 동명사	14	③ 독해 – 전체내용 파악
05	④ 문법 – 부사절	15	② 독해 – 논리적 흐름 파악
06	③ 어휘 – 생활영어	16	③ 독해 – 논리적 흐름 파악
07	② 어휘 – 생활영어	17	④ 독해 – 논리적 흐름 파악
08	④ 독해 – 세부내용 파악	18	① 독해 – 추론
09	② 독해 – 유의어 파악	19	① 독해 – 추론
10	② 독해 – 전체내용 파악	20	④ 독해 – 추론

p. 62

▶ 취약영역 분석표

영역	세부 유형	문항 수	소계
어휘	어휘&표현	2	/4
	생활영어	2	
문법	조동사	1	/3
	동명사	1	
	부사절	1	
독해	전체내용 파악	3	/13
	세부내용 파악	3	
	추론	3	
	논리적 흐름 파악	3	
	유의어 파악	1	
총계			/20

---

01 어휘 obscure
난이도 중 ●●○

밑줄 친 부분에 들어갈 말로 가장 적절한 것을 고르시오.

> Communication that takes place via text message is subject to misinterpretation. This is because such messages often lack proper punctuation and tone indicators, causing their true meaning to become _____.

① obscure
② obvious
③ pervaded
④ perceptible

해석

문자 메시지를 통해 이루어지는 의사소통은 곡해의 소지가 있다. 이는 종종 그러한 메시지에 적절한 구두점과 어조 표시가 없어 그것들의 본래의 의미가 모호하게 되는 것을 초래하기 때문이다.

① 모호한
② 명확한
③ 만연한
④ 인지할 수 있는

정답 ①

어휘

via ~을 통해 misinterpretation 곡해, 그릇된 해석 punctuation 구두점
tone 어조 indicator 표시 obscure 모호한, 이해하기 힘든
pervaded 만연한 perceptible 인지할 수 있는

 이것도 알면 **합격!**

obscure(모호한)의 유의어
= unclear, ambiguous, vague

---

02 어휘 transport
난이도 하 ●○○

밑줄 친 부분에 들어갈 말로 가장 적절한 것을 고르시오.

> Container ships _____ around 90 percent of all goods involved in international trade.

① ban
② return
③ navigate
④ transport

해석

컨테이너선은 국제 무역에 포함된 모든 상품의 약 90퍼센트를 운송한다.

① 금지하다
② 돌려주다
③ 항해하다
④ 운송하다

정답 ④

어휘

goods 상품, 제품 trade 무역, 거래 ban 금지하다
navigate 항해하다, 길을 찾다

이것도 알면 **합격!**

transport(운송하다)의 유의어
= convey, carry, take, move

03　문법 조동사　　난이도 하 ●○○

밑줄 친 부분에 들어갈 말로 가장 적절한 것을 고르시오.

> While the film crew was satisfied with the take, the lead actor demanded that the director _____ the scene again.

① shoots　　　　　② shoot
③ will shoot　　　④ shot

[해석]

제작진은 그 테이크에 만족했지만, 주연 배우는 감독이 그 장면을 다시 찍어줄 것을 요구했다.

[해설]

② **조동사 should의 생략** 빈칸은 종속절(the director ~ again)의 동사 자리이다. 주절에 요청을 나타내는 동사 demand가 오면 종속절에는 '(should +) 동사원형'이 와야 하므로, 빈칸에는 동사원형 shoot이 들어가야 한다.

정답 ②

[어휘]

film crew 제작진　**take** 테이크(영화에서 카메라를 중단시키지 않고 한 번에 찍는 장면이나 부분)　**scene** 장면

🏅 **이것도 알면 합격!**

제안·의무·요청·주장을 나타내는 형용사가 주절에 나오면, 종속절에는 'should + 동사원형'이 와야 하며, 이때 should는 생략할 수 있다.

> necessary/essential/imperative 필수적인
> important 중요한

04　문법 동명사　　난이도 중 ●●○

밑줄 친 부분 중 어법상 옳지 않은 것을 고르시오.

> ① Faced with dwindling fossil fuel supplies and worsening climate change, people must ② get used to use renewable energy sources. After years of people wondering ③ what sources could possibly replace traditional fuels, the answer to this question was finally found. Today, reserves of solar, wind, and hydroelectric power ④ are supplying millions of people with the energy they need.

[해석]

점점 줄어드는 화석 연료 공급과 악화되는 기후 변화에 직면하여, 사람들은 재생 가능 에너지원 사용에 익숙해져야 한다. 수년 동안 사람들이 전통 연료를 대체할 수 있는 에너지원이 무엇인지 고민한 끝에 마침내 이 질문에 대한 답을 찾았다. 오늘날, 태양열, 풍력, 수력 발전의 매장량은 수백만 명에게 필요한 에너지를 공급하고 있다.

[해설]

② **동명사 관련 표현** 문맥상 '사람들이 재생 가능 에너지원 사용에 익숙해져야 한다'라는 의미가 되어야 자연스러운데, '~에 익숙해지다'는 동명사

관련 표현 'get used to -ing'로 나타낼 수 있으므로 get used to use를 동명사 using을 써서 get used to using으로 고쳐야 한다.

[오답 분석]

① **분사구문의 형태** 문맥상 주절의 주어 people과 분사구문이 '사람들이 직면하게 되다'라는 의미의 수동 관계이므로 과거분사 Faced가 올바르게 쓰였다.

③ **의문문의 어순** 의문문이 다른 문장 안에 포함된 간접 의문문은 '의문사 + 주어 + 동사'의 어순이 되어야 하므로 what sources could possibly replace가 올바르게 쓰였다.

④ **현재진행 시제** 문장에 시간 표현 Today(오늘날)가 왔고, 문맥상 '~을 공급하고 있다'라는 의미로 현재 시점에서 진행 중인 상황을 표현하고 있으므로 현재진행 시제 are supplying이 올바르게 쓰였다.

정답 ②

[어휘]

dwindle 점점 줄어들다, 없어지다　**worsen** 악화되다
wonder 궁금해하다; 경이　**replace** 대체하다　**reserves** 매장량
hydroelectric 수력의

🏅 **이것도 알면 합격!**

think, believe, imagine, suppose, suggest 등이 동사로 쓰인 의문문에 간접 의문문이 포함되면 의문사가 문장의 맨 앞으로 온다.

> Do you think? + **What** is she talking about?
　당신은 생각하나요? + 그녀가 무엇에 대해 말하고 있나요?
　→ **What** do you think she is talking about?
　　당신은 그녀가 무엇에 대해 말하고 있다고 생각하나요?

05　문법 부사절　　난이도 중 ●●○

밑줄 친 부분 중 어법상 옳지 않은 것을 고르시오.

> A number of ① the pieces Beethoven wrote in what is known as his middle period ② are characterized by lower notes, ③ which amplified the emotional intensity of the music he composed ④ during he was gradually going deaf.

[해석]

베토벤이 그의 중기라고 알려진 시기에 쓴 많은 곡들은 낮은 선율로 특징지어지는데, 이는 그가 점차 청각 장애를 갖는 동안 작곡했던 음악의 감정적 강도를 증폭시켰다.

[해설]

④ **부사절 자리와 쓰임** 전치사(during)의 목적어 자리에는 명사 역할을 하는 것이 와야 하는데, 뒤에 완전한 절(he was ~ deaf)이 왔으므로 전치사 during을 완전한 절 앞에 올 수 있는 부사절 접속사 while(~하는 동안)로 고쳐야 한다.

[오답 분석]

① **수량 표현** 수량 표현 A number of(많은)는 복수 명사 앞에 오는 수량 표현이므로 복수 명사 the pieces가 올바르게 쓰였다.

② **수량 표현의 수 일치** 주어 자리에 복수 취급하는 수량 표현 A number of + 복수 명사(the pieces)가 왔으므로 복수 동사 are가 올바르게

쓰였다. 참고로 주어와 동사 사이의 수식어 거품(Beethoven wrote ~ period)은 동사의 수 결정에 영향을 주지 않는다.

③ 관계대명사 선행사(lower notes)가 사물이고, 관계절 내에서 주어 역할을 하므로 주격 관계대명사 which가 올바르게 쓰였다.

정답 ④

have those shades(빨간색이나 아예 보라색은 어때? 그런 색조들을 가진 사람들이 많진 않아)라고 말하고 있으므로, 빈칸에는 '③ 나는 뭔가 더 눈에 띄는 것이 좋아(I'd prefer something that stands out more)'가 들어가야 자연스럽다.

정답 ③

어휘

characterize 특징짓다 note 선율, 음 amplify 증폭시키다 intensity 강도
compose 작곡하다 deaf 청각 장애가 있는, 귀가 먼

이것도 알면 합격!

시간을 나타내는 부사절 접속사

> when ~일 때, ~할 때	> since ~한 이래로	> while ~하는 동안
> before ~하기 전에	> until ~할 때까지	> after ~한 후에
> as soon as(= no sooner A than B) ~하자마자		

어휘

dye 염색하다 shade 색조, 음영 stand out 눈에 띄다

이것도 알면 합격!

'stand'를 포함한 다양한 표현

> stand over (주의 깊게) ~을 지켜보다
> stand up for ~를 잘 견디다, 옹호하다
> stand for ~을 나타내다, 대표하다

---

06 생활영어 I'd prefer something that stands out more.

난이도 하 ●○○

밑줄 친 부분에 들어갈 말로 가장 적절한 것을 고르시오.

A: I'm thinking of dyeing my hair. I want to change things up.
B: Oh? What color?
A: I'm not sure. Can you recommend something?
B: Light brown is very popular and also pretty.
A: _____.
B: OK. How about red or even purple? Not many people have those shades.

① That sounds like a winner to me
② I think it would damage my hair too much
③ I'd prefer something that stands out more
④ Maybe I should get it cut as well

해석

A: 나는 머리를 염색할까 생각 중이야. 나는 변화를 주고 싶어.
B: 오? 무슨 색으로?
A: 나는 잘 모르겠어. 네가 무언가 추천해 줄 수 있니?
B: 밝은 갈색이 굉장히 인기 있고 예쁘기도 해.
A: 나는 뭔가 더 눈에 띄는 것이 좋아.
B: 알았어. 빨간색이나 아예 보라색은 어때? 그런 색조들을 가진 사람들이 많진 않아.

① 내게는 그게 최고인 것 같아
② 내 생각에 그건 내 머리카락을 너무 많이 손상시킬 것 같아
③ 나는 뭔가 더 눈에 띄는 것이 좋아
④ 아마 나는 그것을 자르기도 해야 할 것 같아

해설

밝은 갈색으로 염색할 것을 추천하는 B의 제안에 A가 대답하고, 빈칸 뒤에서 다시 B가 How about red or even purple? Not many people

---

07 생활영어 I think so, but most of it is self-explanatory.

난이도 하 ●○○

밑줄 친 부분에 들어갈 말로 가장 적절한 것을 고르시오.

Penny Foster
Have you heard about the new app that the company is introducing?
2:56 p.m.

Taylor Barnett
No, I haven't. What's it for?
3:02 p.m.

Penny Foster
It's a project management tool that's supposed to help us track tasks and share updates with each other, which should improve the team's overall efficiency.
3:04 p.m.

Taylor Barnett
That actually sounds like something we need. When will we start using it?
3:04 p.m.

Penny Foster
It should be sometime next week.
3:05 p.m.

Taylor Barnett
Will we be getting any training on how to use it?
3:05 p.m.

Penny Foster
_____
_____
3:06 p.m.

① You have to link your account to your email address.
② I think so, but most of it is self-explanatory.
③ The team really needs to communicate better.
④ We'll use it with our current system for a while.

해석

Penny Foster: 회사에서 도입하는 새로운 앱에 대해 들어보셨나요?

Taylor Barnett: 아니요, 못 들어봤어요. 그건 무엇을 위한 건가요?

Penny Foster: 우리가 업무를 추적하고 서로 최신 정보를 공유할 수 있도록 돕는 프로젝트 관리 도구인데, 팀의 전반적인 효율성을 향상시킬 거예요.

Taylor Barnett: 그거 정말 저희에게 필요한 것 같네요. 언제부터 사용하게 될까요?

Penny Foster: 다음 주쯤일 거예요.

Taylor Barnett: 그것을 어떻게 사용하는지에 대한 교육을 받게 될까요?

Penny Foster: <u>그럴 것 같긴 한데, 대부분은 따로 설명이 필요 없을 거예요.</u>

① 계정을 이메일 주소에 연결해야 해요.
② 그럴 것 같긴 한데, 대부분은 따로 설명이 필요 없을 거예요.
③ 팀은 정말 더 잘 소통할 필요가 있어요.
④ 당분간은 그것을 현재 시스템과 함께 사용할 거예요.

해설

빈칸 앞에서 Taylor Barnett는 회사에서 도입하는 새로운 앱을 어떻게 사용하는지에 대한 교육을 받게 될 것인지를 묻고 있으므로, 빈칸에는 '② 그럴 것 같긴 한데, 대부분은 따로 설명이 필요 없을 거예요(I think so, but most of it is self-explanatory)'가 오는 것이 자연스럽다.

정답 ②

어휘

track 추적하다   overall 전반적인, 전체의   efficiency 효율성
self-explanatory 따로 설명이 필요 없는, 자명한

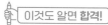 이것도 알면 합격!

업무 효율성 향상과 관련된 다양한 표현

> optimize resources 자원을 최적화하다
> prioritize tasks 업무를 우선순위에 따라 정리하다
> facilitate communication 의사소통을 촉진하다
> adopt new tools 새로운 도구를 도입하다
> automate tasks 업무를 자동화하다

08~09 다음 글을 읽고 물음에 답하시오.

Agency for Elderly Wellness

Safe and Affordable Housing

We oversee programs that provide affordable housing options for seniors who do not have a <u>steady</u> income. We also partner with apartment management teams to make sure that buildings are equipped with wheelchair ramps and handrails to create a safe environment for elderly residents.

Participation in Society

We connect companies and organizations with elderly people who wish to take part in employment and volunteer opportunities. These activities not only improve their sense of independence but also allow them to give back to the community in meaningful ways.

Health Is Wealth

Through our partnerships with community centers, we offer a wide range of fun physical classes, such as water aerobics, walking clubs, and yoga, to help keep seniors active and fit.

해석

노인 건강을 위한 기관

안전하고 저렴한 주택

저희는 <u>고정적인</u> 소득이 없는 노인들을 위해 저렴한 주거 선택지를 제공하는 프로그램을 감독합니다. 저희는 또한 연세 드신 주민분들을 위한 안전한 환경을 조성하기 위해 아파트 관리팀과 협력하여 건물이 휠체어 경사로와 난간을 갖추는 것을 확실하게 합니다.

사회에의 참여

저희는 기업과 조직을 취업 및 자원봉사 기회에 참여하고자 하는 노인들과 연결합니다. 이러한 활동은 그들(노인들)의 자립심을 높일 뿐만 아니라 그들이 의미 있는 방식으로 지역사회에 환원할 수 있도록 합니다.

건강이 재산이다

시민 문화 회관과의 협력을 통해, 저희는 노인들이 활동적이고 건강하게 지낼 수 있도록 돕기 위한 수중 에어로빅, 걷기 동아리, 그리고 요가와 같은 다양한 재미있는 체육 수업을 제공합니다.

---

08 | 독해 세부내용 파악(내용 일치 파악)　난이도 하 ●○○

윗글의 Agency for Elderly Wellness에 관한 내용과 일치하는 것은?

① It works to provide cost-free housing to seniors.
② It helps move seniors to safer apartment buildings.
③ It recruits volunteers to spend time with seniors.
④ It offers a variety of physical fitness classes.

해석

① 노인들에게 무료 주택을 제공하기 위해 노력한다.
② 노인들이 더 안전한 아파트 건물로 이사하는 것을 돕는다.
③ 노인들과 함께 시간을 보낼 자원봉사자를 모집한다.
④ 다양한 체력 단련 수업을 제공한다.

해설

지문 마지막에서 수중 에어로빅, 걷기 동아리, 그리고 요가와 같은 다양한 재미있는 체육 수업을 제공한다고 했으므로, '④ 다양한 체력 단련 수업을 제공한다'는 것은 지문의 내용과 일치한다.

[오답 분석]

① 첫 번째 문장에서 노인들을 위해 저렴한 주거 선택지를 제공하는 프로그램을 감독한다고 했으므로 지문의 내용과 다르다.
② 두 번째 문장에서 연세 드신 주민분들을 위한 안전한 환경을 조성하기 위해 아파트 관리팀과 협력하여 건물이 휠체어 경사로와 난간을 갖추는 것을 확실하게 한다고 했으나, 더 안전한 아파트 건물로 이사하는 것을 돕는지에 대해서는 언급되지 않았다.
③ 노인들과 함께 시간을 보낼 자원봉사자를 모집하는지에 대해서는 언급되지 않았다.

정답 ④

어휘

recruit 모집하다

---

09 | 독해 유의어 파악　난이도 중 ●●○

밑줄 친 steady의 의미와 가장 가까운 것은?

① substantial　　② regular
③ minimum　　④ personal

해석

① 상당한　　② 정기적인
③ 최저의　　④ 개인적인

해설

steady(고정적인)가 포함된 문장(We oversee programs that provide affordable housing options for seniors who do not have a steady income)에서 고정적인 소득이 없는 노인들을 위해 저렴한 주거 선택지를 제공하는 프로그램을 감독한다고 했으므로 steady는 '고정적인'이라는 의미로 사용되었다. 따라서 '정기적인'이라는 의미의 ② regular가 정답이다.

정답 ②

10~11 | 다음 글을 읽고 물음에 답하시오.

> [A]
>
> Do you think your canine companion is a superstar? Then enter him or her in the 5th annual Labor Day Dog Talent Show.
>
> **Details**
> • **Dates:** Saturday, September 3
> • **Times:** Registration opens at 8 a.m.
> 　　　　　Judging begins at 10:30 a.m.
> 　　　　　Awards Ceremony starts at 2 p.m.
> • **Location:** Park Slope Arena
>
> **Award Categories**
> • **Most Fashionable**
> 　Dress your companion up in his or her best outfit and show the audience how cute he or she can be.
> • **Best Trick**
> 　Go beyond just sitting and shaking. Showcase your dog's unique abilities.
> • **Most Athletic**
> 　Let your dog run, jump, and crawl through our specially designed obstacle course to exhibit his or her athletic side.
>
> **Rules**
> - Dogs must be kept on a leash at all times when not competing.
> - Owners are responsible for their dog's behavior.
> - All entrants must be up to date on all of their shots.
>
> To learn more about the event, please visit www.parkslopearena.com/labordaydogshow.

해석

> **(A) 여러분 반려견의 재능을 세상과 공유하세요**
>
> 여러분의 반려견이 슈퍼스타라고 생각하나요? 그렇다면, 제5회 연례 노동절 반려견 장기자랑에 참가시켜 보세요.
>
> **세부 사항**
> • **날짜:** 9월 3일 토요일
> • **시간:** 등록은 오전 8시에 열립니다.
> 　　　　심사는 오전 10시 30분에 시작합니다.
> 　　　　시상식은 오후 2시에 시작합니다.
> • **장소:** Park Slope 경기장

수상 분야

- **가장 패션 감각이 있는**
  여러분의 반려견에게 최고의 복장을 입히고 얼마나 귀여울 수 있는지 관중들에게 보여 주세요.
- **최고의 재주**
  단순히 앉기와 악수하기를 넘어서 보세요. 여러분 반려견의 특별한 능력을 선보이세요.
- **가장 운동 선수다운**
  여러분의 반려견이 저희의 특수 설계된 장애물 코스를 달리고, 뛰어넘고, 기어가게 하면서 운동 선수다운 면모를 보여 주세요.

규정

- 경기에 출전하지 않을 때 반려견은 항상 목줄을 착용하고 있어야 합니다.
- 주인은 반려견의 행동에 책임이 있습니다.
- 모든 참가 대상은 모든 접종을 최근에 맞은 상태여야 합니다.

행사에 대해 더 알고 싶다면, www.parkslopearena.com/labordaydogshow를 방문해 주세요.

어휘

canine 개의, 강아지의 companion 동반자, 친구
annual 연례의, 매년 열리는 talent show 장기자랑 registration 등록
judging 심사 award 시상, 수상 outfit 복장 trick 재주, 장난
go beyond ~을 넘어서다 showcase 선보이다, 전시하다
athletic 운동 선수다운, 건강한 crawl 기어가다 obstacle 장애물
exhibit 보여 주다, 전시하다 leash (목)줄 responsible 책임이 있는
entrant 참가자 up to date 최근의 shot 접종, 발사

---

10 독해 전체내용 파악(제목 파악) 난이도 중 ●●○

(A)에 들어갈 윗글의 제목으로 가장 적절한 것은?

① Make Sure Your Dog Gets Some Exercise
② Share Your Dog's Talents with the World
③ Give Your Pet a Break This Labor Day
④ Adopt a Pet and Make a Friend for Life

해석

① 여러분의 반려견이 운동을 하는지 확인하세요
② 여러분 반려견의 재능을 세상과 공유하세요
③ 이번 노동절에 여러분의 반려견에게 휴식을 선사하세요
④ 반려견을 입양하여 평생 친구를 만들어 보세요

해설

지문 처음에서 반려견이 슈퍼스타라고 생각하면 연례 노동절 반려견 장기자랑에 참가시켜 보라고 했고, 지문 전반에 걸쳐 대회의 수상 분야는 가장 패션 감각이 있는, 최고의 재주를 가진, 가장 운동 선수다운 반려견으로 나뉜다고 소개하고 있으므로, '② 여러분 반려견의 재능을 세상과 공유하세요'가 이 글의 제목이다.

[오답 분석]

① 반려견이 운동을 하는지 확인하라는 것에 대해서는 언급되지 않았다.

③ 반려견에게 휴식을 선사하는 것에 대해서는 언급되지 않았다.

④ 반려견을 입양하여 평생 친구를 만들어 보라는 것에 대해서는 언급되지 않았다.

정답 ②

어휘

adopt 입양하다, 채택하다

---

11 독해 세부내용 파악(내용 불일치 파악) 난이도 중 ●●○

위 안내문의 내용과 일치하지 않는 것은?

① 이 행사는 올해로 다섯 번째 열린다.
② 심사는 오후 2시부터 진행된다.
③ 반려견의 운동 능력을 평가한다.
④ 참가를 위해 반려견의 백신 정보가 확인되어야 한다.

해설

지문 처음의 '시간'에서 심사는 오전 10시 반에 시작된다고 했으므로, '② 심사는 오후 2시부터 진행된다'는 것은 지문의 내용과 일치하지 않는다.

[오답 분석]

① 두 번째 문장에 반려견을 제5회 연례 노동절 반려견 장기자랑에 참가시켜 보라고 언급되었다.

③ 지문 중간의 '수상 분야'에 특수 설계된 장애물 코스를 달리고, 뛰어넘고, 기어가게 하면서 운동 선수다운 면모를 보여 주라고 언급되었다.

④ 지문 마지막의 '규정'에 모든 참가 대상은 모든 접종을 최근에 맞은 상태여야 한다고 언급되었다.

정답 ②

---

12 독해 세부내용 파악(내용 일치 파악) 난이도 상 ●●●

다음 글의 내용과 일치하는 것은?

Extremophiles are microorganisms that can withstand extremes that could quickly kill humans, plants, and animals. The water bear or tardigrade is one example. These organisms can survive chemical concentrations, outer space, and ocean depths. In the absence of water, tardigrades shrivel up and appear lifeless, but when water is reintroduced, they return to normal. How do they do this? They simply replace the water in their bodies with a sugar that hardens, causing them to become glass-like and enter a state of suspended animation. Researchers have taken this knowledge and used it to preserve vaccines. Vaccines contain live materials, and in the tropics, they become useless. But a sugar preservative hardens the living material into glass beads, maintaining their usability for longer periods even in high temperatures.

* extremophile: 극한성 생물 * tardigrade: 완보류의 동물(느림보 동물)

① 극한성 생물들은 우주 공간에서 더 잘 자란다.
② 완보류의 동물은 물이 없으면 죽는다.
③ 연구원들은 완보류 동물의 특성을 백신을 보존하는 데 활용했다.
④ 당 방부제는 살아있는 물질이 저온에서 오랫동안 보존될 수 있도록 한다.

해석

극한성 생물들은 인간들, 식물들과 동물들을 빠르게 죽일 수 있는 극단적인 상태를 견뎌 낼 수 있는 미생물들이다. 물곰이나 완보류의 동물이 하나의 예시이다. 이러한 유기체들은 화학 집중 상태, 우주 공간과 심해에서 살아남을 수 있다. 물이 없을 때, 완보류의 동물들은 쭈글쭈글해지고 죽은 것처럼 보이지만, 물이 다시 유입되면, 그것들은 정상으로 돌아간다. 그것들은 이것을 어떻게 하는 것일까? 그것들은 단순히 체내의 물을 단단해지는 당으로 바꾸어, 그것들이 유리 같아지게 하고 가사 상태로 진입하게 한다. 연구원들은 이 지식을 가지고 백신을 보존하는 데 그것(완보류의 동물들이 유리 같아지고 가사 상태로 진입하는 것)을 사용했다. 백신은 살아있는 물질들을 함유하고, 열대 지방에서는 쓸모없어진다. 하지만 당 방부제는 살아있는 물질들을 유리구슬로 단단하게 만들어, 고온에서도 그것들의 유용성을 더 오랜 기간 동안 유지한다.

해설

지문 중간에서 연구원들은 완보류의 동물들이 체내의 물을 단단해지는 당으로 바꾸어 그것들이 유리 같아지게 하고 가사 상태로 진입하게 한다는 지식을 백신을 보존하는 데 사용했다고 했으므로, '③ 연구원들은 완보류 동물의 특성을 백신을 보존하는 데 활용했다'는 것은 지문의 내용과 일치한다.

[오답 분석]
① 세 번째 문장에서 극한성 생물들은 화학 집중 상태, 우주 공간과 심해에서 살아남을 수 있다고 언급되었으나, 그 장소들에서 더 잘 자라는지에 대해서는 언급되지 않았다.
② 네 번째 문장에서 완보류의 동물들은 물이 없을 때 쭈글쭈글해지고 죽은 것처럼 보이지만, 물이 다시 유입되면 정상으로 돌아간다고 했으므로 지문의 내용과 다르다.
④ 마지막 문장에서 당 방부제는 고온에서도 살아있는 물질들의 유용성을 더 오랜 기간 동안 유지한다고 했으므로 지문의 내용과 다르다.

정답 ③

어휘

extremophile 극한성 생물 microorganism 미생물 withstand 견뎌 내다
concentration 집중 (상태), 농축 absence 없음, 부재 shrivel 쭈글쭈글해지다
suspended animation 가사 상태(질병이나 중독 등으로 인해 생리적 기능이 극도로 저하되어 생명 활동이 최소로 제한된 상태) preserve 보존하다
preservative 방부제

---

13 독해 전체내용 파악 (요지 파악) 난이도 중 ●●○

다음 글의 요지로 가장 적절한 것은?

Scientists continue to do research to understand a truly human behavioral trait—crying. Although many other animals have tear ducts in their eyes, humans are the only species that sheds tears for emotional reasons. One of the most basic theories for this is that tears act as a communication tool, especially since children cry from a young age to get parental care. However, research shows that, in adults, crying occurs more often when they are alone and as a result of loneliness, so it would have little communicative impact. Later research has shown that tears contain hormones and neurotransmitters that may have a healing effect. Unfortunately, scientists have been unable to validate this theory, or any of the others, so continued testing will have to be done.

① Scientists believe that tears can be used as antibiotics.
② Tears can alert those around us to our states of distress.
③ The exact reason that humans cry tears is unknown.
④ Researchers have determined the chemical composition of tears.

해석

과학자들은 진정으로 인간 행동의 특성인 울음을 이해하기 위해 계속해서 연구한다. 비록 많은 다른 동물들이 그것들의 눈에 눈물길이 있기는 하지만, 인간들은 감정적인 이유들로 눈물을 흘리는 유일한 종이다. 이것에 관한 가장 기초적인 이론들 중 하나는 눈물이 의사소통의 도구로서 사용된다는 것인데, 특히 아이들이 어릴 때부터 부모의 보살핌을 받기 위해 울기 때문이다. 그러나, 연구는 성인들에게서는 울음이 그들이 혼자 있을 때와 외로움의 결과로 더 자주 발생해서, 그것이 의사소통적인 효과가 거의 없을 것이라는 점을 증명한다. 이후의 연구는 눈물이 치료 효과가 있을지도 모르는 호르몬과 신경전달물질을 함유하고 있다는 것을 보였다. 안타깝게도, 과학자들이 이 이론이나 다른 어느 이론들도 입증할 수 없었으므로, 지속적인 실험이 이뤄져야 할 것이다.

① 과학자들은 눈물이 항생제로 쓰일 수 있다고 생각한다.
② 눈물은 우리 주변의 사람들에게 우리의 고통의 상태를 의식하게 할 수 있다.
③ 사람들이 눈물을 흘리는 정확한 이유는 알려지지 않았다.
④ 연구원들은 눈물의 화학적 성분을 밝혀냈다.

해설

지문 전반에 걸쳐 인간이 유일하게 감정적인 이유로 눈물을 흘리는 종이라고 한 뒤, 각각 아이들과 어른들이 우는 이유를 예시로 들어 설명하고 있다. 하지만 지문 중간에서 이후의 연구에 따르면 눈물이 치료 효과가 있을지도 모르는 물질을 함유한다고 했지만, 과학자들이 아직 그와 관련된 어떤 이론도 입증할 수 없었다고 설명하고 있으므로, '③ 사람들이 눈물을 흘리는 정확한 이유는 알려지지 않았다'가 이 글의 요지이다.

[오답 분석]
① 눈물이 항생제로 쓰일 수 있는지에 대해서는 언급되지 않았다.
② 눈물이 우리의 고통 상태를 의식하게 할 수 있는지에 대해서는 언급되지 않았다.
④ 연구가 눈물이 치료 효과가 있을지도 모르는 호르몬과 신경전달물질을 함유하고 있다고 했지만 이 이론이 입증되지 않았다고 했으므로 지문의 내용과 다르다.

정답 ③

어휘

trait 특성 tear duct 눈물길 shed 흘리다
neurotransmitter 신경전달물질 validate 입증하다 antibiotic 항생제
alert 의식하게 하다 distress 고통 composition 성분, 구성 요소

14 독해 전체내용 파악(제목 파악)　난이도 중 ●●○

다음 글의 제목으로 가장 적절한 것은?

Scientists have found that the average length of a day on Earth has been perceptibly increasing, though not to any significant degree. Every century, the average day will have increased in length by more than one-thousandth of a second. This change is owed to the gradual deceleration of the Earth's rotation around the Sun. However, this cannot be narrowed down to a single factor. One of the likely factors is the effect of the Moon on the Earth's tides, and how this creates friction on the Earth's spin. Another factor may be climate change, as the added weight of water from melted ice at the poles gathers at the equator and causes the Earth to slow. One less understood factor is the Earth's core, which rotates at its own speed counter to that of the crust, and has been observed to be speeding up. Although the change to day length is largely imperceptible, the effects are becoming more apparent over time.

① Effects of the Earth's Spin on the Surface
② Causes for the Moon's Orbit Around the Earth
③ Reasons for the Increasing Day Length
④ Changes in the Spinning of the Earth's Core

[해석]

과학자들은 지구에서의 하루 평균 길이가 어떤 상당한 정도는 아니지만, 알아챌 수 있을 만큼 늘고 있다는 사실을 발견했다. 매 세기마다, 평균적인 하루는 길이에 있어서 1,000분의 1초 이상씩 늘어 있을 것이다. 이 변화는 태양 주위를 도는 지구 자전의 점진적 감속 덕분이다. 그러나, 이것(하루 길이의 변화)은 단 하나의 요인으로 범위가 좁혀질 수 없다. 가능성 있는 요인들 중 한 가지는 지구의 밀물과 썰물에 미치는 달의 영향인데, 이것이 지구의 회전에 어떻게 마찰을 일으키는가이다. 또 다른 요인은 기후 변화일 수 있는데, 극지방들에서 녹은 얼음으로부터 더해진 물의 무게가 적도에 모여 지구가 천천히 움직이도록 유발하기 때문이다. 한 가지 덜 이해된 요인은 지구의 핵인데, 이것은 지각의 그것(속도)과는 반대로 그 자체의 속도로 회전하며, 속도가 빨라지고 있는 것으로 관측되어 오고 있다. 비록 하루 길이의 그 변화가 대체로 근소하긴 하지만, 그 영향들은 시간이 흐르면서 더 분명해지고 있다.

① 지구 회전이 표면에 미치는 영향들
② 지구 주변에 있는 달 궤도의 원인들
③ 늘고 있는 하루 길이의 원인들
④ 지구 핵 회전에서의 변화들

[해설]

지문 처음에서 과학자들은 하루의 평균 길이가 늘고 있다는 사실을 발견했다고 한 뒤, 지문 전반에 걸쳐 이것과 관련된 요인으로서 지구 자전의 점진적 감속, 달의 영향, 기후 변화 등에 대해 설명하고 있으므로, '③ 늘고 있는 하루 길이의 원인들'이 이 글의 제목이다.

[오답 분석]
① 지구 회전이 표면에 미치는 영향들은 지문의 내용과 관련이 없다.
② 지구 주변에 있는 달 궤도에 대해서는 언급되지 않았다.
④ 지구 핵 회전에서의 변화는 하루 길이가 늘어나는 요인 중 하나이므로 지엽적이다.

정답 ③

[어휘]

perceptibly 알아챌 수 있을 만큼　deceleration 감속도　rotation 자전
narrow down 범위를 좁히다　tide 밀물과 썰물　friction 마찰　spin 회전
equator 적도　counter to ~과는 반대로　crust 지각, 껍질
imperceptible 근소한, 감지할 수 없는　orbit 궤도

15 독해 논리적 흐름 파악(무관한 문장 삭제)　난이도 중 ●●○

글의 흐름상 가장 어색한 문장은?

Under the traditional grading system, various factors can affect the overall academic grade of a child. ① Tardiness, extra credit work, and class participation are all capable of increasing or decreasing a student's rank. ② There needs to be a collaborative effort among educators and parents when trying to help kids raise their test scores. Such secondary elements, while important, are not a good reflection of how much content a student absorbs in class. ③ A simple solution was proposed by two teachers to revise the system so that it more accurately reflects a child's progress. In short, they argue that two scores should be provided. ④ The first represents knowledge and exam performance, while the other mark is for life skills—preparation, behavior, and teamwork.

[해석]

전통적인 등급 체계 아래에서는, 다양한 요인들이 아이의 전반적인 학업 성적에 영향을 미칠 수 있다. ① 지각, 추가 학점 과제와 수업 참여는 모두 학생의 등급을 올리거나 내릴 수 있다. ② 아이들이 그들의 시험 점수를 올리는 것을 도우려고 노력할 때 교육자와 부모 간에 공동의 노력이 필요하다. 이와 같은 부차적인 요소들은 중요하지만, 아이들이 수업에서 얼마나 많은 내용을 받아들이는지를 잘 반영하는 것은 아니다. ③ 그것(시험 점수)이 아이의 발전을 더 정확하게 반영하도록 그 (등급) 체계를 개정하기 위한 한 가지 간단한 해결책이 두 교사에 의해 제시되었다. 간단히 말해서, 그들은 두 개의 점수가 제공되어야 한다고 주장한다. ④ 첫 번째 것은 지식과 시험 성적을 나타내는 반면, 다른 점수는 준비, 행동, 그리고 협력과 같은 삶의 기술들을 위한 것이다.

[해설]

지문 처음에서 전통적인 등급 체계 아래에서는 다양한 요인들이 아이의 학업 성적에 영향을 미칠 수 있다고 한 뒤, ①번에서 등급에 영향을 주는 다양한 요소들을 언급하고, ③, ④번에서 전통적인 등급 체계의 문제점을 해결하기 위해 제시된 해결책을 소개하고 있다. 그러나 ②번은 아이들의 시험 점수 상승을 위해서는 교육자와 부모 간에 공동의 노력이 필요하다는 내용으로, 지문 처음의 내용과 관련이 없다.

정답 ②

[어휘]

academic 학업의　tardiness 지각　credit 학점, 신용
capable of ~을 할 수 있는　collaborative 공동의　secondary 부차적인
absorb 받아들이다, 흡수하다　revise 개정하다, 수정하다
accurately 정확하게　reflect 반영하다

16 독해 논리적 흐름 파악(문장 삽입) 난이도 중 ●●○

주어진 문장이 들어갈 위치로 가장 적절한 것은?

In contrast, a deficiency in these areas can inhibit it.

The more physical activity we engage in, the more we rely on a human growth hormone to repair our damaged muscles, proteins, and other elements in the body. However, our bodies do not release a steady output of growth hormone. (①) Rather, the production of the hormone relies on conditions we usually associate with a healthy lifestyle. (②) Nutrition, sleep, and exercise all contribute to the production of the hormone. (③) Possible effects can include lethargy, an inability to concentrate, memory loss, soreness, and a weakened immune system. (④) These effects are all exacerbated after strenuous physical activity, making a healthy lifestyle crucial for daily functioning.

해석

반면, 이러한 영역들에서의 결핍은 그것을 저해할 수 있다.

우리가 더 많은 신체 활동에 참여할수록, 우리는 손상된 근육들, 단백질과 신체의 다른 요소들을 회복시키기 위해 인간 성장 호르몬에 더 의존한다. 그러나, 우리의 신체는 성장 호르몬의 꾸준한 생산량을 내지는 않는다. (①) 오히려, 그 호르몬의 생산은 우리가 보통 건강한 생활 방식과 관련시키는 조건들에 의존한다. (②) 영양, 수면과 운동은 모두 호르몬의 생산에 도움이 된다. (③) 발생 가능한 결과들은 무기력, 집중 불능, 기억 상실, 쓰림과 약해진 면역 체계를 포함할 수 있다. (④) 이러한 결과들은 모두 격렬한 신체 활동 후에 악화되며, 건강한 생활 방식이 일상 기능을 하는 데 중요하게 만든다.

해설

③번 앞 문장에 영양, 수면과 운동이 호르몬의 생산에 도움이 된다는 내용이 있고, ③번 뒤 문장에서 발생 가능한 결과들에는 무기력, 집중 불능, 기억 상실, 쓰림 등이 있다고 설명하고 있으므로, ③번에 반면 이러한 영역들(these areas)에서의 결핍이 그것(호르몬의 생산)을 저해할 수 있다는 내용의 주어진 문장이 나와야 지문이 자연스럽게 연결된다.

[오답 분석]

① 앞 문장은 우리 신체가 성장 호르몬을 꾸준히 생산하지 않는다는 내용이고, ①번 뒤 문장은 그 호르몬의 생산이 건강한 생활 방식과 관련된 조건들에 의존한다는 앞 문장과 연결되는 내용이므로 ①번에 다른 문장이 삽입되면 문맥상 부자연스럽다.

② 뒤 문장의 영양, 수면, 운동은 ②번 앞 문장에 언급된 우리가 건강한 생활 방식과 관련시키는 조건들에 해당하므로 ②번에 다른 문장이 삽입되면 문맥상 부자연스럽다.

④ 뒤 문장의 이러한 결과들(These effects)은 ④번 앞 문장에 언급된 무기력, 집중 불능 등의 발생 가능한 결과들을 의미하므로 ④번에 다른 문장이 삽입되면 문맥상 부자연스럽다.

정답 ③

어휘

deficiency 결핍, 부족 inhibit 저해하다, 방해하다
engage 참여하다, 종사하다 repair 회복하다, 수리하다 steady 꾸준한
output 생산량 associate 관련시키다 contribute 도움이 되다, 기여하다
lethargy 무기력 soreness 쓰림, 아픔 immune system 면역 체계
exacerbate 악화시키다 strenuous 격렬한, 몹시 힘이 많이 드는

구문 분석

[2행] The more physical activity we engage in, / the more we rely on a human growth hormone (생략)
: 이처럼 'the 비교급 …, the 비교급 ~' 구문이 두 대상의 비례적인 관계를 나타내는 경우, '더 …할수록, 더 ~하다'라고 해석한다.

17 독해 논리적 흐름 파악(문단 순서 배열) 난이도 중 ●●○

주어진 글 다음에 올 내용을 순서대로 연결한 것은?

These days, more and more endangered fish are circulating in the food market. It has largely gone unnoticed because the fish are intentionally sold under a different name. The prevalence of this illegal act came about because rare species are sometimes caught as byproducts by commercial fisheries.

(A) They found mislabeling at nearly every step of the supply chain, beginning with distribution all the way to retail. The result is that one in five species on the market is deliberately misclassified, which does not bode well for species that are endangered.

(B) In addition to conservation concerns, the deceit can also have serious consequences to public health. More than half of the misclassified seafood carries health risks to people, including parasites and toxic chemicals.

(C) When this happens, unscrupulous fishermen who want to make a profit simply list them as a common species and sell them to vendors instead of throwing them back into the sea. What's more worrying is that scientists who investigated the matter have reported that the fraud is not limited to suppliers.

① (A) – (B) – (C)　　　② (A) – (C) – (B)
③ (B) – (C) – (A)　　　④ (C) – (A) – (B)

해석

오늘날, 점점 더 많은 멸종 위기의 어류가 식품 시장에서 유통되고 있다. 그 어류가 의도적으로 다른 이름으로 판매되기 때문에 그것은 대체로 눈에 띄지 않고 넘어갔다. 이 불법적 행위의 팽배는 희귀종들이 때때로 상업적 어업의 부산물들로써 잡히기 때문에 발생했다.

(C) 이것이 발생하면, 이윤을 내고 싶어 하는 비양심적인 어민들은 그것들을 바다로 다시 던져 넣는 대신 그냥 그것들을 평범한 종들로 기재하여 행상인들에게 판매한다. 더욱 걱정되는 점은 그 문제를 조사한 과학자들이 그 사기 행위가 공급자들에게만 국한된 것이 아니라고 보고했다는 것이다.

(A) 그들은 배급에서 시작하여 소매까지 내내 공급망의 거의 모든 단계에서 틀린 라벨을 붙인다는 것을 알아냈다. 그 결과는 시장에 있는 다섯 종 중 하나는 고의로 분류가 잘못되었다는 것이며, 이는 멸종 위기에 있는 종들에게 좋은 징조가 아니다.

(B) 보존 문제들뿐만 아니라, 그 사기는 또한 공공 보건에 심각한 결과들을 가져올 수 있다. 분류가 잘못된 해산물의 절반 이상이 사람들에게 기생충들과 독성 화학 물질들을 포함한 건강상의 위험을 가져온다.

해설

주어진 문단에서 멸종 위기의 어류를 다른 이름으로 판매하는 불법 행위가 팽배하고 있는데, 이는 희귀종들이 상업적 어업의 부산물들로서 잡혔을 때 발생한다고 언급한 뒤, (C)에서 이것(this)이 발생했을 때 비양심적인 어민들은 그것들을 평범한 종으로 기재해 판매하며, 과학자들에 의하면 이 사기 행위가 공급자들에게만 국한된 것이 아니라고 설명하고 있다. 이어서 (A)에서 그들(They)이 공급 과정의 거의 모든 단계에서 틀린 라벨을 붙인다는 것을 알아냈으며, 이것은 멸종 위기에 있는 종들에게도 좋은 징조가 아니라고 한 뒤, (B)에서 그 사기(the deceit)는 보존 문제뿐만 아니라 공공 보건에도 심각한 결과를 가져올 수 있다고 설명하고 있다.

정답 ④

어휘

endangered 멸종 위기의 circulate 유통되다, 순환하다
go unnoticed 눈에 띄지 않고 넘어가다 prevalence 팽배, 유행
illegal 불법적인 come about 발생하다 byproduct 부산물
commercial 상업적인 mislabel ~에 틀린 라벨을 붙이다
distribution 배급, 유통 retail 소매 deliberately 고의로
misclassify ~의 분류를 잘못하다 bode well ~에 좋은 징조이다
conservation 보존 deceit 사기, 속임수 parasite 기생충
unscrupulous 비양심적인, 부도덕한 vendor 행상인, 판매자 fraud 사기 행위

---

18 | 독해 추론(빈칸 완성 – 단어) | 난이도 중 ●●○

밑줄 친 부분에 들어갈 말로 가장 적절한 것은?

One of the worst architectural catastrophes in history occurred very early in recorded human civilization, in the town of Fidenae, Italy, AD 27. Emperor Tiberius had just lifted a ban on gladiatorial games, and a local man named Atilius was intent on celebrating the occasion with the construction of his own amphitheater. However, Atilius was not particularly _____ and constructed his amphitheater out of wood, the only material he could afford. Moreover, the construction was rushed in order to be completed by the time the games were set to begin. Allowing for a maximum occupancy of 50,000 spectators, roughly 20,000 were present for the opening ceremony, during which tragedy struck and the amphitheater collapsed, claiming thousands of lives. Laws regarding buildings were tightened as a result of the tragedy, requiring that citizens possess a considerable amount of wealth before being granted building permission, and Atilius himself was exiled from the empire.

* amphitheater: 원형 경기장

① opulent
② ambiguous
③ imperative
④ emphatic

해석

역사상 최악의 건축학적 참사들 중 하나는 기록된 인류 문명에서 아주 이

른 시점인 서기 27년 이탈리아 Fidenae 도시에서 발생했다. 티베리우스 황제가 이제 막 검투사 경기들에 대한 금지령을 해제했고, Atilius라는 이름의 한 현지인은 그 자신만의 원형 경기장 건축으로 그 경사를 축하하는 데 열중했다. 그러나, Atilius는 특별히 부유하지 않았기 때문에 그가 살 형편이 되었던 유일한 재료인 목재로 그의 원형 경기장을 건설했다. 더욱이, 그 공사는 경기들이 시작될 예정이었던 때까지는 완료되기 위해 성급하게 진행되었다. 최대 5만 명의 관중들에 대한 수용 능력을 가능하게 했고, 대략 2만 명이 개막 행사에 참석했는데, 개막 행사 도중 비극이 덮쳐서 원형 경기장은 붕괴되었고, 수천 명의 목숨을 앗아갔다. 그 비극의 결과로서 건물에 대한 법률은 시민들이 건축 허가를 받기 전에 상당한 양의 재산을 소유하는 것을 요구하도록 더 엄격해졌고, Atilius 본인은 제국에서 추방되었다.

① 부유한
② 애매모호한
③ 위엄 있는
④ 단호한

해설

빈칸이 있는 문장에서 빈칸 뒷부분에 Atilius는 그가 살 형편이 되었던 유일한 재료인 목재로 원형 경기장을 건설했다고 하고, 지문 뒷부분에 Atilius의 경기장에서 대규모 사고가 일어난 후, 시민들이 건축 허가를 받기 전에 상당한 양의 재산을 소유하도록 건축에 대한 법률이 더 엄격해졌다고 했으므로, 빈칸에는 Atilius가 '① 부유한' 사람은 아니었다는 내용이 들어가야 한다.

정답 ①

어휘

architectural 건축학적인 catastrophe 참사, 파국
lift a ban 금지령을 해제하다 gladiatorial 검투사의 intent ~에 열중하는
afford ~을 살 형편이 되다 occupancy 수용 능력, 사용 spectator 관중
collapse 붕괴되다 claim (목숨을) 앗아가다, 주장하다 grant 허가하다
exile 추방하다 opulent 부유한 ambiguous 애매모호한
imperative 위엄 있는, 명령적인 emphatic 단호한

---

19 | 독해 추론(빈칸 완성 – 구) | 난이도 중 ●●○

밑줄 친 부분에 들어갈 말로 가장 적절한 것은?

The Greek philosopher Pyrrho of Elis is thought to be the first real skeptic. In his day, some Eastern thinkers asserted that they possessed the unequivocal truth about the universe. When Pyrrho went to India and Persia to see if this was true, he discovered that there were actually many different and conflicting views in Eastern philosophy. Recognizing that not all of these ideologies could be correct, Pyrrho came up with "practical skepticism." He argued that all human thought contains some degree of uncertainty and divisiveness. Thus, there was no such thing as _____.

① absolute knowledge
② sincere compromise
③ popular concepts
④ natural theories

해석

그리스 철학자 엘리스의 피론은 최초의 진정한 회의론자로 여겨진다. 그

의 시대에, 일부 동양 사상가들은 그들이 우주에 대한 명백한 진리를 알고 있다고 주장했다. 피론이 이것이 사실인지 확인하기 위해 인도와 페르시아에 갔을 때, 그는 동양의 철학에는 사실 서로 다르고 상충되는 견해들이 많이 있다는 것을 알게 되었다. 이러한 이념들이 전부 옳을 수는 없다는 것을 인지하고, 피론은 '실제적 회의론'을 제시했다. 그는 모든 인간의 사상은 어느 정도의 불확실성과 불화를 포함한다고 주장했다. 따라서, 절대적인 지식이라는 것은 없었다.

① 절대적인 지식
② 진실된 타협
③ 일반적인 관념들
④ 당연한 이론들

해설

빈칸 앞 문장에 피론은 모든 인간의 사상은 어느 정도의 불확실성과 불화를 포함한다고 주장했다는 내용이 있으므로, 빈칸에는 '① 절대적인 지식'이라는 것은 없다는 내용이 들어가야 한다.

정답 ①

어휘

skeptic 회의론자 assert 주장하다 possess 알고 있다, 소유하다
unequivocal 명백한 conflicting 상충되는, 모순되는 ideology 이념
uncertainty 불확실성 divisiveness 불화, 알력 absolute 절대적인, 완벽한
compromise 타협

---

20 독해 추론(빈칸 완성 - 구)   난이도 중 ●●○

밑줄 친 부분에 들어갈 말로 가장 적절한 것은?

> Drinking coffee has been linked to health benefits such as increased focus, a reduced cancer risk, and an overall longer life span. But for those with high cholesterol or caffeine sensitivity, drinking coffee may have adverse effects. To reduce one of these risks, experts recommend using a filter. Filters eliminate diterpenes, compounds that raise cholesterol levels, while preserving coffee's natural supply of antioxidants. But keep in mind that even if you're filtering your coffee, excessive caffeine consumption can cause anxiety, insomnia, and digestive issues. Consequently, doctors suggest that you _____.

① avoid adding sugar and cream to your coffee
② drink coffee only in the mornings
③ consider switching to fresh roasted coffee beans
④ limit yourself to no more than five cups of coffee a day

해석

커피를 마시는 것은 증가된 집중력, 감소된 암 위험, 전반적으로 더 긴 수명과 같은 건강상의 이점과 연관이 있어 왔다. 그러나 높은 콜레스테롤이나 카페인 민감성을 가진 사람들에게는 커피를 마시는 것이 부작용이 있을 수 있다. 이러한 위험 중 하나를 줄이기 위해, 전문가들은 필터를 사용할 것을 권한다. 필터는 커피 본연의 산화 방지제 공급은 유지하면서, 콜레스테롤 수치를 높이는 화합물인 디테르펜을 제거한다. 그러나 비록 당신이 커피를 여과한다고 하더라도, 과도한 카페인 섭취는 불안, 불면증, 소화

장애를 유발할 수 있음을 명심하라. 따라서, 의사들은 하루에 다섯 잔 이내의 커피로 한정할 것을 제안한다.

① 커피에 설탕과 크림을 넣는 것을 피하다
② 아침에만 커피를 마시다
③ 신선하게 볶아진 커피콩으로 바꾸기를 고려하다
④ 하루에 다섯 잔 이내의 커피로 한정하다

해설

지문 앞부분에서 높은 콜레스테롤이나 카페인 민감성을 가진 사람들에게 커피를 마시는 것이 부작용이 있을 수 있다고 하고, 빈칸 앞에서 필터 사용으로 콜레스테롤 수치를 높이는 화합물을 제거할 수는 있지만 과도한 카페인 섭취는 불안, 불면증, 소화 장애를 유발할 가능성이 있다고 했으므로, 빈칸에는 의사들이 '④ 하루에 다섯 잔 이내의 커피로 한정할' 것을 제안한다고 한 내용이 들어가야 한다.

[오답 분석]

① 커피에 설탕과 크림을 넣는 것을 피하는 것은 지문의 내용과 관련이 없다.
② 아침에만 커피를 마시는 것은 지문의 내용과 관련이 없다.
③ 전문가들이 필터를 사용하여 커피를 여과하는 것을 권한다고는 언급되었지만, 과도한 카페인 섭취는 불안 등을 유발할 수 있다고 했으므로 지문의 문맥에 적절하지 않다.

정답 ④

어휘

life span 수명 sensitivity 민감성, 민감도 adverse effect 부작용
eliminate 제거하다 compound 화합물, 혼합물
preserve 유지하다, 보존하다 antioxidant 산화 방지제 insomnia 불면증
digestive 소화의 switch 바꾸다, 전환하다 roast 볶다, 굽다

▶ 정답

p. 70

01	① 어휘 – 어휘&표현	11	① 독해 – 유의어 파악
02	③ 어휘 – 어휘&표현	12	④ 독해 – 세부내용 파악
03	① 문법 – 동명사	13	② 독해 – 전체내용 파악
04	① 문법 – 비교 구문	14	③ 독해 – 전체내용 파악
05	② 문법 – 수 일치	15	② 독해 – 논리적 흐름 파악
06	③ 어휘 – 생활영어	16	② 독해 – 논리적 흐름 파악
07	④ 어휘 – 생활영어	17	③ 독해 – 논리적 흐름 파악
08	② 독해 – 전체내용 파악	18	④ 독해 – 추론
09	③ 독해 – 세부내용 파악	19	① 독해 – 추론
10	③ 독해 – 세부내용 파악	20	② 독해 – 추론

▶ 취약영역 분석표

영역	세부 유형	문항 수	소계
어휘	어휘&표현	2	/4
	생활영어	2	
문법	동명사	1	/3
	비교 구문	1	
	수 일치	1	
독해	전체내용 파악	3	/13
	세부내용 파악	3	
	추론	3	
	논리적 흐름 파악	3	
	유의어 파악	1	
총계			/20

---

01 어휘 spontaneous

난이도 중 ●●○

밑줄 친 부분에 들어갈 말로 가장 적절한 것을 고르시오.

> Despite his _____ comments, reporters were impressed by the mayor's ability to stay on topic and get his point across during the press conference.

① spontaneous
② intelligent
③ diligent
④ constant

[해석]

그의 즉흥적인 발언들에도 불구하고, 기자들은 그 시장이 기자회견 동안 주제에 집중하고 자신의 주장을 전달하는 능력에 깊은 인상을 받았다.

① 즉흥적인
② 똑똑한
③ 근면한
④ 끊임없는

정답 ①

[어휘]

be impressed by ~에 깊은 인상을 받다   press conference 기자회견
spontaneous 즉흥적인, 자발적인   diligent 근면한

 이것도 알면 **합격!**

spontaneous(즉흥적인)의 유의어
= impromptu, impulsive, willing, casual

---

02 어휘 desperate

난이도 중 ●●○

밑줄 친 부분에 들어갈 말로 가장 적절한 것을 고르시오.

> After six months of difficult negotiations over the contract, the company and the labor union were increasingly _____ to reach a deal.

① curious
② cooperative
③ desperate
④ unfocused

[해석]

계약을 둘러싼 6개월간의 어려운 협상 후에, 그 회사와 노동 조합은 거래에 도달하는 데 점점 더 필사적이었다.

① 궁금한
② 협력적인
③ 필사적인
④ 목적이 불분명한

정답 ③

[어휘]

negotiation 협상, 교섭   contract 계약   labor union 노동 조합   deal 거래
cooperative 협력적인   desperate 필사적인, 간절히 원하는
unfocused 목적이 불분명한, 한군데로 모아지지 않는

이것도 알면 **합격!**

desperate(필사적인)의 유의어
= anxious, frantic, eager

---

03 문법 동명사

난이도 하 ●○○

밑줄 친 부분에 들어갈 말로 가장 적절한 것을 고르시오.

> In recent years, the widespread appearance of misinformation on social media has begun _____ government officials.

① to worry
② to worrying
③ worried
④ worry

[해석]

최근 몇 년 동안, 소셜 미디어에서의 잘못된 정보의 광범위한 출현은 국가 공무원들을 걱정하게 만들기 시작했다.

해설

① **동명사와 to 부정사 둘 다 목적어로 취하는 동사** 빈칸은 동사 begin(has begun)의 목적어 자리인데, 동사 begin은 동명사와 to 부정사 둘 다 목적어로 취하는 동사이므로 빈칸에는 to 부정사 to worry가 들어가야 한다.

정답 ①

어휘

appearance 출현, 현상　government official 국가 공무원

🖉 이것도 알면 **합격!**

동명사가 목적어일 때와 to 부정사가 목적어일 때 의미가 동일한 동사

시작하다 / 계속하다	begin 시작하다 continue 계속하다	start 시작하다
좋아하다 / 싫어하다	like 좋아하다 prefer 선호하다	love 좋아하다 hate 싫어하다

04　문법 비교 구문　　　　난이도 중 ●●○

밑줄 친 부분 중 어법상 옳지 않은 것을 고르시오.

> Nothing is more representative of Egypt ① as the pyramids, the oldest of the Seven Wonders of the Ancient World. ② With its height unmatched before the construction of the St. Paul's Cathedral steeple in London, the scale of the pyramid has awed people for millennia. However, ③ what historians find amazing about it is its precise construction, which was thought to be nearly impossible ④ until the emergence of modern building technology.

해석

고대 7대 불가사의 중 가장 오래된 피라미드보다 더 이집트를 대표하는 것은 없다. 런던의 세인트 폴 대성당 첨탑의 건설 이전에는 그것(피라미드)의 높이가 타의 추종을 불허하여, 이 피라미드의 규모는 수천 년 동안 사람들이 경외심을 갖게 했다. 하지만, 역사가들이 그것에 대해 놀라워하는 점은 그것의 정밀한 건축인데, 이는 현대 건축 기술의 등장 전까지는 거의 불가능하다고 생각되었다.

해설

① **비교급 형태로 최상급 의미를 만드는 표현** 문맥상 '가장 오래된 피라미드보다 더 이집트를 대표하는 것은 없다'라는 의미가 되어야 자연스러운데, '다른 어떤 –도 ~보다 더 ~하지 않다'는 비교급 형태로 최상급 의미를 만드는 'nothing ~ 비교급 + than'의 형태를 사용하여 나타낼 수 있으므로 as를 than으로 고쳐야 한다.

[오답 분석]

② **분사구문의 관용 표현** 문맥상 '그것의 높이가 타의 추종을 불허하여'라는 의미가 되어야 자연스러운데, '~하여'라는 의미의 이유를 나타낼 때는 'with + 명사(its height) + 분사(unmatched)'의 형태로 나타낼 수 있으므로, With its height unmatched가 올바르게 쓰였다.

③ **what vs. that** 목적어가 없는 불완전한 절(historians find amazing about it)을 이끌며 문장의 주어 자리에 올 수 있는 명사절 접속사

what이 올바르게 쓰였다.

④ **전치사 2: 시점** 문맥상 '현대 건축 기술의 등장 전까지는'라는 의미가 되어야 자연스러우므로 특정 시점까지 어떤 행동이나 상황이 계속되는 것을 나타내는 전치사 until(~까지)이 올바르게 쓰였다.

정답 ①

어휘

representative 대표하는　unmatched 타의 추종을 불허하는
construction 건설, 건축　steeple 첨탑　scale 규모, 저울
awe 경외심을 갖게 하다　precise 정밀한　emergence 등장

🖉 이것도 알면 **합격!**

비교급 형태로 최상급 의미를 만드는 표현

> no other + 단수 명사 / nothing + 동사 + 비교급 + than
> 　다른 어떤 –도 ~보다 더 ~하지 않다
> 비교급 + than any other + 단수 명사
> 　다른 어떤 –보다 더 ~한
> have + never/hardly/rarely + p.p. + 비교급
> 　더 ~해 본 적이 없다

05　문법 수 일치　　　　난이도 중 ●●○

밑줄 친 부분 중 어법상 옳지 않은 것을 고르시오.

> A movie that does well at the box office improves ① its chances of getting a sequel, which is good news for the cast, as the budget for any additional installments ② tend to be higher than the first. Interestingly, although film studios let filmmakers ③ spend more, sequels often end up ④ earning less than the original.

해석

흥행 성적이 좋은 영화는 그것의 속편 제작의 가능성을 높이는데, 이는 모든 추가 시리즈에 대한 예산이 첫 시리즈보다 더 높은 경향이 있기 때문에 출연진에게 희소식이다. 흥미롭게도, 영화 스튜디오가 영화 제작자에게 더 많은 비용을 지출하는 것을 허용함에도 불구하고, 보통 속편은 결국 원작보다 적은 수익을 올리게 된다.

해설

② **주어와 동사의 수 일치** 주어 자리에 단수 명사 the budget이 왔으므로 복수 동사 tend를 단수 동사 tends로 고쳐야 한다. 참고로, 주어와 동사 사이의 수식어 거품(for ~ installments)은 동사의 수 결정에 영향을 주지 않는다.

[오답 분석]

① **인칭대명사** 명사(chances) 앞에서 소유의 의미를 나타내기 위해서는 소유격 대명사가 와야 하고, 대명사가 지시하는 명사(A movie)가 단수이므로 단수 소유격 대명사 its가 올바르게 쓰였다.

③ **5형식 동사** 사역동사 let은 5형식 동사로 쓰일 때 동사원형을 목적격 보어로 취하는 동사이므로 동사원형 spend가 올바르게 쓰였다.

④ **동명사 관련 표현** 문맥상 '결국 원작보다 적은 수익을 올리게 된다'는 의미가 되어야 자연스러운데, '결국 –하다'는 동명사구 관용 표현 end up -ing를 사용하여 나타낼 수 있으므로 end up 뒤에 동명사

earning이 올바르게 쓰였다.

정답 ②

box office 흥행 성적; 매표소   sequel (책·영화·연극 등의) 속편
budget 예산   installment 시리즈, (전집·연재물 등의) 1회분, 한 권

이것도 알면 합격!

동명사구·to 부정사구·명사절 주어에는 단수 동사가 와야 한다.

> Studying hard helps you get good grades.
　열심히 공부하는 것은 네가 좋은 성적을 받는 데 도움이 된다.
> To read books every day improves your vocabulary.
　매일 책을 읽는 것은 너의 어휘력을 향상시킨다.
> What she says makes sense.
　그녀가 말하는 것은 말이 된다.

---

06 생활영어 What do you think is causing delays?
난이도 중 ●●○

밑줄 친 부분에 들어갈 말로 가장 적절한 것을 고르시오.

 Josh Torres
I've been going over our department's performance data, and I think there are some things we need to work on in the coming year.
4:05 p.m.

Kylie Kim
What are you most concerned about?
4:09 p.m.

 Josh Torres
The main issue is our project completion rate. We're finishing only about 70 percent of our projects within scheduled deadlines.
4:10 p.m.

Kylie Kim
_____
_____
4:11 p.m.

 Josh Torres
There were some unavoidable changes to projects that slowed things down, but some teams really need to work on their time management.
4:13 p.m.

Kylie Kim
Got it. Well, maybe we can schedule a meeting with the team leads to talk about this.
4:15 p.m.

① Do you think we need to hire more people?
② Could any of the deadlines be extended?
③ What do you think is causing delays?
④ Have any of our clients complained?

해석

Josh Torres: 우리 부서의 성과 자료를 검토해 봤는데, 내년에 우리가 노력해야 할 점들이 몇 가지 있는 것 같아요.
Kylie Kim: 가장 우려되는 점이 무엇인가요?
Josh Torres: 가장 큰 문제는 우리의 프로젝트 완료율이에요. 우리는 예정된 기한 내에 프로젝트의 약 70퍼센트만 완료하고 있어요.
Kylie Kim: 무엇이 지연의 원인이 되었다고 생각하시나요?
Josh Torres: 프로젝트에는 속도를 늦추는 몇몇 불가피한 변경 사항들이 있었지만, 일부 팀들은 시간 관리에 정말 더 신경 써야 해요.
Kylie Kim: 알겠어요. 음, 이 문제에 대해 이야기하기 위해 팀 대표들과 회의를 잡아볼 수 있을 것 같네요.

① 우리가 더 많은 사람을 고용해야 한다고 생각하시나요?
② 기한을 연장할 수 있었나요?
③ 무엇이 지연의 원인이 되었다고 생각하시나요?
④ 우리 고객 중에 불만을 제기한 사람이 있나요?

해설

대화 처음에서 Josh Torres가 내년에 우리 부서가 노력해야 할 점들 중 가장 우려되는 점은 프로젝트 완료율이라고 한 뒤, 빈칸 뒤에서 다시 Josh Torres가 There were some unavoidable changes to projects that slowed things down, but some teams really need to work on their time management(프로젝트에는 속도를 늦추는 몇몇 불가피한 변경 사항들이 있었지만, 일부 팀들은 시간 관리에 정말 더 신경 써야 해요)라고 대답하고 있으므로, 빈칸에는 '③ 무엇이 지연의 원인이 되었다고 생각하시나요?(What do you think is causing delays?)'가 오는 것이 자연스럽다.

정답 ③

어휘

performance 성과, 실적   completion 완료   rate 비율
unavoidable 불가피한, 어쩔 수 없는   hire 고용하다
extend 연장하다, 확대하다

이것도 알면 합격!

의견을 물을 때 쓸 수 있는 표현

> What do you think about this?
　이것에 대해 어떻게 생각하세요?
> Do you have any thoughts on this?
　이 부분에 대해 어떤 생각이 있으신가요?
> I'd love to hear your opinion.
　당신의 의견을 듣고 싶어요.
> What's your perspective on this?
　이 문제에 대한 당신의 관점은 무엇인가요?

 실전동형모의고사 **83**

07 생활영어 Do you think you can find it? 난이도 하 ●○○

밑줄 친 부분에 들어갈 말로 가장 적절한 것을 고르시오.

> A: Have you read any good books recently?
> B: No, but I want to. I just can't seem to concentrate.
> A: Why don't you read something easy?
> B: I do have a copy of *The Little Prince* somewhere.
> A: That's perfect. _____
> B: I'm sure I can track it down.

① Have you seen the movie version?
② Have you ever read it before?
③ Is it in good condition?
④ Do you think you can find it?

해석

> A: 너는 최근에 좋은 책들을 좀 읽어 봤니?
> B: 아니, 하지만 그러고 싶어. 나는 그냥 집중할 수 없는 것 같아.
> A: 무언가 쉬운 걸 읽는 건 어때?
> B: 나는 어딘가에 『어린 왕자』 한 권을 가지고 있긴 해.
> A: 그거 아주 잘 됐다. <u>네 생각에 네가 그것을 찾아낼 수 있을 것 같니?</u>
> B: 나는 내가 그것을 찾아낼 수 있다고 확신해.

① 너는 영화화 한 걸 본 적이 있니?
② 너는 전에 그것을 읽어 본 적이 있니?
③ 그것은 보존 상태가 좋니?
④ 네 생각에 네가 그것을 찾아낼 수 있을 것 같니?

해설

어딘가에 『어린 왕자』 한 권을 가지고 있다는 B의 말에 A가 질문하고, 빈칸 뒤에서 다시 B가 I'm sure I can track it down(나는 내가 그것을 찾아낼 수 있다고 확신해)이라고 대답하고 있으므로, 빈칸에는 '④ 네 생각에 네가 그것을 찾아낼 수 있을 것 같니?(Do you think you can find it?)'가 들어가야 자연스럽다.

정답 ④

어휘

track down ~을 찾아내다   in good condition 보존 상태가 좋은, 이상이 없는

🏅 이것도 알면 합격!

무언가를 제안할 때 쓸 수 있는 표현

> **Why don't we take in a movie tonight?**
> 우리 오늘 밤에 영화 보러 가는 게 어때?

> **I'd recommend waiting for the item to go on sale.**
> 나는 그 물건이 할인할 때까지 기다리는 걸 추천해.

08~09 다음 글을 읽고 물음에 답하시오.

> [A]
>
> Every child deserves a safe and supportive place to learn and grow.
>
> Some parents in our community work unconventional hours, leaving children without supervision after school. Without structured activities, kids are more likely to fall behind academically, miss out on social development opportunities, or even engage in risky behaviors.
>
> A group of concerned parents is organizing an after-school program to address these challenges. The program will provide children with various activities and a safe environment until 8:00 p.m. each weekday. Join us for a meeting to learn more about the program and share your ideas.
>
> **Date:** Wednesday, September 14
> **Time:** 6:00 p.m. – 8:00 p.m.
> **Location:** Mathis-Desilva Elementary School Auditorium
>
> **Note:** If you are unable to attend but would still like to contribute, please complete our online survey at www.mdelementary.com/afterschoolsurvey.
>
> For more information about the meeting, please visit www.mdelementary.com or email the meeting organizer Jill Burke at j_burke@popmail.com.

해석

> (A) **방과 후 아동 지원**
>
> 모든 아이는 배우고 성장할 수 있는 안전하고 지원을 받을 수 있는 환경을 누릴 자격이 있습니다.
>
> 우리 지역사회의 일부 부모님들은 이례적인 근무 시간을 일하며, 이로 인해 아이들은 방과 후에 방치되고 있습니다. 구조화된 활동이 없다면, 아이들은 학업적으로 뒤처지거나, 사회적 발달 기회를 놓치거나, 심지어 위험한 행동에 관여할 가능성이 높아집니다.
>
> 이 문제들을 해결하기 위해 한 무리의 우려하는 부모님들이 방과 후 프로그램을 조직하고 있습니다. 이 프로그램은 매주 평일 저녁 8시까지 아이들에게 다양한 활동과 안전한 환경을 제공할 것입니다. 프로그램에 대해 더 알아보고 의견을 나눌 수 있는 회의에 참여하세요.
>
> **날짜:** 9월 14일 수요일
> **시간:** 오후 6시 – 오후 8시
> **장소:** Mathis-Desilva 초등학교 강당
>
> **참고:** 참석할 수는 없지만 그래도 기여하고 싶다면, www.mdelementary.com/afterschoolsurvey에서 온라인 설문조사를 작성해 주세요.
>
> 회의에 관한 자세한 정보를 원하시면, www.mdelementary.com을 방문하거나 회의 주최자인 Jill Burke에게 j_burke@popmail.com으로 이메일을 보내주세요.

어휘

deserve ~할 자격이 있다   supportive 지원하는

unconventional 이례적인, 틀에 박히지 않는   structured 구조화된
engage in ~에 관여하다, 참여하다   risky 위험한
organize 조직하다, 정리하다   share 나누다, 공유하다   contribute 기여하다

08 독해 전체내용 파악(제목 파악)   난이도 중 ●●○

(A)에 들어갈 윗글의 제목으로 가장 적절한 것은?

① Academic Help for School-age Children
② Support for Children After School
③ The Social Development of Children
④ Resources for Parents to Share with Children

해석

① 학령기 아이들을 위한 학업 지원
② 방과 후 아동 지원
③ 아이들의 사회적 발달
④ 부모가 아이들과 공유할 자원

해설

지문 중간에서 아이들이 방과 후에 방치되고 있는 문제를 해결하기 위해 한 무리의 부모들이 다양한 활동과 안전한 환경을 제공하는 방과 후 프로그램을 조직하고 있다고 설명하고 있으므로, '② 방과 후 아동 지원'이 이 글의 제목이다.

[오답 분석]

① 부모가 이례적인 근무 시간을 일해서 아이들이 방과 후에 방치되고 있는 문제를 해결하기 위해 다양한 활동과 안전한 환경을 제공하는 프로그램을 조직한다고는 언급되었으나, 학령기 아이들을 위한 학업 지원에 대해서는 언급되지 않았다.
③ 아이들의 사회적 발달은 지문의 내용과 관련이 없다.
④ 부모가 아이들과 공유할 자원은 지문의 내용과 관련이 없다.

정답 ②

어휘

academic 학업의   resource 자원

09 독해 세부내용 파악(내용 불일치 파악)   난이도 하 ●○○

위 안내문의 내용과 일치하지 않는 것은?

① 일부 부모들이 아이들을 위한 방과 후 프로그램을 조직하고 있다.
② 방과 후 프로그램과 관련된 회의는 평일 오후에 열릴 예정이다.
③ 회의 참석자들은 설문조사를 작성해야 한다.
④ 행사 주최자에게 이메일을 보내 회의에 관해 질문할 수 있다.

해설

지문 마지막에서 참석할 수는 없지만 그래도 기여하고 싶다면 온라인 설문조사를 작성해 달라고 하고 있으므로, '③ 회의 참석자들은 설문조사를 작성해야 한다'는 것은 지문의 내용과 일치하지 않는다.

[오답 분석]

① 네 번째 문장에 방치되는 아이들을 위해 한 무리의 우려하는 부모님들이 방과 후 프로그램을 조직하고 있다고 언급되었다.
② 지문 중간의 '날짜'와 '시간'에 회의는 9월 14일 수요일 오후 6시부터 8시까지라고 언급되었다.
④ 지문 마지막에서 회의에 관한 자세한 정보를 원한다면 회의 주최자인 Jill Burke에게 이메일을 보내 달라고 언급되었다.

정답 ③

10~11   다음 글을 읽고 물음에 답하시오.

To	allen.frazier_hr@rtdcorp.com
From	ezra.wilson@rtdcorp.com
Date	December 30
Subject	Concerns Regarding My Performance Evaluation

B I U ¶ · ✐ · A · T · ⊖ 🖼 ◇ · ⋮☰ ☰ ☰ ☰ ↺ ↻ ‹›

Dear Mr. Frazier,

I am writing to express concerns regarding my end-of-year performance evaluation.

The evaluation says that I missed two project deadlines. However, the delays affecting those projects were due to last-minute changes the clients made. At the time, I communicated these changes to my supervisor, so I feel there has been a misunderstanding. Additionally, your feedback states that my communication skills need to be enhanced. While I acknowledge that I can do better in this area, since I also received the same feedback last year, I have actively worked on my communication skills this year by attending two professional development seminars and applying what I learned.

As your feedback was cited as the reason I will not be receiving a bonus, I would like to address it further. Please let me know when you can meet with me.

Sincerely,

Ezra Wilson, Account Manager

해석

수신: allen.frazier_hr@rtdcorp.com
발신: ezra.wilson@rtdcorp.com
날짜: 12월 30일
제목: 저의 성과 평가에 관한 우려 사항

Frazier씨께,

저는 저의 연말 성과 평가에 관한 우려를 표하기 위해 이 글을 씁니다. 평가서는 제가 두 개의 프로젝트 마감일을 놓쳤다고 합니다. 하지만, 해당 프로젝트에 영향을 미친 지연은 고객이 마지막 순간에 변경한 사항들로 인한 것이었습니다. 그 당시에, 저는 그러한 변경 사항을 제 상사에게 전달했기 때문에, 착오가 있었던 것 같습니다. 또한, 당신의

피드백은 제 의사소통 기술이 향상되어야 한다고 명시합니다. 제가 이 부분에서 더 잘할 수 있다는 것은 인정하지만, 작년에도 동일한 피드백을 받았기 때문에 올해는 두 차례의 전문성 개발 세미나에 참석하고 배운 내용을 적용함으로써 제 의사소통 기술을 적극적으로 <u>개선하려 노력했습니다</u>.

제가 상여금을 받지 못하는 이유로 당신의 피드백을 들었기 때문에, 이에 대해 더 자세히 말씀드리고 싶습니다. 언제 만나 뵐 수 있는지 알려주시기를 바랍니다.

회계 관리자 Ezra Wilson 드림

어휘

evaluation 평가　deadline 마감일　supervisor 상사, 관리자
misunderstanding 착오, 오해　state 명시하다, 말하다
acknowledge 인정하다　actively 적극적으로　attend 참석하다
apply 적용하다　cite (이유·예를) 들다　bonus 상여금, 특별 수당

10　독해 세부내용 파악(내용 불일치 파악)　난이도 중 ●●○

위 이메일의 내용과 일치하지 않는 것은?

① 고객이 마지막 순간에 변경한 사항들로 인해 Wilson씨의 프로젝트가 지연되었다.
② Wilson씨는 프로젝트 지연과 관련된 내용을 상사에게 전달했다.
③ Wilson씨는 의사소통 기술과 관련된 피드백을 올해 처음 받았다.
④ 올해 Wilson씨는 두 차례의 전문성 개발 세미나에 참석했다.

해설

지문 중간에서 피드백은 의사소통 기술이 향상되어야 한다고 명시하는데, 작년에도 동일한 피드백을 받았다고 했으므로, '③ Wilson씨는 의사소통 기술과 관련된 피드백을 올해 처음 받았다'는 것은 지문의 내용과 일치하지 않는다.

[오답 분석]
① 세 번째 문장에 프로젝트에 영향을 미친 지연은 고객이 마지막 순간에 변경한 사항들로 인한 것이었다고 언급되었다.
② 네 번째 문장에 변경 사항을 상사에게 전달했다고 언급되었다.
④ 여섯 번째 문장에 올해 두 차례의 전문성 개발 세미나에 참석했다고 언급되었다.

정답 ③

11　독해 유의어 파악　난이도 하 ●○○

밑줄 친 "worked on"의 의미와 가장 가까운 것은?

① improved
② enlarged
③ commended
④ provoked

해석

① 개선했다
② 확장했다
③ 칭찬했다
④ 유발했다

해설

worked on(개선하려 노력했다)이 포함된 문장(I have actively worked on my communication skills this year ~)에서 올해는 의사소통 기술을 적극적으로 개선하려 노력했다고 했으므로 worked on은 '개선하려 노력하다'라는 의미로 사용되었다. 따라서 '개선하다'라는 의미의 ① improved 가 정답이다.

정답 ①

12　독해 세부내용 파악(내용 불일치 파악)　난이도 중 ●●○

eUtil 앱에 관한 다음 글의 내용과 일치하지 않는 것은?

eUtil: One Application for All Your Utility Needs

The new eUtil application allows users to handle all their utility needs. Existing utility customers can use eUtil to view and pay all their monthly water, electric, and garbage collection bills easily through their mobile phones. In addition, the application's "Usage Monitoring" can send notifications when certain user-set usage levels are reached, preventing overconsumption and unexpectedly high bills. As part of the government's Efficient Service project, eUtil will replace the separate applications currently used for its various utility services. When users' utility accounts are connected to eUtil, the system will create a new password to access all accounts.

① It allows customers to pay their bills on their phones.
② Users can be notified when their usage level reaches a particular amount.
③ The new service will replace multiple applications.
④ Users can log in using their existing account passwords.

해석

eUtil: 모든 공공요금 요구 사항을 위한 하나의 애플리케이션

새로운 eUtil 애플리케이션은 사용자들이 모든 공공요금 요구 사항을 처리할 수 있도록 해줍니다. 기존의 공공요금 고객들은 eUtil을 사용하여 매월 수도, 전기, 그리고 쓰레기 수거 요금을 휴대 전화로 쉽게 확인하고 납부할 수 있습니다. 또한, 애플리케이션의 '사용량 모니터링' 기능은 사용자가 설정한 특정 사용 수준에 도달하면 알림을 보낼 수 있어, 과소비와 예상치 못하게 높은 요금을 방지할 수 있습니다. 정부의 '효율적인 서비스' 프로젝트의 일환으로, eUtil은 현재 다양한 공공요금 서비스에 사용되고 있는 개별 애플리케이션들을 대체할 예정입니다. 사용자의 공공요금 계정이 eUtil에 연결되면, 시스템은 모든 계정에 접근하기 위해 새로운 비밀번호를 생성할 것입니다.

① 이것은 고객들이 휴대 전화로 요금을 지불할 수 있도록 해준다.
② 사용자들은 사용 수준이 특정 양에 도달했을 때 알림을 받을 수 있다.
③ 이 새로운 서비스는 여러 애플리케이션을 대체할 것이다.
④ 사용자들은 기존의 계정 비밀번호를 사용하여 로그인할 수 있다.

해설

지문 마지막에서 사용자의 공공요금 계정이 eUtil에 연결되면 시스템은 모든 계정에 접근하기 위해 새로운 비밀번호를 생성할 것이라고 했으므로, '④ 사용자들은 기존의 계정 비밀번호를 사용하여 로그인할 수 있다'는 것은 지문의 내용과 일치하지 않는다.

[오답 분석]

① 두 번째 문장에 eUtil을 사용하여 매월 수도, 전기, 그리고 쓰레기 수거 요금을 휴대 전화로 쉽게 확인하고 납부할 수 있다고 언급되었다.

② 세 번째 문장에 애플리케이션의 '사용량 모니터링' 기능은 사용자가 설정한 특정 사용 수준에 도달하면 알림을 보낼 수 있다고 언급되었다.

③ 네 번째 문장에 eUtil은 현재 다양한 공공요금 서비스에 사용되고 있는 개별 애플리케이션들을 대체할 예정이라고 언급되었다.

정답 ④

어휘

utility 공공요금, 공익 사업   handle 처리하다   notification 알림
reach 도달하다, 뻗다   unexpectedly 예상치 못하게   connect 연결하다

---

13   **독해** 전체내용 파악(제목 파악)   난이도 중 ●●○

다음 글의 제목으로 가장 적절한 것은?

Researchers first observed the Pygmalion effect when they conducted an experiment in which teachers told several young children chosen at random that they were "intellectually exceptional" before taking an IQ test. The pupils who received the compliment and the burden of expectation achieved much higher scores compared to their previous tests. Some studies on the Pygmalion effect have been conducted in the workplace with comparable results. Employees encouraged by managers to take on more of a leadership role eventually received promotions. This phenomenon suggests that people's capabilities can be affirmatively influenced by the expectations of those around them. There is evidence that the inverse may be true as well, as the Golem effect, which states that lower expectations placed on individuals by authority figures or by the individuals themselves lead to deficient performances, has been observed in several experiments.

* Pygmalion effect: 피그말리온 효과(긍정적인 기대로 인하여 학생의 성적이 좋아지는 현상)

① The Inverse Relationship of Success and Expectations
② Expectations Linked to Performance
③ How Teachers Influence IQ Scores
④ Bosses Lower the Bar for Career Advancement

해석

선생님들이 무작위로 선발된 몇몇의 어린 아이들에게 그들이 IQ 검사를 받기 전에 '지적으로 특출하다'고 말한 실험을 실시했을 때 연구원들은 피그말리온 효과를 처음 보았다. 칭찬과 기대의 부담을 받은 학생들은 그들의 이전 검사 점수들과 비교하여 훨씬 더 높은 점수들을 받았다. 피그말리온 효과에 대한 일부 연구들이 비슷한 결과들을 이끌어내며 직장에서

실시되어 왔다. 관리자들에 의해 더 많은 지도자 역할을 떠맡도록 격려를 받은 직원들은 결국 승진을 했다. 이 현상은 사람들의 역량이 그들 주위에 있는 사람들의 기대에 의해 긍정적으로 영향을 받을 수 있다는 것을 암시한다. 정반대 역시 사실일지도 모른다는 증거가 있는데, 이는 개인들에게 권위를 가진 사람이나 개인들 스스로에 의해 걸린 더 낮은 기대가 부족한 성과들로 이어진다고 말하는 골렘 효과가 몇몇 실험들에서 관찰되어 왔기 때문이다.

① 성공과 기대 간 정반대의 관계
② 성과와 관련된 기대
③ 선생님들이 어떻게 IQ 점수에 영향을 미치는가
④ 상사들이 승진의 기준을 낮춘다

해설

지문 처음에서 아이들에 대한 IQ 검사를 통해 칭찬과 기대의 부담을 받은 학생들이 더 높은 점수를 받았다고 하며 피그말리온 효과가 입증되어 왔다고 한 뒤, 비슷한 결과가 나온 직장에서의 연구 결과들을 예시로 설명하고 있다. 이어서 지문 마지막에서 스스로에게 걸린 더 낮은 기대가 부족한 성과들로 이어진다는 골렘 효과도 입증되어 왔음을 언급하고 있으므로, '② 성과와 관련된 기대'가 이 글의 제목이다.

[오답 분석]

① 지문 전반에 걸쳐 긍정적이고 부정적인 기대가 각각 성과에 어떤 영향을 미치는지에 대한 내용이므로 성공과 기대 간 정반대의 관계는 지문의 내용과 관계가 없다.

③ 선생님들이 어떻게 IQ 점수에 영향을 미치는지에 대해서는 언급되지 않았다.

④ 상사들이 승진의 기준을 낮춘다는 것은 지문의 내용과 관계가 없다.

정답 ②

어휘

observe 보다, 관찰하다   exceptional 특출한, 이례적인   pupil 학생
compliment 칭찬   comparable 비슷한, 비교할 만한
encourage 격려하다, 촉진하다   take on ~을 떠맡다
promotion 승진, 홍보   affirmatively 긍정적으로   inverse 정반대의
Golem effect 골렘 효과(부정적인 기대로 인해 학생의 성적이 떨어지는 현상)
authority 권위, 지휘권   deficient 부족한   lower the bar 기준을 낮추다

---

14   **독해** 전체내용 파악(제목 파악)   난이도 중 ●●○

다음 글의 제목으로 가장 적절한 것은?

One of the most famous American sports, basketball, was developed in the late 19th century by Canadian physical education professor James Naismith. Seeking an indoor sport for his students at what is now Massachusetts's Springfield College to play during the frigid New England winters, Naismith nailed two peach baskets at 10-foot heights and gave the students soccer balls to toss into the baskets. Over time, the baskets were replaced by metal hoops and a dedicated basketball was developed. Although the game looks very different today, modern basketball is a direct descendant of Naismith's development.

① America's First Basketball League
② Popular Winter Activities in the United States
③ The History of an American Sports
④ The Development of Sports in Canada

해석

가장 유명한 미국 스포츠들 중의 하나인 농구는 캐나다인 체육 교수 제임스 네이스미스에 의해 19세기 후반에 개발되었다. 현재는 매사추세츠주 스프링필드 대학인 곳에서 그의 학생들이 몹시 추운 뉴잉글랜드의 겨울 동안 할 실내 스포츠를 찾으면서, 네이스미스는 두 개의 복숭아 바구니를 10피트 높이에 못으로 박았고, 학생들에게 바구니 안에 던질 축구공들을 주었다. 시간이 지나며, 그 바구니들은 금속 고리들로 대체되었고 전용 농구공이 개발되었다. 비록 오늘날에 그 경기는 매우 다르게 보이지만, 현대의 농구는 네이스미스의 개발로부터 직접 유래한 것이다.

① 미국의 첫 농구 경기 연맹
② 미국에서 인기 있는 겨울 활동
③ 한 미국 스포츠의 역사
④ 캐나다에서 스포츠의 발전

해설

지문 전반에 걸쳐 제임스 네이스미스라는 체육 교수가 몹시 추운 겨울 동안 그의 학생들이 할 수 있는 실내 스포츠를 찾으면서 복숭아 바구니와 축구공을 사용하였고, 현대의 농구가 제임스 네이스미스가 개발한 것에서 직접적으로 유래했음을 설명하고 있으므로, '③ 한 미국 스포츠의 역사'가 이 글의 제목이다.

[오답 분석]
① 미국의 첫 농구 경기 연맹에 대해서는 언급되지 않았다.
② 농구가 몹시 추운 뉴잉글랜드의 겨울 동안 할 수 있는 실내 경기라고 했지만, 미국에서 인기 있는 겨울 활동인지에 대해서는 언급되지 않았다.
④ 캐나다에서의 스포츠 발전은 지문의 내용과 관련이 없다.

정답 ③

어휘

replace 대체하다   hoop 고리   dedicated 전용의, 헌신하는
descendant 유래한 것, 후손

(B) Copying systems and features that have been perfected through billions of years of evolution can give researchers a head start when developing new technical solutions.
(C) Replicating the natural ventilation system resulted in a building that is cooled without the need for mechanical air conditioning.

① (A) – (B) – (C)　　　② (B) – (A) – (C)
③ (B) – (C) – (A)　　　④ (C) – (A) – (B)

해석

인간들은 항상 자연으로부터 배워 왔으며, 최근에는 연구자들이 생체 모방으로 알려진 방법을 통해서 복잡한 현대의 문제들을 해결하기 위해 자연 세계에 기대를 걸기 시작했다.

(B) 수십억 년의 발전을 거쳐 완성된 체계들과 특색들을 모방하는 것은 새로운 기술적인 해결책들을 개발할 때 연구자들에게 유리한 시작을 줄 수 있다.
(A) 예를 들어, 짐바브웨 하라레에 있는 Eastgate Centre의 건축가들은 아프리카 흰개미 언덕들의 내부 구조를 모방했는데, 이곳은 주변 온도에 상관없이 계속 시원하다.
(C) 그 자연적인 환기 장치를 복제하는 것은 결과적으로 기계로 작동되는 에어컨의 필요 없이 시원해지는 건물을 야기했다.

해설

주어진 문장에서 연구자들이 생체 모방을 통해 현대의 복잡한 문제들을 해결하기 위해 자연 세계에 기대를 걸기 시작했다고 한 뒤, (B)에서 수십억 년의 발전을 거쳐 완성된 체계와 특색을 모방하는 것은 기술적인 해결책을 개발할 때 유리하다고 언급하고 있다. 이어서 (A)에서 Eastgate Centre가 흰개미 언덕의 내부 구조를 모방했다는 예시를 들고, 뒤이어 (C)에서 그 자연적인 환기 장치(the natural ventilation system)를 복제하는 것은 건물이 에어컨 없이 시원해지게 했다고 설명하고 있다.

정답 ②

어휘

look to ~에 기대를 걸다, 돌보다   complex 복잡한   biomimicry 생체모방
architect 건축가   imitate 모방하다   internal 내부의   termite 흰개미
mound 언덕   ambient 주변의   evolution 발전, 진화
head start 유리한 시작   replicate 복제하다   ventilation 환기, 통풍

---

15 독해 논리적 흐름 파악(문단 순서 배열)   난이도 중 ●●○

주어진 문장 다음에 이어질 글의 순서로 가장 적절한 것은?

Humans have always learned from nature, and in recent times, researchers have begun to look to the natural world to solve complex modern problems through a process known as biomimicry.

(A) For example, the architects of the Eastgate Centre in Harare, Zimbabwe imitated the internal structures of African termite mounds, which remain cool regardless of the ambient temperature.

---

16 독해 논리적 흐름 파악(무관한 문장 삭제)   난이도 상 ●●●

다음 글의 흐름상 적절하지 않은 문장은?

In philosophy, there are two main forms of logical reasoning: deduction and induction. Deduction involves establishing premises and arriving at a conclusion that is a logical consequence of those premises. A claim that has been arrived at through a valid application of deductive reasoning is always necessarily true. ① Inductive reasoning, on the other hand, arrives at conclusions that are likely true. ② Premises for deductions are based on specific observed facts. ③ Inductive

---

inferences involve looking at specific examples and drawing conclusions based on those examples. ④ For example, if 90% of employees at a company have college degrees, and it is known that a person is employed at that company, it is likely that the person has a college degree. It is vital to recognize the differences between deduction and induction to reason effectively.

[해석]

철학에서, 논리적 추론에는 연역법과 귀납법의 두 가지 주요 방식이 있다. 연역법은 전제들을 수립하고 그러한 전제들의 논리적 결과인 결론에 도달하는 것을 포함한다. 연역적 추론의 타당한 적용을 통해 도달된 주장은 항상 반드시 진실이다. ① 반면에, 귀납적 추론은 진실일 가능성이 있는 결론들에 도달한다. ② 연역법에 대한 전제들은 특정 관찰된 사실들에 기반한다. ③ 귀납적 추론들은 특정한 예시들을 관찰하는 것과 그러한 예시들을 기반으로 하는 결론들을 내리는 것을 포함한다. ④ 예를 들어, 만약 회사에서 직원들의 90퍼센트가 대학 학위가 있고, 어떤 사람이 그 회사에 고용되었다면, 그 사람은 대학 학위를 가지고 있을 가능성이 있다. 효과적으로 추론하기 위해 연역법과 귀납법 간의 차이점들을 인지하는 것은 필수적이다.

[해설]

지문 처음에서 논리적 추론의 두 가지 주요 방식인 연역법과 귀납법에 대해 소개하며 연역적 추론을 통해 도달된 주장은 항상 진실이라고 한 뒤, ①, ③, ④번 모두에서 귀납적 추론의 특징과 그 예시를 설명하고 있다. 그러나 ②번은 연역법의 전제들이 특정 관찰된 사실들에 기반한다며 연역법 추론에 대해 설명하는 내용으로, 지문 전체의 흐름과 어울리지 않는다.

정답 ②

[어휘]

reasoning 추론 deduction 연역(법) induction 귀납(법) premise 전제
consequence 결과 valid 타당한 inference 추론 employ 고용하다
vital 필수적인

[구문 분석]

[13행] It **is vital** / to recognize the differences / **between deduction and induction** / to reason effectively.
: 이처럼 긴 진짜 주어를 대신해 가짜 주어 it이 쓰인 경우, 가짜 주어 it은 해석하지 않고 뒤에 있는 진짜 주어인 to 부정사구(to recognize ~ effectively)를 가짜 주어 it의 자리에 넣어 '~하는 것은'이라고 해석한다.

---

17 독해 논리적 흐름 파악(문장 삽입) 난이도 상 ●●●

주어진 문장이 들어갈 위치로 가장 적절한 것은?

In using this method, all a taxonomist would need to do when an unusual specimen is discovered is to take a tissue sample to determine the precise sequence of its genetic code.

Taxonomy is a science that involves examining and comparing species to determine the differences and similarities among them. (①) Traditionally, making such assessments was very time-consuming and necessitated a vast amount of knowledge

and expertise. (②) Fortunately, a much more efficient method of categorizing organisms, called DNA barcoding, has been developed. (③) Once this information has been obtained, it is easily entered into a computer database of known genetic data. (④) This enables scientists to see if there is a match or to verify what species it is most related to.

[해석]

이 방식을 사용함에 있어서, 독특한 표본이 발견되었을 때 분류학자가 해야 할 일은 오로지 그것의 정확한 유전 코드 배열을 알아내기 위해 조직 샘플을 채취하는 것이다.

분류학은 그것들(종들) 간의 차이점들과 유사점들을 알아내기 위해 종들을 조사하고 비교하는 것을 포함하는 과학이다. (①) 전통적으로, 그러한 평가들을 하는 것은 매우 많은 시간이 걸렸고 많은 양의 지식과 전문 기술을 필요로 했다. (②) 다행스럽게도, DNA 바코딩이라고 불리는, 유기체들을 분류하는 훨씬 더 효율적인 방식이 개발되었다. (③) 일단 (유기체들에 대한) 이 정보가 입수되면, 그것은 이미 알려진 유전 정보의 컴퓨터 데이터베이스에 쉽게 입력된다. (④) 이것은 과학자들이 일치하는 것이 있는지를 살펴보거나 그것(유기체)이 어떤 종과 가장 관련되어 있는지를 확인할 수 있게 한다.

[해설]

③번 앞 문장에서 이제는 DNA 바코딩이라는 유기체들을 분류하는 훨씬 더 효율적인 방식이 개발되었다고 했으므로, ③번에 이 방식(this method)을 사용함에 있어서 분류학자는 종들 간 차이점들과 유사점들을 알아내기 위해 조직 샘플을 채취하기만 하면 된다는 내용의 주어진 문장이 들어가야 지문이 자연스럽게 연결된다.

[오답 분석]

① 뒤 문장에 그러한 평가들(such assessments)은 ①번 앞 문장에 분류학에서 종들 간의 차이점들과 유사점들을 알아내기 위해 조사하고 비교하는 것을 의미하므로 ①번에 다른 문장이 삽입되면 문맥상 부자연스럽다.

② 앞 문장에 분류학에서의 전통적인 평가 방식이 오랜 시간과 많은 양의 지식 등을 필요로 했다는 것은 ②번 뒤 문장에 다행스럽게도 이보다 더 효율적인 방식인 DNA 바코딩이 개발되었다는 것과 이어지는 내용이므로 ②번에 다른 문장이 삽입되면 문맥상 부자연스럽다.

④ 뒤 문장에 이것(This)은 ④번 앞 문장에 한 유기체의 정보가 이미 알려진 유전 정보의 컴퓨터 데이터베이스에 쉽게 입력되는 것을 의미하므로 ④번에 다른 문장이 삽입되면 문맥상 부자연스럽다.

정답 ③

[어휘]

taxonomist 분류학자 specimen 표본 sequence 배열 genetic 유전의
taxonomy 분류학 examine 조사하다 assessment 평가
necessitate 필요로 하다 expertise 전문 기술 organism 유기체
obtain 입수하다, 얻다 verify 확인하다

18 독해 추론(빈칸 완성 – 구) 난이도 중 ●●○

밑줄 친 부분에 들어갈 말로 가장 적절한 것을 고르시오.

In economic theory, *information economics* has become one of the most important branches, which will eventually _____ massive alterations. The exchange of information or ideas cannot be covered by traditional economic models, as information does not possess the same limitations as traditional goods. Because previous economic principles do not apply, numerous changes to how we think about business are needed. As one expert in Big Data said, "the new economics of information will precipitate changes in … entire industries and in the ways companies compete."

① break down   ② check on
③ use up   ④ bring about

[해석]

경제 이론에서, '정보경제학'은 가장 중요한 분야들 중의 하나가 되었는데, 이것은 결국 큰 변화를 야기할 것이다. 정보나 생각들의 교환은 전통적인 경제 모델들로 다뤄질 수 없는데, 이는 정보가 전통적인 재화와 같은 한계를 가지지 않기 때문이다. 이전의 경제 원칙들이 적용되지 않기 때문에, 우리가 사업에 대해 어떻게 생각하는지에 대한 많은 변화들이 필요하다. 빅데이터에서의 한 전문가가 말했듯이, '새로운 정보의 경제학은 산업 전체에서와 회사들이 경쟁하는 방식에서 변화를 촉진시킬 것이다.'

① ~을 타파하다   ② ~을 확인하다
③ ~을 다 써버리다   ④ ~을 야기하다

[해설]

빈칸이 있는 문장에서 정보경제학이 경제 이론에서 가장 중요한 분야들 중 하나가 되었다고 언급했고, 빈칸 뒤 문장에서 정보나 생각들의 교환이 전통적인 경제 모델들로 다뤄질 수 없기 때문에 우리가 사업에 대해 어떻게 생각하는지에 대한 많은 변화들이 필요하다고 했으므로, 빈칸에는 '④ ~을 야기하다'가 들어가야 한다.

정답 ④

[어휘]

information economics 정보경제학(정보의 가치, 생산, 유통, 이용에 관한 학문)
branch (지식의) 분야, 나뭇가지 alteration 변화 principle 원칙
precipitate 촉진시키다 break down ~을 타파하다
check on ~을 확인하다 use up ~을 다 써버리다
bring about ~을 야기하다

19 독해 추론(빈칸 완성 – 단어) 난이도 중 ●●○

밑줄 친 부분에 들어갈 말로 가장 적절한 것을 고르시오.

While the pandemic will have lasting effects throughout daily life, perhaps no area will be more affected than office life. To combat the virus, companies have increasingly been allowing their employees to work from home, which management was not too thrilled about. Such an arrangement had been avoided

due to the belief that it would negatively impact productivity, but business leaders have found that the opposite is true, with the amount of work being done by employees increasing. Additionally, _____ could be lowered through the reduction in office space afforded by remote working, leaving extra capital free to be spent in other sectors. This provides a compelling reason for companies to shift to permanent telecommuting arrangements in the future.

① expenses   ② sales
③ productivity   ④ morale

[해석]

팬데믹이 일상생활 내내 지속되는 효과들을 가질 테지만, 아마 어떤 분야도 직장 생활보다 더 영향을 받지는 않을 것이다. 바이러스와 싸우기 위해, 회사들은 점점 그들의 직원들이 집에서 일하도록 했는데, 이는 경영진이 별로 기뻐하지는 않았던 일이다. 그러한 방식은 그것(집에서 일하는 것)이 생산성에 부정적으로 영향을 미칠 것이라는 생각 때문에 회피되어 왔었지만, 기업주들은 직원들에 의해 완료되는 업무량이 증가하는 것과 함께 그 반대가 사실이라는 것을 깨달았다. 게다가, 원격 근무로 인한 업무 공간의 감소를 통해 여분의 자본이 다른 부문들에 자유롭게 쓰이도록 두어서, 지출이 줄어들 수 있다. 이것은 회사들이 장래에 영구적인 재택근무 방식들로 바꿀 설득력 있는 이유를 제공한다.

① 지출   ② 판매량
③ 생산성   ④ 사기

[해설]

지문 전반에 걸쳐 팬데믹으로 회사들은 점점 직원들이 재택근무를 하도록 했는데, 기업주들은 재택근무가 생산성에 부정적인 영향을 미칠 것이라는 생각과 달리 그 반대가 사실(the opposite is true)이라는 것을 깨달았다고 하며 재택근무의 장점에 대해 밝히고 있으므로, 빈칸에는 '① 지출'이 줄어들 수 있다는 내용이 들어가야 한다.

정답 ①

[어휘]

pandemic 팬데믹, 전국적인 유행병 lasting 지속되는 combat 싸우다
arrangement 방식, 배치 remote 원격의, 멀리 떨어진
compelling 설득력 있는 shift 바꾸다, 이동하다 telecommuting 재택근무
expense 지출 morale 사기

20 독해 추론(빈칸 완성 – 연결어) 난이도 중 ●●○

(A)와 (B)에 들어갈 말로 가장 적절한 것은?

Philosophers have been debating what constitutes knowledge since ancient times. Plato originally defined it as a "justified true belief." ____(A)____, numerous philosophers have raised issues with this definition over the years. The primary concern stems from counterexamples called "Gettier problems," situations where a person's beliefs are true, but the reasoning later proves to be insufficient. ____(B)____, if person A has been told that person B, who holds five coins, will get a job, A might believe that a person with five coins will get the job. But if A then gets the job while also unknowingly holding five coins, A's belief would have been both true and justified, but it could hardly be defined as knowledge.

(A)	(B)
① Meanwhile	On the contrary
② However	For example
③ Instead	In contrast
④ Therefore	For instance

[해석]

철학자들은 고대 시대 이래로 무엇이 지식을 이루는지에 대해 토론해 왔다. 플라톤은 본래 그것을 '정당화된 참인 믿음'이라고 정의했다. (A) 그러나, 많은 철학자들이 수년간 이러한 정의에 대해 문제를 제기했다. 주된 관심사는 '게티어 문제'라고 불리는 반증으로부터 기인했는데, 이는 어떤 사람의 생각이 참이지만, 그 논거가 나중에 불충분했음이 드러나는 상황들이다. (B) 예를 들어, 만약 A가 5개의 동전을 가지고 있는 B라는 사람이 직장을 얻을 거라고 들었다면, A는 5개의 동전을 가진 사람이 직장을 얻을 거라고 생각할 것이다. 그러나 만약 그 후에 A가 동전 다섯 개를 가지고 있다는 것을 모르고 있는 동안 직장을 얻는다면, A의 생각은 참이고 정당화되었을 테지만, 그것이 지식으로 정의되기는 힘들 것이다.

(A)	(B)
① 한편	대조적으로
② 그러나	예를 들어
③ 오히려	대조적으로
④ 따라서	예를 들어

[해설]

(A) 빈칸 앞부분에서 철학자들은 고대 시대 이래로 무엇이 지식을 이루는지에 대해 토론해 왔는데, 플라톤은 그것을 '정당화된 참인 믿음'이라고 정의했다는 내용이 있고, (A) 빈칸이 있는 문장에 많은 철학자들이 이러한 정의를 가지고 문제를 제기했다는 대조적인 내용이 있으므로, (A)에는 However(그러나)가 나와야 적절하다. (B) 빈칸 앞부분은 '게티어 문제'가 어떤 사람의 생각이 참이지만 그 논거가 나중에 불충분했음이 드러나는 상황들이라는 내용이고, (B) 빈칸 뒤 문장은 동전을 가진 A와 B가 직장을 얻는 상황을 예시로 들며 게티어 문제를 설명하고 있으므로, (B)에는 For example(예를 들어)이 나와야 적절하다. 따라서 ②번이 정답이다.

정답 ②

[어휘]

constitute 이루다, 구성하다 justified 정당화된, 당연한
raise issues 문제를 제기하다 primary 주된 concern 관심사, 염려
counterexample 반증, 반례 reasoning 논거, 추론 define 정의하다

▶ 정답

p. 78

01	④ 어휘 – 어휘&표현	11	② 독해 – 유의어 파악
02	① 어휘 – 어휘&표현	12	① 독해 – 세부내용 파악
03	③ 문법 – 분사	13	② 독해 – 전체내용 파악
04	④ 문법 – 동사의 종류	14	① 독해 – 전체내용 파악
05	② 문법 – 능동태·수동태	15	③ 독해 – 논리적 흐름 파악
06	④ 어휘 – 생활영어	16	④ 독해 – 논리적 흐름 파악
07	① 어휘 – 생활영어	17	② 독해 – 논리적 흐름 파악
08	① 독해 – 세부내용 파악	18	① 독해 – 추론
09	② 독해 – 유의어 파악	19	④ 독해 – 추론
10	② 독해 – 전체내용 파악	20	① 독해 – 추론

▶ 취약영역 분석표

영역	세부 유형	문항 수	소계
어휘	어휘 & 표현	2	/4
	생활영어	2	
문법	분사	1	/3
	동사의 종류	1	
	능동태·수동태	1	
독해	전체내용 파악	3	/13
	세부내용 파악	2	
	추론	3	
	논리적 흐름 파악	3	
	유의어 파악	2	
총계			/20

---

01 어휘 innovative
난이도 중 ●●○

밑줄 친 부분에 들어갈 말로 가장 적절한 것을 고르시오.

> Over time, once _____ technology, generally thought of as "cutting-edge," becomes commonplace and is replaced by something newer.

① sustainable
② dangerous
③ disregarded
④ innovative

해석

시간이 지남에 따라, 일반적으로 '최첨단'으로 여겨지던 한때 혁신적인 기술은 아주 흔해지고 더 새로운 것으로 대체된다.

① 지속 가능한
② 위험한
③ 무시되는
④ 혁신적인

정답 ④

어휘

generally 일반적으로, 대개   cutting-edge 최첨단
commonplace 아주 흔한   replace 대체하다, 대신하다
sustainable 지속 가능한   disregard 무시하다, 묵살하다
innovative 혁신적인

 이것도 알면 **합격!**

innovative(혁신적인)의 유의어
= novel, new, original

---

02 어휘 honesty
난이도 하 ●○○

밑줄 친 부분에 들어갈 말로 가장 적절한 것을 고르시오.

> Many experts believe that _____ is the most important trait politicians must display to get voters to believe their campaign promises.

① honesty
② anxiety
③ humor
④ attractiveness

해석

많은 전문가들은 정직함이 유권자들로 하여금 그들(정치인들)의 선거 공약을 믿도록 하기 위해 정치인들이 보여주어야 하는 가장 중요한 특성이라고 믿는다.

① 정직함
② 불안
③ 유머
④ 매력

정답 ①

어휘

expert 전문가   trait 특성   politician 정치인   voter 유권자, 투표자
honesty 정직함   attractiveness 매력

이것도 알면 **합격!**

honesty(정직함)의 유의어
= truthfulness, sincerity, integrity

03   문법 분사   난이도 중 ●●○

밑줄 친 부분에 들어갈 말로 가장 적절한 것을 고르시오.

> _____, she decided to stop reading and go to bed early.

① The book to be boring
② Being boring
③ The book being boring
④ Be boring

[해석]

책이 지루해서, 그녀는 책 읽는 것을 멈추고 일찍 자러 가기로 결정했다.

[해설]

③ **분사구문의 형태와 의미상 주어** 빈칸은 수식어 역할을 하는 분사구문 자리이므로 분사구문을 만들 수 있는 ②, ③번이 정답 후보이다. 주절의 주어(she)와 분사구문의 주어(The book)가 달라 분사구문의 의미상의 주어가 필요한 경우 명사 주어를 분사구문 앞에 써야 하므로, ③ The book being boring이 정답이다.

정답 ③

🔖 이것도 알면 **합격!**

분사구문의 의미를 분명하게 하기 위해 부사절 접속사가 분사구문 앞에 올 수 있다.

> **While** cooking dinner, they accidentally burned the rice.
　　요리를 하는 동안에, 그들은 뜻하지 않게 밥을 태웠다.

04   문법 동사의 종류   난이도 중 ●●●

밑줄 친 부분 중 어법상 옳지 않은 것을 고르시오.

> Art is widely used to influence public opinion. Various artistic media can be adopted as tools ① for nations to spread their ideologies. To this end, the content of paintings, films, and exhibitions ② glorifies particular political and economic systems. This can be seen in Soviet Era works. Knowing they had better ③ combat capitalism directly, Soviet artists made art ④ intend to show the superiority of communism and the evils of American capitalism.

[해석]

예술은 여론에 영향을 미치는 데 널리 사용된다. 다양한 예술 매체는 국가들이 자국의 이념을 퍼뜨리는 도구로 채택될 수 있다. 이를 위해, 회화, 영화, 전시회의 내용은 특정한 정치적 및 경제적 체제를 미화한다. 이는 소련 시대의 작품에서 볼 수 있다. 소련 예술가들은 자본주의에 직접 맞서 싸우는 것이 낫다는 것을 알고서, 공산주의의 우월성과 미국 자본주의의 폐해를 보여 주기 위해 의도된 예술을 만들었다.

[해설]

④ **5형식 동사** 동사 make(made)는 목적어와 목적격 보어가 수동 관계일 때 과거분사를 목적격 보어로 취하는 5형식 동사인데, 목적어(art)와

목적격 보어가 '예술이 의도되다'라는 의미의 수동 관계이므로 동사원형 intend를 과거분사 intended로 고쳐야 한다.

[오답 분석]

① **to부정사의 의미상 주어** 문장의 주어(Various artistic media)와 to 부정사(to spread)의 행위 주체(nations)가 다를 때는 to 부정사의 의미상 주어 'for + 명사'를 to 부정사 앞에 써야 하므로 for nations가 to spread 앞에 올바르게 쓰였다.

② **주어와 동사의 수 일치** 주어 자리에 단수 명사 the content가 왔으므로 단수 동사 glorifies가 올바르게 쓰였다. 참고로, 주어와 동사 사이의 수식어 거품(of paintings ~ exhibitions)은 동사의 수 결정에 영향을 주지 않는다.

③ **조동사 관련 표현** 조동사처럼 쓰이는 표현 had better(~하는 게 낫다) 뒤에는 동사원형이 와야 하므로 동사원형 combat가 올바르게 쓰였다.

정답 ④

[어휘]

widely 널리   public opinion 여론   adopt 채택하다, 입양하다
spread 퍼뜨리다   ideology 이념   glorify 미화하다   combat 싸우다; 싸움
intend 의도하다, ~하려고 생각하다   superiority 우월성
communism 공산주의   evil 폐해; 사악한

🔖 이것도 알면 **합격!**

뒤에 동사원형이 나오며 조동사처럼 쓰이는 표현

> ought to ~해야 한다   > be able to ~할 수 있다
> used to ~하곤 했다   > be going to ~할 것이다
> need to ~해야 한다   > dare to 감히 ~하다

05   문법 능동태·수동태   난이도 중 ●●○

밑줄 친 부분 중 어법상 옳지 않은 것을 고르시오.

> For years, some policymakers have proposed that imposing taxes on unhealthy food could be a way to ① deal with the obesity epidemic. However, opinions on this policy ② are ranged from support to opposition. While the idea is now gaining traction, in the past, there have always been those who have ③ objected to this measure. They argued that low-income households ④ were being targeted unfairly given that unhealthy food tends to be the cheapest.

[해석]

수년 동안, 일부 정책 입안자들은 건강에 해로운 식품에 세금을 부과하는 것이 비만 유행병에 대처할 수 있는 방법이 될 수 있다고 제안해 왔다. 그러나, 이 정책에 대한 의견은 찬성에서 반대의 범위에 이른다. 이 발상은 이제 탄력을 받고 있지만, 과거에는 이 정책에 반대하는 사람들이 항상 있었다. 그들은 건강에 해로운 식품이 가장 저렴한 경향이 있다는 점을 고려하면 저소득 가정이 불공평하게 표적이 되고 있었다고 주장했다.

[해설]

② **수동태로 쓸 수 없는 동사** 동사 range는 '~의 범위에 이르다'라는 의미로 쓰일 때 목적어를 갖지 않는 자동사이므로 수동태로 쓰일 수 없다. 따

라서 수동태 are ranged를 능동태 range로 고쳐야 한다.

[오답 분석]

① **자동사** 동사 deal은 전치사 with와 함께 쓰여 '~에 대처하다'라는 의미로 쓰이는 자동사이므로 deal with가 올바르게 쓰였다.

③ **자동사** 동사 object는 전치사 to와 함께 쓰여 '~에 반대하다'라는 의미로 쓰이는 자동사이므로 objected to가 올바르게 쓰였다.

④ **과거진행 시제 | 능동태·수동태 구별** 문맥상 '저소득 가정이 표적이 되고 있었다'라는 특정 과거 시점에 진행되고 있었던 일을 표현하고 있으므로 과거진행 시제가 와야 하고, 주어(low-income households)와 동사가 '저소득 가정이 표적이 되다'라는 의미의 수동 관계이므로, 과거진행 수동태 were being targeted가 올바르게 쓰였다.

정답 ②

어휘

policymaker 정책 입안자 propose 제안하다 impose 부과하다 tax 세금
obesity 비만 epidemic 유행병, 전염병 opposition 반대
traction 탄력, 견인력 object 반대하다 measure 정책, 조치
household (한집에 사는 사람들을 일컫는) 가정

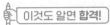 이것도 알면 합격!

과거 시제와 자주 함께 쓰이는 표현

> yesterday 어제
> 시간 표현 + ago ~ 전에
> last + 시간 표현 지난 ~에

---

06 생활영어 It's my least favorite holiday. 난이도 하 ●○○

밑줄 친 부분에 들어갈 말로 가장 적절한 것을 고르시오.

A: Are you doing anything special tonight?
B: Of course! It's Halloween. How could you forget?
A: _____.
B: You're kidding. How come?
A: My neighbors have a Halloween party every year that lasts all night. The guests are so rowdy and they leave trash everywhere.
B: Hmm, I can see why you don't care for it.

① I think I have to work overtime
② There are no good costumes
③ I wasn't invited to any parties
④ It's my least favorite holiday

해석

A: 너는 오늘 밤에 특별한 무언가를 하니?
B: 물론이지! 핼러윈이잖아. 너는 어떻게 잊어버릴 수가 있니?
A: 그것은 내가 가장 싫어하는 축제일이야.
B: 농담하지 마. 어째서?
A: 내 이웃들은 밤새 계속되는 핼러윈 파티를 매년 열어. 그 손님들은 너무 소란스럽고 쓰레기를 아무 데나 두고 가.

B: 음, 네가 왜 그것을 좋아하지 않는지 난 알겠다.

① 내 생각에 나는 초과근무를 해야 할 것 같아
② 괜찮은 의상들이 없어
③ 나는 어떠한 파티에도 초대받지 않았어
④ 그것은 내가 가장 싫어하는 축제일이야

해설

어떻게 핼러윈을 잊어버릴 수 있느냐는 B의 말에 대한 A의 대답 후, 빈칸 뒤에서 B가 You're kidding. How come?(농담하지 마. 어째서?)라고 질문하고 있다. 이에 A가 이웃들이 매년 여는 핼러윈 파티의 손님들이 소란스럽게 쓰레기를 아무 데나 두고 간다고 대답하고 있으므로, 빈칸에는 '④ 그것은 내가 가장 싫어하는 축제일이야(It's my least favorite holiday)'가 들어가야 자연스럽다.

정답 ④

어휘

rowdy 소란스러운 care for ~을 좋아하다

 이것도 알면 합격!

어떤 것에 대한 불호를 나타낼 때 쓸 수 있는 표현

> I'm not a big fan of it. 나는 그것을 그렇게 좋아하지는 않아.
> It's not my cup of tea. 그것은 내가 좋아하는 것이 아니야.
> It's not exactly my favorite. 그것은 딱히 내가 좋아하는 것은 아니야.
> It isn't really my thing. 그것은 그다지 내가 좋아하는 것은 아니야.

---

07 생활영어 Do you need service for use abroad? 난이도 하 ●○○

밑줄 친 부분에 들어갈 말로 가장 적절한 것을 고르시오.

Jennie Carter
Hi. I'd like to sign up for a new cellphone plan.
10:08 a.m.

Stanton Telecom
I'm happy to help. Could you tell me about your data needs?
10:10 a.m.

Jennie Carter
I use my phone a lot, so I'd like a plan with unlimited data.
10:10 a.m.

Stanton Telecom
_____
10:12 a.m.

Jennie Carter
Yes. I travel for work frequently.
10:12 a.m.

Stanton Telecom
We offer an international plan that includes unlimited texting and reduced calling rates. Would that work?
10:14 a.m.

Jennie Carter
Yes, that sounds perfect.
How much is it?
10:14 a.m.

Stanton Telecom
It's $85 a month.
10:15 a.m.

① Do you need service for use abroad?
② Are you switching from another carrier?
③ Would you like to upgrade your phone?
④ How often do you make long-distance calls?

해석

Jennie Carter:	안녕하세요. 저는 새 휴대전화 요금제에 가입하고 싶습니다.
Stanton Telecom:	도와드리게 되어 기쁩니다. 데이터 필요량에 대해 말씀해 주시겠어요?
Jennie Carter:	저는 휴대전화를 많이 사용해서, 무제한 데이터 요금제를 원합니다.
Stanton Telecom:	<u>해외에서의 사용을 위한 서비스가 필요하신가요?</u>
Jennie Carter:	네, 저는 출장을 자주 가요.
Stanton Telecom:	저희는 무제한 문자 메시지와 할인된 통화 요금을 포함하는 국제 요금제를 제공합니다. 괜찮으신가요?
Jennie Carter:	네, 완벽하게 들리네요. 가격은 얼마인가요?
Stanton Telecom:	한 달에 85달러입니다.

① 해외에서의 사용을 위한 서비스가 필요하신가요?
② 다른 통신사에서 옮기시는 건가요?
③ 휴대전화를 업그레이드하고 싶으신가요?
④ 장거리 전화를 얼마나 자주 하시나요?

해설

휴대전화를 많이 사용해서 무제한 데이터 요금제를 원한다는 Jennie Carter의 말에 대해 Stanton Telecom이 질문하고, 빈칸 뒤에서 Jennie Carter가 Yes, I travel for work frequently(네, 저는 출장을 자주 가요)라고 말하고 있으므로, 빈칸에는 '① 해외에서의 사용을 위한 서비스가 필요하신가요?(Do you need service for use abroad?)'가 오는 것이 자연스럽다.

정답 ①

어휘

plan (특정한 연금·보험료 등을 위한) 제도 **frequently** 자주
abroad 해외에(서), 해외로 **carrier** (전화나 인터넷 서비스를 제공하는) 회사

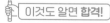 **이것도 알면 합격!**

휴대전화 요금과 관련된 다양한 표현

> **prepaid plan** 선불 요금제　　> **data allowance** 데이터 제공량
> **postpaid plan** 후불 요금제　　> **activation fee** 개통 수수료
> **family plan** 가족 요금제

08~09 다음 글을 읽고 물음에 답하시오.

Augusta College Shuttle Service

As the fall semester is about to start, Augusta College would like to remind students of its off-campus shuttle bus service.

Available only on weekdays during the academic year, the shuttle bus operates every half hour from 7 a.m. to 8 p.m. The shuttle bus runs between the school's main entrance and Central Bus Transit Point, the nearest public transportation terminal. To take advantage of this free service, students should fill out the following <u>form</u> and turn it into the student affairs department. Once registered, students just need to scan their student ID when they get on the shuttle bus.

Name	Rebecca Burke	Student ID number	8546964985
Phone	555-9862	Student email	r.burke@acmail.com
Year			
☐ Freshman　☐ Sophomore　☐ Junior　☑ Senior　☐ Other			

해석

Augusta 대학 셔틀 서비스

가을 학기가 곧 시작됨에 따라, Augusta 대학은 학생들에게 학교 밖 셔틀버스 서비스에 대해 상기시켜 드리고자 합니다.

학년도 평일에만 이용할 수 있는 셔틀버스는 오전 7시부터 오후 8시까지 30분마다 운행됩니다. 셔틀버스는 학교 정문과 가장 가까운 대중교통 터미널인 중앙버스 환승 지점 사이를 운행합니다. 이 무료 서비스를 이용하기 위해, 학생들은 다음의 서식을 작성하여 학생처에 제출해야 합니다. 등록이 되면, 학생들은 셔틀버스에 탑승할 때 학생증을 스캔하기만 하면 됩니다.

이름	Rebecca Burke	학번	8546964985
연락처	555-9862	학생 이메일	r.burke@acmail.com
학년			
☐ 1학년　☐ 2학년　☐ 3학년　☑ 4학년　☐ 기타			

어휘

semester 학기 **remind** 상기시키다 **academic year** 학년도
operate 운행하다, 작동되다 **main entrance** 정문 **transit** 환승, 통과
freshmen 1학년, 신입생 **sophomore** 2학년 **junior** 3학년, 하급자
senior 4학년, 상급자

08 독해 세부내용 파악(내용 불일치 파악)　난이도 중 ●●○

Augusta College Shuttle Service에 관한 윗글의 내용과 일치하지 않는 것은?

① 셔틀버스는 학교 내에서만 운행한다.
② 셔틀버스는 운영시간 내에 30분 간격으로 운행된다.
③ 셔틀버스 서비스는 무료로 이용할 수 있다.
④ 셔틀버스를 탑승할 때는 학생증을 스캔해야 한다.

해설

지문 처음에서 학교 밖 셔틀버스 서비스에 대해 상기시켜 주고자 한다고 했고, 지문 중간에서 셔틀버스는 학교 정문과 가장 가까운 대중교통 터미널인 중앙버스 환승 지점 사이를 운행한다고 했으므로, '① 셔틀버스는 학교 내에서만 운행한다'는 것은 지문의 내용과 일치하지 않는다.

[오답 분석]
② 두 번째 문장에 셔틀버스는 오전 7시부터 오후 8시까지 30분마다 운행된다고 언급되었다.
③ 네 번째 문장에 이 서비스는 무료라고 언급되었다.
④ 마지막 문장에 셔틀버스에 탑승할 때 학생증을 스캔하면 된다고 언급되었다.

정답 ①

09 독해 유의어 파악　난이도 하 ●○○

밑줄 친 "form"의 의미와 가장 가까운 것은?

① protocol
② document
③ outline
④ structure

해석
① 의례
② 서류
③ 개요
④ 구조

해설

form(서식)이 포함된 문장(students should fill out the following form and turn it into the student affairs department)에서 학생들은 다음의 서식을 작성하여 학생처에 제출해야 한다고 했으므로 form은 '서식'이라는 의미로 사용되었다. 따라서 '서류'라는 의미의 ② document가 정답이다.

정답 ②

10~11 다음 글을 읽고 물음에 답하시오.

To	accountholders@transwestbank.com
From	security@transwestbank.com
Date	November 24
Subject	Security Warning

Dear Account Holder,

Recently, there has been a rise in reports of ATM scams and thefts in the local area. As your financial partner, TransWest Bank wants to ensure that you don't fall victim to one of these. Here are some ways to avoid common ATM scams:

1. Inspect the ATM for unusual devices before inserting your card.
2. Cover the keypad as you enter your PIN.
3. Only use ATMs in well-lit, secure locations, such as in bank branches.
4. Monitor your account for any unusual activity and report it immediately.

For more ATM safety tips, please pick up a brochure at any bank branch, or visit the security section of TransWest's website. Staying informed and aware of potential risks is the first step in protecting your accounts.

Sincerely,
TransWest Bank

해석

수신: accountholders@transwestbank.com
발신: security@transwestbank.com
날짜: 11월 24일
제목: 보안 경고

계좌 소유자분들께,

최근, 지역에서 ATM 사기와 도난 신고가 증가하고 있습니다. 귀하의 금융 파트너인 TransWest 은행은 귀하가 이러한 피해를 입지 않도록 보장하고자 합니다. 다음은 일반적인 ATM 사기를 피할 수 있는 몇 가지 방법입니다:

1. 카드를 삽입하기 전에 ATM에 이상한 장치가 있는지 면밀히 살피십시오.
2. 비밀 번호를 입력할 때 키패드를 가리십시오.
3. 은행 지점과 같은 밝고 안전한 위치에 있는 ATM만 사용하십시오.
4. 계좌에서 이상한 활동을 감지하면 즉시 보고하십시오.

더 많은 ATM 안전 조언은, 은행 지점에서 책자를 가져가거나 TransWest 웹사이트의 보안 섹션을 방문하십시오. 잠재적인 위험에 대해 정보를 얻고 인식하는 것이 계좌 보호의 첫걸음입니다.

TransWest 은행 드림

어휘

warning 경고　report 신고; 보고하다　scam 사기　theft 도난, 절도
unusual 이상한, 특이한　inspect 면밀히 살피다　insert 삽입하다
immediately 즉시　potential 잠재적인

10 독해 전체내용 파악(목적 파악) 난이도 하 ●○○

위 이메일의 목적으로 가장 적절한 것은?

① 계좌 소유자들에게 새로운 ATM의 사용 방법을 알려주기 위해

② 계좌 소유자들에게 계좌를 보호하는 방법을 안내하기 위해

③ 계좌 소유자들에게 안전한 ATM의 위치를 전달하기 위해

④ 계좌 소유자들에게 새로운 보안 웹사이트를 소개하기 위해

[해설]

지문 처음에서 TransWest 은행은 계좌 소유자들이 ATM 사기와 도난 피해를 입지 않도록 보장하고자 한다고 했고, 지문 전반에 걸쳐 일반적인 ATM 사기를 피할 수 있는 몇 가지 방법에 대해 설명하고 있으므로, '② 계좌 소유자들에게 계좌를 보호하는 방법을 안내하기 위해'가 이 글의 목적이다.

[오답 분석]

① 새로운 ATM 사용 방법을 알려주는 것에 대해서는 언급되지 않았다.

③ 안전한 위치에 있는 ATM을 사용하라고 했으나, 위치를 안내하는 것에 대해서는 언급되지 않았다.

④ 새로운 보안 웹사이트를 소개하는 것에 대해서는 언급되지 않았다.

정답 ②

11 독해 유의어 파악 난이도 하 ●○○

밑줄 친 "Cover"의 의미와 가장 가까운 것은?

① Observe ② Conceal

③ Rate ④ Activate

[해석]

① 관찰하다 ② 숨기다

③ 평가하다 ④ 작동시키다

[해설]

Cover(가리다)가 포함된 문장(Cover the keypad as you enter your PIN)에서 비밀 번호를 입력할 때 키패드를 가리라고 했으므로, Cover는 '가리다'라는 의미로 사용되었다. 따라서 '숨기다'라는 의미의 ② Conceal이 정답이다.

정답 ②

12 독해 세부내용 파악(내용 일치 파악) 난이도 중 ●●○

다음 글의 내용과 가장 일치하는 것은?

The rapid rate of Antarctic glacial melt has everyone concerned, but a new study indicates that it is having a positive impact on the ocean food chain. Iron stored in the glaciers is carried by the melting water to open areas of the ocean. This influx of iron spurs the growth of phytoplankton, the microscopic algae that are the foundation of the marine food chain. Krill and fish, which feed on phytoplankton, thrive in such an environment. The proliferation of these smaller animals then further sustains larger marine creatures such as penguins, seals, and whales that tend to feed in the open Antarctic coastal areas. Thus, the loss of glaciers in the region benefits the local ecosystem, despite the destructive effects of the resulting sea level increases.

① Ocean life thrives as iron levels increase.

② Phytoplankton is the main food source for penguins.

③ Large marine animals are leaving the Antarctic coast.

④ Glacial melt benefits marine life by raising sea levels.

[해석]

남극 해빙의 빠른 속도는 모두가 걱정하게 했지만, 한 새로운 연구는 그것이 해양 먹이 사슬에 긍정적인 영향을 미치고 있다는 것을 보여준다. 빙하들에 축적된 철분은 녹고 있는 물에 의해 해양의 얼어붙지 않은 지역들로 전해진다. 이러한 철분의 유입은 해양 먹이 사슬의 최하부이자 미세한 조류인, 식물성 플랑크톤의 성장에 박차를 가한다. 식물성 플랑크톤을 먹고 사는 크릴새우와 물고기는 이러한 환경에서 잘 자란다. 게다가 이러한 더 작은 동물들의 급증은 더 나아가 얼어붙지 않은 남극의 해안 지역들에서 먹이를 먹는 경향이 있는 펭귄, 물개 및 고래와 같은 더 큰 해양 생물들이 살아가게 한다. 그러므로, 그 지역에서 빙하들의 감소는 그 결과로 초래된 해수면 상승의 파괴적인 영향에도 불구하고, 지역 생태계에 유익하다.

① 철분 농도가 증가함에 따라 해양 생물이 번성한다.

② 식물성 플랑크톤은 펭귄의 주요한 먹이원이다.

③ 큰 해양 동물들이 남극 해안을 떠나고 있다.

④ 해빙은 해수면을 상승하게 함으로써 해양 생물에게 이익이 된다.

[해설]

지문 중간에서 철분의 유입은 식물성 플랑크톤의 성장에 박차를 가하고, 식물성 플랑크톤을 먹고 사는 크릴새우와 물고기는 이러한 환경에서 잘 자라며, 이러한 작은 동물들의 급증은 더 큰 해양 생물들이 살아가게 한다고 했으므로, '① 철분 농도가 증가함에 따라 해양 생물이 번성한다'는 것은 지문의 내용과 일치한다.

[오답 분석]

② 네 번째 문장에서 크릴새우와 물고기가 식물성 플랑크톤을 먹고 산다고 했으므로 지문의 내용과 다르다.

③ 큰 해양 동물들이 남극 해안을 떠나고 있는지에 대해서는 언급되지 않았다.

④ 마지막 문장에서 빙하들의 감소는 해수면 상승의 파괴적인 영향을 초래한다고 했으므로 지문의 내용과 다르다.

정답 ①

[어휘]

rapid 빠른 Antarctic 남극의 glacial 빙하의 food chain 먹이 사슬
glacier 빙하 open 얼어붙지 않은 influx 유입 spur 박차를 가하다
phytoplankton 식물성 플랑크톤 microscopic 미세한 algae 조류
feed on ~을 먹고살다 thrive 잘 자라다 proliferation 급증
sustain 살아가게 하다 destructive 파괴적인

13 독해 전체내용 파악(제목 파악)　　난이도 중 ●●○

다음 글의 제목으로 가장 적절한 것은?

As we grow up and begin to have responsibilities, we lose sight of the need for flexibility. It's especially apparent in our modern times when everything is so rushed and we need to stick to a schedule. I saw proof of this unfold before me on a subway station platform where some adults and a young boy were waiting for the next train. For some reason, the train was late, and the grown-ups showed signs of impatience and exasperation. They had commitments to fulfill and requirements to complete, and everything had to be done on time. But the young boy gleefully watched the goings-on at the station, oblivious to time. Really, we stop being flexible when adulthood brings on the inevitable duties and obligations. This is the reason we're tied to timetables and fail to see the world through a little boy's eyes.

① Facing the Daily Obstacles in Life
② Changes in Perspective as Adults
③ The Responsibilities We Face in Life
④ The Differences between Adults and Children

해석

우리가 성장하고 책임감을 갖기 시작하면서, 우리는 융통성의 필요성을 잊어버린다. 이것은 모든 것이 아주 성급하고 우리가 일정을 고수해야 하는 현시대에서 특히 명백하다. 나는 몇몇 어른들과 한 어린 소년이 다음 열차를 기다리던 지하철역 승강장에서 이것의 증거가 내 앞에서 펼쳐지는 것을 보았다. 어떤 이유에서인지, 열차는 늦었고, 어른들은 조바심과 분노의 기미를 보였다. 그들은 이행할 책무들과 끝마쳐야 할 요건들이 있었고, 모든 것이 제시간에 이뤄져야 했다. 하지만 그 어린 소년은 시간을 의식하지 못한 채, 역에서의 일을 유쾌하게 지켜보았다. 정말로, 우리는 어른이 되는 것이 불가피한 의무들과 책임들을 가져올 때 융통성 있게 행동하는 것을 멈춘다. 이것이 우리가 일정표에 얽매이고 어린 소년의 눈으로 세상을 보지 못하는 이유이다.

① 삶에서 일상적인 장애물들에 직면하기
② 어른으로서 관점에서의 변화들
③ 우리가 삶에서 직면하는 책임들
④ 어른들과 아이들의 차이점들

해설

지문 처음에서 우리는 성장하고 책임감을 갖기 시작하면서 융통성의 필요성을 잊는다고 언급한 뒤, 지하철역에서 열차가 늦자 어른들이 조바심과 분노의 기미를 보인 반면 어린 소년은 시간을 의식하지 않고 유쾌하게 이를 지켜보았다는 일화를 증거로 제시하고 있다. 이어서, 우리가 일정표에 얽매이는 것은 어른이 되는 것이 가져오는 불가피한 의무들과 책임들이 융통성 있게 행동하는 것을 멈추게 하기 때문이라고 설명하고 있으므로, '② 어른으로서 관점에서의 변화들'이 이 글의 제목이다.

[오답 분석]
① 삶에서 일상적인 장애물들에 직면하는 것에 대해서는 언급되지 않았다.
③ 우리가 삶에서 직면하는 책임감들은 어른들이 융통성을 잃게 된 이유이므로 지엽적이다.
④ 어른들과 아이들의 차이점은 어른이 되면서 융통성이 없어지는 것 한

가지만 언급되었으므로 지엽적이다.

정답 ②

어휘

lose sight of ~을 잊어버리다　flexibility 융통성　apparent 명백한
stick 고수하다　proof 증거　unfold 펼쳐지다　impatience 조바심
exasperation 분노　commitment 책무, 약속　fulfill 이행하다, 완료하다
gleefully 유쾌하게　goings-on 일, 사건　oblivious 의식하지 못하는
inevitable 불가피한　obligation 책임, 의무　obstacle 장애물

14 독해 전체내용 파악(요지 파악)　　난이도 중 ●●○

다음 글의 요지로 가장 적절한 것은?

Worldwide Health Emergencies
Preventing and dealing with cross-border health emergencies is the main mission of the International Health Agency (IHA). A quickly spreading disease could have a tremendous impact on the lives of people around the world and on international financial markets and economies.

Wide-Scale Infectious Event (WSIE)
A wide-scale infectuous event refers to the rapid spread of a contagious disease across multiple regions, potentially affecting millions of people. This could overwhelm health systems, cause travel disruptions, and lead to significant economic challenges.

The IHA's team of highly trained epidemiologists and health experts monitors local infection reports to find early signs of WSIEs. Should a WSIE be suspected, an alert is sent to partners around the world, warning them of the danger of the disease and how to prevent it from spreading.

① The IHA's top priority is dealing with the international spread of diseases.
② The IHA trains epidemiologists about health issues.
③ The IHA offers vaccines to prevent new diseases from forming.
④ The IHA focuses on the economic impact of health issues.

해석

전 세계 건강 비상 상황
국경을 넘는 건강 비상 상황을 예방하고 처리하는 것은 국제 건강 기구(IHA)의 주요 임무입니다. 빠르게 퍼지는 질병은 전 세계 사람들의 삶과 국제 금융 시장 및 경제에 엄청난 영향을 미칠 수 있습니다.

대규모 전염병 사건(WSIE)
대규모 전염병 사건은 여러 지역에 걸쳐 전염성이 있는 질병이 빠르게 퍼져 수백만 명의 사람들에게 영향을 미칠 가능성이 있음을 의미합니다. 이는 의료 체계를 압도하고, 여행에 혼란을 일으키며, 상당한 경제적 어려움을 초래할 수 있습니다.

고도로 훈련된 IHA의 역학자와 건강 전문가 팀은 지역 감염 보고서를 감시하여 WSIE의 초기 징후를 발견합니다. WSIE가 의심되면, 경보가 전 세계의 협력 단체에 전달되어 질병의 위험과 이를 확산시키지 않

기 위한 예방 방법을 알립니다.

① IHA의 최우선 사항은 질병의 국제적 확산에 대처하는 것이다.
② IHA는 역학자들에게 건강 문제에 대해 교육한다.
③ IHA는 새로운 질병이 형성되는 것을 방지하기 위해 백신을 제공한다.
④ IHA는 건강 문제의 경제적 영향에 중점을 둔다.

해설

지문 전반에 걸쳐 국제 건강 기구(IHA)의 주요 임무는 국경을 넘는 건강 비상 상황을 예방하고 처리하는 것이며, 대규모 전염병 사건(WSIE)이 의심되면 질병의 위험과 이를 확산시키지 않기 위한 예방 방법을 알리는 경보를 전달하는 것임을 알리고 있으므로 '① IHA의 최우선 사항은 질병의 국제적 확산에 대처하는 것이다'가 이 글의 요지이다.

[오답 분석]
② 역학자들을 교육하는 것에 대해서는 언급되지 않았다.
③ 백신을 제공하는 것에 대해서는 언급되지 않았다.
④ 지문 처음에서 빠르게 퍼지는 질병이 경제에 엄청난 영향을 미칠 수 있다고는 했지만, IHA가 중점을 둔다고는 언급되지 않았다.

정답 ①

어휘

emergency 비상 상황   deal with ~을 처리하다, 대처하다
tremendous 엄청난   impact 영향; 영향을 주다   wide-scale 대규모의
infection 전염, 감염   contagious 전염성의   overwhelm 압도하다
disruption 혼란, 붕괴   epidemiologist 역학자   suspect 의심하다; 용의자
alert 경보   form 형성되다, 만들어 내다

---

15 독해 논리적 흐름 파악(무관한 문장 삭제) 난이도 중 ●●○

글의 흐름상 가장 어색한 문장은?

The Pulitzer Prize, an award for excellence in journalism that covers a wide variety of subjects, is among the most coveted awards in its field, and no news organization has won more prizes in its years of publication than the New York Times. ① At 125 prizes and counting, the New York Times has a distinguished reputation. But such distinction has brought with it higher expectations of journalistic integrity from its readers, as well as greater scrutiny from its critics. ② Some accuse the New York Times of explicit bias, writing stories in a way to try to color readers' impressions of news events. These accusations, in turn, reflect back on the Pulitzer Prize committee, who are seen as rewarding the paper for this particular bias. ③ Writing fact-based news articles requires reliable sources who can independently confirm the information. ④ But if this were the case, more prizes would have been awarded to publications with a far more opinionated slant. Instead, it is far more likely that such critics are expressing a bias of their own.

해석

매우 다양한 주제들을 다루는 언론계에서의 탁월함에 대한 상인 퓰리처상은 그것의 분야에서 가장 탐나는 상이며, 어떤 언론사도 그것의 수년에 걸

친 간행 동안 『뉴욕 타임스』보다 더 많은 상들을 받지 못했다. ① 125개의 상에서 지금도 계속 증가 중이며, 『뉴욕 타임스』는 두드러진 명성을 가지고 있다. 하지만 그러한 차이는 그것의 비평가들로부터 더 많은 정밀 조사뿐만 아니라, 그것의 독자들로부터 기자의 진실성에 대한 더 높은 기대를 함께 가져왔다. ② 어떤 사람들은 뉴스 사건들에 대한 독자들의 인상에 영향을 끼치려는 방편으로 글을 쓰는 『뉴욕 타임스』의 노골적인 편견을 비난한다. 결국, 이러한 비난들은 이 특정한 편견에 대해 그 신문사에 상을 주는 것처럼 보이는 퓰리처상 위원회에 거꾸로 반향을 일으킨다. ③ 사실에 기반한 뉴스 기사들을 쓰는 것은 독자적으로 그 정보를 확인해 줄 수 있는 믿을 만한 정보원들을 필요로 한다. ④ 하지만 만약 이것이 사실이라면, 훨씬 더 자기 의견을 고집하는 관점을 지닌 출판물들이 더 많은 상을 받았을 것이다. 오히려, 그러한 (『뉴욕 타임스』의 노골적인 편견을 비난하는) 비평가들이 자신들의 편견을 나타내고 있다는 것이 훨씬 더 그럴싸하다.

해설

지문 첫 문장에서 언론계에서의 탁월함에 대한 상인 퓰리처상은 『뉴욕 타임스』가 가장 많이 받았다고 한 뒤, ①번에서 『뉴욕 타임스』가 계속해서 상을 받고 있으며 분야에서 두드러진 명성을 가지고 있음을 언급하고 있다. 이어서 ②번에서 어떤 사람들은 『뉴욕 타임스』가 편견을 가지고 글을 쓴다며 비난한다고 했지만, ④번에서 그것이 사실이라면 『뉴욕 타임스』보다 더 자기 의견을 고집하는 출판물들이 더 많은 상을 받았을 것이라며 반박하고 있다. 그러나 ③번은 사실에 기반한 뉴스 기사들을 쓰는 것은 믿을 만한 정보원들을 필요로 한다는 내용으로, 지문 전반의 내용과 관련이 없다.

정답 ③

어휘

coveted 탐나는, 갈망되는   distinguished 두드러진, 뛰어난   distinction 차이
journalistic 기자의   integrity 진실성   scrutiny 정밀 조사   accuse 비난하다
explicit 노골적인, 명백한   bias 편견, 성향   color (특히 부정적인) 영향을 끼치다
reflect 반향을 일으키다, 반사하다   reliable 믿을 만한
opinionated 자기 의견을 고집하는   slant (특히 편향된) 관점, 견해

---

16 독해 논리적 흐름 파악(문장 삽입) 난이도 중 ●●○

다음 주어진 문장이 들어갈 위치로 가장 적절한 것은?

In an attempt to neutralize it, the immune system launches an aggressive assault but is then unable to stop its response after the infection has cleared.

Characterized by extreme exhaustion, achiness, and poor concentration, chronic fatigue syndrome (CFS) is a highly controversial condition. (①) This is because the symptoms do not manifest physically, causing some doctors to dismiss their patients' complaints as psychosomatic, or "all in their head." (②) Yet, those claiming to have CFS insist that they are incapacitated by the disease, even if they appear healthy. (③) This claim has produced numerous theories about what could cause such a mysterious sickness, but the most accepted belief at present is that CFS is preceded by a serious virus. (④) Instead, it continues to release large amounts of unnecessary chemical messengers, which could account for why sufferers continue to feel tired and unwell.

해석

> 그것을 무력화시키기 위한 시도로, 면역 체계는 적극적인 공격을 시작하지만 그러고 나서 감염 매체가 제거된 후에도 그것(면역 체계)의 반응(적극적인 공격을 하는 것)을 멈출 수 없게 된다.

극도의 피로, 통증과 부족한 집중력으로 특징지어지는 만성 피로 증후군(CFS)은 매우 논란이 많은 병이다. (①) 이것은 증상들이 신체적으로 나타나지 않기 때문인데, 일부 의사들이 환자의 통증을 심리적인 문제로 인한 것, 즉 '모두 그들의 상상 속에 있다고' 일축하도록 만든다. (②) 하지만, CFS를 앓고 있다고 주장하는 사람들은 그들이 건강해 보일지라도, 그 병 때문에 정상적인 생활을 하지 못한다고 주장한다. (③) 이 주장은 무엇이 그런 설명하기 힘든 병을 유발할 수 있는지에 대한 수많은 견해들을 만들어 냈지만, 현재 가장 인정받는 의견은 심각한 바이러스가 CFS보다 먼저 일어난다는 것이다. (④) 오히려, 그것(면역 체계)은 계속해서 대량의 불필요한 화학적 전달 물질들을 발산하는데, 이는 환자들이 계속해서 피로하고 아프다고 느끼는 이유를 설명할 수 있다.

해설

④번 앞 문장에 심각한 바이러스가 CFS(만성 피로 증후군)보다 먼저 일어난다는 의견이 현재 가장 인정받는다는 내용이 있고, ④번 뒤 문장에 그것(면역 체계)이 계속해서 대량의 불필요한 화학적 전달 물질들을 발산하는 것은 환자들이 계속해서 피로함과 아픔을 느끼는 이유를 설명할 수 있다는 내용이 있으므로, ④번에 그것(심각한 바이러스)을 무력화시키기 위한 시도로 면역 체계가 적극적인 공격을 시작하지만, 감염 매체가 제거된 후에도 공격 반응을 멈출 수 없게 된다며 만성 피로 증후군의 원인을 설명하는 내용의 주어진 문장이 나와야 지문이 자연스럽게 연결된다.

[오답 분석]

① 뒤 문장의 이것(This)은 ①번 앞 문장의 만성 피로 증후군(CFS)을 의미하므로 ①번에 다른 문장이 삽입되면 문맥상 부자연스럽다.

② 앞 문장은 만성 피로 증후군(CFS)의 증상이 신체적으로 나타나지 않아 일부 의사들이 환자의 통증을 상상과 같은 심리적인 것으로 일축한다는 내용이고, ②번 뒤 문장은 하지만 CFS를 앓고 있다는 사람들이 고통받고 있음을 주장한다는 대조적인 내용이므로 ②번에 다른 문장이 삽입되면 문맥상 부자연스럽다.

③ 뒤 문장의 이 주장(This claim)은 ③번 앞 문장에 건강해 보이지만 병 때문에 정상적인 생활을 못한다는 CFS 환자들의 주장을 의미하므로 ③번에 다른 문장이 삽입되면 문맥상 부자연스럽다.

정답 ④

어휘

neutralize 무력화시키다, 중화시키다 **immune system** 면역 체계
aggressive 적극적인 **assault** 공격 **infection** 감염 (매체)
exhaustion 피로, 기진맥진 **achiness** 통증 **manifest** 나타나다
dismiss 일축하다, 해산하다 **complaint** 통증, 불만
psychosomatic 심리적인 문제로 인한
incapacitate 정상적인 생활을 하지 못하게 만들다
precede 먼저 일어나다, 앞서다 **account for** ~을 설명하다
unwell 아픈, 몸이 편치 않은

---

17 **독해** 논리적 흐름 파악(문단 순서 배열) 난이도 상 ●●●

주어진 글 다음에 이어질 글의 순서로 가장 적절한 것은?

> Studies of social learning in the early 20th century focused on the effect that conditioning and repeated tests would have on a subject. However, as a psychologist Albert Bandura would later point out, these studies did not account for learned responses the subjects had not been conditioned to elicit.

(A) This was tested through the Bobo doll experiment. In this experiment, a child would observe an adult punching a Bobo doll, which would return to an upright position on its own. The adult was seen either rewarded, punished, or receiving no consequence for this action.

(B) What Bandura wanted to focus on was the effects that observation, imitation, and modeling had when a child was exposed to tests and responses on a model subject. This would provide evidence as to how much of a child's behavior is learned from watching that of adults.

(C) After observing the actions and consequences, the children would overwhelmingly imitate the aggressive behavior of the adults. Bandura concluded that violent parental figures could potentially have a profound influence on the emotional development of children.

① (A) – (C) – (B) ② (B) – (A) – (C)
③ (B) – (C) – (A) ④ (C) – (B) – (A)

해석

> 20세기 초에 사회적 학습에 대한 연구들은 훈련과 반복되는 실험들이 피실험자에게 미칠 수 있는 효과에 초점을 맞췄다. 그러나, 심리학자 앨버트 반두라가 나중에 언급했듯이, 이 연구들은 피실험자들이 이끌어 내도록 훈련받지 않은 학습된 반응들을 설명하진 못했다.

(B) 반두라가 초점을 맞추기 원했던 것은 한 아이가 모델 대상에 대한 실험들과 반응들에 노출되었을 때 관찰, 모방과 모델링이 갖는 효과들이었다. 이것은 아이의 행동이 어른들의 행동을 보는 것으로부터 얼마나 많이 학습되는지에 관한 증거를 제공할 수 있다.

(A) 이것은 보보 인형 실험을 통해 시험되었다. 이 실험에서, 아이는 한 어른이 보보 인형을 주먹으로 때리는 것을 관찰했는데, 그것(보보 인형)은 스스로 똑바로 선 자세로 되돌아가곤 했다. 그 어른은 이 행위에 대해 보상받거나, 벌 받거나, 혹은 어떤 결과도 받지 않는 것으로 보였다.

(C) 그 행동들과 결과들을 관찰한 후, 아이들은 어른들의 공격적인 행동을 압도적으로 모방하곤 했다. 반두라는 폭력적인 부모의 모습들이 아이들의 정서적인 발달에 잠재적으로 깊은 영향을 끼칠 수 있다고 결론지었다.

해설

주어진 문단에서 20세기 초 사회적 학습에 대한 연구들은 앨버트 반두라가 언급한 대로 피실험자들이 이끌어 내도록 훈련받지 않은 학습된 반응들을 설명하지 못했다고 한 뒤, (B)에서 반두라가 초점을 맞추기 원했던 것은 한 아이가 모델 대상에 대한 실험들과 반응들에 노출되었을 때 관찰, 모방과 모델링이 갖는 효과들이었다고 설명하고 있다. 이어서 (A)에서 이것(This)이 보보 인형 실험을 통해 시험되었는데, 이 실험에서 아이는 어른이 인형

을 때리는 것을 관찰했다고 하고, (C)에서 아이들이 그 행동들과 결과들을 관찰한 후, 어른들의 공격적인 행동을 모방하곤 했다며 실험 결과를 반두라의 결론과 함께 보여주고 있다.

정답 ②

[어휘]

condition 훈련시키다; 조건　subject 피실험자　account for ~을 설명하다
elicit 이끌어 내다, 유도해 내다　upright 똑바로 선　reward 보상하다
imitation 모방　expose 노출시키다　aggressive 공격적인
violent 폭력적인　parental 부모의　figure 모습, 수치
profound 깊은, 심오한

[구문 분석]

[11행] What Bandura wanted to focus on / was the effects (생략)
: 이처럼 what이 이끄는 절(What ~ on)이 주어인 경우, '~하는 것은'이라고 해석한다.

18　독해 추론(빈칸 완성 – 단어)　난이도 중 ●●○

밑줄 친 부분에 들어갈 말로 가장 적절한 것을 고르시오.

In a planned economy, the government is in complete charge of financial activities. Such economies are indifferent to market fluctuations, and the prices of goods and services as well as the amounts of commodities produced are determined by the administration. Therefore, this type of _____ system is less responsive than free markets are to consumers, whose needs are more fluid and quick to change.

① prescribed
② rapid
③ accessible
④ physical

[해석]

계획 경제에서, 정부는 금융 활동들을 전적으로 관리한다. 그러한 국가들은 시장 변동에는 무관심하고, 생산된 상품들의 양은 물론이고 제품 및 서비스의 가격 또한 정부에 의해 결정된다. 그러므로, 이러한 유형의 <u>미리 정해진</u> 체제는 욕구가 더 유동적이고 빠르게 변하는 소비자들에게 자유 시장이 그러한 것보다 덜 민감하다.

① 미리 정해진
② 빠른
③ 접근 가능한
④ 물리적인

[해설]

지문 처음에서 정부가 금융 활동들을 전적으로 관리하는 계획 경제에서는 국가들이 시장 변동에 무관심하며 생산량과 가격이 정부에 의해 결정된다고 했으므로, 빈칸에는 '① 미리 정해진' 체제라는 내용이 들어가야 한다.

정답 ①

[어휘]

in charge 관리하는, 책임이 있는　indifferent 무관심한
fluctuation 변동, 동요　commodity 상품　administration 정부, 내각

---

responsive 민감한, 즉각 반응하는　fluid 유동적인
prescribed 미리 정해진, 규정된　rapid 빠른

19　독해 추론(빈칸 완성 – 구)　난이도 상 ●●●

밑줄 친 부분에 들어갈 말로 가장 적절한 것을 고르시오.

Norman Ernest Borlaug, often called the father of The Green Revolution, saw agricultural research as a means not only to provide food but also to prevent war. His research led to the development of wheat varieties that were disease-resistant and high-yielding. Grown in Mexico, Pakistan, and India, the new varieties resulted in double the normal yields in the latter two countries. However, Borlaug's wheat was particularly successful in Mexico, which previously lacked sufficient food for its populace. With the help of the new wheat strains, Mexico would go on to become a wheat exporter by 1963. Overall, the higher wheat yields spared more than a billion people worldwide from the specter of starvation. Borlaug commented that people do not have to wage war when sufficient food is available. He was awarded the Nobel Peace Prize in 1970 _____. The Nobel Committee had come to realize that abundant food means harmony.

① to encourage botanists to do more food research
② to acknowledge the lower rates of death by illness
③ to show appreciation for the increased wheat trade
④ to recognize his role in promoting world peace

[해석]

흔히 녹색혁명의 아버지로 불리는 노먼 어니스트 볼로그는 농업 연구를 식량을 제공할 뿐만 아니라 전쟁을 막는 수단으로도 보았다. 그의 연구는 질병에 강하고 높은 수확량을 가진 밀 품종들의 개발로 이어졌다. 멕시코, 파키스탄과 인도에서 재배된 그 새로운 품종들은 후자의 두 국가에서 일반적인 수확량의 두 배를 야기했다. 그러나, 볼로그의 밀은 특히 멕시코에서 성공적이었는데, 그곳은 이전에 그것의 대중들을 위한 충분한 식량이 없었다. 새로운 밀 품종들의 도움으로, 멕시코는 1963년쯤에는 밀 수출국이 되기 시작했다. 대체로, 더 많은 밀 수확량은 전 세계 10억 명 이상의 사람들이 기아의 망령으로부터 피하게 해 주었다. 볼로그는 충분한 식량을 얻을 수 있다면 사람들은 전쟁을 벌일 필요가 없다고 말했다. <u>세계 평화를 촉진하는 데 있어서 그의 역할을 인정하여</u>, 그는 1970년에 노벨 평화상을 받았다. 노벨 위원회는 풍부한 식량이 화합을 의미한다는 것을 깨닫게 되었다.

① 식물학자들이 더 많은 식량 연구를 하도록 격려하여
② 질병으로 인한 더 낮은 사망률을 인정하여
③ 증가한 밀 무역에 감사를 표하여
④ 세계 평화를 촉진하는 데 있어서 그의 역할을 인정하여

[해설]

지문 처음에서 볼로그가 질병에 강하고 높은 수확량을 가진 밀 품종들을 개발했다고 한 뒤, 지문 중간에서 더 많은 밀 수확량은 전 세계 10억 명 이상

의 사람들이 기아의 망령으로부터 피하게 해 주었다고 설명하고 있다. 또한, 빈칸 뒤 문장에서 노벨 위원회가 풍부한 식량이 화합을 의미한다는 것을 깨달았다고 했으므로, 빈칸에는 '④ 세계 평화를 촉진하는 데 있어서 그의 역할을 인정하여' 그가 노벨 평화상을 받았다는 내용이 들어가야 한다.

[오답 분석]

① 볼로그가 식물학자들이 더 많은 식량 연구를 하도록 격려했는지에 대해서는 언급되지 않았다.

② 지문 중간에서 볼로그가 개발한 밀 품종이 기아로 인한 사망을 피하게 해주었다고 했으므로 지문의 내용과 다르다.

③ 빈칸 앞 문장에서 충분한 식량을 얻을 수 있다면 사람들이 전쟁을 벌일 필요가 없다는 볼로그의 말을 언급했고, 빈칸이 있는 문장에서 볼로그가 노벨 평화상을 받았다고 했으므로 증가한 밀 무역에 감사를 표하여 노벨 평화상을 받았다는 것은 빈칸에 적절하지 않다.

정답 ④

어휘

agricultural 농업의 wheat 밀 variety 품종, 종류
disease-resistant 질병에 강한 yield 수확량을 내다: 수확량
strain 품종, 종류 populace 대중, 서민 exporter 수출국
spare 피하게 해 주다: 여분의 specter 망령 starvation 기아
award 수여하다 abundant 풍부한 botanist 식물학자
acknowledge 인정하다 appreciation 감사 recognize 인정하다
promote 촉진하다

---

20 독해 추론(빈칸 완성 - 절) 난이도 중 ●●○

밑줄 친 부분에 들어갈 말로 가장 적절한 것을 고르시오.

> Next Thursday, photographers will be given a rare chance to get some amazing pictures of an eclipse that only occurs when _____. Because of the Earth's and Moon's orbits, which are elliptical, the distance between the two celestial bodies changes over the year. If the Moon is closer to the Earth, the former appears bigger, completely blocking out the Sun as it passes in front of it. Conversely, in the case that the Moon is at its greatest distance from the Earth, as it will be next week, it looks smaller. So when it traverses the Sun, it only covers the inner portion, leaving an outer ring visible and creating an annular eclipse.

① the Moon is at its farthest point away from the Earth

② the Earth enters the most elliptical part of its orbit

③ the Sun is fully blocked out by the Moon

④ the Earth is between the Sun and Moon

해석

다음 주 목요일, 사진사들에게는 달이 지구로부터 가장 먼 지점에 있을 때만 일어나는 식(蝕)의 놀라운 사진들을 얻을 흔치 않은 기회가 주어질 것이다. 타원형인 지구와 달의 궤도들로 인해, 두 천체 사이의 거리는 한 해동안 변화한다. 만약 달이 지구에 더 가깝다면, 전자(달)는 그것(태양) 앞을 지나가면서 태양을 완전히 가리기 때문에, 더 커 보인다. 반대로, 달이 다음 주에 그렇게 될 것처럼, 지구로부터 가장 먼 거리에 있는 경우에, 그것(달)은 더 작아 보인다. 그래서 그것(달)이 태양을 가로지를 때, 그것(달)

은 바깥쪽 고리 부분이 보이도록 하고 금환식을 만들어내며, (태양의) 안쪽 부분만을 가린다.

① 달이 지구로부터 가장 먼 지점에 있다

② 지구가 그것의 궤도의 가장 타원형인 부분에 진입한다

③ 태양이 달에 의해 완전히 가려진다

④ 지구가 해와 달 사이에 있다

해설

지문 뒷부분에서 다음 주에 그렇게 될 것처럼, 달이 지구로부터 가장 먼 거리에 있는 경우에 달이 태양보다 더 작아 보여서 달이 태양을 가로지를 때 금환식을 만들어낸다는 내용이 있으므로, 빈칸에는 사진사들이 '① 달이 지구로부터 가장 먼 지점에 있을' 때만 일어나는 식(蝕)의 놀라운 사진들을 얻을 기회를 갖게 될 것이라는 내용이 들어가야 한다.

[오답 분석]

② 지구가 궤도의 가장 타원형인 부분에 진입하는 것은 지문의 내용과 관련이 없다.

③ 빈칸이 있는 문장에서 다음 주에 일어날 놀라운 사진을 얻을 기회에 대해 언급하고 있고, 지문 뒷부분에서 달이 다음 주에 그렇게 될 것처럼 지구로부터 먼 거리에 있는 경우에는 달이 더 작아 보인다고 했으므로 태양이 달에 의해 완전히 가려질 때만 식(蝕)이 일어난다는 것은 빈칸에 적절하지 않다.

④ 지문 전반에 걸쳐 달과 지구 사이의 거리에 따라 일어나는 현상에 대해 설명하고 있으므로 지구가 해와 달 사이에 있다는 것은 빈칸에 적절하지 않다.

정답 ①

어휘

eclipse (일식·월식의) 식(蝕) orbit 궤도 elliptical 타원형의
celestial body 천체 block out ~을 가리다, 차단하다 conversely 반대로
traverse 가로지르다 annular eclipse 금환식(달이 태양의 둘레까지 가리지 못하여 태양이 고리 모양으로 보이는 현상)

▶ 정답   p. 86

01	④ 어휘 – 어휘&표현	11	② 독해 – 유의어 파악
02	④ 어휘 – 어휘&표현	12	④ 독해 – 전체내용 파악
03	② 문법 – 주어·동사/목적어·보어/수식어 &수 일치	13	④ 독해 – 세부내용 파악
04	② 문법 – 분사	14	④ 독해 – 세부내용 파악
05	④ 문법 – 동명사	15	② 독해 – 전체내용 파악
06	③ 어휘 – 생활영어	16	④ 독해 – 논리적 흐름 파악
07	④ 어휘 – 생활영어	17	② 독해 – 논리적 흐름 파악
08	④ 독해 – 세부내용 파악	18	③ 독해 – 논리적 흐름 파악
09	① 독해 – 유의어 파악	19	① 독해 – 추론
10	② 독해 – 전체내용 파악	20	③ 독해 – 추론

▶ 취약영역 분석표

영역	세부 유형	문항 수	소계
어휘	어휘 & 표현	2	/4
	생활영어	2	
문법	주어·동사/목적어·보어/수식어 &수 일치	1	/3
	분사	1	
	동명사	1	
독해	전체내용 파악	3	/13
	세부내용 파악	3	
	추론	2	
	논리적 흐름 파악	3	
	유의어 파악	2	
총계			/20

01   어휘 cautious   난이도 하 ●○○

밑줄 친 부분에 들어갈 말로 가장 적절한 것을 고르시오.

> Due to the dangers hidden under the murky water, officials warn that residents need to be _____ when crossing the flooded streets.

① bold   ② excited
③ impulsive   ④ cautious

해석

탁한 물속에 숨겨진 위험 때문에, 공무원들은 주민들이 침수된 거리를 횡단할 때 조심해야 한다고 경고한다.

① 용감한   ② 신이 난
③ 충동적인   ④ 조심스러운

정답 ④

어휘

murky (진흙 등으로) 탁한, 흐린   official 공무원   resident 주민
impulsive 충동적인   cautious 조심스러운

 이것도 알면 **합격!**

cautious(조심스러운)의 유의어
= careful, aware, alert

02   어휘 hazardous   난이도 중 ●●○

밑줄 친 부분에 들어갈 말로 가장 적절한 것을 고르시오.

> Before overseas commercial flights were possible, travelers relied on ships to traverse oceans, enduring _____ conditions throughout the journey.

① unfair   ② chronic
③ tranquil   ④ hazardous

해석

해외로 가는 민간 항공편이 가능하기 이전에는, 여행자들이 여정 내내 위험한 환경을 견디며, 바다를 건너기 위해 선박들에 의존했다.

① 부당한   ② 만성적인
③ 고요한   ④ 위험한

정답 ④

어휘

commercial 민간의, 상업적인   traverse 건너다, 가로지르다   endure 견디다
unfair 부당한, 불공평한   chronic 만성적인   tranquil 고요한, 평온한
hazardous 위험한

이것도 알면 **합격!**

hazardous(위험한)의 유의어
= precarious, unsafe, risky, perilous

03   문법 주어·동사/목적어·보어/수식어 & 수 일치   난이도 하 ●○○

밑줄 친 부분에 들어갈 말로 가장 적절한 것을 고르시오.

> Coming up with a question based on one's observations _____ the first step in the scientific method.

① representing   ② represents
③ are representing   ④ represent

해석

자신의 관찰을 바탕으로 질문을 제시하는 것은 과학적 방법의 첫 단계를 나타낸다.

[해설]

② 동사 자리 | 주어와 동사의 수 일치 빈칸은 문장의 동사 자리이다. 동사 자리에는 '동사원형 + -ing'와 같은 형태는 올 수 없고, 주어 자리에 단수 취급하는 동명사구(Coming ~ observations)가 왔으므로 빈칸에는 단수 동사 represents가 들어가야 한다.

정답 ②

[어휘]

come up with 제시하다, 찾아내다 observation 관찰 represent 나타내다

🖋 [이것도 알면 합격!]

기간·가격·길이·무게 등을 나타내는 명사구 주어에도 단수 동사가 와야 한다.

> Two weeks ~~are~~(→ is) enough to finish the project.

　2주는 프로젝트를 끝내기에 충분하다.

> Ten kilometers ~~are~~(→ is) a long distance to walk.

　10킬로미터는 걷기에 긴 거리이다.

04 문법 분사　　　　난이도 중 ●●○

밑줄 친 부분이 어법상 옳지 않은 것은?

① Many families struggled <u>to make ends meet</u> during the recession.

② The diner <u>inspecting</u> by the health department was fined for violating some laws.

③ The cultural festival <u>held</u> over the weekend drew thousands of people.

④ Film producers said it was <u>too early to tell</u> whether the movie would make a profit.

[해석]

① 많은 가정이 불경기 동안 겨우 살아가기 위해 애썼다.

② 보건부에 의해 검열받은 그 식당은 일부 법을 위반한 것으로 벌금을 부과 받았다.

③ 주말 동안 열린 그 문화 축제는 수천 명의 사람들을 끌어모았다.

④ 영화 제작자들은 그 영화가 이익을 얻을 것인지 아닌지 말하는 것이 너무 이르다고 말했다.

[해설]

② 현재분사 vs. 과거분사 수식받는 명사(The diner)와 분사가 '그 식당이 검열받다'라는 의미의 수동 관계이므로 현재분사 inspecting을 과거분사 inspected로 고쳐야 한다.

[오답 분석]

① to 부정사의 역할 문맥상 '겨우 살아가기 위해 애썼다'라는 의미가 되어야 자연스러우므로, 부사처럼 목적을 나타낼 수 있는 to 부정사구 to make ends meet가 올바르게 쓰였다.

③ 현재분사 vs. 과거분사 수식받는 명사(The cultural festival)와 분사가 '그 문화 축제가 열리다'라는 의미의 수동 관계이므로 과거분사 held가 올바르게 쓰였다.

④ to 부정사 관련 표현 문맥상 '말하는 것이 너무 이르다(너무 일러서 말할 수 없다)'는 의미가 되어야 자연스러운데, '너무 ~해서 −할 수 없다'는 to 부정사 관용 표현 too ~ to를 사용하여 나타낼 수 있으므로 too early to tell이 올바르게 쓰였다. 참고로, 동사 tell의 목적

어 자리에 명사절 접속사 whether(~인지 아닌지)가 이끄는 명사절 (whether the movie ~ profit)이 올바르게 쓰였다.

정답 ②

[어휘]

struggle 애쓰다 make ends meet 겨우 살아가다 recession 불경기
diner 식당 inspect 검열하다 fine 벌금을 부과하다 violate 위반하다
draw (손님·이목 등을) 끌다

🖋 [이것도 알면 합격!]

to 부정사 관련 표현

> be supposed to ~하기로 되어 있다　> enough to ~하기에 충분히 −한
> be projected to ~하기로 되어 있다　> be inclined to ~하는 경향이 있다

05 문법 동명사　　　　난이도 하 ●○○

밑줄 친 부분 중 어법상 옳지 않은 것은?

In an experiment, participants viewed a map ① <u>containing</u> both landmarks and street names. For Europeans, ② <u>many of whose</u> cities are older and lack systematic street naming systems, giving landmark-based directions was preferable. On the other hand, ③ <u>anyone familiar</u> with American grid layouts ④ <u>was accustomed to find</u> directions using street names, most likely because American cities are newer and have alphabetized and numbered streets.

[해석]

실험에서 참가자들은 랜드마크와 도로명이 모두 포함된 지도를 보았다. 많은 도시가 오래되고 체계적인 도로명 지정 시스템이 부족한 유럽인의 경우 랜드마크 기반의 길 안내를 제공하는 것이 선호되었다. 반면에 미국의 격자무늬 배치에 익숙한 사람이라면 누구나 도로명을 사용하여 길 안내를 찾는 데 익숙했는데, 이는 미국 도시가 더 최신이고, 알파벳 순서로 배열했으며 도로에 번호를 매겼기 때문일 가능성이 높다.

[해설]

④ 동명사 관련 표현 문맥상 '도로명을 사용하여 길 안내를 찾는 데 익숙하다'라는 의미가 되어야 자연스러운데, '~에 익숙하다'는 동명사 관련 표현 be accustomed to -ing를 사용하여 나타낼 수 있으므로 was accustomed to find를 동명사 finding을 사용하여 was accustomed to finding으로 고쳐야 한다.

[오답 분석]

① 현재분사 vs. 과거분사 수식받는 명사(a map)와 분사가 '지도가 포함하다'라는 의미가 되어야 자연스러우므로 현재분사 containing이 올바르게 쓰였다.

② 수량 표현 + 관계대명사 선행사(Europeans)가 사람이고 관계절 내에서 cities가 누구의 것인지를 나타내므로 사람을 가리키는 소유격 관계대명사 whose가 와야 하고, 문맥상 '(유럽인들의) 많은 도시들이'라는 의미가 되어야 자연스러우므로, 가산 복수 명사(Europeans) 앞에 쓰이는 수량 표현 many를 써서 many of whose가 올바르게 쓰였다.

③ 형용사 자리 -one으로 끝나는 명사는 형용사가 항상 뒤에서 수식하므로, 대명사 anyone 뒤에 형용사 familiar가 올바르게 쓰였다.

정답 ④

experiment 실험 contain 포함하다 lack 부족하다 preferable 선호되는
grid 격자무늬

이것도 알면 합격!

분사가 명사를 수식하는 경우, 수식받는 명사와 분사가 능동 관계이면 현재분사가 와야 한다.

> She received a memo **urging** her to complete the survey.
  그녀는 설문조사를 완료하라고 촉구하는 메모를 받았다.

---

06 생활영어 How will you decide who rides together?
난이도 하 ●○○

밑줄 친 부분에 들어갈 말로 가장 적절한 것을 고르시오.

Alaina Fox
Hi, Scott. I just wanted to let you know that a few of us are thinking about setting up a carpool to and from work.
9:10 a.m.

Scott Maverick
Really? That sounds like a good idea. Are you in charge of organizing it?
9:11 a.m.

Alaina Fox
I'm helping Roselyn with it, actually. We're trying to figure out how to make it convenient for anyone who wants to participate.
9:12 a.m.

Scott Maverick

9:12 a.m.

Alaina Fox
It makes the most sense to group people based on where they live.
9:13 a.m.

Scott Maverick
Right. Well, I would like to participate.
9:13 a.m.

Alaina Fox
OK. Please send me your address, and I'll get back to you once we've made the schedule.
9:14 a.m.

Scott Maverick
Great! I'll do that now.
9:15 a.m.

① Will we have to take turns driving?

② Can we choose when we leave in the morning?

③ How will you decide who rides together?

---

④ What are the benefits of carpooling?

해석

Alaina Fox: 안녕하세요, Scott. 우리 중 몇 명이 출퇴근 카풀을 구성하는 것을 고려하고 있다고 알려드리고 싶었어요.

Scott Maverick: 정말요? 그거 좋은 생각 같네요. 당신이 그걸 조직하는 것을 담당하고 있나요?

Alaina Fox: 사실, 저는 그것과 관련하여 Roselyn을 도와주고 있어요. 저희는 참여하고 싶은 누구에게나 그것(카풀)을 편리하게 만들 방법을 고민하고 있어요.

Scott Maverick: 함께 타는 사람들을 어떻게 정할 건가요?

Alaina Fox: 사람들을 살고 있는 곳에 따라 분류하는 게 가장 합리적일 것 같아요.

Scott Maverick: 맞아요. 음, 저도 참여하고 싶어요.

Alaina Fox: 알겠어요. 주소를 보내주시면, 일정을 짜고 나서 다시 연락드릴게요.

Scott Maverick: 좋아요! 지금 바로 그것을 할게요(주소를 보낼게요).

① 우리는 돌아가며 운전하나요?

② 아침에 언제 출발할지 선택할 수 있나요?

③ 함께 타는 사람들을 어떻게 정할 건가요?

④ 카풀의 장점은 무엇인가요?

해설

참여하고 싶은 누구에게나 카풀을 편리하게 만들 방법을 고민하고 있다는 Alaina Fox의 말에 Scott Maverick이 질문하고, 빈칸 뒤에서 Alaina Fox가 It makes the most sense to group people based on where they live(사람들을 살고 있는 곳에 따라 분류하는 게 가장 합리적일 것 같아요)라고 대답하고 있으므로, 빈칸에는 '③ 함께 타는 사람들을 어떻게 정할 건가요?(How will you decide who rides together?)'가 오는 것이 자연스럽다.

정답 ③

어휘

carpool 카풀(승용차 함께 타기) organize 조직하다, 정리하다
figure out 고민하다, 생각해 내다 participate 참여하다
take turns ~을 돌아가며 하다

이것도 알면 합격!

출퇴근과 관련된 다양한 표현

> commute 통근하다
> rush hour 출퇴근 시간(교통이 혼잡한 시간)
> off-peak hours 비 혼잡 시간대
> park and ride 주차 후 대중교통 이용

07 생활영어 We'll need more than that. 난이도 하 ●○○

밑줄 친 부분에 들어갈 말로 가장 적절한 것을 고르시오.

> A: Hello, Rebecca? It's Karen. Are you on your way to the office?
> B: Yes. I'm about 20 minutes away.
> A: Would you mind picking up some coffee?
> B: Not at all. Just the usual, right?
> A: Actually, _____. A couple of clients are dropping by this morning.
> B: Got it. I'll get some for them as well.

① there is a coffee shop near here
② it will take too long to pick up
③ I want some sugar in mine
④ we'll need more than that

해석

> A: 여보세요, Rebecca? Karen이에요. 당신은 사무실로 오는 중인가요?
> B: 네. 저는 20분 정도 거리에 있어요.
> A: 괜찮으시다면 커피 좀 사다 주시겠어요?
> B: 전혀요 (상관하지 않아요). 항상 먹던 대로 맞죠?
> A: 사실, 우리는 그것보다 더 많이 필요할 거예요. 고객 두 분이 오늘 아침에 잠깐 들를 거거든요.
> B: 알겠어요. 그들을 위한 것도 좀 사 갈게요.

① 이 근처에 커피숍이 있어요
② 사는 데 너무 오래 걸릴 거예요
③ 제 것에는 설탕을 좀 넣어주세요
④ 우리는 그것보다 더 많이 필요할 거예요

해설

항상 먹던 대로 커피를 사면 되는지를 묻는 B의 질문에 대해 빈칸 뒤에서 A가 A couple of clients are dropping by this morning(고객 두 분이 오늘 아침에 잠깐 들를 거거든요)이라고 말하고 있으므로, 빈칸에는 '④ 우리는 그것보다 더 많이 필요할 거예요(we'll need more than that)'가 들어가야 자연스럽다.

정답 ④

어휘

drop by 잠깐 들르다

🖐 이것도 알면 합격!

직장에서 동료에게 부탁할 때 사용할 수 있는 다양한 표현

> I need to ask a favor of you. 전 당신에게 부탁할 게 있어요.
> I need your help. 당신의 도움이 필요해요.
> Can you do me a favor? 제 부탁을 들어줄 수 있나요?
> Can you help me out with something? 당신이 저를 도와줄 수 있나요?

08~09 다음 글을 읽고 물음에 답하시오.

Fire Extinguishers to Be Required in Certain Vehicles

All new passenger vehicles with seating for more than five people will be required to carry a fire extinguisher starting December 1. All automobiles manufactured, imported, or sold after that time must include a special "vehicle-safe" fire extinguisher installed within the driver's <u>reach</u>. This device is able to withstand the vibrations and temperature changes that occur in car cabins. Cars currently on the road are not subject to the regulation. However, when a car is resold, the device must be installed before it can be registered to the new owner. More information about the new policy is available in the recently updated Automobile Safety Act.

해석

특정 차량에 소화기 보유 의무화

12월 1일부터 5인승 이상의 모든 신규 승용차는 소화기를 갖추어야 합니다. 그 이후에 제조, 수입, 또는 판매되는 모든 자동차에는 운전자의 손이 닿는 곳 이내에 설치된 특수한 '차량 안전' 소화기가 포함되어야 합니다. 이 장치는 차량 내부에서 발생하는 진동과 온도 변화를 견뎌낼 수 있습니다. 현재 도로에 있는 자동차는 규제를 받지 않습니다. 그러나, 자동차가 재판매될 때는, 새 소유자에게 등록될 수 있기 전에 장치가 설치되어야 합니다. 새로운 정책에 대한 더 많은 정보는 최근에 갱신된 '자동차 안전법'에서 확인할 수 있습니다.

어휘

fire extinguisher 소화기   passenger vehicle 승용차   automobile 자동차
manufacture 제조하다   import 수입하다   reach 손이 닿는 곳
withstand 견뎌 내다   vibration 진동, 떨림   subject to (~의 영향을) 받다
regulation 규제, 규정   register 등록하다

08 독해 세부내용 파악(내용 불일치 파악) 난이도 상 ●●●

다음 글의 내용과 일치하지 않는 것은?

① Passenger vehicles with seating for more than five require a fire extinguisher.
② Fire extinguishers in vehicles must be easily accessible to the driver.

③ Vehicle-safe fire extinguishers can resist vibrations and temperature changes.

④ Cars currently on the road must add the device.

해석

① 5인승 이상의 승용차에는 소화기가 필요하다.

② 차량 내 소화기는 운전자가 쉽게 접근할 수 있어야 한다.

③ 차량 안전 소화기는 진동과 온도 변화에 견딜 수 있다.

④ 현재 도로에 있는 차량은 그 장치를 추가해야 한다.

해설

지문 중간에서 현재 도로에 있는 자동차는 규제를 받지 않는다고 했으므로, '④ 현재 도로에 있는 차량은 그 장치를 추가해야 한다'는 것은 지문의 내용과 일치하지 않는다.

[오답 분석]

① 첫 번째 문장에 5인승 이상의 모든 신규 승용차는 소화기를 갖추어야 한다고 언급되었다.

② 두 번째 문장에 모든 자동차에는 운전자의 손이 닿는 곳 이내에 설치된 특수한 '차량 안전' 소화기가 포함되어야 한다고 언급되었다.

③ 세 번째 문장에 이 장치('차량 안전' 소화기)는 차량 내부에서 발생하는 진동과 온도 변화를 견뎌낼 수 있다고 언급되었다.

정답 ④

어휘

accessible 접근할 수 있는, 다가가기 쉬운

09　독해　유의어 파악　　　난이도 중 ●●○

밑줄 친 "reach"의 의미와 가장 가까운 것은?

① grasp

② judgment

③ alarm

④ capacity

해석

① 손이 닿는 범위

② 판단

③ 경보

④ 능력

해설

reach(손이 닿는 곳)가 포함된 문장(All automobiles manufactured ~ within the driver's reach)에서 모든 자동차에는 운전자의 손이 닿는 곳 이내에 설치된 특수한 '차량 안전' 소화기가 포함되어야 한다고 했으므로 reach는 '손이 닿는 곳'이라는 의미로 사용되었다. 따라서 '손이 닿는 범위'라는 의미의 ① grasp가 정답이다.

정답 ①

10~11　다음 글을 읽고 물음에 답하시오.

To	Carla's Clothing Boutique
From	Bethany Chalmers
Date	May 19
Subject	(A)

B I U ¶ ✎ A▾ T▾ ⊕ 🖾 ▾ ⊞ ☰ ☰ ☰ ↺ ↻ </>

To whom it may concern,

I hope this message finds you well. I am writing after a few disappointing experiences at your unmanned clothing boutique.

Lately, I've noticed clothes scattered around the fitting rooms, which creates a disorganized and unpleasant atmosphere. It would be helpful to have a staff member come in more frequently to tidy up. Another issue I've had recently is that some price tags are not registered in the system. It's quite frustrating to spend time selecting and trying on an item only to be unable to purchase it. With no employees present, I have no choice but to return another day to see if the item has been registered.

I hope you take my input into consideration. I'm sure that addressing these concerns will improve both the customer experience and the success of your store.

Best,
Bethany Chalmers

해석

수신: Carla의 의류 상점

발신: Bethany Chalmers

날짜: 5월 19일

제목: (A) 최근의 쇼핑 경험에 대한 의견

관계자분께,

이 메시지가 잘 전달되기를 바랍니다. 저는 귀하의 무인 의류 상점에서 몇 가지 실망스러운 경험을 한 후에 글을 씁니다.

최근에, 탈의실 주변에 옷이 흩어져 있는 것을 발견했는데, 이는 정돈되지 않고 불쾌한 분위기를 조성합니다. 직원이 더 자주 와서 정리하는 것이 도움이 될 것 같습니다. 제가 최근에 겪었던 또 다른 문제는 일부 가격표가 시스템에 등록되어 있지 않다는 것입니다. 물건을 고르고 입어보는 데 시간을 보낸 뒤에 그것을 구입할 수 없게 되는 것은 상당히 불만스러운 일입니다. 직원이 있지 않기 때문에, 저는 물건이 등록되었는지 확인하기 위해 다른 날에 다시 방문할 수밖에 없습니다.

제 의견을 고려해 주시기를 바랍니다. 저는 이러한 문제를 해결하는 것이 고객 경험과 매장의 성공 모두를 향상할 것이라고 확신합니다.

Bethany Chalmers 드림

어휘

boutique 상점, 부티크　unmanned 무인의　scatter 흩어지다
disorganized 정돈되지 않은　unpleasant 불쾌한　atmosphere 분위기
tidy up 정리하다　price tag 가격표　register 등록하다

frustrating 불만스러운, 좌절감을 주는 purchase 구입하다 input 의견, 조언
consideration 고려 address 해결하다

---

10   독해   전체내용 파악(제목 파악)   난이도 중 ●●○

(A)에 들어갈 윗글의 제목으로 가장 적절한 것은?

① Open Job Positions at a Clothing Boutique
② Feedback on Recent Shopping Experiences
③ Poor Customer Service from an On-Site Employee
④ Refund Request for Purchased Clothing

해석

① 의류 상점의 일자리 공석
② 최근의 쇼핑 경험에 대한 의견
③ 현장 직원의 형편없는 고객 서비스
④ 구매한 의류에 대한 환불 요청

해설

지문 처음에서 무인 의류 상점에서 몇 가지 실망스러운 경험을 한 후에 글을 쓴다고 하며 지문 전반에 걸쳐 그 경험에 대해 설명하고 있으므로, '② 최근의 쇼핑 경험에 대한 의견'이 이 글의 제목이다.

[오답 분석]
① 의류 상점의 일자리 공석에 대해서는 언급되지 않았다.
③ 무인 의류 상점에서의 경험을 언급하고 있으므로 현장 직원의 형편없는 고객 서비스는 지문의 내용과 다르다.
④ 구매한 의류에 대한 환불 요청에 대해서는 언급되지 않았다.

정답 ②

어휘

on-site 현장의 refund 환불 request 요청

---

11   독해   유의어 파악   난이도 중 ●●○

밑줄 친 "present"의 의미와 가장 가까운 것은?

① dependent   ② available
③ parallel   ④ simultaneous

해석

① 의존하는   ② 이용할 수 있는
③ 평행한   ④ 동시의

해설

present(있는)가 포함된 문장(With no employees present, I have no choice but to return another day ~)에서 직원이 있지 않기 때문에 다른 날에 다시 방문할 수밖에 없다고 했으므로 present는 '있는, 존재하는'이라는 의미로 사용되었다. 따라서 '이용할 수 있는'이라는 의미의 ② available이 정답이다.

정답 ②

---

12   독해   전체내용 파악(요지 파악)   난이도 중 ●●○

다음 글의 요지로 가장 적절한 것은?

Our lives are constantly becoming further intertwined with technology. But whether that's positive or negative remains up for debate. This can be readily seen in our education system. Some cherish the wealth of consistently up-to-date information available online to teachers and students. They no longer need to wait for books to be reprinted to correct errors, and the variety of ways that they can apply their knowledge has never been greater. Unfortunately, significant problems can arise from students developing an over-reliance on technology. While we may be increasing the efficiency of their research skills, we may also be decreasing their natural recall of information and exacerbating difficulties in distinguishing between accurate and inaccurate information. More problematically, it also creates an education system that strongly favors the wealthy, as the most relevant technology platforms will often be out of the budgets of most schools, creating a system that further reinforces knowledge gaps stemming from finances over ability.

① Students are absorbing knowledge more quickly thanks to technological innovations.
② The knowledge gap can be bridged through the adoption of new technologies.
③ Technology should be evenly distributed to schools to ensure fair access.
④ There are negative consequences as well as benefits of technology in education.

해석

우리의 삶은 끊임없이 기술과 더욱 뒤얽히게 되어 가고 있다. 하지만 그것이 긍정적인지 부정적인지는 논의의 대상으로 남아 있다. 이는 우리의 교육 제도에서 쉽게 찾아볼 수 있다. 일부는 교사와 학생이 온라인으로 이용할 수 있는, 늘 최신인 정보가 많음을 소중히 여긴다. 그들은 더 이상 책들이 오류를 바로잡기 위해 재인쇄되기를 기다릴 필요가 없고, 그들이 지식을 적용할 수 있는 방식의 다양성이 (지금보다) 더 컸던 적은 없었다. 공교롭게도, 학생들이 기술에 대한 과잉 의존을 발전시키는 것으로부터 상당한 문제들이 생겨날 수 있다. 우리가 그들의 연구 능력의 효율을 높일지 모르지만, 우리는 또한 그들의 타고난 정보 기억력을 감소시키고, 정확하고 부정확한 정보를 구별해 내는 것에 있어서 어려움을 악화시키고 있을지 모른다. 더한 문제는, 그것이 또한 부유한 사람들에게 매우 유리한 교육 제도를 만든다는 것인데, 가장 적절한 기술 플랫폼들이 종종 대부분의 학교 예산을 벗어나서, 능력보다는 재력에 기인한 지식 격차를 더욱 심화시키는 제도를 만들어 낼 수 있기 때문이다.

① 학생들은 기술 혁신 덕분에 더욱 빠르게 지식을 흡수하고 있다.
② 지식 격차는 새로운 기술의 도입으로 메워질 수 있다.
③ 공평한 접근을 보장하기 위해 기술은 학교에 균등하게 분배되어야 한다.
④ 교육에는 기술의 이점뿐만 아니라 부정적인 결과들도 있다.

해설

지문 앞부분에서 우리의 삶이 끊임없이 기술과 뒤얽히고 있는데 이것이 긍정적인지 부정적인지는 논의의 대상으로 남아 있다고 하고, 최신인 정보가

많은 것을 소중히 여기는 사람들도 있고 지식을 적용할 수 있는 방식의 다양성이 더 컸던 적은 없다고 하며 긍정적인 측면을 설명한 후, 이어서 학생들이 기술에 대한 과잉 의존을 발전시키는 것으로부터 상당한 문제들이 생겨날 수 있다고 하며 부정적인 측면에 대해서도 설명하고 있으므로, ④ '교육에는 기술의 이점뿐만 아니라 부정적인 결과들도 있다'가 이 글의 요지이다.

[오답 분석]
① 학생들이 빠르게 지식을 흡수하고 있는지에 대해서는 언급되지 않았다.
② 기술 혁신이 지식 격차를 더욱 심화시키는 제도를 만들어 낼 수 있다고 했으므로 지문의 내용과 반대이다.
③ 기술이 학교에 균등하게 분배되어야 하는지에 대해서는 언급되지 않았다.

정답 ④

어휘

constantly 끊임없이, 지속적으로   intertwine 뒤얽히게 하다, 관련짓다
up for debate 논의의 대상인   readily 쉽게   cherish 소중히 하다
consistently 늘, 끊임없이   up-to-date 최신인   significant 상당한, 중대한
reliance 의존   efficiency 효율(성)   recall 기억(력); 상기시키다
exacerbate 악화시키다, 화나게 하다   distinguish 구별하다
inaccurate 부정확한   favor ~에게 유리하다   relevant 적절한, 관련된
budget 예산   reinforce 강화하다   stem from ~에서 기인하다
absorb 흡수하다   bridge 다리를 놓다; 다리   adoption 채택
evenly 균등하게   distribute 분배하다, 유통시키다

---

13 독해 세부내용 파악(내용 일치 파악)   난이도 중 ●●○

다음 글의 내용과 일치하는 것은?

When asked to name the closest planet, most people would naturally reply either Venus or Mars. After all, their orbits make them our next-door neighbors. However, a recent article suggests that this understanding is incorrect. According to the calculations of the physicists who wrote the article, Mercury is, in general, closer to Earth than any other planet. In fact, although it orbits nearest to the Sun, Mercury is the closest planet to all of the others as well. This is due to the difference in planetary orbital speeds. The planets all orbit at different rates, so neighboring planets are often on opposite sides of the Sun, at great distances from one another, despite the shorter distance between their orbits. Mercury, as the fastest orbiting planet, is usually closer to the other planets than their own orbital neighbors because they are on the same side of the Sun more often.

① 사람들은 흔히 수성이 지구에 가장 가까운 행성이라고 알고 있다.
② 수성은 궤도의 모양 때문에 지구와 가장 가까워지곤 한다.
③ 태양 주변을 도는 행성들은 대개 태양을 기준으로 같은 쪽에 위치한다.
④ 수성은 다른 행성들보다 더 빠르게 태양 주변을 돈다.

해석

가장 가까운 행성의 이름을 댈 것을 요청받으면, 대부분의 사람들은 자연스럽게 금성이나 화성이라고 답할 것이다. 어쨌든, 그들의 궤도는 그들을

우리의 바로 옆 이웃으로 만든다. 하지만, 최근 논문은 이러한 이해가 부정확하다고 말한다. 그 논문을 쓴 물리학자들의 계산에 따르면, 대개 수성이 다른 어떤 행성보다도 지구에 더 가깝다. 사실, 그것이 태양과 가장 가깝게 궤도를 돌지만, 수성은 그 외 다른 모든 행성들과도 가장 가까운 행성이다. 이것은 행성의 궤도 속도에서의 차이 때문이다. 행성들은 모두 다른 속도로 궤도를 도는데, 그래서 이웃하는 행성들은 그들의 궤도 간의 짧은 거리에도 불구하고 서로 엄청난 거리를 두며 태양의 반대쪽에 자주 놓인다. 가장 빠르게 궤도를 도는 행성으로서, 수성은 그들 궤도상의 이웃들보다는 다른 행성들과 더 가까운데, 그것들이 태양과 같은 쪽에 더 자주 있기 때문이다.

해설

④번의 키워드인 '다른 행성들보다 더 빠르게'를 바꾸어 표현한 지문의 the fastest orbiting planet(가장 빠르게 궤도를 도는 행성) 주변의 내용에서 수성은 가장 빠르게 궤도를 도는 행성이며, 태양과 같은 쪽에 더 자주 있다고 했으므로, '④ 수성은 다른 행성들보다 더 빠르게 태양 주변을 돈다'는 지문의 내용과 일치한다.

[오답 분석]
① 대부분의 사람들은 가장 가까운 행성의 이름을 댈 것을 요청받으면, 자연스럽게 금성이나 화성이라고 답할 것이라 했으므로, 지문의 내용과 다르다.
② 수성이 지구에 더 가까운 행성인 이유는 행성의 궤도 속도에서의 차이 때문이라고 했지만, 수성이 궤도의 모양 때문에 지구와 가장 가까워지곤 하는지는 지문에서 알 수 없다.
③ 이웃하는 행성들은 그들의 궤도 간의 짧은 거리에도 불구하고 서로 엄청난 거리를 두며 태양의 반대쪽에 자주 놓인다고는 했지만, 태양 주변을 도는 행성들이 대개 태양을 기준으로 어느 쪽에 위치하는지는 직접적으로 언급하지 않았으므로, 태양 주변을 도는 행성들이 대개 태양을 기준으로 같은 쪽에 위치하는지는 지문에서 알 수 없다.

정답 ④

어휘

reply 답하다, 대응하다   orbit 궤도; 궤도를 돌다   incorrect 부정확한
calculation 계산, 산출   physicist 물리학자   planetary 행성의
opposite 반대의

---

14 독해 세부내용 파악(내용 불일치 파악)   난이도 중 ●●○

다음 글의 내용과 일치하지 않는 것은?

With the growing demand for qualified employees in the technology sector, employers have had to come up with unique ways to attract and keep talent. In addition to median salaries that begin over $100,000 per year, tech companies offer many additional perks to their employees in order to keep them happy. For Google, this begins with food. All employees in the company's headquarters, known as the Googleplex, can avail themselves of free gourmet meals for breakfast, lunch, dinner, and snacks in one of the complex's multiple cafes. To work off all this free food, the company has an on-site gym and recreation rooms with various games that employees can play. Apart from these comforts, Google also offers its employees flexible schedules, copious vacation time, and a "20 percent time" program that allows employees to spend a fifth of their work time on projects unrelated to their main job responsibilities. Perks such as these make jobs at Google some of the most sought after in the technology industry.

① Average tech industry salaries are over $100,000 yearly.
② Tech companies attract workers with extra benefits.
③ The Googleplex has entertainment and health facilities.
④ Google employees work twenty percent fewer hours per year.

[해석]

기술 분야에서 능력이 있는 직원들에 대한 증가하는 수요로 인해, 고용주들은 인재를 끌어들이고 유지하기 위한 특별한 방법들을 생각해내야 했다. 매년 10만 달러 이상부터 시작하는 중위 임금뿐만 아니라, 기술 회사들은 그들을 계속 행복하게 하기 위해 그들의 직원들에게 많은 추가적인 특전들을 제공한다. Google의 경우, 이것은 음식으로 시작한다. Googleplex라고 알려진 회사의 본사 모든 직원들은 그 (건물) 단지의 다수의 식당들 중 한 곳에서 아침, 점심, 저녁 식사와 간식으로 무료 고급 음식을 이용할 수 있다. 이 모든 무료 음식을 해소하기(소화하기) 위해서, 그 회사는 시설 내의 체육관과 직원들이 할 수 있는 다양한 게임들이 있는 오락실들을 가지고 있다. 이러한 편의시설들 외에도, Google은 탄력적 근로 시간제, 막대한 휴가 시간과 직원들이 그들의 주요 직무 책임과 관련되지 않은 프로젝트에 그들의 업무 시간의 5분의 1을 사용할 수 있도록 하는 '20퍼센트 시간' 프로그램도 직원들에게 제공한다. 이것들과 같은 특전들은 Google에서의 일자리를 기술 산업에서 가장 인기 있는 것들 중 일부로 만든다.
① 기술 산업의 평균 급여는 연간 10만 달러가 넘는다.
② 기술 회사들은 추가 혜택으로 근로자를 끌어들인다.
③ Googleplex에는 오락과 건강시설이 갖춰져 있다.
④ Google의 직원들은 매해 20퍼센트 더 적은 시간을 일한다.

[해설]

지문 마지막에서 Google은 직원들이 업무 시간의 5분의 1을 그들의 주요 직무 책임과 관련되지 않은 프로젝트에 사용할 수 있도록 하는 '20퍼센트 시간' 프로그램을 제공한다고 했고, 직원들이 더 적은 시간 일한다는 것은 지문에서 언급되지 않았으므로 '④ Google 직원들은 매해 20퍼센트 더 적은 시간을 일한다'는 것은 지문의 내용과 일치하지 않는다.

[오답 분석]
① 두 번째 문장에 기술 회사들에서의 중위 임금은 매년 10만 달러 이상부터 시작한다고 언급되었다.
② 두 번째 문장에 기술 회사들은 직원들을 위해 중위 임금뿐만 아니라 많은 추가적인 특전들을 제공한다고 언급되었다.
③ 네 번째 문장에 Googleplex는 시설 내의 체육관과 직원들이 할 수 있는 다양한 게임들이 있는 오락실들을 가지고 있다고 언급되었다.

정답 ④

[어휘]

qualified 능력이 있는, 적격의 come up with ~을 생각해내다
talent 인재, 재능 median salary 중위 임금 perk 특전, 상여금
avail oneself of ~을 이용하다 gourmet meal 고급 음식
complex (건물) 단지; 복잡한 work off ~을 해소하다
on-site 시설 내의, 현지의 recreation 오락 comfort 편의시설, 안락함
flexible 탄력적인, 유연한 copious 막대한
sought after 인기 있는, 수요가 있는

---

15 독해 전체내용 파악(제목 파악) 난이도 중 ●●○

다음 글의 제목으로 가장 적절한 것은?

No matter how far ahead we plan for something, or how many details we take into account in advance, there is always the possibility that something will go wrong due to a factor we did not anticipate. An outdoor event may be thwarted by untimely weather. An appointment may be missed due to heavy traffic on the road. An assured triumph in a contest or at a job interview may be threatened by the appearance of an unknown rival. No matter what we do, life will always have curveballs to throw at us. Through thorough planning, adequate research, and a bit of constructive improvisation, we may be able to deal with a certain amount of unforeseen turmoil. Thus, it is important to brace ourselves for the complications we can predict, in the hope that they may sufficiently prepare us to deal with those we cannot.

① Dealing with Personal Conflicts
② Preparing for the Unexpected
③ Guaranteeing Repeated Success
④ Anticipating Future Opportunities

[해석]

우리가 어떤 것을 얼마나 훨씬 앞서서 미리 계획하든, 또는 우리가 얼마나 많은 세부사항들을 사전에 고려하든 상관없이, 우리가 예상하지 않은 요소로 인해 무언가가 잘못될 가능성은 항상 있다. 야외 행사는 시기를 놓친 날씨로 좌절될 수 있다. 약속은 도로에서의 극심한 교통량으로 놓쳐질 수 있다. 시합이나 구직 면접에서의 보장된 승리는 알려지지 않은 경쟁 상대의 등장으로 위협받을 수 있다. 우리가 무엇을 하든, 삶은 항상 우리에게 던질 커브볼이 있다(우리를 당혹하게 한다). 빈틈없는 계획, 충분한 조사와 약간의 건설적인 즉흥을 통해, 우리는 특정한 양의 예기치 않은 혼란에 대처할 수도 있을 것이다. 그러므로, 그것들이 우리가 그러할(예측할) 수 없는 것들에 대처할 수 있도록 우리를 충분히 준비시켜 줄 것이라는 희망 속에서, 우리가 예측할 수 있는 문제들에 우리 스스로를 대비시키는 것이 중요하다.
① 개인적인 갈등에 대처하는 것
② 예기치 않은 것에 대비하는 것
③ 반복된 성공을 보장하는 것
④ 미래의 기회들을 예상하는 것

[해설]

지문 전반에 걸쳐 우리가 얼마나 앞서서 계획하고 얼마나 많은 세부사항들을 고려하든, 예상하지 않은 요소로 인해 무언가가 잘못될 가능성은 항상 있고, 빈틈없는 계획, 충분한 조사와 약간의 건설적인 즉흥을 통해 특정한 양의 예기치 않은 혼란에 대처할 수도 있을 것이라고 설명하고 있으므로, '② 예기치 않은 것에 대비하는 것'이 이 글의 제목이다.

[오답 분석]
① 개인적인 갈등에 대처하는 것에 대해서는 언급되지 않았다.
③ 성공은 보장될 수 없다고 했으므로 지문의 내용과 다르다.
④ 미래의 기회들을 예상하는 것은 지문의 내용과 관련이 없다.

정답 ②

[어휘]

take into account ~을 고려하다   in advance 사전에
anticipate 예상하다   thwarted 좌절된, 어긋난
untimely 시기를 놓친, 때가 안 맞는   assured 보장된, 확실한   triumph 승리
throw a curveball 커브볼을 던지다(당혹하게 하다)
thorough 빈틈없는, 철두철미한   constructive 건설적인
improvisation 즉흥, 즉석에서 하기   turmoil 혼란, 동요   brace 대비시키다
complication 문제   guarantee 보장하다

---

16 독해 논리적 흐름 파악(무관한 문장 삭제)   난이도 상 ●●●

다음 글의 흐름상 가장 어색한 문장은?

Nothing would please picnickers in a park more than to have no insects around, and it looks like their wish is being granted. ① A recent study conducted by amateurs found that a nature preserve in Western Germany has experienced a 75 percent reduction in the number of insects. ② Experts examining their methodology and data have concluded that the study is reliable and is very likely representative of what is taking place around the world. ③ In fact, Professor Thomas Schmidt of the Entomological Institute says, "The species that are disappearing are those that don't need a special habitat in order to survive as well as those native to specific habitats." ④ Most insect species can adapt to nearly every type of ecosystem, from tropical rainforests to the Arctic tundra.

[해석]

다른 어떤 것도 주변에 곤충들이 없는 것만큼 공원의 소풍객들을 기쁘게 하지 않을 것인데, 그들의 소원이 들어지는 것 같아 보인다. ① 비전문가들에 의해 실시된 최근 연구는 서독에 있는 자연 보호 구역이 곤충 수의 75퍼센트 감소를 겪었다는 것을 발견했다. ② 그들(비전문가들)의 방법론과 자료를 검토한 전문가들은 그 연구가 신뢰할 수 있고 전 세계적으로 일어나고 있는 일의 표본일 가능성이 매우 높다고 결론지었다. ③ 실제로, 곤충학 연구소의 Thomas Schmidt 교수는 "사라지고 있는 그 종들은 특정 서식지에서 토종인 것들일 뿐만 아니라 생존하기 위해 특별한 서식지를 필요로 하지 않는 것들입니다"라고 말한다. ④ 대부분의 곤충 종들은 열대 우림부터 북극 툰드라까지 거의 모든 종류의 생태계에 적응할 수 있다.

[해설]

지문 처음에서 곤충이 없는 것을 바라는 소풍객들의 소원이 이뤄진 것처럼 보인다고 언급한 뒤 ①, ②번에서 서독에 있는 자연 보호 구역의 곤충 수가 75퍼센트 감소했다는 최근 연구의 결론은 전 세계적으로 일어나고 있는 일의 표본일 가능성이 높다고 언급하고 있다. 이어서 ③번에서 사라지고 있는 그 종들은 특정 서식지의 토종인 것들일 뿐만 아니라 특별한 서식지를 필요로 하지 않는 것들이라고 설명하고 있다. 그러나 ④번은 대부분의 곤충 종이 거의 모든 종류의 생태계에 적응할 수 있다는 내용으로, 지문 전체의 내용과 관련이 없다.

정답 ④

[어휘]

picnicker 소풍객   grant (간청 등을) 들어주다, 인정하다   amateur 비전문가
nature preserve 자연 보호 구역   methodology 방법론

---

reliable 신뢰할 수 있는   representative 표본, 대표자
entomological 곤충학의   native 토종의   habitat 서식지
tundra 툰드라(극지방에서 나타내는 한대 기후)

---

17 독해 논리적 흐름 파악(문단 순서 배열)   난이도 중 ●●○

다음 글을 문맥에 맞게 순서대로 배열한 것은?

Physicians recommend at least eight hours of uninterrupted sleep each night to ensure that the body can rest, but this may be challenging.

(A) Most of these individuals report being unable to achieve states of deep sleep due to personal or work-related stress and anxiety.

(B) In fact, many people find it difficult to abide by the suggested guidelines, and this leaves them feeling fatigued each morning.

(C) To ward off these emotions, people can drink decaffeinated tea made with calming herbs prior to bedtime, as doing so promotes relaxation and moderates brain activity.

① (A) – (B) – (C)   ② (B) – (A) – (C)
③ (B) – (C) – (A)   ④ (C) – (B) – (A)

[해석]

의사들은 몸이 쉴 수 있는 것을 보장하기 위해 매일 밤 적어도 8시간의 연속된 수면을 권장하지만, 이것은 힘들 수 있다.

(B) 사실, 많은 사람들이 그 권장된 지침들을 따르는 것이 어렵다는 것을 알게 되고, 이는 매일 아침 그들을 피로하게 느끼게 한다.

(A) 이러한 사람들 대부분은 개인적이거나 일과 관련된 스트레스와 불안 때문에 깊은 잠의 상태를 이룰 수 없다고 말한다.

(C) 이러한 감정들을 막기 위해서, 사람들은 취침 시간 전에 진정시키는 허브로 만든 카페인이 없는 차를 마실 수 있는데, 그렇게 하는 것이 휴식을 촉진하고 두뇌 활동을 완화하기 때문이다.

[해설]

주어진 문장에서 의사들은 매일 밤 적어도 8시간의 연속된 수면을 권장하지만 이것이 힘들 수 있다고 한 뒤, (B)에서 사실, 많은 사람들이 그 권장된 지침들(the suggested guidelines)을 따르지 못해서 피로함을 느낀다고 설명하고 있다. 이어서 (A)에서 이러한 사람들 대부분(Most of these individuals)이 스트레스와 불안 때문에 깊은 잠을 잘 수 없다고 하고, (C)에서 이러한 감정들(these emotions)을 막기 위해 취침 전 카페인이 없는 허브차를 마실 수 있다고 하며 수면 장애에 도움이 되는 방법을 소개하고 있다.

정답 ②

[어휘]

physician 의사   uninterrupted 연속된, 중단되지 않은   challenging 힘든
abide by 따르다   fatigued 피로한   ward off ~을 막다, 피하다
calm 진정시키다   relaxation 휴식   moderate 완화하다

18 독해 논리적 흐름 파악(문장 삽입) 난이도 상 ●●●

글의 흐름으로 보아 주어진 문장이 들어가기에 가장 적절한 곳은?

Although they got around more quickly at the elevated temperature, they had trouble coordinating their multiple limbs—so the boost in overall speed led to a loss of control.

Unlike humans and other animals that use muscles to move around, spiders rely on hydraulics. They pump their joints with a fluid called hemolymph that circulates through the legs and causes them to straighten. Recently, American researchers wanted to see how temperature affects this process. Their test subjects were Texas brown tarantulas. (①) They found that at 15 degrees Celsius, the arachnids moved at a maximum of 20 centimeters per second, and that at 40 degrees Celsius, they were much faster at 53 centimeters per second. (②) The benefit came at a cost, however. (③) This lack of coordination is likely the result of there not being enough time, at the increased speed, for the hemolymph to complete a full circuit. (④) That is, the spider was taking its next step before its leg had a chance to prepare for it.

* hemolymph: 혈액 림프(절지 동물·연체 동물의 조직을 흐르는 액체)

해석

비록 그것들(거미들)이 높은 온도에서 더 빨리 돌아다니기는 했지만, 그것들은 여러 개의 다리들을 조정하는 데 어려움을 겪어서, 전반적인 속도의 상승은 통제력의 상실로 이어졌다.

돌아다니기 위해 근육을 사용하는 인간과 다른 동물들과는 달리, 거미들은 수력학에 의존한다. 그것들은 다리를 순환하여 그것들을 곧게 하는 혈액 림프라는 체액을 그것들의 관절에 주입한다. 최근에, 미국의 연구원들은 온도가 이 과정에 어떻게 영향을 미치는지를 알고 싶어 했다. 그들의 실험 대상은 텍사스 갈색 타란툴라들이었다. (①) 그들은 섭씨 15도에서, 그 거미류의 동물들이 초당 최고 20센티미터를 이동했으며, 섭씨 40도에서, 그것들이 초당 53센티미터로 훨씬 더 빨랐다는 것을 발견했다. (②) 하지만, 그 이점에는 대가가 따랐다. (③) 이 조정의 부족은 증가된 속도에서 혈액 림프가 완전한 순환을 마칠 충분한 시간이 없는 것의 결과일 가능성이 있다. (④) 즉, 거미는 그것의 다리가 그것(다음 걸음)을 준비할 기회를 갖기 전에 다음 걸음을 내디디고 있었던 것이다.

해설

③번 앞 문장에 그 이점(거미가 높은 온도에서 훨씬 더 빠른 것)에는 대가가 따랐다는 내용이 있고, ③번 뒤 문장에는 이 조정의 부족(This lack of coordination)은 혈액 림프가 완전한 순환을 마칠 충분한 시간이 없는 것의 결과일 가능성이 있다는 내용이 있으므로, ③번에 그것들(they)이 여러 개의 다리를 조정하는 데 어려움을 겪어서, 전반적인 속도 상승이 통제력의 상실로 이어졌다는 내용의 주어진 문장이 나와야 지문이 자연스럽게 연결된다.

[오답 분석]

① 뒤 문장의 그들(They)은 ①번 앞 문장에 언급된 미국의 연구원들을 의미하고, 그 거미류의 동물들(the arachnids)은 ①번 앞 문장에 언급된 텍사스 갈색 타란툴라들을 의미하므로, 주어진 문장이 ①번에 삽입되면 문맥상 부자연스럽다.

② 뒤 문장의 그 이점(The benefit)은 ②번 앞 문장에서 타란툴라들이 높은 온도에서 더 빠르게 이동한다는 것을 의미하므로, ②번에 다른 문장이 삽입되면 문맥상 부자연스럽다.

④ 앞 문장의 조정의 부족은 증가된 속도에서 거미의 혈액 림프가 완전한 순환을 마칠 충분한 시간이 없기 때문이라는 내용을 ④번 뒤 문장에서 부연 설명하고 있으므로, ④번에 다른 문장이 삽입되면 문맥상 부자연스럽다.

정답 ③

어휘

elevated 높은 coordinate 조정하다 limb 다리, 사지 boost 상승, 증가
hydraulics 수력학, 수리학 pump 주입하다, 밀어 넣다 joint 관절
fluid 체액, 유체 circulate 순환하다 straighten 곧게 하다
subject 실험 대상, 주제 arachnid 거미류의 동물 circuit 순환

19 독해 추론(빈칸 완성 – 구) 난이도 상 ●●●

밑줄 친 부분에 들어갈 말로 가장 적절한 것을 고르시오.

While many technological developments match early predictions, some have not panned out as expected. It was once thought that 3-D movies would replace regular movies as the preferred method of viewing, but their popularity has dropped off after a decade. Similarly, virtual reality video games have not supplanted non-immersive gaming and have come to be regarded as little more than an expensive gimmick. In addition, while the capabilities of computers, smartphones, and TVs continue to improve, their rate of improvement has decreased over time, as has the degree of advancement from one iteration to the next. Yet, none of this suggests that technological progress _____.
Perhaps the new generation of technology will find greater success in real-world application and adoption.

① is likely to come to a standstill in the near future
② constitutes a threat to existing forms of entertainment
③ poses a solution to the current problem of obsolescence
④ needs support from investors and consumers to continue

해석

많은 기술적인 발전들이 초기의 예측들과 일치하긴 하지만, 일부는 예상된 것처럼 전개되지 않았다. 한때는 입체 영화들이 감상의 선호되는 방법으로서 일반 영화들을 대체할 것으로 생각됐지만, 그것들의 인기는 십 년 후에 줄어들었다. 유사하게, 가상 현실 비디오 게임들은 비몰입형의 게임을 하는 것을 대체하지 않았고, 값비싼 장치에 지나지 않는 것으로 여겨지게 되었다. 게다가, 컴퓨터, 스마트폰과 텔레비전의 성능이 계속 개선되긴 하지만, 한 새로운 판에서 다음 것으로의 발전의 정도가 그런(줄어든) 것과 마찬가지로, 그것들의 개선 정도는 시간이 지나면서 줄어들어 왔다. 하지만, 이 중에서 어느 것도 기술 진보가 가까운 미래에 정지할 가능성이 있다는 것을 시사하지는 않는다. 어쩌면 그 새로운 세대의 기술은 현실에의 적용과 채택에서 더 큰 성공을 발견할 것이다.

① 가까운 미래에 정지할 가능성이 있다
② 현존하는 오락의 형태들에 위협이 된다

③ 현재의 구식화 문제에 해결책을 제시한다
④ 계속하기 위해 투자자들과 고객들의 지지를 필요로 한다

해설

빈칸 앞 문장에서 컴퓨터, 스마트폰과 텔레비전의 성능은 개선되더라도 그 개선 정도가 시간이 지나면서 줄어들어 왔다고 하고, 빈칸 뒤 문장에서 어쩌면 그 새로운 세대의 기술이 현실에의 적용과 채택에서 더 큰 성공을 발견할 것이라고 했으므로, 빈칸에는 하지만 이 중에서 어느 것도 기술 진보가 '① 가까운 미래에 정지할 가능성이 있다'는 것을 시사하지는 않는다는 내용이 들어가야 한다.

[오답 분석]

② 기술 진보가 현존하는 오락의 형태들에 위협이 된다는 것은 지문의 내용과 다르다.
③ 현재의 구식화 문제에 대해서는 언급되지 않았다.
④ 기술 진보가 계속되기 위해 투자자들과 고객들의 지지가 필요한지에 대해서는 언급되지 않았다.

정답 ①

어휘

pan out 전개되다, 진행되다 drop off 줄어들다 virtual 가상의, 사실상의
supplant 대체하다 non-immersive 비몰입형의 gimmick 장치, 새 고안품
capability 성능, 능력 iteration 새로운 판 adoption 채택, 입양
come to a standstill 정지하다 constitute ~이 되다, 구성하다
obsolescence 구식화, 노후화

구문 분석

[1행] While many technological developments match early predictions, / some have not panned out / as expected.
: 이처럼 접속사 While이 이끄는 절은 문맥에 따라 '~하는 동안', '~이긴 하지만'으로 해석이 가능한데, 이 경우에는 '~이긴 하지만'이라고 해석하는 것이 자연스럽다.

---

20 독해 추론(빈칸 완성 – 연결어) 난이도 중 ●●○

밑줄 친 부분 (A), (B)에 들어갈 말로 가장 적절한 것은?

Many young people nowadays suffer from social media addiction. These are individuals who spend an inordinate amount of time on social media networks. They become absorbed in these services to the point where it interferes with their daily lives, and the thought of disconnecting can even create feelings of anxiety and extreme discomfort. The phenomenon has not been studied in-depth as of yet, so experts are unsure of how to treat such users. _____(A)_____, there are some informal methods of rehabilitation that may help. First is the cold turkey approach, to quit all forms of social media completely. This is the most stringent technique, and many who try it soon give in to symptoms of withdrawal. A second, more lenient practice is to scale back usage, keeping to a fixed time and duration. _____(B)_____, some tried logging on to their social media just twice a day—once in the morning and once at night—for 15 minutes. This system allowed them to stay connected but did not disrupt their work or other schedules, helping them to break the habit.

	(A)	(B)
①	Incidentally	After all
②	Moreover	In particular
③	However	For instance
④	Otherwise	Since then

해석

오늘날 많은 젊은 사람들이 소셜 미디어 중독에 시달린다. 이들은 소셜 미디어 망에 지나친 양의 시간을 쓰는 사람들이다. 그들은 이것이 그들의 일상생활을 방해할 정도까지 이러한 서비스들에 몰두하게 되고, 접속을 끊는 것에 대한 생각은 불안감과 극심한 불편함을 일으킬 수도 있다. 그 현상은 아직 심도 있게 연구되지 않았으므로, 전문가들은 이러한 사용자들을 어떻게 치료해야 하는지에 대해 확신하지 못한다. (A) 하지만, 도움이 될 수도 있는 몇 가지 비공식적인 재활 방법들이 있다. 첫 번째는 모든 형태의 소셜 미디어를 완전히 중단하는 금단 조치 접근법이다. 이것은 가장 엄격한 방식이며, 이것을 시도하는 많은 사람들은 금단 증상들에 금방 굴복한다. 두 번째로, 더 관대한 실행은 정해진 시간과 지속 시간을 지키며 사용량을 줄이는 것이다. (B) 예를 들어, 어떤 사람들은 그들의 소셜 미디어에 하루에 두 번, 즉 아침에 한 번과 저녁에 한 번, 15분 동안만 접속하는 것을 시도했다. 이 체계는 그들이 연결된 상태를 유지할 수 있게 했지만 그들의 일이나 다른 일정들에 지장을 주지 않았으며, 그들이 그 습관(소셜 미디어 중독)을 깰 수 있게 도왔다.

	(A)	(B)
①	그런데	결국
②	게다가	특히
③	하지만	예를 들어
④	그렇지 않으면	그때부터

해설

(A) 빈칸 앞 문장은 소셜 미디어 중독 현상이 아직 심도 있게 연구되지 않아서 전문가들이 치료법에 대해 확신하지 못한다는 내용이고, 빈칸 뒤 문장은 도움이 될 수도 있는 몇 가지 비공식적인 재활 방법들이 있다는 대조적인 내용이므로, (A)에는 However(하지만)가 들어가야 적절하다. (B) 빈칸 앞 문장은 소셜 미디어 중독을 치료하는 더 관대한 실행은 정해진 시간과 지속 시간을 지키며 사용량을 줄이는 것이라는 내용이고, 빈칸 뒤 문장은 어떤 사람들이 소셜 미디어에 하루에 두 번 15분 동안만 접속하는 것을 시도해 보았다는 예시이므로, (B)에는 For instance(예를 들어)가 들어가야 적절하다. 따라서 ③번이 정답이다.

정답 ③

어휘

addiction 중독 inordinate 지나친, 과도한 absorb in ~에 몰두하다
interfere with ~을 방해하다 anxiety 불안 discomfort 불편
in-depth 심도 있게, 상세히 treat 치료하다 rehabilitation 재활, 갱생
cold turkey 금단 조치 stringent 엄격한, 까다로운 give in to ~에 굴복하다
withdrawal 금단, 인출 lenient 관대한, 너그러운 scale back ~을 줄이다
fixed 정해진, 고정된 duration 지속 시간 disrupt 지장을 주다, 방해하다
break a habit 습관을 깨다, 버릇을 고치다

▶ 정답　　　　　　　　　　　　　　　　p. 94

01	④ 어휘 – 어휘&표현	11	② 독해 – 유의어 파악
02	③ 어휘 – 어휘&표현	12	③ 독해 – 전체내용 파악
03	④ 문법 – 가정법	13	③ 독해 – 전체내용 파악
04	④ 문법 – 관계절	14	③ 독해 – 전체내용 파악
05	④ 문법 – 병치·도치·강조 구문	15	③ 독해 – 논리적 흐름 파악
06	④ 어휘 – 생활영어	16	④ 독해 – 논리적 흐름 파악
07	① 어휘 – 생활영어	17	② 독해 – 논리적 흐름 파악
08	① 독해 – 전체내용 파악	18	② 독해 – 추론
09	③ 독해 – 세부내용 파악	19	① 독해 – 추론
10	③ 독해 – 세부내용 파악	20	① 독해 – 추론

▶ 취약영역 분석표

영역	세부 유형	문항 수	소계
어휘	어휘 & 표현	2	/4
	생활영어	2	
문법	가정법	1	/3
	관계절	1	
	병치·도치·강조 구문	1	
독해	전체내용 파악	4	/13
	세부내용 파악	2	
	추론	3	
	논리적 흐름 파악	3	
	유의어 파악	1	
총계			/20

01　어휘 important　　　　　　난이도 중 ●●○

밑줄 친 부분에 들어갈 말로 가장 적절한 것을 고르시오.

The man recording the minutes of the meeting made note of only the _____ points, ignoring any minor information.

① absurd　　　　　　　② trivial
③ fictional　　　　　　④ important

[해석]
회의의 회의록을 기록하는 그 남자는 중요하지 않은 그 어떤 정보든 무시하며 중요한 요점들만 적었다.

① 터무니없는　　　　　　② 사소한
③ 허구적인　　　　　　　④ 중요한

　　　　　　　　　　　　　　　　　　　정답 ④

[어휘]
minutes 회의록　absurd 터무니없는　trivial 사소한, 하찮은
fictional 허구적인

 이것도 알면 **합격!**

important(중요한)의 유의어
= major, key, significant, essential

02　어휘 organize　　　　　　난이도 중 ●●○

밑줄 친 부분에 들어갈 말로 가장 적절한 것을 고르시오.

Spreadsheets and other computer programs _____ data from different sources into a single, easily understood format.

① involve　　　　　　　② confine
③ organize　　　　　　④ distort

[해석]
스프레드시트와 다른 컴퓨터 프로그램은 다양한 출처의 정보를 쉽게 이해할 수 있는 단일 형식으로 정리한다.

① 수반하다　　　　　　② 국한시키다
③ 정리하다　　　　　　④ 왜곡하다

　　　　　　　　　　　　　　　　　　　정답 ③

[어휘]
source 출처　format 형식　involve 수반하다　confine 국한시키다
distort 왜곡하다

🖋 이것도 알면 **합격!**

organize(정리하다)와 유사한 의미의 표현
= put in order, sort, put together

03 문법 가정법 난이도 중 ●●○

밑줄 친 부분에 들어갈 말로 가장 적절한 것을 고르시오.

> If they had told me earlier, I _____ the June
> 10 flight for them.

① reserved ② would reserve
③ have reserved ④ would have reserved

[해석]

만약 그들이 나에게 더 일찍 말해줬었다면, 나는 그들을 위해 6월 10일 비행편을 예약했을 텐데.

[해설]

④ 가정법 과거완료 문맥상 '만약 그들이 ~ 말해줬었다면'이라고 하며 과거의 상황을 반대로 가정하고 있고, If절에 가정법 과거완료 'If + 주어 + had p.p.'(If they had told)가 왔으므로, 주절에도 가정법 과거완료를 만드는 '주어 + would + have p.p.'의 형태를 사용해야 한다. 따라서 빈칸에는 ④ would have reserved가 들어가야 한다.

정답 ④

[어휘]

reserve 예약하다

[이것도 알면 합격!]

가정법 과거는 '만약 ~하다면, -할 텐데'의 의미로, 현재 상황을 반대로 가정할 때 쓰이며, 가정법 과거완료는 '만약 ~했었다면, -했을 텐데'의 의미로, 과거 상황을 반대로 가정할 때 쓰인다.

• 가정법 과거
> If the weather <u>were</u> warmer, we <u>would go</u> for a swim.
  날씨가 따뜻하다면, 우리는 수영을 갈 텐데.

• 가정법 과거완료
> If they <u>had left</u> earlier, they <u>wouldn't have missed</u> the train.
  그들이 더 빨리 떠났었다면, 기차를 놓치지 않았을 텐데.

04 문법 관계절 난이도 중 ●●○

밑줄 친 부분 중 어법상 옳지 않은 것을 고르시오.

> Globalization has both improved some aspects of life ① <u>through</u> the creation of ② <u>interconnected</u> economic opportunities ③ <u>and</u> worsened others by widening social inequalities. Truly, this unprecedented phenomenon has created a complex global environment ④ <u>which</u> cultural identities and political landscapes are constantly being transformed.

[해석]

세계화는 상호 연결된 경제적 기회의 창출을 통해 삶의 일부 측면을 개선하기도 했고 사회 불평등을 확대함으로써 다른 측면은 악화시키기도 했다. 진정으로, 이 전례 없는 현상은 문화적 정체성과 정치적 지형이 끊임없이 변형되는 복잡한 세계 환경을 조성했다.

[해설]

④ 전치사 + 관계대명사 관계사 뒤에 완전한 절(cultural identities ~ being transformed)이 왔으므로 '전치사 + 관계대명사' 형태가 올 수 있다. '전치사 + 관계대명사'에서 전치사는 선행사 또는 관계절의 동사에 따라 결정되는데, 문맥상 '복잡한 세계 환경에서'라는 의미가 되어야 자연스러우므로, 관계대명사 which를 전치사 in(~에서)이 앞에 온 in which로 고쳐야 한다.

[오답 분석]

① 기타 전치사 문맥상 '상호 연결된 경제적 기회의 창출을 통해 삶의 일부 측면을 개선했다'는 의미가 되어야 자연스러운데, '~을 통해'는 전치사 through를 통해 나타낼 수 있으므로 through가 올바르게 쓰였다.

② 현재분사 vs. 과거분사 수식받는 명사 economic opportunities와 분사가 '경제적 기회가 상호 연결되다'라는 의미의 수동 관계이므로 과거분사 interconnected가 올바르게 쓰였다.

③ 상관접속사 문맥상 '삶의 일부 측면을 개선하기도 했고 다른 측면은 악화시키기도 했다'는 의미가 되어야 자연스러운데, 'A와 B 둘 다'의 의미를 나타내기 위해 both와 짝을 이루어 쓰이는 것은 and이므로 and가 올바르게 쓰였다.

정답 ④

[어휘]

globalization 세계화 aspect 측면, 양상 interconnect 상호 연결하다
opportunity 기회 inequality 불평등 unprecedented 전례 없는
phenomenon 현상 identity 정체성

[이것도 알면 합격!]

'전치사 + 관계대명사' 뒤에는 완전한 절이 온다.

> The hospital **in which** <u>he was treated</u> is one of the best in the country.
  그가 치료받은 병원은 그 나라에서 가장 좋은 곳 중 하나이다.

05 문법 병치·도치·강조 구문 난이도 하 ●○○

밑줄 친 부분이 어법상 옳은 것을 고르시오.

① The dark and cloudy weather made her feel <u>depressing</u>.
② You won't understand how the magic trick works unless you <u>will pay</u> close attention.
③ He didn't want to postpone <u>to do</u> his research assignment and stayed at the library until it was finished.
④ When she was in college, only once <u>did she find</u> herself unprepared for a test.

[해석]

① 어둡고 흐린 날씨는 그녀가 우울하게 느끼도록 만들었다.
② 당신이 세심한 주의를 기울이지 않는 한 마술 묘기가 어떻게 일어나는지 이해하지 못할 것이다.
③ 그는 연구 과제를 하는 것을 미루고 싶지 않아서 그것이 완료될 때까지 도서관에 있었다.
④ 그녀가 대학을 다닐 때, 그녀는 오직 한 번 스스로가 시험에 준비되어 있지 않다고 여겼다.

[해설]

④ 도치 구문: 부사구 도치 1 제한을 나타내는 부사구(only once)가 강조되어 절의 맨 앞에 나오면 주어(she)와 조동사(did)가 도치되어 '조동사 + 주어 + 동사'의 어순이 되므로 did she find가 올바르게 쓰였다.

[오답 분석]

① 현재분사 vs. 과거분사 감정을 나타내는 동사 depress(우울하게 하다)의 경우 주어가 감정의 원인이면 현재분사를, 감정을 느끼는 주체이면 과거분사를 써야 하는데, 문맥상 '그녀가 우울하다고 느낀다'라는 의미로 주어(her)가 우울함을 느끼는 주체이므로 현재분사 depressing을 과거분사 depressed로 고쳐야 한다.

② 현재 시제 조건을 나타내는 부사절(unless ~ attention)에서는 미래를 나타내기 위해 미래 시제 대신 현재 시제를 사용하므로 미래 시제 will pay를 현재 시제 pay로 고쳐야 한다.

③ 동명사를 목적어로 취하는 동사 동사 postpone은 동명사를 목적어로 취하는 동사이므로 to 부정사 to do를 동명사 doing으로 고쳐야 한다.

정답 ④

[어휘]

depressing 우울하게 하는   postpone 미루다

✏ [이것도 알면 합격!]

부정과 제한을 나타내는 부사(구)가 강조되어 문장의 맨 앞에 나올 때 주어와 조동사가 도치되어 '조동사 + 주어 + 동사'의 어순이 된다.

부정을 나타내는 부사(구)	**never** 결코 ~않다 **hardly / seldom / rarely / little** 거의 ~않다 **not until** ~하고 나서야 비로소 -하다 **no sooner ~ than -** ~하자마자 -하다 **no longer** 더 이상 ~않다
제한을 나타내는 부사구	**not only** ~일 뿐 아니라 **only + 부사구** 오직 ~

06　생활영어 Were there other new employees in your training group?
난이도 하 ●○○

밑줄 친 부분에 들어갈 말로 가장 적절한 것을 고르시오.

Liz Collier
I just finished my new employee training. It was a lot more detailed than I expected.
2:15 p.m.

Andrew Hopps
Yeah, I remember it feeling like a lot of information was being given to me all at once when I started. Is there anything you need help with?
2:16 p.m.

Liz Collier
Not at the moment, but I may have questions later on.
2:17 p.m.

Andrew Hopps
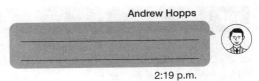
_____
_____
2:19 p.m.

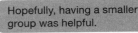**Liz Collier**
There were three of us in total.
2:19 p.m.

Andrew Hopps
Hopefully, having a smaller group was helpful.
2:20 p.m.

① Who conducted your training session?

② Did they give you a copy of the employee manual?

③ How long did the training session last altogether?

④ Were there other new employees in your training group?

[해석]

> Liz Collier: 저는 방금 신입 사원 교육을 마쳤어요. 그건 제가 예상했던 것보다 훨씬 더 자세했어요.
> Andrew Hopps: 네, 저도 시작했을 때 많은 정보가 한 번에 주어진다고 느꼈던 게 기억나요. 도움이 필요하신 부분이 있나요?
> Liz Collier: 지금은 없는데, 나중에는 질문이 생길 수도 있어요.
> Andrew Hopps: 교육 그룹에 다른 신입 사원들도 있었나요?
> Liz Collier: 총 세 명 있었어요.
> Andrew Hopps: 소규모 그룹이 도움이 되었기를 바라요.

① 교육을 누가 진행했나요?

② 그들이 직원 설명서 사본을 줬나요?

③ 교육 시간은 총 얼마나 걸렸나요?

④ 교육 그룹에 다른 신입 사원들도 있었나요?

[해설]

대화 처음에서 Liz Collier가 방금 신입 사원 교육을 마쳤다고 한 뒤, 빈칸 뒤에서 Liz Collier가 There were three of us in total(총 세 명 있었어요)이라고 대답하고 있으므로, 빈칸에는 '④ 교육 그룹에 다른 신입 사원들도 있었나요?(Were there other new employees in your training group?)'가 오는 것이 자연스럽다.

정답 ④

[어휘]

conduct 진행하다   manual 설명서, 매뉴얼

✏ [이것도 알면 합격!]

사내 교육과 관련된 다양한 표현

> **new hire orientation** 신입 사원 오리엔테이션
> **onboarding** 온보딩(신입 사원 적응 과정)
> **hands-on training** 실습 교육

07 생활영어 Mind if I join you two another time?

난이도 하 ●○○

밑줄 친 부분에 들어갈 말로 가장 적절한 것을 고르시오.

> A: I really want you to meet my brother.
>
> B: Actually, I want to meet him too. Didn't you say that he's an accountant?
>
> A: Yes. We're supposed to have dinner later. Do you want to come too?
>
> B: That would be fun, but I'm busy tonight. _____
> _____
>
> A: No problem. His office is close by, so we can all meet up after work one day.
>
> B: Sounds good!

① Mind if I join you two another time?

② I don't have anything in common with him.

③ Everything is going great.

④ Do you want to try the new Italian restaurant?

[해석]

> A: 나는 정말로 네가 내 남동생을 만나봤으면 해.
>
> B: 사실, 나도 그를 만나보고 싶어. 그가 회계사라고 하지 않았어?
>
> A: 맞아. 우리는 이따 저녁을 먹기로 했어. 너도 올래?
>
> B: 재미있을 것 같지만, 오늘 밤은 바빠. 다음에 너희 둘과 함께해도 괜찮을까?
>
> A: 문제없어. 그의 사무실이 근처에 있어서, 언젠가 일이 끝나고 다 함께 만날 수 있어.
>
> B: 좋은 생각이야!

① 다음에 너희 둘과 함께해도 괜찮을까?

② 나는 그와 공통점이 하나도 없어.

③ 모든 것이 잘 진행되고 있어.

④ 새로 생긴 이탈리아 음식점에 가보고 싶어?

[해설]

A의 남동생을 만나고 싶다는 B의 말에 대해 A가 남동생과의 저녁 식사 자리에 함께하기를 제안하자, B가 빈칸 앞에서 That would be fun, but I'm busy tonight(재미있을 것 같지만, 오늘 밤은 바빠)이라고 말하고 있으므로, 빈칸에는 '① 다음에 너희 둘과 함께해도 괜찮을까?(Mind if I join you two another time?)'가 오는 것이 자연스럽다.

정답 ①

[어휘]

accountant 회계사　have in common 공통점이 있다

 이것도 알면 **합격!**

거절을 나타낼 때 쓸 수 있는 표현

> I appreciate the offer, but I'll have to pass.
> 제안은 고맙지만 저는 그냥 넘어가야겠어요.
>
> Thanks for thinking of me, but I won't be able to make it.
> 저를 생각해주셔서 감사하지만, 저는 참석할 수 없을 것 같아요.

> I'm really sorry, but I can't manage that right now.
> 정말 죄송하지만 지금은 그것을 처리할 수 없어요.
>
> I'd love to, but my schedule is full. 그러고 싶지만 제 일정이 꽉 찼어요.

08~09 다음 글을 읽고 물음에 답하시오.

[A]

Step into nature for your next company retreat.

Instead of hosting your retreat in a stuffy office building, why not take your team to the majestic Copperhead Hills?

Our facilities offer a blend of modern amenities along with direct access to nature. Fully equipped conference rooms are available for work-related tasks, and your team can bond while exploring the great outdoors through hikes, rope courses, and zip lines.

Facility Rental Information
- Bookings require at least 20 participants.
- Our main dorm room accommodates up to 60 people.
- Overnight bookings include three meals per day.
- Prices are per person and vary depending on whether it's a weekday or weekend.

For detailed pricing information, please visit our website at copperheadhills.com.

[해석]

(A) 자연으로의 기업 여행

다음번 회사 수련회를 위해 자연 속으로 들어가 보세요.

답답한 사무실 건물에서 수련회를 여는 대신, 장엄한 Copperhead Hills로 여러분의 팀을 데려가는 것은 어떨까요?

저희 시설은 자연에 대한 직접적인 접근과 함께 현대적인 편의 시설을 결합한 공간을 제공합니다. 업무 관련 작업을 위한 장비가 완비된 회의실을 이용할 수 있으며, 여러분의 팀은 하이킹, 로프 코스, 그리고 집라인을 통해 대자연을 탐험하며 유대감을 형성할 수 있습니다.

시설 대여 정보
- 예약에는 최소 20명의 참가자가 필요합니다.
- 저희 메인 기숙사 방은 최대 60명까지 수용합니다.

- 1박 예약에는 하루 세 끼 식사가 포함됩니다.
- 가격은 1인 기준이며 평일인지 주말인지에 따라 다릅니다.

자세한 가격 정보는, 저희 웹사이트 copperheadhills.com을 방문해 주세요.

어휘

retreat 수련회, 휴양지 majestic 장엄한 facility 시설 amenity 편의 시설

---

08 독해 전체내용 파악(제목 파악) 난이도 하 ●○○

(A)에 들어갈 윗글의 제목으로 가장 적절한 것은?

① Corporate Trips into the Wilderness
② Natural Beauty of the Copperhead Hills
③ Importance of Spending Time in Nature
④ Appreciation for Nature's Gifts

해석

① 자연으로의 기업 여행
② Copperhead Hills의 자연적인 아름다움
③ 자연 속에서 시간을 보내는 것의 중요성
④ 자연의 선물에 대한 감사

해설

지문 처음에서 다음번 회사 수련회를 위해 자연 속으로 들어가 보라고 하며 지문 전반에 걸쳐 Copperhead Hills의 시설 대여 정보에 대해 설명하고 있으므로, '① 자연으로의 기업 여행'이 이 글의 제목이다.

[오답 분석]
② Copperhead Hills가 장엄하다고 언급되었지만 Copperhead Hills 에서 수련회를 진행해 보라고 홍보하기 위한 설명이므로 지엽적이다.
③ 자연 속에서 시간을 보내는 것의 중요성에 대해서는 언급되지 않았다.
④ 자연의 선물에 대한 감사에 대해서는 언급되지 않았다.

정답 ①

어휘

corporate 기업의, 회사의 wilderness 자연, 황야 appreciation 감사

---

09 독해 세부내용 파악(내용 불일치 파악) 난이도 중 ●●○

위 안내문의 내용과 일치하지 않는 것은?

① 업무를 할 수 있는 장비를 갖춘 회의실이 마련되어 있다.
② 다양한 야외 활동들을 즐길 수 있다.
③ 예약하기 위해서는 최소 60명의 참가자가 필요하다.
④ 평일과 주말의 가격이 다르다.

해설

지문 마지막의 '시설 대여 정보'에서 예약에는 최소 20명의 참가자가 필요하다고 했으므로, '③ 예약하기 위해서는 최소 60명의 참가자가 필요하다'

는 것은 지문의 내용과 일치하지 않는다.

[오답 분석]
① 네 번째 문장에 업무 관련 작업을 위한 장비가 완비된 회의실을 이용할 수 있다고 언급되었다.
② 네 번째 문장에 하이킹, 로프 코스, 그리고 집라인을 통해 대자연을 탐험할 수 있다고 언급되었다.
④ 지문 마지막의 '시설 대여 정보'에 가격은 평일인지 주말인지에 따라 다르다고 언급되었다.

정답 ③

10~11 다음 글을 읽고 물음에 답하시오.

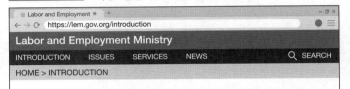

HOME > INTRODUCTION

Labor and Employment Ministry (LEM) Responsibilities

The LEM is the primary government department responsible for overseeing and regulating labor standards nationwide. The LEM ensures compliance with regulations related to <u>fair</u> wages, workplace safety, and employee compensation, including benefits, leave, and working hours. Additionally, the LEM monitors the use of child labor to protect student workers from mistreatment. The ministry aims to promote harmonious labor relations by educating employers and employees about their rights and mediating disputes as they arise and to ensure safe and equitable working conditions. When violations of labor regulations are discovered, the ministry can take action against employers, including imposing fines or pursuing criminal prosecution.

해석

고용노동부(LEM)의 책임

LEM은 전국적으로 노동 기준을 감독하고 규제하는 책임이 있는 주요 정부 부서입니다. LEM은 복리후생, 휴가, 근무 시간을 포함하여 공정한 임금, 그리고 직장 내 안전, 직원 보상과 관련된 규정을 준수하도록 보장합니다. 또한, LEM은 미성년 노동의 사용을 감시하여 학생 노동자들이 혹사당하지 않도록 보호합니다. 이 부서는 고용주와 근로자에게 그들의 권리를 교육하고, 분쟁이 발생할 때 중재함으로써 조화로운 노사 관계를 증진하는 것과, 안전하고 공정한 근로 환경을 보장하는 것을 목표로 합니다. 노동 규정 위반이 발견되면, 이 부서는 고용주에 대해 벌금 부과 또는 형사 기소를 포함한 조치를 취할 수 있습니다.

어휘

primary 주요한 oversee 감독하다, 관리하다 regulate 규제하다, 조절하다
compliance 준수, 따름 fair 공정한, 상당한 wage 임금
compensation 보상 mistreatment 혹사 harmonious 조화로운, 화목한
labor relation 노사 관계 mediate 중재하다 dispute 분쟁, 논쟁
equitable 공정한 violation 위반, 침해 impose 부과하다
fine 벌금; 벌금을 부과하다 criminal prosecution 형사 기소, 형사 고발

10 독해 세부내용 파악(내용 일치 파악) 난이도 중 ●●○

Labor and Employment Ministry에 관한 다음 글의 내용과 일치하는 것은?

① 직장 내 안전과 관련된 새로운 규정을 고안한다.
② 아직 학교에 다니는 아이들의 고용을 금지한다.
③ 근로자와 고용주 사이에 의견 차이가 있을 때 개입한다.
④ 노동 규정을 위반하는 근로자에게 벌금을 부과하거나 기소할 수 있다.

[해설]

지문 중간에서 이 부서(고용노동부)는 고용주와 근로자에게 그들의 권리를 교육하고 분쟁이 발생할 때 중재하는 것을 목표로 한다고 했으므로, '③ 근로자와 고용주 사이에 의견 차이가 있을 때 개입한다'는 것은 지문의 내용과 일치한다.

[오답 분석]

① LEM은 공정한 임금, 직장 내 안전, 그리고 직원 보상과 관련된 규정을 준수하도록 보장한다고는 했지만, 직장 내 안전과 관련된 새로운 규정을 고안하는지는 알 수 없다.

② LEM은 미성년 노동의 사용을 감시하여 학생 노동자들이 혹사당하지 않도록 보호한다고 했으므로, 아직 학교에 다니는 사람들의 고용을 금지한다는 것은 지문의 내용과 다르다.

④ 노동 규정 위반이 발견되면, 이 부서는 고용주에 대해 벌금 부과 또는 가능한 형사 기소를 포함한 조치를 취할 수 있다고는 했지만, 노동 규정을 위반하는 근로자에게 벌금을 부과하거나 기소할 수 있는지는 알 수 없다.

정답 ③

11 독해 유의어 파악 난이도 하 ●○○

밑줄 친 "fair"의 의미와 가장 가까운 것은?

① absolute
② just
③ definite
④ competent

[해석]

① 완전한
② 공정한
③ 분명한
④ 충분한

[해설]

fair(공정한)를 포함한 문장(The LEM ensures ~ to fair wages, workplace ~ and working hours)에서 LEM은 복리후생, 휴가 근무 시간을 포함하여 공정한 임금 ~ 직원 보상과 관련된 규정을 준수하도록 보장한다고 했으므로, fair는 '공정한'이라는 의미로 사용되었다. 따라서 '공정한'이라는 의미의 ② just가 정답이다.

정답 ②

12 독해 전체내용 파악(주제 파악) 난이도 중 ●●○

다음 글의 주제로 가장 적절한 것은?

You've probably heard elderly people complaining about their joints hurting more right before a thunderstorm and simply brushed it off. In fact, "weather pain" is a recorded phenomenon that dates back as far as 400 BC. Despite claims the sensation is purely psychological, a few studies show that there could be some real science behind it. When barometric pressure drops, as it does before a storm, the changes can cause joints to expand. This in turn puts additional pressure on nerves and tissues inflamed from arthritis. Add this to the fact that accounts of feeling achy when it rains are found in nearly every culture, and the issue doesn't seem quite so fanciful.

① The Mind's Ability to Affect Physical Pain
② How Weather Impacts the Aging Process
③ A Logical Explanation for Weather Pain
④ Cultural Variety in Climate-Based Illnesses

[해석]

당신은 아마도 폭풍우 바로 직전에 노인들이 관절이 더 아프다고 불평하는 것을 듣고 그냥 넘겨버린 적이 있을 것이다. 사실, '날씨 통증'은 기원전 400년까지 거슬러 올라가는 기록된 현상이다. 그 느낌은 순전히 심리적인 것이라는 주장에도 불구하고, 몇몇 연구는 그 이면에 어떤 실질적인 과학이 있을 수 있다는 것을 보여준다. 폭풍 전에 그러하듯, 기압이 떨어지면, 그 변화는 관절이 팽창하게끔 만들 수 있다. 이것은 결과적으로 관절염으로 염증이 생긴 신경과 조직에 추가적인 압박을 가한다. 비가 올 때 쑤시는 느낌을 받는다는 말들이 거의 모든 문화에서 발견된다는 사실에 이를 덧붙이게 되면, 그 문제는 그렇게까지 비현실적인 것으로 보이진 않는다.

① 신체의 고통에 영향을 미칠 수 있는 정신의 능력
② 어떻게 날씨가 노화 과정에 영향을 미치는가
③ 날씨 통증에 대한 논리적인 설명
④ 날씨 기반의 질병에 있어서의 문화적 다양성

[해설]

지문 전반에 걸쳐 '날씨 통증'이 심리적인 것이라는 주장이 있지만, 기압이 떨어지면 관절이 팽창해 관절염으로 염증이 생긴 신경과 조직에 압박을 가한다는 연구 결과로 봤을 때 날씨 통증은 그 이면에 실질적인 과학이 있을 수도 있으며 그렇게까지 비현실적인 것이 아님을 주장하고 있다. 따라서 '③ 날씨 통증에 대한 논리적인 설명'이 이 글의 주제이다.

[오답 분석]

① 신체의 고통에 영향을 미칠 수 있는 정신의 능력에 대해서는 언급되지 않았다.

② 날씨가 노화 과정에 영향을 미치는 방식은 언급되지 않았다.

④ 비가 올 때 쑤시는 느낌을 받는다는 말들이 거의 모든 문화에서 발견된다는 것이 언급되었지만, 날씨 통증이 그렇게까지 비현실적인 것으로 보이진 않는다는 것을 보여주기 위한 하나의 예시이므로 지엽적이다.

정답 ③

[어휘]

joint 관절; 공동의   brush off ~을 (가벼이) 넘겨버리다, 무시하다
psychological 심리적인   barometric pressure 기압   tissue 조직
inflamed 염증이 생긴   arthritis 관절염   achy 쑤시는, 아픈
fanciful 비현실적인, 공상적인

13 독해 전체내용 파악(제목 파악) 난이도 중 ●●○

다음 글의 제목으로 가장 적절한 것을 고르시오.

Our Earth's axis is tilted at a 23-degree angle. Although it may not sound like a particularly large slant, the world we live in would be vastly different if it had none. Daylight would be a constant 12 hours long all over except at the poles. There, the Sun would always be on the horizon. Temperatures and precipitation would hardly vary throughout the year. Regions in the north would be perpetually wintry and the equatorial areas would experience a near-constant humidity and heavy rainfall.

① Earth's Extreme Weather
② Features of a Slanted Earth
③ An Earth without Its Tilt
④ The Ideal Angle for Earth

[해석]

우리 지구의 축은 23도 각도로 기울어져 있다. 비록 그것은 특별히 큰 기울기가 아닌 것처럼 들릴지도 모르지만, 만약 그것이 전혀 없다면 우리가 살고 있는 세상은 엄청나게 다를 것이다. 극지들을 제외한 모든 곳에서 낮 시간은 변함없는 12시간일 것이다. 그곳에서, 태양은 항상 지평선 상에 있을 것이다. 기온과 강수량은 일 년 내내 거의 바뀌지 않을 것이다. 북쪽에 있는 지역들은 일 년 내내 겨울 같을 것이고 적도의 지역들은 거의 변함없는 습기와 심한 강우를 겪을 것이다.

① 지구의 극단적인 날씨
② 기울어진 지구의 특징들
③ 기울기가 없는 지구
④ 지구에 이상적인 각도

[해설]

지문 처음에서 지구의 축은 23도로 기울어져 있다고 언급한 뒤, 지문 전반에 걸쳐 그것(기울기)이 없다면 우리가 살고 있는 세상이 어떻게 달라질지에 대해 설명하고 있으므로, '③ 기울기가 없는 지구'가 이 글의 제목이다.

[오답 분석]
① 극단적인 날씨는 지구에 기울기가 없다면 나타날 수 있는 일에 해당하므로 지엽적이다.
② 기울어진 지구의 특징에 대한 내용은 언급되지 않았다.
④ 지구에 이상적인 각도에 대해서는 언급되지 않았다.

정답 ③

[어휘]

axis 축, 중심선　**tilt** 기울다; 기울기　**slant** 기울기; 기울어지다
vastly 엄청나게, 대단히　**constant** 변함없는, 일정한　**pole** (지구의) 극
horizon 지평선　**precipitation** 강수량　**vary** 바뀌다, 서로 다르다
perpetually 일 년 내내, 영구히　**equatorial** 적도의　**humidity** 습기
feature 특징, 특성

14 독해 전체내용 파악(요지 파악) 난이도 중 ●●○

다음 글의 요지로 가장 적절한 것은?

For thousands of years, philosophers have debated the morality of a person's actions, and different models have been proposed for evaluating ethics. The concept of "moral luck" is a problem that has plagued philosophers of ethics for the entirety of this time. Moral luck is a key factor in determining blame, and complicates the matter, affecting how "right" or "wrong" we view an action. For example, imagine two people who drive recklessly in exactly the same manner, and one of them destroys the wall of a building. Legally, that driver would surely face more stringent consequences. But were the actions of that driver worse, ethically? The presence of the wall was out of their control, and the action—the dangerous driving—was performed in the same way as the driver who did not damage the wall. This issue of resultant moral luck makes consequentialist philosophies difficult to maintain.

① Philosophical views on morality are undecided.
② Immoral actions can be considered ethical.
③ Determining morality from outcomes is difficult.
④ Punishments for harmful actions are too weak.

[해석]

수천 년 동안, 철학자들은 인간의 행동들의 도덕성에 대해 토론해 왔고, 도덕을 평가하기 위한 서로 다른 방식들이 제시되어 왔다. '도덕적 운'의 개념은 이 전체 기간 동안 윤리학 철학자들을 괴롭혔던 문제이다. 도덕적 운은 책임을 결정하는 주된 요인이고, 우리가 어떤 행위를 보는 것이 어떻게 '올바르거나' '잘못되었는지'에 영향을 끼치며 일을 더욱 복잡하게 만든다. 예를 들어, 정확히 같은 방식으로 무모하게 운전하는 두 사람이 있는데, 그들 중 하나가 건물의 벽을 무너뜨린다고 생각해보자. 법적으로, 그 운전자는 분명히 더욱 엄중한 결과들에 직면할 것이다. 그러나 그 운전자의 행동들이 도덕적으로 더 나빴는가? 그 벽의 존재는 그들의 통제 밖의 일이었고, 그들의 통제 안에 있었던 행동인 위험한 운전은 벽을 무너뜨리지 않은 운전자와 같은 방식으로 실행되었다. 이러한 결과적인 도덕적 운의 문제는 결과주의 철학을 주장하기 어렵게 만든다.

① 도덕성에 대한 철학적 관점들은 아직 정해지지 않았다.
② 비도덕적인 행동들은 윤리적으로 여겨질 수 있다.
③ 결과들로부터 도덕성을 결정하는 것은 어렵다.
④ 해를 끼치는 행동들에 대한 처벌은 너무 약하다.

[해설]

지문 중간에서 똑같이 무모하게 운전한 두 운전자의 예시를 통해 둘 중 한 명이 한 건물의 벽을 무너뜨렸다고 해서 그 운전자가 도덕적으로 더 나쁜지에 대해 의문을 제기하고 있다. 이어서 벽의 존재는 그들의 통제 밖의 일이었다고 반박하며 결과적인 도덕적 운의 문제는 결과주의 철학을 주장하기 어렵게 만든다고 했으므로, '③ 결과들로부터 도덕성을 결정하는 것은 어렵다'가 이 글의 요지이다.

[오답 분석]
① 수천 년 동안 철학자들이 인간 행동의 도덕성에 대해 토론해왔고, 이를 평가하기 위한 서로 다른 방식들이 제시되었다고 했지만, 도덕성에 대한 철학적 관점들이 정해졌는지에 대해서는 언급되지 않았다.

② 비도덕적인 행동들이 윤리적으로 여겨질 수 있다는 것은 지문의 내용과 관련이 없다.

④ 해를 끼치는 행동들에 대한 처벌의 강도에 대해서는 언급되지 않았다.

정답 ③

어휘

morality 도덕성 evaluate 평가하다 ethics 도덕, 윤리학
moral luck 도덕적 운(인간의 도덕성이 예상치 못한 일에 따라 비난이나 칭찬을 받는 것)
plague 괴롭히다; 전염병 entirety 전체 determine 결정하다
blame 책임; 비난하다 complicate 복잡하게 하다 recklessly 무모하게
stringent 엄중한 resultant 결과적인, 그에 따른
consequentialist 결과주의 maintain 주장하다, 유지하다
undecided 정해지지 않은, 미정인

---

15 독해 논리적 흐름 파악(문단 순서 배열) 난이도 상 ●●●

주어진 문장 다음에 이어질 글의 순서로 가장 적절한 것은?

Scientists have developed a convenient, low-cost way to determine whether a water source is contaminated with microbial pathogens and bacteria that could cause fatal illnesses.

(A) In light of the difficulty in identifying clean water, researchers developed an instrument that emits a signal when deadly bacteria are present, quickly indicating that the water needs treating.

(B) This is a common threat because contaminants can easily enter water supplies when pipes break or when dirty water or garbage is introduced into groundwater sources or water bodies.

(C) Unfortunately, this contamination does not usually give the water a bad taste or odor, so people who use it are unaware that it is unsafe.

① (A) – (B) – (C)
② (B) – (A) – (C)
③ (B) – (C) – (A)
④ (C) – (A) – (B)

해석

과학자들은 수원이 치명적인 질병을 유발할 수 있는 미생물 병원균들과 박테리아로 오염되었는지를 알아내는 편리하고, 저렴한 방법을 개발했다.

(B) 이것(병원균으로 인한 수원 오염)은 오염 물질들이 배관이 파손되거나 오수나 쓰레기가 지하 수원이나 수역들로 유입되었을 때 상수도 속으로 쉽게 들어올 수 있기 때문에 흔한 위협이다.

(C) 안타깝게도, 이 오염은 보통 물에서 나쁜 맛이나 냄새가 나게 하지 않아서 그것을 사용하는 사람들은 그것이 안전하지 않다는 것을 알지 못한 채 그것을 사용한다.

(A) 깨끗한 물을 식별하는 것의 어려움을 고려하여, 연구원들은 그 물이 처치가 필요하다는 것을 신속히 나타내며 치명적인 박테리아가 있을 때 신호를 보내는 기기를 개발했다.

해설

주어진 문장에서 과학자들이 수원이 오염되었는지를 알아내는 편리하고 저렴한 방법을 개발했다고 언급한 뒤, (B)에서 이것(병원균으로 인한 수원 오염)은 오염 물질들이 배관 파손이나 오수 등이 지하 수원이나 수역들로 유입되었을 때 상수도 속으로 들어올 수 있기 때문에 위협이라고 설명하고 있다. 이어서 (C)에서 오염된 물은 보통 나쁜 맛이나 냄새를 가지고 있지 않아 사람들이 위험한 것을 알아채지 못하고 이 물을 사용한다고 하고, (A)에서 깨끗한 물을 식별하는 것의 어려움을 고려하여 연구원들이 치명적인 박테리아가 있을 때 신호를 보내는 기기를 개발했다고 설명하고 있다.

정답 ③

어휘

convenient 편리한 determine 알아내다 water source 수원
contaminate 오염시키다 microbial 미생물의 pathogen 병원균
fatal 치명적인 in light of ~을 고려하여 identify 식별하다, 찾다
instrument 기기 emit 보내다 deadly 치명적인 water supply 상수도
groundwater 지하수 water body 수역 unaware ~을 알지 못하는

---

16 독해 논리적 흐름 파악(무관한 문장 삭제) 난이도 중 ●●○

다음 글에서 전체 흐름과 관계 없는 문장은?

Studying animals has helped medicine move forward enormously, and scientists may have discovered yet another useful remedy from nature. ① It turns out that the blood of horseshoe crabs is filled with a unique chemical substance. ② The unusual element, found only in this marine creature, has the ability to detect the slightest amounts of toxic bacteria in the body. ③ Once the offending microorganisms are located, the special molecules trap them into clots so that they are rendered inert and unable to cause harm. ④ Several different types of deepwater oceanic mammals are known to be more susceptible to bacterial diseases.

해석

동물들을 연구하는 것은 의학이 엄청나게 발전하도록 도왔는데, 과학자들은 또다시 자연으로부터 또 다른 유용한 치료약을 발견했는지도 모른다. ① 투구게들의 혈액이 특이한 화학 물질로 가득 차 있다는 것이 밝혀졌다. ② 이 해양 생물에서만 발견되는 그 독특한 성분은 체내에서 최소한의 유독성 세균을 감지하는 능력을 가지고 있다. ③ 문제가 되는 그 미생물들이 밝혀지기만 하면, 그 특별한 분자들은 그것들(미생물들)이 비활성화되어 해를 끼치지 못하도록 그것들(미생물들)을 끌어모아 엉긴 덩어리들이 되게 만든다. ④ 몇몇 다른 종류의 심해 해양 포유동물들은 박테리아성 질병들에 더 취약한 것으로 알려져 있다.

해설

지문 첫 문장에서 과학자들이 자연으로부터 또 다른 유용한 치료약을 발견했는지도 모른다고 언급한 뒤, ①, ②, ③번에서 그 유용한 치료약의 예시로서 투구게 혈액 속의 화학 물질에 대해 설명하고 있으므로 지문 첫 문장의 내용과 관련이 있다. 그러나 ④번은 몇몇 심해 해양 포유동물들이 박테리아성 질병들에 취약하다는 내용으로, 지문 전반의 내용과 관련이 없다.

정답 ④

어휘

medicine 의학 remedy 치료약, 요법 horseshoe crab 투구게
detect 감지하다 offending 문제가 되는, 불쾌하게 하는
microorganism 미생물 locate (위치 등을) 밝혀내다, 찾다 molecule 분자
trap 끌어모으다 clot 엉긴 덩어리 render (어떤 상태가 되게) 만들다
inert 비활성의 susceptible 취약한, 예민한

---

17 독해 논리적 흐름 파악(문장 삽입) 난이도 중 ●●○

주어진 문장이 들어갈 위치로 가장 적절한 것은?

> Every ant has its own specific position.

Ants are a superorganism and display incredible group cooperation in order to survive. One of their best-known practices is constructing "life rafts" in the event of a flood. The ants will latch onto each other, allowing the group to form a floating lifeboat with their bodies. The collaborative effort protects their queen, larvae, and themselves from drowning. (①) As if that weren't amazing enough, researchers also discovered that the insects do not simply pile together in a random cluster when they do this. (②) It will take the same spot again and again in subsequent flooding situations. (③) Experts are not yet sure how the ants know where to go and how they remember without fail each time. (④) However, a likely theory is that positions are determined by a member's role, size, and even age.

해석

> 모든 개미에게는 그것의 특정한 자리가 있다.

개미들은 초유기체이고 생존하기 위해 믿기 힘든 집단 협업을 보여준다. 가장 잘 알려진 그것들의 행위들 중 하나는 홍수가 발생할 경우 '구명 뗏목들'을 만드는 것이다. 개미들은 서로를 붙잡아서, 그 무리가 그것들의 몸통으로 물에 뜨는 구명보트를 형성하게 할 것이다. 그 공동의 노력은 그것들의 여왕, 유충과 그것들 스스로가 익사하는 것으로부터 보호한다. (①) 그것으로는 충분히 놀랍지 않다는 듯, 연구원들은 그 곤충들이 이것(개미들이 자신의 몸통으로 물에 뜨는 구명보트를 형성하는 것)을 할 때 단순히 마구잡이로 무리를 지어서 함께 쌓아 올리는 것이 아니라는 것 또한 밝혀냈다. (②) 그것(개미)은 그 이후의 홍수 상황에서 몇 번이고 같은 자리를 잡을 것이다. (③) 전문가들은 개미들이 어디로 가야 하는지를 어떻게 아는지와 어떻게 그것들이 어김없이 매번 기억하는지를 아직 확실히 알지 못한다. (④) 하지만, 가능성 있는 이론은 그 자리들이 구성원의 역할, 크기와 심지어는 나이에 의해 결정된다는 것이다.

해설

②번 앞 문장에 개미들이 그것들의 몸통으로 구명보트를 형성할 때 단순히 마구잡이로 무리를 지어서 쌓아 올리는 것이 아니라는 것이 밝혀졌다는 내용이 있고, ②번 뒤 문장에 그것(개미)은 차후의 홍수 상황에서 몇 번이고 같은 자리를 잡을 것이라는 내용이 있으므로, ②번에 모든 개미(Every ant)에게는 자신의 특정한 자리(position)가 있다는 내용의 주어진 문장이 나와야 지문이 자연스럽게 연결된다.

[오답 분석]

① 앞 문장에 홍수가 발생했을 때 개미들이 서로의 몸통으로 구명보트를 형성해서 익사하는 것으로부터 스스로를 보호한다는 것으로부터 ①번 뒤 문장에 연구원들이 그 곤충들(개미들)이 단순히 마구잡이로 무리를 지어 쌓아 올리는 것이 아님을 밝혔다는 것과 연결되는 내용이므로 ①번에 다른 문장이 삽입되면 문맥상 부자연스럽다.

③ 앞 문장에 그것(개미)이 이후의 홍수 상황에서 몇 번이고 같은 자리를 잡는다는 내용이 있고, ③번 뒤 문장에 전문가들은 개미들이 어떻게 길을 알아내고 기억하는지 아직 확실히 알지 못한다는 내용이 있으므로 ③번에 모든 개미에게는 그것의 특정한 자리가 있다는 내용의 주어진 문장이 삽입되면 문맥상 부자연스럽다.

④ 앞 문장에 전문가들은 개미들이 어떻게 길을 알아내고 기억하는지 아직 확실히 알지 못한다는 내용이 있고, ④번 뒤 문장에 이와 관련된 가능성 있는 이론에 대해 언급하고 있으므로 ④번에 다른 문장이 삽입되면 문맥상 부자연스럽다.

정답 ②

어휘

superorganism 초유기체(꿀벌, 개미처럼 전체 집단이 하나의 개체로서 행동하는 생물체) incredible 믿기 힘든 cooperation 협업 practice 행위
construct 만들다, 건설하다 life raft 구명 뗏목 flood 홍수
latch onto ~을 붙잡다, 꼭 쥐다 collaborative 공동의 larvae 유충
drown 익사하다 pile 쌓아 올리다 cluster 무리 subsequent 그 이후의

---

18 독해 추론(빈칸 완성 – 단어) 난이도 중 ●●○

밑줄 친 부분에 들어갈 말로 가장 적절한 것을 고르시오.

Your frequented websites give marketers a window into your desires, allowing them to tailor their advertising to meet your needs and wants. But advertisers are now literally reading your emotions through hidden photographic equipment as well. A test billboard advertising a fake product had an embedded camera that monitored the feelings of people who stopped to look. Trained marketers could see whether they were happy, sad, neutral, or disgusted. The images on animated billboards changed periodically to determine which ones registered positive responses. When people learned of the camera's presence, however, some were disturbed. The method is legal, though, because images of passersby are not stored, and who you are is unimportant to the advertiser. The camera thus needs constant manning, and those who watch must be quick to identify an outward _____.

① focus
② expression
③ principle
④ symbol

해석

당신이 자주 방문한 웹사이트들은 마케팅 담당자들에게 당신의 욕구들로 향한 창을 제공해서, 그들이 당신의 요구와 욕구를 충족시킬 수 있도록 그들의 광고를 조정할 수 있게 한다. 하지만 광고주들은 이제 숨겨진 사진 장

비를 통해서도 말 그대로 당신의 감정들을 읽고 있다. 가짜 제품을 광고하는 한 시험 광고판에 (광고를) 보기 위해서 멈춘 사람들의 감정들을 관찰하는 내장된 카메라가 있었다. 숙련된 마케팅 담당자들은 그들(광고판을 보는 사람들)이 행복한지, 슬픈지, 감정을 드러내지 않는지 혹은 혐오감을 느끼는지 볼 수 있었다. 동영상으로 된 광고판들에 있는 사진들은 어느 것이 긍정적인 반응들을 나타냈는지 확인하기 위해 주기적으로 변했다. 그러나, 사람들이 그 카메라의 존재를 알게 되었을 때, 몇몇은 동요했다. 그렇지만, 행인들의 사진들이 저장되지 않고, 당신이 누구인지는 광고주에게 중요하지 않기 때문에 그 방법은 합법적이다. 따라서 카메라는 지속적인 조작이 필요하며, 관찰하는 사람들은 (광고판을 보는 사람들의) 외면적인 표정을 확인하는 것에 재빨라야 한다.

① 주목
② 표정
③ 원칙
④ 상징

[해설]

지문 중간에서 마케팅 담당자들이 시험 광고판에 내장된 카메라로 광고를 보기 위해 멈춘 사람들의 감정들을 관찰했다고 하고, 이를 통해 그들이 행복한지, 슬픈지 등을 볼 수 있었다는 내용이 있으므로, 빈칸에는 카메라를 관찰하는 사람들이 외면적인 '② 표정'을 확인한다는 내용이 들어가야 한다.

정답 ②

[어휘]

frequent 자주 방문하다; 빈번한   tailor 조정하다, 맞추다
literally 말 그대로   billboard 광고판   embedded 내장된
neutral 감정을 드러내지 않는, 중립적인   disgusted 혐오감을 느끼는
animated 동영상으로 된   determine 확인하다
register 나타내다   presence 존재   disturbed 동요하는
legal 합법적인   constant 지속적인   man ~을 조작하다   identify 확인하다
outward 외면적인, 눈에 보이는

---

19 독해 추론(빈칸 완성 – 절)   난이도 중 ●●○

밑줄 친 부분에 들어갈 말로 가장 적절한 것을 고르시오.

As people fall asleep, some experience the sensation of falling, which is called a hypnic jerk. The startling feeling, which is usually accompanied by a spike in blood pressure, heart rate, and breathing, can cause them to jump and awaken. While most sleep specialists blame this on anxiety and stress, some believe that there is a more primal explanation. Researchers from the University of Colorado posit that it may be the brain's response to the relaxation of the muscles as one begins to fall asleep, which could have caused our ancient primate ancestors to fall from trees. By quickly waking the sleeper, _____ _____.

① the brain is trying to prevent a dangerous accident
② the researchers could prove their theory
③ they could more easily avoid suffering from stress
④ our minds ensure that our breathing and heart rates stay high

---

[해석]

사람들이 잠들 때, 몇몇은 추락하는 느낌을 경험하는데, 그것은 수면 놀람이라 불린다. 대개 혈압, 심박동 수와 호흡에서의 급증이 동반되는 그 깜짝 놀라게 하는 느낌은 그들이 화들짝 놀라 잠에서 깨도록 할 수 있다. 대부분의 수면 전문가들이 이것을 긴장과 스트레스 때문으로 보는 반면, 몇몇은 더 근본적인 설명이 있다고 믿는다. 콜로라도 대학의 연구원들은 그것이 한 사람이 잠들기 시작할 때 근육들의 이완에 대한 뇌의 반응일지 모른다고 가정하는데, 이것(근육 이완)은 우리의 고대 영장류 조상이 나무에서 떨어지게 했었을 수도 있다. 자고 있는 사람을 빠르게 깨움으로써, 뇌는 위험한 사고를 예방하려고 노력하고 있는 것이다.

① 뇌는 위험한 사고를 예방하려고 노력하고 있는 것이다
② 그 연구원들은 그들의 이론을 증명할 수 있었다
③ 그들은 스트레스를 겪는 것을 더 쉽게 피할 수 있었다
④ 우리의 마음은 우리의 호흡과 심박동 수가 반드시 높게 유지되게 한다

[해설]

지문 처음에서 잠들 때 추락하는 느낌인 수면 놀람에 대해 언급한 뒤, 빈칸 앞 문장에서 콜로라도 대학의 연구원들은 수면 놀람이 수면 중 근육 이완에 대한 뇌의 반응일지 모른다고 가정한다고 했으므로, 빈칸에는 자고 있는 사람을 빠르게 깨움으로써, '① 뇌는 위험한 사고를 예방하려고 노력하고 있는 것이다'라는 내용이 들어가야 한다.

[오답 분석]

② 그 연구원들이 그들의 이론을 증명했는지에 대해서는 언급되지 않았다.
③ 대부분의 수면 전문가들이 수면 놀람의 원인을 긴장과 스트레스로 보는 반면, 몇몇은 더 근본적인 설명이 있음을 믿는다고 하며 근육 이완에 대한 뇌의 반응을 예시로 들어 설명하고 있으므로 자고 있는 사람을 빠르게 깨움으로써 스트레스를 피할 수 있었다는 것은 지문의 문맥에 적절하지 않다.
④ 우리의 마음이 우리의 호흡과 심박동 수를 높게 유지되게 하는 것은 수면 놀람의 증상에 대한 설명이므로 지문의 문맥에 적절하지 않다.

정답 ①

[어휘]

sensation 느낌, 감각   hypnic jerk 수면 놀람   startling 깜짝 놀라게 하는
accompany 동반하다   spike 급증, 큰 못   awaken 깨다   primal 근본적인
posit 가정하다   primate 영장류   ensure 반드시 ~이게 하다, 보장하다

---

20 독해 추론(빈칸 완성 – 구)   난이도 상 ●●●

밑줄 친 부분에 들어갈 말로 가장 적절한 것을 고르시오.

Figurative language plays a prominent role in poetry, often in the form of a simile or metaphor. And though both have the same function in writing, those who haphazardly throw the two terms around, believing them to be identical, are making an all-too-common mistake. Metaphors encompass a broad array of figures of speech relating one thing to another. For instance, one may write vaguely about how "love is a battlefield." In the same way, similes also juxtapose elements but they _____. In other words, they are limited to using the words "like" or "as," in order to show an unequivocal equation. Similes such as "good as gold" and "work like a charm" are used when the writer wants a straightforward analogy with no ambiguity. The not-dissimilar methods used by metaphors and similes, then, are what cause confusion. But as can be seen, they are not equal but different approaches to writing prose.

① are a direct comparison method
② have an ill-defined role in writing
③ have a much less dramatic effect
④ are a broader type of metaphor

구문 분석

[15행] (생략) they are not equal / but different approaches / to writing prose.

: 이처럼 'not A but B' 구문이 쓰인 경우 'A가 아니라 B'라고 해석한다.

해석

비유적인 언어는 종종 직유나 은유의 형태로 시에서 중요한 역할을 한다. 그리고 비록 둘 다 글쓰기에서 같은 기능을 갖고 있을지라도, 그것들이 동일하다고 생각해서 그 두 가지 표현을 아무렇게나 내뱉는 사람들은 너무나도 흔한 실수를 저지르고 있다. 은유들은 하나의 것을 또 다른 하나와 연관 짓는 광범위하고 다양한 비유적 표현들을 포함한다. 예를 들어, 누군가는 어떻게 '사랑이 전쟁터인지'에 대해 모호하게 쓸지도 모른다. 같은 방식으로, 직유들 또한 요소들을 병치하지만 그것들은 직접적인 비교법이다. 다시 말해서, 그것(직유)들은 분명한 등식을 보이기 위해, '같이'나 '처럼'과 같은 단어들을 사용하는 것으로 제한된다. '금처럼 좋은'과 '마법같이 잘 되어 가다'와 같은 직유들은 작성자가 모호함이 없는 확실한 비유를 원할 때 사용된다. 따라서, 은유와 직유에 사용되는 다르지 않은 방법들이 혼동을 유발하는 것이다. 그러나 보다시피, 그것들(은유와 직유)은 산문 쓰기에 대해서는 동일하지 않은 서로 다른 접근법들이다.

① 직접적인 비교법이다
② 글쓰기에서 불분명한 역할을 한다
③ 훨씬 덜 극적인 효과를 가진다
④ 은유의 더 광범위한 형태이다

해설

빈칸 뒤 문장에 그것(직유)들은 분명한 등식을 보이기 위해 '같이'나 '처럼'과 같은 단어들을 사용하고, 작성자가 모호함이 없는 확실한 비유를 원할 때 직유들을 사용한다는 내용이 있으므로, 빈칸에는 직유들이 '① 직접적인 비교법이다'라는 내용이 들어가야 한다.

[오답 분석]

② 빈칸 뒤 문장에서 직유들은 분명한 등식을 보이기 위한 단어들을 사용한다고 한 뒤, 작성자가 모호함이 없는 확실한 비유를 원할 때 사용하는 직유의 예시들을 언급하고 있으므로 지문의 내용과 다르다.
③ 직유가 훨씬 덜 극적인 효과를 가지는지에 대해서는 언급되지 않았다.
④ 은유와 직유가 산문 쓰기에 대해서는 서로 다른 접근법이라고 했으므로 직유가 은유의 더 광범위한 형태라는 것은 지문의 내용과 다르다.

정답 ①

어휘

figurative 비유적인   prominent 중요한   simile 직유
metaphor 은유, 비유   haphazardly 아무렇게나, 무턱대고
all-too-common 너무나도 흔한   encompass 포함하다
figure of speech 비유적 표현   vaguely 모호하게   juxtapose 병치하다
unequivocal 분명한, 명확한   equation 등식   charm 마법, 매력
straightforward 확실한, 간단한   analogy 비유   ambiguity 모호함
dissimilar 다른   confusion 혼동   prose 산문   ill-defined 불분명한

❯ 정답

p. 102

01	④ 어휘 – 어휘&표현	11	② 독해 – 유의어 파악
02	③ 어휘 – 어휘&표현	12	④ 독해 – 세부내용 파악
03	③ 문법 – 시제&능동태·수동태	13	③ 독해 – 세부내용 파악
04	① 문법 – 형용사와 부사	14	③ 독해 – 전체내용 파악
05	① 문법 – 비교 구문	15	④ 독해 – 전체내용 파악
06	② 어휘 – 생활영어	16	③ 독해 – 논리적 흐름 파악
07	③ 어휘 – 생활영어	17	② 독해 – 논리적 흐름 파악
08	① 독해 – 세부내용 파악	18	④ 독해 – 논리적 흐름 파악
09	③ 독해 – 유의어 파악	19	② 독해 – 추론
10	① 독해 – 세부내용 파악	20	② 독해 – 추론

❯ 취약영역 분석표

영역	세부 유형	문항 수	소계
어휘	어휘&표현	2	/4
	생활영어	2	
문법	시제&능동태·수동태	1	/3
	형용사와 부사	1	
	비교 구문	1	
독해	전체내용 파악	2	/13
	세부내용 파악	4	
	추론	2	
	논리적 흐름 파악	3	
	유의어 파악	2	
총계		/20	

01　어휘 improbable

난이도 중 ●●○

밑줄 친 부분에 들어갈 말로 가장 적절한 것을 고르시오.

> Fans tune into sports for _____ results, such as Leicester City winning the Premier League in 2016, the most unexpected event in soccer history.

① disastrous
② outgoing
③ perfect
④ improbable

해석

팬들은 축구 역사상 가장 예기치 못한 사건인 2016년 레스터 시티의 프리미어 리그 우승과 같은 있을 법하지 않은 결과를 위해 스포츠에 관심을 기울인다.

① 처참한
② 외향적인
③ 완벽한
④ 있을 법하지 않은

정답 ④

어휘

tune into ~에 관심을 기울이다　unexpected 예기치 못한
disastrous 처참한, 형편없는　outgoing 외향적인
improbable 있을 법하지 않은, 희한한

 이것도 알면 합격!

improbable(있을 법하지 않은)의 유의어
= unlikely, implausible, rare

02　어휘 comprehend

난이도 하 ●○○

밑줄 친 부분에 들어갈 말로 가장 적절한 것을 고르시오.

> AI assistants in smartphones _____ spoken commands, allowing them to work without the need for text-based input.

① justify
② prioritize
③ comprehend
④ anticipate

해석

스마트폰의 AI 비서는 음성 명령을 이해하는데, 이는 그것들(AI 비서)이 텍스트 기반의 입력에 대한 필요 없이도 작업할 수 있도록 한다.

① 정당화하다
② 우선으로 처리하다
③ 이해하다
④ 예측하다

정답 ③

어휘

assistant 비서, 조수　command 명령　input 입력　justify 정당화하다
prioritize 우선으로 처리하다　comprehend 이해하다

 이것도 알면 합격!

comprehend(이해하다)의 유의어
= understand, grasp, apprehend

03　문법　시제 & 능동태·수동태　　난이도 중 ●●○

밑줄 친 부분에 들어갈 말로 가장 적절한 것을 고르시오.

> The efficient deployment of emergency personnel depends on the work of qualified 119 operators who _____ handle and respond to a variety of crisis calls.

① have trained to
② be trained to
③ have been trained to
④ train to

해석

응급 구조요원의 효율적인 배치는 다양한 위기 (신고) 전화를 처리하고 대응하도록 교육받아 온 자격을 갖춘 119 교환원의 업무에 달려 있다.

해설

③ **현재완료 시제 | 능동태·수동태 구별** 문맥상 '119 교환원이 교육받아 왔다'라는 과거에 시작된 일이 현재까지 계속되는 상황을 표현하고 있으므로 현재완료 시제가 와야 하고, 주어 119 operators와 동사가 '119 교환원이 교육받다'라는 의미의 수동 관계이므로 빈칸에는 현재완료 수동태 have been trained to가 들어가야 한다.　　정답 ③

어휘

efficient 효율적인　deployment 배치, 전개　personnel 요원, 인원
operator (전화) 교환원　crisis 위기

🔖 이것도 알면 합격!

현재완료 시제와 자주 함께 쓰이는 표현들

> yet 아직	> since + 과거 시간 표현 ~ 이래로
> so far 지금까지	> over / for + 시간 표현 ~ 동안

04　문법　형용사와 부사　　난이도 중 ●●○

밑줄 친 부분 중 어법상 옳지 않은 것을 고르시오.

> Africa is one of ① the region with the fastest growing population in the world. According to recent surveys, at its current growth rate, Africa will surpass Asia as the most populous region within the next 100 years. This is not ② surprising for demographers. While African countries continue to have high fertility rates, the birth rates for most other regions have ③ all fallen precipitously in recent decades. This decline ④ is attributed to various social and economic factors.

해석

아프리카는 세계에서 인구 수가 가장 빠르게 증가하는 지역 중 하나이다. 최근 설문조사에 따르면, 현재 성장률로 아프리카가 향후 100년 이내에

아시아를 뛰어넘고 가장 인구가 많은 지역이 될 것이다. 이는 인구 통계학자들에게는 놀랍지 않다. 아프리카 국가들이 여전히 높은 출산율을 유지하고 있는 반면, 대부분의 다른 지역들의 출산율은 최근 수십 년 동안 모두 급격히 하락했다. 이 감소는 다양한 사회적 및 경제적 요인에 기인한다.

해설

① **수량 표현** one of(~ 중 하나)는 복수 명사 앞에 오는 수량 표현이므로 단수 명사 the region을 복수 명사 the regions로 고쳐야 한다.

[오답 분석]

② **3형식 동사의 수동태** 감정을 나타내는 동사(surprising)의 경우 주어가 감정의 원인이면 능동태를, 감정을 느끼는 주체이면 수동태를 써야 하는데, 문맥상 '이것이 놀랍지 않다'라는 의미로 주어(This)가 감정의 원인이므로 be동사(is) 뒤에서 능동태를 완성하는 현재분사 surprising이 올바르게 쓰였다.

③ **부사 자리** 부사 all은 조동사(have) 뒤에 올 수 있으므로 조동사 have 뒤에 all이 올바르게 쓰였다.

④ **능동태·수동태 구별** 주어 This decline과 동사가 '이 감소는 기인한다(~의 결과로 보여지다)'라는 의미의 수동 관계이므로 수동태 is attributed가 올바르게 쓰였다.　　정답 ①

어휘

region 지역　population 인구　surpass 뛰어넘다, 능가하다
populous 인구가 많은　demographer 인구 통계학자　fertility rate 출산율
precipitously 급격히

🔖 이것도 알면 합격!

수량 표현 + of the + 명사

one / two 하나 / 둘	each 각각	
some / any 몇몇	all 전부	
many / much 다수	most 대부분	+ of the + 명사
several 몇몇	both 둘 다	
(a) few 거의 없는 (약간)	(a) little 거의 없는 (약간)	
(a / the) half 절반		

05　문법　비교 구문　　난이도 중 ●●○

다음 밑줄 친 부분 중 어법상 가장 옳은 것을 고르시오.

① They never so much as discussed the issue.
② The prisoner was in solitary confinement during one month.
③ For some people, it's not always good to be total honest.
④ The entire country is anticipated the results of the soccer game.

해석

① 그들은 그 문제를 논의조차 하지 않았다.
② 그 죄수는 한 달 동안 독방 감금되었다.
③ 어떤 사람들에게는, 완전히 정직한 것이 항상 좋지만은 않다.
④ 온 국민이 그 축구 경기의 결과를 기대한다.

해설

① **원급 관련 표현** 문맥상 '논의조차 하지 않았다'가 되어야 자연스러운데,

'~조차 하지 않다'는 원급 관련 표현 never so much as를 사용하여 나타낼 수 있으므로 never so much as가 올바르게 쓰였다.

[오답 분석]

② 전치사 2: 기간 '~ 동안'이라는 의미로, 시간 표현(one month) 앞에 와서 '얼마나 오래 지속되는가'를 나타내는 전치사는 for이므로 전치사 during을 for로 고쳐야 한다.

③ 부사 자리 형용사(honest)를 앞에서 수식하는 것은 형용사가 아니라 부사이므로 형용사 total을 부사 totally로 고쳐야 한다.

④ 능동태·수동태 구별 주어(The entire country)와 동사가 '온 국민이 기대한다'라는 의미의 능동 관계이므로 수동태 is anticipated를 능동태 anticipates로 고쳐야 한다.

정답 ①

어휘

solitary confinement 독방 감금   anticipate 기대하다, 예상하다

이것도 알면 합격!

원급 관련 표현

> as ~ as any 무엇에도/누구에게도 못지않게
> not so much A as B A라기보다는 B인
> never[not] so much as ~조차도 하지 않다
> as ~ as can be 더 없이

---

06 생활영어 I haven't and would appreciate some help.   난이도 하 ●○○

밑줄 친 부분에 들어갈 말로 가장 적절한 것을 고르시오.

 Noah Williams
Hey, Layla. I need to have a video call with a client and would like some privacy. Is there anywhere in the office I can do that?
11:20 a.m.

Layla Stanley
There are some conference rooms on the fourth floor. They're perfect for taking calls.
11:21 a.m.

 Noah Williams
That's good to know. Can anyone use them?
11:22 a.m.

Layla Stanley
Of course, but you have to make sure that they're available first.
11:23 a.m.

 Noah Williams
Right. I wouldn't want to walk in on someone else's meeting. How do I book a room?
11:24 a.m.

Layla Stanley
The easiest way is to use our intranet scheduling system. Have you used it before?
11:25 a.m.

 Noah Williams
_____
11:26 a.m.

① Yes, it reserved my meeting for this afternoon.
② I haven't and would appreciate some help.
③ I can postpone my meeting if necessary.
④ No, I don't usually go to the fourth floor.

해석

> Noah Williams: 안녕하세요, Layla. 제가 고객과 영상 통화를 해야 하는데 개인적인 공간이 필요해요. 사무실 내에 그렇게 할 수 있는 곳이 있나요?
> Layla Stanley: 4층에 회의실이 몇 개 있어요. 그곳은 전화 받기에 완벽해요.
> Noah Williams: 그걸 알게 되어 좋네요. 그곳을 누구나 사용할 수 있나요?
> Layla Stanley: 물론이죠. 하지만 그곳이 이용 가능한지를 먼저 확인해야 해요.
> Noah Williams: 맞네요. 다른 사람들의 회의에 끼어들고 싶지는 않아요. 회의실은 어떻게 예약하나요?
> Layla Stanley: 가장 쉬운 방법은 우리 인트라넷 예약 시스템을 사용하는 거예요. 이전에 그걸 사용해 본 적이 있나요?
> Noah Williams: 사용해 본 적이 없어서 도와주시면 감사하겠습니다.

① 네, 그것으로 오늘 오후 회의를 예약했어요.
② 사용해 본 적이 없어서 도와주시면 감사하겠습니다.
③ 필요하다면 제 회의를 연기할 수 있어요.
④ 아니요, 저는 4층에 자주 가지 않아요.

해설

사무실 내에 고객과 영상 통화를 할 수 있는 개인적인 공간이 있는지 묻는 Noah Williams의 말에 Lala Stanley가 4층 회의실이 전화 받기에 완벽하다고 대답한 후, 다시 Noah Williams가 회의실을 어떻게 예약하는지 물은 뒤, Layla Stanley가 빈칸 앞에서 The easiest way is to use our intranet scheduling system. Have you used it before?(가장 쉬운 방법은 우리 인트라넷 예약 시스템을 사용하는 거예요. 이전에 그걸 사용해 본 적이 있나요?)이라고 묻고 있으므로, 빈칸에는 '② 사용해 본 적이 없어서 도와주시면 감사하겠습니다(I haven't and would appreciate some help)'가 오는 것이 자연스럽다.

정답 ②

어휘

conference 회의, 회담   available 이용 가능한
intranet 인트라넷, 내부 전산망   postpone 연기하다, 미루다

도움을 요청할 때 쓸 수 있는 표현

> Could you help me with this? 이것을 도와주실 수 있나요?
> I need some assistance. 도움이 좀 필요해요.
> Would you mind helping me? 저를 도와주시겠어요?
> I could use some help. 도움이 좀 필요할 것 같아요.

어떤 것에 흥미가 없을 때 쓸 수 있는 표현

> I'm not interested in it. 나는 그것에 관심이 없어.
> I find it rather boring. 나는 그것이 다소 지루하다고 생각해.
> I'd rather do something else. 나는 차라리 다른 것을 하겠어.

07 생활영어 I'm not a big fan of the sport. 난이도 하 ●○○

밑줄 친 부분에 들어갈 말로 가장 적절한 것은?

A: How about going to a baseball game tomorrow?
B: _____.
A: Really? I didn't know that.
B: I play it once in a while, but I don't enjoy watching it.
A: We should do something else then.
B: Sure. I wouldn't mind going to a museum.

① It's hard for me to say
② I've already got plans
③ I'm not a big fan of the sport
④ That's a possibility

해석

A: 내일 야구 경기를 보러 가는 거 어때?
B: 나는 그 스포츠를 별로 좋아하지 않아.
A: 정말? 나는 그건 몰랐어.
B: 나는 그것을 가끔 하기는 하지만, 그것을 보는 걸 즐기진 않아.
A: 그럼 우리는 뭔가 다른 것을 해야겠다.
B: 그래. 나는 박물관에 갔으면 좋겠어.

① 내가 말하기 힘들어
② 나는 이미 계획이 있어
③ 나는 그 스포츠를 별로 좋아하지 않아
④ 그럴 가능성이 있어

해설

야구 경기를 보러 가자는 A의 제안에 대한 B의 대답 후, 그건 몰랐다는 A에게 B가 I play it once in a while, but I don't enjoy watching it(나는 그것을 가끔 하기는 하지만, 그것을 보는 걸 즐기진 않아)이라고 말하고 있으므로, 빈칸에는 '③ 나는 그 스포츠를 별로 좋아하지 않아(I'm not a big fan of the sport)'가 들어가야 자연스럽다.

정답 ③

어휘

possibility 가능성

08~09 다음 글을 읽고 물음에 답하시오.

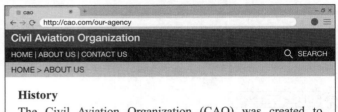

Civil Aviation Organization
HOME | ABOUT US | CONTACT US   SEARCH
HOME > ABOUT US

History
The Civil Aviation Organization (CAO) was created to address concerns about air traffic safety. Founded in 1950 as the National Flight Council, the agency unified oversight of aviation under one organization. Previously, local boards regulated aviation in their areas.

Activities
The CAO oversees all aspects of air travel, including the coordination of air traffic control, certification and inspection of aircraft, and establishment of safety and training standards. It is also charged with administering security checks at the nation's airports for both domestic and international flights.

Goals
• Safety: Our top priority is ensuring the safety of everyone involved in the aviation industry.
• Innovation: We aim to make air travel more efficient and environmentally sustainable through the use of modern technology.

해석

역사
민간 항공 기구(CAO)는 항공 교통 안전에 대한 우려를 해결하기 위해 창설되었습니다. 1950년에 '국가 비행 위원회'로 설립된 이 기관은 항공의 감독을 하나의 조직 아래 통합했습니다. 이전에는 지방 위원회가 해당 지역의 항공을 규제했습니다.

활동
CAO는 항공 교통 관제의 조정, 항공기의 인증 및 검사, 그리고 안전 및 훈련 기준의 수립을 포함하여 항공 여행의 모든 측면을 감독합니다. 또한 국내선과 국제선 항공편에 대해 전국 공항에서 보안 검사를 운영하는 임무도 맡고 있습니다.

목표
• 안전: 우리의 최우선 과업은 항공 산업에 관련된 모든 사람들의 안전을 보장하는 것입니다.
• 혁신: 우리는 현대 기술의 활용을 통해 항공 여행을 더 효율적이고 환경적으로 지속 가능하게 만드는 것을 목표로 합니다.

어휘

aviation 항공 unify 통합하다 oversight 감독, 관리 regulate 규제하다
coordination 조정 certification 인증 administer 운영하다, 관리하다
aim 목표로 하다; 목표 sustainable 지속 가능한

---

08 독해 세부내용 파악(내용 일치 파악) 난이도 중 ●●○

윗글에서 Civil Aviation Organization에 관한 내용과 일치하는 것은?

① It originally had a different name.
② It relies on the work of regional aviation boards.
③ It administers safety checks at airports in other countries.
④ It embraces technology to make air travel cheaper.

해석

① 원래 다른 이름을 가지고 있었다.
② 지방 항공 위원회의 업무에 의존한다.
③ 다른 나라의 공항에서 안전 검사를 운영한다.
④ 항공 여행을 더 저렴하게 만들기 위해 기술을 수용한다.

해설

지문 처음에서 1950년에 '국가 비행 위원회'로 창립된 이 기관은 항공의 감독을 하나의 조직 아래 통합했다고 했으므로, '① 원래 다른 이름을 가지고 있었다'라는 것은 지문의 내용과 일치한다.

[오답 분석]
② 지문 처음의 '역사'에서 항공의 감독을 하나의 조직 아래 통합했고, 이전에는 지방 위원회가 해당 지역의 항공을 규제했다고 했으므로, 지방 항공 위원회의 업무에 의존한다는 것은 지문의 내용과 다르다.
③ 지문 중간의 '활동'에서 전국 공항에서 보안 검사를 운영하는 임무를 맡고 있다고 했으므로, 다른 나라의 공항에서 안전 검사를 관리한다는 것은 지문의 내용과 다르다.
④ 지문 마지막의 '목표'에서 현대 기술의 활용을 통해 항공 여행을 더 효율적이고 환경적으로 지속 가능하게 만드는 것을 목표로 한다고는 했지만, 항공 여행을 더 저렴하게 만들기 위해 기술을 수용하는지는 알 수 없다.

정답 ①

어휘

originally 원래 rely on ~에 의존하다 embrace 수용하다

---

09 독해 유의어 파악 난이도 중 ●●○

밑줄 친 "standards"의 의미와 가장 가까운 것은?

① habits   ② penalties
③ guidelines   ④ measurements

해석

① 습관   ② 처벌
③ 지침   ④ 측량

해설

standards(기준)가 포함된 문장(The CAO oversees all aspects of air travel, including ~ establishment of safety and training standards)에서 CAO는 안전 및 훈련 기준의 수립을 포함하여 ~ 항공 여행의 모든 측면을 감독한다고 했으므로, standards는 '기준' 수립이라는 의미로 사용되었다. 따라서 '지침'이라는 의미의 ③ guidelines가 정답이다.

정답 ③

10~11 다음 글을 읽고 물음에 답하시오.

The Adler Science Museum offers special discounts for official field trips taken during regular school hours (9:00 a.m. – 4:00 p.m., Monday to Friday). These discounts are not available on weekends, evenings, public holidays, or during the summer school break. Group reservations can be made on the museum's website or by contacting the museum's director of outreach directly by phone. Once the reservation is confirmed, the museum will <u>deliver</u> the tickets to the representative of the group.

- **Group Reservations:** Adlerscience.com/group

The cost of group tickets for field trips is $2 per student in elementary or middle school and $5 for high school students (High school tours also include a visit to the facility's research unit for a hands-on lesson). Teachers or supervisors accompanying the group are admitted free of charge.

- **CLOSED:** All national holidays and Sundays

For additional information, call 1 (877) 555-7726.

해석

Adler 과학 박물관은 정규 수업 시간(월요일부터 금요일까지 오전 9시~오후 4시) 동안 진행되는 공식 현장 학습에 대해 특별 할인을 제공합니다. 이러한 할인 혜택은 주말, 저녁, 공휴일 또는 여름 방학 동안에는 제공되지 않습니다. 단체 예약은 박물관 웹사이트에서 하거나 박물관 봉사 활동 담당자에게 직접 전화로 문의하여 할 수 있습니다. 예약이 확정되면 박물관은 단체의 대표에게 티켓을 <u>전달할</u> 예정입니다.

- **단체 예약:** Adlerscience.com/group

현장 학습 단체 티켓 비용은 초등학생 또는 중학생 1인당 2달러, 고등학생 5달러입니다(고등학생 투어에는 실습 수업을 위한 시설 연구실 방문도 포함합니다). 단체에 동행하는 교사나 감독관은 무료로 입장할 수 있습니다.

- **휴무일:** 모든 공휴일 및 일요일

추가 정보를 원하시면, 1 (877) 555-7726으로 전화해 주세요.

어휘

field trip 현장 학습 outreach 봉사[원조] 활동, 손을 뻗기
hands-on 직접 해 보는 supervisor 감독관, 관리자
accompany 동행하다, 수반하다 admit 입장을 허락하다, 인정하다

10 독해 세부내용 파악(내용 불일치 파악) 난이도 중 ●●○

위 안내문의 내용과 일치하지 않는 것은?

① 주말 현장 학습에 대한 할인 혜택을 제공한다.
② 단체 예약은 온라인이나 전화로 할 수 있다.
③ 고등학생 투어에는 방문할 수 있는 구역이 추가된다.
④ 모든 공휴일에는 휴관한다.

해설

지문 처음에서 정규 수업 시간에 진행되는 공식 현장 학습에 대한 할인 혜택은 주말에는 제공되지 않는다고 했으므로, '① 주말 현장 학습에 대한 할인 혜택을 제공한다'는 것은 지문의 내용과 일치하지 않는다.

[오답 분석]
② 세 번째 문장에 단체 예약은 웹사이트에서 하거나 봉사 활동 담당자에게 직접 전화로 문의하여 할 수 있다고 언급되었다.
③ 여섯 번째 문장에 고등학생 투어에는 실습 수업을 위한 시설 연구실 방문도 포함한다고 언급되었다.
④ 여덟 번째 문장에 휴무일은 모든 공휴일 및 일요일이라고 언급되었다.

정답 ①

11 독해 유의어 파악 난이도 하 ●○○

밑줄 친 deliver의 의미와 가장 가까운 것은?

① address
② bring
③ surrender
④ release

해석

① 해결하다
② 가져다 주다
③ 포기하다
④ 방출하다

해설

deliver(전달하다)가 포함된 문장(Once ~ the museum will deliver the tickets to the representative of the group)에서 예약이 확정되면 박물관은 단체의 대표에게 티켓을 전달한다고 했으므로, deliver는 '전달하다'라는 의미로 사용되었다. 따라서 '가져다 주다'라는 의미의 ② bring이 정답이다.

정답 ②

12 독해 세부내용 파악(내용 일치 파악) 난이도 중 ●●○

다음 글의 내용과 일치하는 것은?

A recent study indicates that third party endorsements are as much as 90 percent more effective than advertising when it comes to influencing consumer spending. This is because buying an advertisement only requires a company to sing its own praises, while external promotion involves the generation of positive publicity by an independent party. Essentially, the claims a business makes about its products become more credible if they are endorsed by an outside source. To illustrate, many magazines routinely feature full-page advertisements displaying expensive designer clothing. While the clothes may look good in the photos, most people would be reluctant to buy them without first reading an objective assessment of them by, say, a fashion blogger who can confirm that they are a worthwhile purchase.

① People usually make purchases of expensive new items on a whim.
② Companies advertise by helping retailers market their products.
③ Businesses that depend on outside validation lose credibility.
④ Third party promotions have more of an impact than advertising.

해석

최근의 한 연구는 소비자 지출에 영향을 미치는 것에 관해서라면 광고보다 제삼자 추천이 자그마치 90퍼센트나 더 효과가 있음을 보여준다. 이것은 외부 홍보가 독립적 당사자에 의한 긍정적인 홍보의 발생을 수반하는 반면, 광고를 구매하는 것은 기업이 자화자찬하는 것만을 필요로 하기 때문이다. 근본적으로, 그것(자사)의 상품에 대해 기업들이 하는 주장들은 외부 출처에 의해 보증될 때 더 신뢰할 수 있게 된다. 예를 들어 설명하자면, 많은 잡지들은 정기적으로 값비싼 디자이너 옷을 보여주는 전면 광고들을 특집으로 다룬다. 그 옷들이 사진들상에서는 좋아 보일 수도 있지만, 대부분의 사람들은 그것들이 가치 있는 구매라고 확인해 줄 수 있는, 말하자면, 한 패션 블로거의 그것들에 대한 객관적인 평가를 먼저 읽지 않으면 그것들을 사는 것을 주저할 것이다.

① 사람들은 보통 값비싼 새 제품들을 즉흥적으로 구매한다.
② 기업들은 소매업자들이 그들의 제품들을 판매하도록 도움으로써 광고를 한다.
③ 외부 검증에 의존하는 기업들은 신뢰성을 잃는다.
④ 제삼자 홍보는 광고보다 더 많은 영향력을 갖는다.

해설

지문 처음에서 광고보다 제삼자 추천이 소비자 지출에 자그마치 90퍼센트나 더 효과가 있다고 설명하고 있으므로, '④ 제삼자 홍보는 광고보다 더 많은 영향력을 갖는다'는 것은 지문의 내용과 일치한다.

[오답 분석]
① 마지막 문장에서 대부분의 사람들은 한 패션 블로거의 객관적인 평가를 먼저 읽지 않으면 값비싼 디자이너 옷을 사는 것을 주저할 것이라고 했으므로 지문의 내용과 다르다.
② 기업들이 소매업자들로 하여금 제품들을 판매하도록 도와서 광고를 하는지에 대해서는 언급되지 않았다.
③ 세 번째 문장에서 자사의 상품에 대한 기업들의 주장들은 외부 출처에 의해 보증될 때 더 신뢰할 수 있게 된다고 했으므로 지문의 내용과 다르다.

정답 ④

어휘

third party 제삼자 endorsement 추천, 지지
sing one's own praise 자화자찬하다 publicity 홍보
credible 신뢰할 수 있는 reluctant 주저하는 assessment 평가
on a whim 즉흥적으로 validation 검증, 확인

13 독해 세부내용 파악(내용 일치 파악)   난이도 하 ●○○

다음 글의 내용과 일치하는 것은?

The fifth Annual Youth Music Camp will begin taking applications starting next Monday. Our 2-month-long intensive program for experienced students is a great opportunity for children aged 10 through 17 to develop their skills, learn from accomplished musicians, and make lifelong friends. While our limited budget previously only allowed us to accept string instrument performers, we will be extending our invitation this year for the first time to percussion and brass instrument players. This is thanks to the generous monetary donations of several local philanthropists who made it possible for us to expand. The deadline for those wishing to participate is 6 p.m. on June 8. All submissions must be made online, as we no longer provide paper forms. Parents who wish to volunteer must submit the appropriate documentation at least one week prior to the deadline for student participation.

① 악기를 처음 배우는 학생들을 대상으로 한다.
② 올해는 현악기 연주자들만 참여할 수 있다.
③ 참가 신청은 온라인으로 할 수 있다.
④ 학부모는 학생 접수가 마감된 후에 신청할 수 있다.

해석

제5회 연례 청소년 음악 캠프가 다음 주 월요일부터 신청을 받기 시작할 것입니다. 숙련된 학생들을 위한 우리의 두 달간의 집중 프로그램은 10세에서 17세까지의 아이들이 그들의 기량을 발전시키고, 뛰어난 음악가들에게 배우며, 평생의 친구들을 만들 좋은 기회입니다. 우리의 한정된 예산이 이전에는 현악기 연주자들만 받아들이도록 했지만, 우리는 올해 처음으로 타악기와 금관악기 연주자들에게까지 우리의 초청을 확대할 것입니다. 이는 우리의 사업이 확장하는 것을 가능하게 해준 여러 지역 자선가들의 후한 금전적인 기부들 덕분입니다. 참가하기를 원하는 사람들을 위한 마감 일자는 6월 8일 오후 6시입니다. 모든 제출은 온라인으로 이루어져야 하는데, 이는 우리가 더 이상 종이로 된 서식들을 제공하지 않기 때문입니다. 자원봉사를 하기 원하는 부모님들은 적어도 학생 참여 마감일의 일주일 전에 적절한 서류를 제출해야 합니다.

해설

지문 마지막에서 참가하기를 원하는 사람들의 모든 제출은 온라인으로 이루어져야 한다고 했으므로, '③ 참가 신청은 온라인으로 할 수 있다'는 것은 지문의 내용과 일치한다.

[오답 분석]
① 두 번째 문장에서 숙련된 학생들을 위한 집중 프로그램이라고 했으므로 지문의 내용과 다르다.
② 세 번째 문장에서 이전에는 현악기 연주자들만 받아들였지만 올해 처음으로 타악기와 금관악기 연주자들에게까지 초청을 확대할 것이라고 했으므로 지문의 내용과 다르다.
④ 마지막 문장에서 자원봉사를 하기 원하는 부모님들은 적어도 학생 참여 마감일의 일주일 전에 적절한 서류를 제출해야 한다고 했으므로 지문의 내용과 다르다.

정답 ③

어휘

application 신청, 지원   intensive 집중적인   accomplished 뛰어난, 능숙한   string 현악기, 끈   percussion 타악기, 충격   brass 금관악기   monetary 금전적인, 화폐의   philanthropist 자선가   submission 제출   documentation 서류

구문 분석

[13행] **Parents** / who wish to volunteer / **must submit the appropriate documentation** / at least one week / prior to the deadline for student participation.
: 이처럼 관계대명사 who가 이끄는 절이 명사를 꾸며주는 경우, '~하는'이라고 해석한다.

14 독해 전체내용 파악(제목 파악)   난이도 하 ●○○

(A)에 들어갈 다음 이메일의 제목으로 가장 적절한 것은?

To	members@supermart.com
From	memberservices@supermartmail.com
Date	December 28
Subject	(A)

Dear Super Mart Members,

Thank you for renewing your membership for the upcoming year. As a member, you are eligible to receive the following rewards when shopping online or at any of our Super Mart locations.

1. Earn 1.5 points for every dollar spent on any purchase, including sales items.
2. Scan your membership card at checkout to receive personalized discounts.
3. Get access to free delivery for all purchases and free next-day delivery for purchases exceeding $50.
4. An additional 30 days will be added to the standard 90-day return and refund policy.
5. Receive a birthday coupon for a 5 percent discount on a single purchase, valid for 30 days.

Once again, we thank you for your continued patronage of Super Mart. For additional savings, sign up to receive email notifications informing customers of store-wide sales.

Sincerely,
Super Mart

① Grand Opening of a New Super Mart
② Double Points for All New Members
③ Benefits of Being a Super Mart Member
④ Seasonal Sales Are on the Way

해석

수신: members@supermart.com
발신: memberservices@supermartmail.com
날짜: 12월 28일
제목: (A) Super 마트 회원이 되는 것의 혜택

Super 마트 회원 여러분께,

다가오는 해에 여러분의 회원권을 갱신해 주셔서 감사합니다. 회원으로서, 여러분은 온라인에서 또는 저희 Super 마트의 어느 매장에서 쇼핑하실 때 다음의 보상을 받을 수 있습니다.

1. 할인 품목을 포함하여 모든 구매에 대해 1달러당 1.5포인트를 받으세요.
2. 개인의 필요에 맞춘 할인을 받기 위해 계산대에서 여러분의 회원 카드를 스캔하세요.
3. 모든 구매에 대한 무료 배송을 이용하시고, 50달러를 초과하는 구매에 대해서는 무료 익일 배송을 이용해 보세요.
4. 표준 90일 반품 및 환불 정책에 추가로 30일이 더해집니다.
5. 30일 동안 유효한, 한 번 구매 시 5퍼센트 할인을 받을 수 있는 생일 쿠폰을 받아보세요.

다시 한번, Super 마트를 지속적으로 애용해 주셔서 감사합니다. 추가 할인 혜택을 원하시면, 고객들에게 매장 전체 할인을 알리는 이메일 알림을 받기 위해 가입하세요.

Super 마트 드림

① 새로운 Super 마트의 개점
② 모든 신규 회원을 위한 두 배의 포인트
③ Super 마트 회원이 되는 것의 혜택
④ 계절 할인이 시작됩니다

해설

지문 처음에서 회원은 온라인에서 또는 Super 마트의 어느 매장에서 쇼핑할 때 다음의 보상을 받을 수 있다고 하며 지문 전반에 걸쳐 Super 마트 회원의 혜택에 대해 설명하고 있으므로, '③ Super 마트 회원이 되는 것의 혜택'이 이 이메일의 제목이다.

[오답 분석]
① 새로운 Super 마트의 개점에 대해서는 언급되지 않았다.
② 모든 신규 회원을 위한 두 배의 포인트에 대해서는 언급되지 않았다.
④ 계절 할인이 시작된다는 내용은 언급되지 않았다.

정답 ③

어휘

renew 갱신하다 membership 회원권 upcoming 다가오는
checkout 계산대 personalized (개인의 필요에) 맞춘, 맞춤형의
exceed 초과하다, 넘다 valid 유효한
patronage (특히 상점·식당 등에 대한 고객의) 애용, 후원

---

15 독해 전체내용 파악(요지 파악) 난이도 중 ●●○

다음 글의 요지로 가장 적절한 것은?

There's an expression among creators: stop comparing your behind-the-scenes with everyone else's highlight reel. When you are working on a piece of art, be it an illustration, a work of writing, music, etc., you are exposed to every part of the creative process, the behind-the-scenes of your work. You see only the work in progress, not the finished piece you have in mind. But when you look at the work of others, you only see their completed productions, their "highlight reel," without the messy and laborious struggles that brought them to the finish line. This deceptive comparison can be very demoralizing because it glorifies the result and masks the realities of the process. It is logical to assume that others went through a similarly difficult process, and it is simultaneously pointless to imagine the details of that process. It is better to improve your craft at your own pace.

① Beginning work on a new piece of art is the hardest part of the process.
② The value of a piece of art may differ from person to person.
③ Learn how to appreciate the beauty and effort that go into works of art.
④ Don't measure your incomplete work against the completed work of others.

해석

창작자들 사이에 이런 말이 있다. 당신의 무대 뒷이야기를 다른 사람들의 하이라이트 모음집과 그만 비교하라. 당신이 예술 작품을 작업할 때 그것이 삽화든, 글이나 음악이나 그 외의 것이든, 당신은 그 창작 과정의 모든 부분인 당신 작품의 무대 뒷이야기에 노출된다. 당신은 마음속에 있는 완성된 작품이 아닌 진행 중인 작품만을 본다. 하지만 당신이 다른 사람들의 작품을 볼 때, 당신은 그들을 결승선으로 끌고 온 지저분하고 힘든 몸부림은 보지 않고 그들의 완성된 결과물들, 즉 그들의 '하이라이트 모음집'만을 본다. 이 기만적인 비교는 그것이 결과를 실제 이상으로 미화하고 과정의 실상들을 감추기 때문에 매우 의기소침하게 할 수 있다. 다른 사람들도 비슷하게 어려운 과정들을 겪었다고 추정하는 것은 타당한데, 그와 동시에 그 과정의 세부 항목들에 대해 상상하는 것은 무의미하다. 당신만의 속도로 당신의 기술을 향상시키는 것이 더 낫다.

① 새로운 예술 작품의 작업을 시작하는 것은 그 과정 중에서 가장 어려운 부분이다.
② 예술 작품의 가치는 사람마다 다를 수 있다.
③ 미와 예술 작품들에 들어가는 노력을 알아보는 법을 배워라.
④ 당신의 미완성된 작품을 다른 사람들의 완성된 작품과 비교하지 마라.

해설

지문 전반에 걸쳐 당신이 다른 사람들의 작품을 볼 때 작품이 창작되는 힘든 과정은 보지 않고 완성된 결과물들만을 보기 때문에, 아직 진행 중인 자신의 작품을 타인의 작품과 비교하는 것은 결과를 실제보다 미화한다고 하며 당신만의 속도로 당신의 기술을 향상시키는 것이 낫다고 설명하고 있다. 따라서 '④ 당신의 미완성된 작품을 다른 사람들의 완성된 작품과 비교하지 마라'가 이 글의 요지이다.

[오답 분석]

① 새로운 예술 작품의 작업을 시작하는 것이 그 과정 중에서 가장 어려운 부분이라는 것은 지문의 내용과 관련이 없다.

② 예술 작품의 가치가 사람마다 다를 수 있다는 것은 지문의 내용과 관련이 없다.

③ 미와 예술 작품들에 들어가는 노력을 알아보는 법을 배우라는 것은 지문의 내용과 관련이 없다.

정답 ④

어휘

reel 모음집, (실 등을 감는) 얼레   **messy** 지저분한, 엉망인
laborious 힘든   **deceptive** 기만적인   **demoralize** 의기소침하게 하다
glorify 실제 이상으로 미화하다   **assume** 추정하다, 맡다
simultaneously 동시에   **appreciate** (진가를) 알아보다, 인정하다
measure against ~과 비교하다

---

16   **독해** 논리적 흐름 파악(문장 삽입)   난이도 중 ●●○

다음 문장이 들어갈 위치로 가장 적절한 것은?

> Research shows that a visual representation is your best bet.

> Every employee has a great idea now and then—something that may boost revenue or a concept for a new product. It may be clear in your head and you may even jot it down so that you don't forget. (①) Still, it will remain only an idea if you don't know how to bring it to life. (②) After all, an idea will not bear fruit unless you can get someone interested in it. Giving a presentation or writing a report can be a good start, but it usually isn't enough. (③) A prototype of the item and a mock-up advertisement are some examples. These can help others see your idea the way you see it. And don't be concerned if you aren't the world's best artist. (④) Advertising teams, marketers, and designers can all help you actualize the first glimmer of an idea you had in mind.

해석

연구는 시각적 표현이 당신의 최선의 방책임을 보여준다.

모든 직원은 때때로 수입이나 신제품에 대한 구상을 촉진시킬 수도 있는 무언가 훌륭한 아이디어가 있다. 그것은 아마 당신의 머릿속에서 분명할 수도 있고 당신은 심지어 그것을 적어 두어서 당신이 잊지 않도록 할 수도 있다. (①) 그럼에도 불구하고, 만약 당신이 그것에 생기를 불어넣는 방법을 모른다면 그것은 아이디어로만 남을 것이다. (②) 결국, 아이디어는 당신이 누군가가 그것에 관심을 갖게 하지 못하면 결실을 보지 못할 것이다. 발표를 하거나 보고서를 쓰는 것은 좋은 시작이 될 수 있지만, 그것은 보통 충분하지 않다. (③) 제품의 견본과 모형 광고가 몇 가지 예시들이다. 이것들은 다른 사람들이 당신의 아이디어를 당신이 그것을 보는 방식으로 보도록 도울 수 있다. 그리고 만약 당신이 세계 최고의 예술가가 아니더라도 걱정하지 마라. (④) 광고팀들, 마케팅 담당자들과 디자이너들 모두가 당신이 마음속에 가졌던 아이디어에 대한 맨 처음의 어렴풋한 이해를 현실적으로 묘사하는 것을 도울 수 있다.

해설

③번 앞 문장에 아이디어에 대해 발표를 하거나 보고서를 쓰는 것은 보통 누군가가 그것에 관심을 갖게 하는 데 충분하지 않다는 내용이 있고, ③번 뒤 문장에 제품의 견본과 모형 광고가 그에 대한 몇 가지 예시들이라는 내용이 있으므로, ③번에 시각적 표현이 최선의 방책이라고 소개하는 내용의 주어진 문장이 나와야 지문이 자연스럽게 연결된다.

[오답 분석]

① 앞 문장에 당신은 아이디어를 분명히 기억하거나 잊지 않도록 적어둘 수도 있다는 내용이 있고, ①번 뒤 문장에 그럼에도 불구하고(Still) 당신이 그 아이디어에 생기를 불어넣는 방법을 모른다면 그저 아이디어로 남는다는 대조적인 내용이 있으므로 ①번에 다른 문장이 삽입되면 문맥상 부자연스럽다.

② 앞 문장에 당신이 아이디어에 생기를 불어넣는 방법을 모른다면 그저 아이디어로 남는다는 내용이 있고, ②번 뒤 문장에 아이디어는 누군가가 그것에 관심을 가지지 못하면 결실을 맺지 못한다며 부연하는 내용이 있으므로 ②번에 다른 문장이 삽입되면 문맥상 부자연스럽다.

④ 앞 문장에 당신이 세계 최고의 예술가가 아니더라도 걱정하지 말라는 내용이 있고, ④번 뒤 문장에 광고팀들, 마케팅 담당자들 등이 당신의 아이디어를 현실적으로 묘사하는 것을 도울 수 있다며 그 이유를 설명하는 내용이 있으므로 ④번에 다른 문장이 삽입되면 문맥상 부자연스럽다.

정답 ③

어휘

bet 방책; 돈을 걸다   **revenue** 수입   **jot down** ~을 적다, 쓰다
bring ~ to life ~에 생기를 불어넣다   **bear fruit** 결실을 보다
prototype 견본, 원형   **mock-up** 모형   **actualize** 현실적으로 묘사하다
glimmer 어렴풋한 인식, 깜빡이는 빛

---

17   **독해** 논리적 흐름 파악(문단 순서 배열)   난이도 상 ●●●

다음 글에 이어질 내용을 문맥상 가장 어울리게 순서대로 배열한 것은?

> No one today speaks Latin conversationally or can lay claim to it being their native language, and for this reason, many say that the language is dead.

> (A) Hence, its strong influence on the academe has resulted in a continued interest in Latin programs, whether for enjoyment or utility, and this shows promise of a comeback for this language.
>
> (B) Yet, we cannot deny that many Latin words pop up in our lives from day to day—words like etcetera, vice versa, and the lovely veritas, meaning "truth," a word that happens to be the motto of Harvard University.
>
> (C) Clearly, Latin figures in our lives, but especially in the academe, and this is because the language has had such a long and colorful history. It likely developed around 1000 BC in the Italian peninsula and was strongly influenced by Etruscan, an Indo-European language. Used extensively by the Roman government, Latin was then embraced by

the Catholic church, which became the center of intellectual development.

① (A) – (B) – (C)
② (B) – (C) – (A)
③ (C) – (A) – (B)
④ (C) – (B) – (A)

해석

어느 누구도 오늘날 라틴어를 회화체로 말하거나 그것이 그들의 모국어의 자격이 있다고 주장할 수 없고, 이러한 이유로, 많은 사람들은 그 언어가 사용되지 않게 되었다고 말한다.

(B) 그러나, 우리는 etcetera, vice versa와, '진리'를 의미하면서 하버드 대학교의 모토가 된 단어인 멋진 veritas와 같은 많은 라틴 단어들이 매일 우리의 삶 속에서 불쑥 나타나는 것을 부정할 수 없다.

(C) 명백히, 라틴어는 우리의 삶에서 중요하지만, 특히 학구적 생활에서 중요한데, 이는 이 언어가 이토록 길고 다채로운 역사를 지녔기 때문이다. 그것은 아마 기원전 1,000년경 이탈리아 반도에서 발달하고 인도-유럽 어족의 언어인 에트루리아어에 크게 영향을 받았던 것 같다. 로마 정부에 의해 광범위하게 쓰인 라틴어는 그 당시 가톨릭교회에 의해 수용되었고, 이는 지적 발달의 중추가 되었다.

(A) 따라서, 학구적 생활에 대한 그것(라틴어)의 강력한 영향력은 즐거움을 위해서든 유용성을 위해서든 라틴어 교과 과정들에 대한 지속적인 관심으로 이어져 왔고, 이는 이 언어의 재기에 대한 전망을 보여준다.

해설

주어진 문장에서 오늘날 라틴어가 회화체나 모국어로 잘 쓰이지 않아 많은 사람들이 라틴어를 사용하지 않게 되었다고 한 뒤, (B)에서 그러나(Yet) 우리는 많은 라틴 단어들이 삶 속에서 불쑥 나타나는 것을 부정할 수 없음을 보여주고 있다. 이어서 (C)에서 명백히 라틴어는 우리의 삶, 특히 학구적 생활에서 중요한데, 이는 라틴어가 길고 다채로운 역사를 지녔기 때문이라고 하고, 뒤이어 (A)에서 학구적 생활에 대한 그것(라틴어)의 강력한 영향이 결과적으로 라틴어의 재기에 대한 전망을 보여준다는 것을 설명하고 있다.

정답 ②

어휘

conversationally 회화체로 lay claim to ~의 자격이 있다고 주장하다
dead 사용하지 않게 된 academe 학구적 생활 utility 유용성
promise 전망, 가망 figure 중요하다; 수치 peninsula 반도
extensively 광범위하게 embrace 수용하다 intellectual 지적인

---

18 독해 논리적 흐름 파악(무관한 문장 삭제) 난이도 중 ●●○

다음 글의 흐름상 가장 어색한 문장은?

According to historians, the development of agriculture was spurred by a climatic change known as the Younger Dryas event. This was a 1,000-year period of temperatures lower than had prevailed since the end of the previous ice age. ① By the time this occurred, a hunter-gatherer culture, known as the Natufians, had become established in the Levant—the area of southwestern Asia along the Eastern Mediterranean Sea. ② When the climate changed during the Younger Dryas, it caused a sudden drought that killed off the wild grains that the Natufians relied upon. ③ This prompted the civilization to clear the dry scrublands around their settlement and plant seeds to provide sustenance for the sedentary population. ④ The Sumerian civilization in nearby Mesopotamia is regarded as the first settled civilization. By growing their own food, the Natufians were able to cope with the rapid loss of wild food stocks.

해석

사학자들에 의하면, 농업의 발전은 신 드리아스 사건이라 알려진 기후 변화에 의해 박차가 가해졌다. 이것은 이전 빙하기의 종말 이후로 만연했던 것보다 더 낮은 기온인 1,000년의 기간이다. ① 이것이 발생했을 때쯤에, 나투프라고 알려진 수렵 채집인 문화는 동쪽의 지중해를 낀 서남아시아 지역인 레반트에서 확립되었다. ② 신 드리아스 동안 기후가 변했을 때, 그것은 나투프인들이 의지했던 야생 곡물들을 대대적으로 죽게 한 갑작스런 가뭄을 야기했다. ③ 이것은 그 문명이 그들의 정착지 주변의 관목지들을 치우고 정착한 사람들을 위한 음식을 제공할 씨앗들을 심도록 자극했다. ④ 메소포타미아 근처의 수메르 문명은 최초의 정착된 문명사회로 여겨진다. 그들 자신만의 식량을 기름으로써, 나투프인들은 야생 식량 비축물들의 급격한 손실에 대처할 수 있었다.

해설

지문 처음에서 신 드리아스라는 기후 변화가 농업의 발전에 박차를 가했다고 언급한 뒤, ①, ②, ③번에서 신 드리아스가 발생했을 때쯤에 수렵 채집인 문화인 나투프가 레반트에서 확립되었고, 신 드라이아스 동안 기후 변화로 인해 야생 곡물들이 죽는 등 신 드리아스로 생긴 결과에 대해 설명하고 있으므로, 모두 지문 처음의 내용과 관련이 있다. 그러나 ④번은 수메르 문명이 최초의 정착된 문명사회로 여겨진다는 내용으로, 지문 전반의 내용과 관련이 없다.

정답 ④

어휘

agriculture 농업 spur 박차를 가하다 prevail 만연하다
hunter-gatherer 수렵 채집인 establish 확립하다 drought 가뭄
rely upon ~에 의지하다 prompt 자극하다; 즉석의 scrubland 관목지
settlement 정착지 sustenance 음식, 생계 sedentary 정착한
cope with ~에 대처하다 rapid 급격한 stock 비축물

contempt 경멸, 무시 authority 권위자 declare 공표하다, 선언하다
character 기호, 성격 attain 얻다 distinction 영예, 훌륭한 성적
convey 전달하다 elicit 끌어내다, 도출하다 transmit 전달하다
conceal 감추다 representation 표현 translate 번역하다

19 독해 추론(빈칸 완성 – 구) 난이도 중 ●●○

빈칸에 들어갈 말로 가장 적절한 것을 고르시오.

Originally from Japan, emojis utilize pictures to communicate feelings. They became widespread through mobile phones and websites but were looked upon with contempt by language authorities. In 2015, however, Oxford Dictionaries declared the "face with tears of joy" emoji to be its "Word of the Year." How did a picture character attain such a distinction? Researchers say that emojis are like language, conveying meanings and eliciting responses. But the emoji has an advantage: it can be understood by people of all languages. Millions of people around the world today use these picture characters to transmit meanings that they _____
_____.

① want to conceal through digital representation
② cannot communicate to others in their own language
③ can easily translate into a local language
④ need to master just like any written language

[해석]

원래 일본에서 생겨난 이모티콘들은 감정을 전달하기 위해 그림들을 활용한다. 그것들은 휴대폰과 웹 사이트를 통해 널리 퍼지게 되었지만 언어 권위자들에 의해 경멸스럽다고 여겨졌다. 그러나, 2015년에 옥스퍼드 사전은 '기쁨의 눈물을 흘리는 얼굴' 이모티콘을 그것(옥스퍼드 사전)의 '올해의 단어'로 공표했다. 어떻게 그림 기호가 그러한 영예를 얻었을까? 연구원들은 이모티콘들이 의미를 전달하고 대답을 끌어내는 언어와 같다고 말한다. 하지만 이모티콘에는 장점이 있는데, 그것이 모든 언어의 사용자들에게 이해될 수 있다는 점이다. 오늘날 전 세계 수백만 명의 사람들은 <u>그들의 언어로는 다른 사람들에게 전달할 수 없는</u> 의미를 전달하기 위해 이러한 그림 기호들을 사용한다.

① 디지털식의 표현을 통해 감추고 싶어 한다
② 그들의 언어로는 다른 사람들에게 전달할 수 없다
③ 현지 언어로 쉽게 번역할 수 있다
④ 여느 문자 언어와 마찬가지로 숙달해야 한다

[해설]

빈칸 앞 문장에 이모티콘은 모든 언어의 사용자들에게 이해될 수 있다는 장점에 대한 내용이 있으므로, 빈칸에는 사람들이 '② 그들의 언어로는 다른 사람들에게 전달할 수 없는' 의미를 전달하기 위해 이 그림 기호들을 사용한다는 내용이 들어가야 한다.

[오답 분석]
① 이모티콘과 같은 디지털식 표현을 통해 감추고 싶어 하는 의미를 전달한다는 것은 지문의 문맥에 적절하지 않다.
③ 이모티콘이 현지 언어로 쉽게 번역될 수 있는지에 대해서는 언급되지 않았다.
④ 이모티콘을 여느 문자 언어와 마찬가지로 숙달해야 하는지에 대해서는 언급되지 않았다.

정답 ②

[어휘]

emoji 이모티콘 utilize 활용하다 communicate 전달하다, 소통하다
widespread 널리 퍼진 look upon ~을 여기다, 간주하다

20 독해 추론(빈칸 완성 – 절) 난이도 중 ●●○

빈칸에 들어갈 말로 가장 적절한 것을 고르시오.

Considered by many to be the most recognizable painting in the world, the Mona Lisa is also one of the most enigmatic. There have been numerous attempts to interpret the facial expression of Lisa Gherardini, the painting's subject. One art expert thinks the mystery stems from the use of sfumato, a technique that lends paintings a smoky, hazy air. This haziness is especially apparent in the contours of Lisa's face and in her eyes and mouth. The smudged tone makes it difficult for viewers to discern her emotions. Another art expert, however, believes that the mysteriousness is caused by the very details of the painting—the smile, which appears elusive, and the set of Lisa's face, which is inscrutable and has been described as being confident or even deadpan. It may not have been Leonardo da Vinci's intention, however, to make her face so impenetrable. It's possible that he may have merely captured the subject's inner thought, _____.

① what he wanted to paint
② what she was recollecting
③ what mystery is
④ what his feelings were

[해석]

많은 사람들에 의해 세상에서 가장 잘 알아볼 수 있는(알려진) 그림으로 여겨지는 모나리자는, 가장 불가사의한 것 중 하나이기도 하다. 그 그림의 대상인 리자 게라르디니의 얼굴 표정을 해석하려는 수많은 시도들이 있었다. 한 예술 전문가는 그 신비함이 그림들에 흐릿하고 모호한 인상을 주는 기법인, 스푸마토의 사용에서 기인한다고 생각한다. 이 모호함은 특히 리자 얼굴의 윤곽과 그녀의 눈과 입에서 분명히 드러난다. 흐릿한 색조는 보는 사람들이 그녀의 감정을 식별하기 어렵게 만든다. 그러나, 또 다른 예술 전문가는 그 신비함이 바로 그림의 세부적인 것들, 즉 파악하기 어려워 보이는 미소와 수수께끼 같으면서도 대담하거나 심지어 무표정하다고 묘사되었던 리자의 얼굴 생김새에 의해 발생된다고 믿는다. 그러나, 그녀의 얼굴을 이토록 헤아릴 수 없게 만든 것이 레오나르도 다빈치의 의도가 아니었을 수도 있다. 그가 단지 대상의 내면적인 생각, 즉 <u>그녀가 상기하고 있었던 것</u>을 담았을 수도 있다.

① 그가 그리고자 했던 것
② 그녀가 상기하고 있었던 것
③ 신비함이 무엇인지
④ 그의 감정이 어땠는지

빈칸 앞 문장에서 리자의 얼굴을 헤아릴 수 없게 만든 것이 레오나르도 다빈치의 의도가 아니었을 수도 있다고 하고, 빈칸이 있는 문장에서 그가 단지 대상의 내면적인 생각을 담았을 수도 있다고 했으므로, 빈칸에는 '② 그녀가 상기하고 있었던 것'을 담았을 수도 있다는 내용이 들어가야 한다.

[오답 분석]

① 빈칸 앞 문장에서 모나리자의 얼굴을 헤어릴 수 없게 만든 것이 레오나르도 다빈치의 의도가 아니었을 수도 있다고 했으므로 그가 그리고자 했던 것을 담았다는 것은 지문의 문맥에 적절하지 않다.

③ 신비함이 무엇인지를 그림에 담는 것은 지문의 내용과 관련이 없다.

④ 빈칸이 있는 문장에서 그가 대상이 내면에 가진 생각을 담았을 수 있다고 했으므로 그의 감정이 어땠는지를 담는다는 것은 지문의 문맥에 적절하지 않다.

정답 ②

어휘

recognizable 알아볼 수 있는 **enigmatic** 불가사의한
stem from ~에서 기인하다 **lend** (어떤 특징을) 주다, 빌려주다
hazy 모호한, 흐릿한 **contour** 윤곽 **smudged** 흐릿한 **tone** 색조, 어조
discern 식별하다 **elusive** 파악하기 어려운 **inscrutable** 수수께끼 같은
confident 대담한, 자신 있는 **deadpan** 무표정한
impenetrable 헤아릴 수 없는, 꿰뚫을 수 없는
recollect (기억 등을) 상기하다, 회상하다